신라의 바다
황해

신라의 바다 황해

• • • 권덕영 지음 • • •

일조각

이 저서는 2008년 정부(교육과학기술부)의 재원으로 한국학술진흥재단의 지원을 받아 수행된 연구임(KRF-2008-812-2-A00257).
This work was supported by the Korea Research Foundation Grant funded by the Korean Government(KRF-2008-812-2-A00257).

원래 연구과제명은 '한국고대 황해교섭사 연구' 였음.

책을 펴내며

대학원 재학 시절에 어학연수 명분으로 미국 캘리포니아주 버클리대학을 방문한 적이 있다. 그때 대학 구내서점에서 페르낭 브로델Fernand Braudel의 『필립 2세 시대의 지중해와 지중해세계The Mediterranean and the Mediterranean World in the Age of Philip II』 영역판을 우연히 발견하고, 선뜻 구입하여 귀국 후 듬성듬성 읽어보았다. 브로델은 방대한 이 저술에서 16세기 유럽지중해를 매개로 이루어진 정치, 교역, 전쟁, 외교, 종교, 문화교류 등 인간의 제반 활동을 거시적인 관점에서 조망하였다.

종전에 접해보지 못한 브로델의 '지중해' 연구는 오래도록 뇌리를 떠나지 않았다. 특히 '지중해'가 유럽, 아시아, 아프리카 대륙의 교섭과 교류의 장場이었고 서양사 전개의 중심 무대였다는 사실을 구조적이고 종합적으로 풀어나간 점은 감명 깊게 와 닿았다. 아울러 이 책을 통하여 몇 가지 영감을 얻었다. 그 가운데 하나가 바로 황해黃海의 지중해적 성격이다.

황해는 동쪽, 서쪽, 북쪽이 한반도와 중국 대륙으로 둘러싸였고, 그 동남쪽에 일본열도가 자리 잡고 있다. 황해 주변부를 형성하는 이들 동아시아 삼국은 황해를 경계로 삼아 독자적인 문화를 형성·발전시켰고, 각 지역의 상이한 문화는 황해를 통해 소통하고 융합하였다. 동아시아에서 황해는 서로 다른 세계의 경계인 동시에 융합의 공간이었던 셈이다. 이 점은 브로델이 그려낸 '지중해'와 너무나 흡사하였다.

생각이 여기에 이르자, 한국고대사의 전개 과정에서 황해의 역사적 의미를 탐구해보고 싶은 의욕이 솟구쳤다. 그래서 우선 시작한 것이 황해를 징검다리 삼아 빈번히 당나라를 왕래하던 신라 견당사遣唐使에 대한 연구였다. 신라 견당사는 필자의 박사학위논문 주제이기도 하거니와, 견당사 문제를 통하여 황해를 둘러싼 고대 동아시아 삼국의 정치교섭사 흐름을 파악하고 황해 연구의 밑그림을 그릴 수 있었다. 이어서 황해를 건너 중국, 특히 당나라에 이주한 신라인들의 삶과 역사적 의미를 고찰하였다.

견당사와 재당在唐 신라인에 대한 연구를 마무리한 후, 황해의 역사성을 종합적으로 탐구하는 작업에 착수하였다. 그러나 실체가 뚜렷하지 않은 황해의 역사성을 재구성하기란 쉬운 일이 아니었다. 때로는 조바심이 생겨 포기하고 싶은 마음도 들었으나, 황해는 결코 버릴 수 없는 매력적인 주제였다. 다가서기가 두려웠으나 그렇다고 버려두기는 더욱 아쉬운 그런 존재가 바로 황해였기 때문이다.

황해 문제로 고심하고 있을 즈음, 마침 필자가 제안한 "한국고대 황해교섭사 연구"가 한국학술진흥재단(현 한국연구재단)의 인문저술지원사업 연구과제로 선정되었다. 이를 계기로 망설이고 있던 황해 연구를 본격적으로 진행한 결과, 지금 이처럼 어엿한 저서를 세상에 내놓을 수 있게 되었다.

이 저서는 자연(황해)과 인간(역사)의 상호관련성에 초점을 두고, 크게 6부분으로 나누어 서술하였다. 제1장에서는 황해의 자연 및 인문환경을 고찰하여 황해 연구의 기초로 삼았고, 제2장에서는 신라인의 황해 개척과 경영을 살펴보았으며, 제3장에서는 황해를 통한 신라의 외교활동과 전쟁을 탐구하였다. 그리고 제4장에서는 황해를 무대로 전개된 신라의 경제교역과 문화교류를 고찰하였고, 제5장에서는 황해를 건너 중국으로 이주한 신라 디아스포라의 삶을 추적하였으며, 제6장에서는 황해교섭과 교류를 종합적으로 정리하여 황해를 '신라의 바다'로 결론지었다.

사실 필자는 지난 10여 년 동안 고대 동아시아 속의 황해와 황해교류에 관한 여러 편의 논문을 발표하였다. 이 저서의 목차를 보면 알 수 있듯이, 내용 가운데 상당 부분은 앞서 발표한 논문에서 차용한 것이다. 그렇다고 하여 기존의 글을 그대로 옮겨 실은 것이 아니라, 대부분의 글을 대폭 다듬고 손질하여 단행본에 걸맞게 정리하였다. 또한 독자들의 이해를 돕기 위하여 각종 도표, 지도, 사진 자료를 실어 보완하였고, 필요한 경우에는 새로운 논고를 집필해 보충하였다.

견당사와 재당 신라인을 거쳐 황해로 이어진 일련의 황해 연구는 필자의 학문 노정과 궤를 같이하였다. 그 과정에서 많은 분들의 도움과 격려, 비판과 질타를 받았다. 그 모든 것들이 황해 연구의 밑거름이 되었음은 말할 것도 없다. 그간의 연구 활동에 관심을 보여준 선배, 동료 여러분께 깊이 감사한다. 그리고 황해 연구의 3부작이라 할 수 있는 『고대한중외교사-견당사연구』, 『재당 신라인사회 연구』, 『신라의 바다 황해』를 모두 출판의 명가名家 일조각에서 출간하게 되어 무엇보다도 기쁘다. 지면을 빌려 일조각 관계자 여러분께 감사한다.

2012년 11월 초순

우암동 연구실에서 권덕영 씀

차례

제2장 황해 개척과 진출

제3장 황해외교와 전쟁

제 4 장 황해교역과 교류

제 5 장 황해 디아스포라

제6장 신라의 바다

제1장 역사의 바다

제1절 황해의 역사환경

전근대 서양의 역사는 유럽지중해European Mediterranean의 역사라 해도 과언이 아니다. 유럽지중해는 고대 그리스와 로마 문명의 발상지였고, 중세 기독교와 이슬람 세력의 각축장이었으며, 근대 르네상스 문화가 꽃피고 발전한 곳이다. 유럽과 아시아, 그리고 아프리카의 광대한 대륙에 둘러싸인 '액체 공간'에서 서양의 문화와 예술이 발달하였고, 교역과 교류가 이루어졌으며, 갈등과 화해를 반복하며 역사가 전개되었다.[1] 이런 점에서 유럽지중해는 늘 서양의 역사와 함께했다고 하겠다.

유럽지중해가 서양의 중요한 역사 공간이었다면, 황해黃海는 동아시아

1 유럽지중해를 중심으로 전개된 서양의 역사는 장 카르팡티에Jean Carpentier와 프랑수아 르브룅François Lebrun이 엮은 『지중해의 역사Histoire de la Méditerranée』(강민정·나선희 옮김, 한길사, 2006)에 상세히 기술되어 있다.

의 역사 현장이었다. 황해는 동쪽과 서쪽, 그리고 북쪽이 중국 대륙과 한반도로 둘러싸였고 동남쪽에 일본이 자리 잡고 있어, 한국·중국·일본 동아시아 삼국의 교류와 교섭의 장場이었기 때문이다. 유럽지중해가 그렇듯이, 황해는 고대 동아시아의 정치교섭과 문화교류, 그리고 경제교역이 활발하게 이루어지던 열린 공간이었다.

그럼에도 지금까지 우리는 황해의 역사성歷史性에 크게 주목하지 않았다. 그러한 데는 여러 가지 이유가 있다. 우선 바다에는 육지와 달리 눈에 보이는 유적과 유물이 없고, 바다에서의 인간 활동에 대한 기록이 거의 남아있지 않기 때문이다. 그리고 무엇보다도 바다의 역사적 중요성을 인식하지 못하였다. 물론 최근에 들어와 동아시아의 역사 발전 과정에서 바다가 차지하는 비중이 높다는 인식이 확산되고 있으나,[2] 아직까지는 만족할 만한 수준에 이르지 못하였다. 그 결과 고대 동아시아 역사의 현장이었던 황해는 버려진 역사의 장이 되었고 무관심의 대상이었다.

황해는 역사의 무풍지대가 아니다. 역사 속의 황해는 수많은 사람들의 숨결이 느껴지는 역동적인 삶의 현장이었다. 황해를 망각의 늪에서 끌어올려 그것에 역사성을 부여하려는 본 연구에서 황해의 시·공간적 환경을 먼저 살펴보는 것은 당연한 순서로 여겨진다. 따라서 이 절에서는 황해의 자연과 인문환경을 고찰함으로써 황해 연구의 기초로 삼고자 한다.

1. 자연조건

황해는 동쪽, 서쪽, 북쪽이 한반도와 중국 대륙에 둘러싸였고 남쪽이 트

2 한국사를 포함한 동아시아 역사를 해양사적 관점에서 접근하려고 시도한 사람으로는 尹明喆과 姜鳳龍이 대표적이다. 윤명철은 『한민족의 해양활동과 동아지중해』(학연문화사, 2002)와 『고구려 해양사 연구』(사계절, 2003)를 비롯한 일련의 저서를 통해 '동아시아지중해'의 관점에서 해양의 중요성을 강조하였고, 강봉룡은 『바다에 새겨진 한국사』(한얼미디어, 2005)와 『한국 해상세력 형성과 변천』(해상왕장보고기념사업회, 2004)을 통해 해양활동사의 흐름 속에서 한국의 역사를 재조명하였다.

그림 1-1 황해의 영역

인 이른바 반폐쇄해semi-enclosed sea이다. 황해의 남쪽은 전남 진도 서쪽 끝 지점에서 제주도 차귀도 서쪽을 잇는 선과 중국 창장강長江 하구의 상하이시上海市 충밍도崇明島 동쪽을 연결하는 약 580km를 경계로 동중국해와 구분된다. 이 경계선은 1936년에 조선총독부 수산시험장에서 우리나라 근해의 해양지리학적 여러 요소를 결정할 때 처음 설정한 것으로,[3] 다소 인위적이고 편의적인 구획이기는 하나 오늘날 일반화되어 있다.

한편 북쪽은 중국의 랴오둥반도遼東半島와 산둥반도山東半島를 잇는 먀오다오열도廟島列島 이북을 보하이해渤海라 하여 황해와 구분하기도 하고, 혹은 보하이해를 포함한 해역까지를 황해로 보기도 한다. 그런데 최근에는 황해를 보하이해까지 포괄하는 개념으로 널리 사용하고 있는 추세이다. 따라서 본서에서는 보하이해를 포함한 해역까지를 황해의 범주에 넣

3 朝鮮總督府 水産試驗場, 『朝鮮海洋便覽』, 朝鮮總督府, 1936, 44~45쪽.

고자 한다. 그렇다면 황해는 동중국해 북서부, 곧 북위 31° 31″의 창장강 하구에서 북북서쪽으로 뻗어 북위 41°의 보하이만渤海灣 동북쪽에 이르는 거대한 만(灣, gulf) 형태의 내해(內海, inland sea)라 할 수 있다.

황해는 지질학적으로 신생대 제4기 말 간빙기에 해수면 상승으로 한반도가 중국 대륙에서 분리되면서 형성되었다. 남북 길이는 약 1,000km이고, 동서는 가장 넓은 곳이 약 700km이며, 전체 면적은 486,700km^{2}이다. 평균 수심은 44m인데, 가장 깊은 곳은 전남 신안군 홍도 서쪽 해역으로 103m이다. 동해의 평균 수심이 1,530m이고 남해가 101m이며 유럽지중해가 1,458m인 점을 감안하면,[4] 황해는 상대적으로 매우 얕은 바다라 할 수 있다. 전체 면적의 56.5%가 수심 40m 이하의 천해淺海로, 60m 이상의 비교적 깊은 곳은 동쪽, 곧 한반도 쪽에 편재하여 남북으로 뻗어 있다.[5] 반면 중국 쪽은 창장강과 황허강黃河 등의 큰 하천에서 매년 엄청난 양의 토사가 장기간 황해로 유입된 결과 수심이 매우 낮다. 창장강 하구의 약 300km 해역이 수심 30m 이하라는 점은 그러한 사실을 잘 말해준다.[6]

얕은 바다는 사소한 기상변화에도 상태가 쉽게 변한다. 그래서 황해는 파랑波浪이 자주 일고 물길이 쉽게 바뀌며 뚜렷한 해수계가 없다. 비록 쿠로시오해류黑潮海流의 지류인 쓰시마해류對馬海流로부터 분지되어 제주도 서쪽을 지나 황해로 유입되는 황해난류, 보하이만에서 중국 대륙을 따라 남하하는 중국대륙연안수, 한반도 서남해안을 따라 남하하는 서한연안수가 있으나, 그 흐름이 비교적 약한 편이다. 그리고 황해는 조석간만의 차가 크고 연해의 조류가 매우 빠른 특징을 가지고 있다. 뿐만 아니라 황해는 주변 하천으로부터 많은 양의 담수淡水가 밀려들어 염분의 평균 농도가

4 동해와 유럽지중해를 비롯한 세계 여러 바다의 수심, 크기, 면적 등은 자료마다 약간씩 다르다. 본서에서는 주로 두산백과사전에 의거해 서술하였다.

5 韓相復, 「黃海의 크기와 그 변천과정」, 『黃海硏究』 5, 1993, 6~7쪽.

6 李錫祐, 『韓國近海海象誌』, 집문당, 1992, 7쪽.

32‰로, 주변의 다른 바다에 비하여 다소 낮다. 특히 황허강과 창장강의 물이 대규모로 유입되는 여름철의 염분 농도는 보하이만을 비롯한 몇몇 중국 연안에서는 22‰까지 떨어진다. 또한 황해는 표면온도의 연교차가 20°C 이상 될 정도로 수온 변화가 심하다. 이러한 특징들은 황해가 원래 얕은 바다인 데다가 황해를 둘러싸고 있는 주변 환경과 동아시아의 독특한 기후조건 때문에 나타나는 현상이라 할 수 있다.

북반구 중위도에 위치한 황해의 기후는 사계절이 뚜렷한 온대기후에 속한다. 황해는 중국과 유라시아 대륙의 동쪽에 위치하면서 동쪽과 남쪽으로 일본열도 및 태평양과 연접해 있다. 이처럼 황해는 비록 아시아 몬순 Asia monsoon 지역의 동북쪽 가장자리에 자리 잡고 있으나 계절풍의 영향을 크게 받는다. 즉, 겨울에는 시베리아와 바이칼호수에서 발달한 시베리아고기압이 역선풍逆旋風 고기압대를 형성해 아시아 대륙 동안東岸을 따라 필리핀 북부까지 영향을 미치는데, 이에 따라 황해에는 한랭건조한 북서계절풍이 분다. 반면 여름에는 북태평양고기압이 발달하면서 남고북저南高北低의 기압대가 형성되어 황해를 포함한 우리나라 근해에 고온다습한 남동계절풍 또는 남서계절풍이 불게 된다. 그리고 봄과 가을은 시베리아 기단과 북태평양기단이 서서히 교체되는 시기로, 황해에는 지속적인 방향성을 가진 바람이 없다.[7]

계절에 따라 방향을 바꾸어 지속적이고 정기적으로 부는 바람을 무역풍(貿易風, trade wind)이라 하는데, 이는 전근대 범선시대에 이 바람을 해상무역에 효과적으로 이용했기 때문에 붙여진 이름이다. 겨울과 여름에 각각 북서무역풍과 남서무역풍이라는 뚜렷한 계절풍이 부는 황해의 기후는 전근대 동아시아 해상교류의 좋은 조건이 되었다.

7 오재호, 『기후학 1-기후와 대기순환』, 아르케, 1999, 154~172쪽; 설동일, 「우리나라 근해구역에 있어서의 월별 바람분포의 기후학적 특성」, 『해양환경안전학회지』 12-3, 2006, 185~192쪽.

기후뿐만 아니라 황해 연안의 지형도 해상교류에 유리한 조건을 제공해 준다. 잘 알려져 있듯이 황해 양안은 리아스식 해안으로 이루어져 있다. 특히 황해 동쪽 연안, 곧 한반도 서해안에는 해안선의 굴곡이 심하고 수많은 만灣들이 형성되어 있다. 압록강 입구에서 전남 해남군 서남쪽 갑곶岬串에 이르는 직선거리는 650km이지만, 해안선의 길이는 4,719km나 되어 지절률肢節率이 무려 7.26에 이른다. 그리고 섬이 많아 서해안 도서 지역의 해안선 총연장은 3,700km에 달한다. 반면 중국 쪽 해안은 한반도 쪽에 비하여 굴곡이 심하지 않으나 역시 크고 작은 만들이 형성되어 있다.

수많은 섬과 굴절지형이 어우러진 황해의 리아스식 해안은 자연적인 항·포구를 만들어내었다. 물론 한반도 서해안은 조석간만의 차이가 커서 연안에 항구와 포구가 발달하기 어려운 면도 없지 않다. 그러나 강과 바다가 만나는 지점은 조석간만의 차이와 무관하게 항구가 만들어질 수 있다. 대동강 하구의 남포항, 예성강 하구의 벽란도, 한강 하구의 경기만 일대, 충남 당진군 북쪽의 아산만 일대, 금강 하구의 군산항, 주진천이 흘러드는 줄포만 일대, 영산강 하구의 목포항 등이 대표적이다. 그리고 중국 쪽에는 산둥반도의 스다오만石島灣과 자오저우만膠州灣, 장쑤성江蘇省의 창장강 하구, 저장성浙江省의 항저우만杭州灣·타이저우만台州灣·원저우만溫州灣 등이 있다.

황해를 둘러싼 중국과 한반도의 지형 역시 황해교류의 좋은 조건이 되고 있다. 한반도 지형은 동고서저東高西低의 형태로 낭림산맥과 태백산맥을 척량산맥脊梁山脈으로 삼아 수많은 산맥들이 동쪽에서 서남쪽으로 뻗어 있다. 소백산맥에서 분지된 노령산맥, 태백산맥에서 갈라져 나온 차령산맥과 광주산맥, 낭림산맥에서 갈라진 마식령산맥·멸악산맥·언진산맥·묘향산맥·적유령산맥 등이 바로 그것이다. 그런데 이들 산맥은 모두 한반도를 동서로 가로질러 형성되었기 때문에 육로로 중국을 오가거나 한반도 내에서 육지로 남쪽과 북쪽을 오가는 데 큰 장애물이 된다.

산맥뿐만 아니라 강 역시 한반도 지형의 특수성에 따라 대부분 동쪽에서 서쪽으로 흘러 황해로 유입된다. 북쪽의 압록강에서부터 남쪽의 영산강에 이르기까지 청천강, 대동강, 한강, 금강 등 크고 작은 강들이 동쪽에서 서쪽으로 흘러 황해로 들어간다. 중국의 동쪽 지형도 마찬가지로 대부분의 강은 황해를 중심으로 부챗살 모양으로 펼쳐져 있다. 랴오허강遼河, 롼허강灤河, 다링강大凌河 등은 북쪽에서 남쪽으로 흘러 보하이만으로 들어가고 황허강, 창장강, 첸탕강錢塘江, 링장강靈江 등은 서쪽에서 동쪽으로 흘러 황해로 들어간다.

예로부터 산을 넘고 물을 건너는 수고로움을 덜기 위해 길은 산 아래의 강줄기를 따라 강과 평행하게 만들어졌다. 그런데 황해를 둘러싼 한반도와 중국의 강과 산맥은 대부분 바다를 향해 뻗어 있다. 이러한 황해 주변의 지형은 육로를 통한 한중 간의 왕래를 저해하는 요인이 되었다. 그럼에도 불구하고 한중 간의 교류와 이동의 필요성이 있었고 또 실제로 활발한 교류가 이루어졌다. 황해는 바로 그러한 교류를 가능하게 한 매개체였다.

2. 인문환경

고대 동아시아의 황해교류는 황해의 자연조건에만 기인하는 것이 아니다. 일반적으로 문명 혹은 문화는 높은 곳에서 낮은 곳으로 전파되는 속성을 가진다.[8] 그런데 전근대 동아시아의 정치, 경제, 문화 등 여러 분야에서 앞선 지역은 중국 대륙이고, 한반도와 일본열도는 상대적으로 뒤처진 곳

8 '文化 culture'와 '文明 civilization'은 모두 인간이 자연 상태에서 벗어나 물질적·정신적으로 진보한 상태를 뜻하는 말로, 보통 양자를 구분하지 않고 혼용하는 경우가 많다. 그러나 엄밀히 말하면, 문화는 종교·학문·예술·도덕 등 정신적 측면을 지칭하는 개념이고, 문명은 보다 실용적인 생산·공업·기술 등 물질적 측면을 강조하는 개념이다. 본서에서는 문화와 문명의 개념 차이를 염두에 두고, 이들 용어를 문맥에 따라 적절히 사용한다.

이었다. 이처럼 문화적 격차가 뚜렷한 동아시아 삼국의 중간에 황해가 자리 잡고 있다. 그러므로 황해는 이들 지역 간 문화전파와 경제교류의 통로로서 널리 활용되지 않을 수 없었다. 다시 말하면 황해교류는 전근대 동아시아 문명과 문화의 지역적 불균형이라는 인문환경 속에서 나타난 현상 중의 하나였다.

일찍이 조지프 니덤Joseph Needham이 중국 문명을 '가장 오래되고 가장 중심적인 문명'이라 표현하였듯이,[9] 중국은 일찍부터 사상과 기술을 창안해 독자적인 문명을 발전시켜왔다. 이러한 중국 문명이 세계적으로 공헌한 바가 지대하거니와, 중국은 기원전 십수 세기에 이미 역법曆法과 야철기술冶鐵技術을 개발하였고, 한나라 이전에 초기 형태의 도자기를 만들어 사용하였다. 그 중에서도 도자기 제작 기술은 이후 약 1,000년 동안 세계적으로 중국만이 보유하던 최고의 기술이었다. 우리나라에서는 10세기경에 비로소 중국에 버금가는 도자기를 만들었다는 점을 감안하면, 중국 문명이 동아시아에서 차지하는 위상을 쉽게 알 수 있다. 이러한 지역 간 기술력의 차이는 문명의 차이를 초래하였고, 아울러 한국과 일본의 중국 왕래를 촉진시켰다. 그것이 바로 동아시아 삼국의 황해를 통한 교류와 교섭이었다.

동아시아 삼국의 문명 혹은 문화의 격차와 함께 중국의 전통적인 중화사상中華思想 역시 황해교류랄까 교역을 촉진시키는 요인이 되었다. 중국인들은 선진시대부터 중국을 세계의 중심이라 생각하였다. 그래서 중국을 중화中華라 하고 중화를 둘러싼 지역을 이적夷狄이라 하여 세계를 이분법적으로 인식하였다. 아울러 그들은 중화는 덕德으로 이적을 교화시킬 의무가 있고 이적은 중화의 덕화德化에 따라야 한다고 여겼다. 그러한 이념

9 조셉 니덤 著, 李錫浩·李鐵柱·林禎岱·崔林淳 譯, 『中國의 科學과 文明 Ⅰ』, 을유문화사, 1985, 1쪽.

에 따라 이적이 중화의 천자를 찾아오는 것을 조공朝貢이라 하고, 천자가 조공의 대가로 관작을 내려주는 것을 책봉冊封이라 하였는데, 그것이 동아시아의 전형적인 국제관계인 조공·책봉제도이다.

다분히 이념적인 조공·책봉체제 하에서 중국은 천자의 덕화가 사방에 널리 미친다는 것을 보여주기 위하여 많은 이적들을 초치招致하였고, 이적은 조공을 명분으로 중국을 왕래하며 정치·경제·문화적 이익을 추구하였다. 그러한 이적 가운데 고대 한반도의 여러 나라와 일본이 포함되어 있었다. 그런데 중국과 한반도, 그리고 일본 사이에는 황해가 놓여있다. 중국과의 육로 통행이 불가능한 일본은 말할 것도 없고, 지형상 육로 통행이 어려운 한반도와 중국의 조공·책봉 행렬은 황해를 유용한 통로로 이용하지 않을 수 없었다.

황해교류의 인문환경에서 빼놓을 수 없는 것은 황해 주변의 역사적 추이이다. 황허강 유역에서 발흥한 중국은 오랫동안 분열시대를 거쳐 기원전 3세기 후반에 진秦에 의하여 통일되었다. 최초로 중국을 통일한 진시황제는 북쪽에 만리장성을 쌓고 흉노의 침입에 대비했는데, 그것이 이후 중화와 이적을 구분하는 지리적 경계가 되었다. 그런데 만리장성 이북, 특히 중국 동북방 변경에는 여러 종족들이 교대로 일어나 세력을 다투며 끊임없이 중국을 침범하였다. 이들은 중국뿐만 아니라 한반도의 여러 나라와도 대립하였다. 황해의 동쪽 지역인 한반도와 서쪽 지역인 중국 대륙 중간에 늘 적대적인 집단이 자리 잡고 있는 역사구도 속에서 한반도와 중국 대륙 간의 교류와 교섭은 육로가 아닌 해로, 곧 황해를 통해 이루어질 수밖에 없었다.

북방 유목민의 동북지역 점거뿐만 아니라 한사군漢四郡 설치에 따른 중국인의 한반도 이주도 고대 동아시아의 황해교류를 활성화시키는 계기가 되었다. 기원전 108년에 한 무제武帝가 고조선을 멸망시키고 설치한 낙랑군과 후에 공손씨公孫氏가 낙랑군 남쪽에 설치한 대방군에는 많은 한인漢人들이 건너와 거주하였다. 그들은 주변 토착세력과 갈등과 화해를 거듭하며 수백 년 동안 존속하다가 토착세력의 저항과 중국 대륙의 정세 변화로 4세기 초에 한반도에서 축출되었다. 이에 낙랑군과 대방군에 거주하던 한인들 가운데 일부는 중국으로 돌아갔겠으나, 나머지 상당수는 고구려와 백제의 통치를 받으며 그곳에서 살았을 것이다.

일찍부터 한반도 중부 해안지역을 장악하고 있던 낙랑군과 대방군은 동북아시아 국제 해상무역을 주도하였다. 특히 낙랑군은 '극동極東의 고대 무역기지'라 불릴 정도로[10] 국제무역에 주력하여 중국 대륙은 물론 삼한, 왜와도 활발하게 교역하였다. 당시 국제 해상무역을 담당한 중국 상인들은 주로 황해와 남해 해안가를 대상으로 토착민들과 교역하였다. 그러한 사실은 오수전五銖錢과 화천貨泉이 주로 한반도 서해안과 남해안을 잇는 해상교통의 요지에서 발견된다는 점에서 알 수 있다(그림 1-2 참조). 아무튼 중국 상인들은 한반도 중부에 위치한 낙랑군과 대방군을 거점으로 황해를 중심으로 한 동아시아 국제무역을 장악하였는데, 그들이 대거 한반도에 정착함으로써 고대 황해교류는 더욱 활성화될 수 있었다.

황해 주변의 인문지리적 요소도 고대 동아시아의 교류와 밀접한 관계가 있다. 일반적으로 고대의 취락은 강과 바다에 인접한 지역에 주로 형성되었다. 강과 바다는 생활용수뿐만 아니라 다른 지역과의 교류와 교섭에 용이한 수운교통의 편의를 제공하기 때문이다. 세계 4대 문명 발상지가 모두 강가였고, 그리스와 로마의 수많은 도시국가들이 지중해 연안에 집중된 것은 결코 우연한 일이 아니다.

고대 한반도와 중국의 여러 도시들도 강을 끼고 발달하였다. 고구려의

10 金哲埈, 「百濟社會와 그 文化」, 『韓國古代社會硏究』, 지식산업사, 1975, 53쪽.

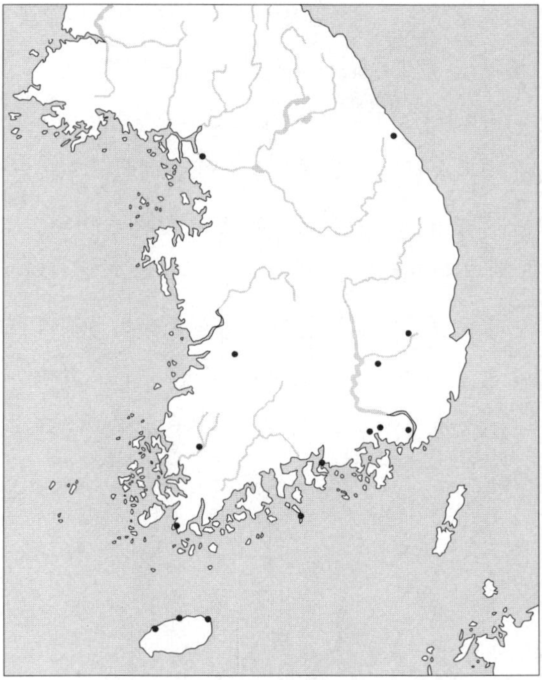

그림 1-2 한나라 화폐 출토 지역[11]

수도 평양과 백제의 수도 한성·웅진·사비는 각각 대동강과 한강, 그리고 금강 유역에 자리 잡았다. 그리고 중국의 황허강을 따라 낙양洛陽(지금의 허난성 뤄양시洛陽市), 변주汴州(지금의 허난성 카이펑시開封市), 제주濟州(지금의 산둥성 지난시濟南市), 치주淄州(지금의 산둥성 쯔보시淄博市), 청주青州(지금의 산둥성 칭저우시青州市) 같은 고대도시들이 만들어졌고, 화이수이강淮水가에는 초주楚州(지금의 장쑤성 화이안시淮安市 추저우구楚州區)와 사주泗州(지금의 장쑤성 쑤첸시 쓰양현泗陽縣), 창장강을 따라서는 양주揚州(지금의 장쑤성 양저우시揚州市), 강녕江寧(지금의 장쑤성 난징시南京市), 강주江州(지

11 金京七, 「南韓地域 출토 漢代 金屬貨幣와 그 性格」, 『湖南考古學報』 27, 2007, 109쪽 〈그림 2〉를 참고하여 새로 작성하였다.

금의 장시성江西省 주장시九江市) 같은 굴지의 도시들이 발달하였다. 전술하였듯이, 한반도와 중국의 강들은 대부분 황해를 향해 흐른다. 그러므로 도시에서 강을 따라 내려오면 모두 황해에 도달하게 된다. 따라서 황해는 동아시아 고대 문명과 문화의 결집처인 동시에 분배처였다고 할 수 있다.

이처럼 황해는 동아시아의 지역에 따른 문명과 문화의 격차, 중화사상의 확장, 북방 유목민의 중국 동북지역 점거에 따른 역사적 갈등, 황해로 유입되는 강가의 문명도시 형성 등이 복합적으로 작용하여 고대 동아시아 교류와 교섭의 통로가 되고 교역의 장이 되었다. 결국 황해는 자연조건과 인문환경이 교묘하게 결합하여 동아시아 역사 발전의 열린 공간으로서 기능했다고 하겠다.

제2절 황해의 지중해적 성격

몇 년 전 나홍진 감독이 제작한 영화 '황해'가 인기리에 상영되었다. 영화에서 묘사한 황해는 중국인도 한국인도 아닌 경계인境界人 '구남'으로 대표되는 '조선족' 동포들이 사회주의 국가인 중국과 자본주의 국가인 한국을 넘나드는 경계의 바다였고, 어느 사회에도 적응하지 못한 이들 경계인이 영원히 잠든 마지막 안식처였다. 다시 말하면 황해는 서로 다른 두 세계의 경계이면서 아울러 두 세계를 아우르는 묘한 공간이었다.

고대의 황해 역시 동아시아 각 지역을 가르는 경계의 바다인 동시에 소통과 융합의 공간이었다. 황해의 이러한 특성은 중국 대륙과 한반도로 둘러싸인 지리적 조건과 인문환경, 곧 황해의 지중해적地中海的 성격에 기인한다. 그래서인지 근래 일부에서는 황해뿐만 아니라 동해, 동중국해, 남중국해, 심지어 오호츠크해까지를 포함한 광역의 동아시아 연해를 '동아시아지중해'(이하 '동아지중해'로 약칭함)라 포괄적으로 정의하고, 동아시아 역사는 동아지중해를 매개로 형성·발전하였다는 이른바 '동아지중해론東亞地中海論'을 제기하였다. 일본에서 처음 제기한 동아지중해론은 한국에도 소개되어, 동아시아의 역사와 문화를 설명하는 하나의 이론으로 점차 자리 잡아가고 있다.

종래 무관심했던 동아시아의 바다를 역사와 문화교류의 연구 수단으로 끌어들여 활용하고자 하는 시도는 반가운 일이 아닐 수 없다. 그러나 막상 동아지중해론을 자세히 살펴보면, 기본적인 개념 설정과 활용 방식 등에 몇 가지 문제점이 있음을 발견할 수 있다. 이 절에서는 기존에 제기된 동아지중해론의 내용과 문제점을 살펴보고, 그 대안으로 고대 동아시아 해역에서 정치교섭과 문화교류가 가장 활발하게 이루어진 황해의 지중해적 성격을 찾아보고자 한다.

1. 지중해와 지중해성

(1) 지리적 지중해

바다는 전체 지구 면적의 약 71%에 해당하는 3억 6,200만km²를 차지할 정도로 광대하다. 광대한 만큼이나 그 형태와 특성도 다양한데, 그것을 크기와 형상에 따라 구분하면 대양(大洋, ocean)과 부속해(附屬海, dependent sea)로 나눌 수 있다.[12] 대양은 대체로 규모가 크고 독자적인 해류를 가진 바다로 태평양, 대서양, 인도양이 그것이다. 이들의 경계는 주로 육지와 해저의 지형적 경계물에 의하여 정해지거니와, 대양 중에서 태평양이 가장

12 해양은 海와 洋의 합성어로, 우리말로는 모두 '바다'를 뜻한다. 그러나 굳이 구분한다면, 洋은 큰 바다, 곧 넓은 수역을 차지하는 이른바 대양이고, 海는 대륙 주변 수역으로 대양에 딸린 상대적으로 작은 바다, 곧 부속해라 할 수 있다.

넓어 전체 바다 면적의 46%를 차지하고, 대서양은 24%, 인도양은 20%를 차지한다.

한편 부속해는 전체 바다 면적의 10%에 불과한데, 대양에 비하여 상대적으로 규모가 매우 작다. 부속해 가운데 가장 큰 북극해北極海는 면적이 약 1,409만km²로, 대양 중에서 가장 작은 인도양의 1/5에 지나지 않는다.[13] 이러한 사실은 대양과 부속해의 상대적 크기를 잘 말해준다. 그리고 부속해는 대양에 비해 대체로 수심이 낮으며 독자적인 해류계海流系와 조석潮汐을 갖지 못하고 대양의 해류로부터 영향을 받는다. 또한 육지에서 유입되는 하천의 영향을 크게 받으며, 지질학적으로 대양보다 늦은 시기에 생성되었다.

부속해는 대부분 북반구에 위치하는데, 그것은 다시 연해(緣海, marginal sea)와 지중해(地中海, mediterranean sea)로 나뉜다.[14] 연해는 대양의 일부가 섬이나 열도 또는 반도 등에 의하여 불완전하게 막힌 대륙 주변부의 바다이다. 태평양 연안의 베링해와 오호츠크해는 각각 알류샨열도와 쿠릴열도에 의하여 태평양과 구분되고, 북해는 그레이트브리튼섬으로 대서양과 구분되며, 안다만해는 안다만제도와 니코바르제도에 의하여 인도양과 구분된다. 이러한 연해는 후술할 지중해에 비하여 대양과의 통로가 넓어 대양에 흐르는 해류가 자유롭게 드나들며, 그러한 해류에 의하여 연해의 해수가 활발하게 순환된다.

또 다른 부속해인 지중해는 주위가 육지로 둘러싸인 바다를 말한다. 이는 크기와 모양에 따라 다시 대지중해大地中海와 소지중해小地中海로 나눌 수 있다. 대지중해는 두 개 이상의 대륙으로 둘러싸인 바다이고, 소지중해는 대륙 중간에 깊숙이 만입灣入하여 그 입구가 가운데 부분에 비하여 좁

13 和達清夫 監修, 『海洋の事典Encyclopedia of Ocean』, 東京堂, 1960, 29쪽.

14 자연지리학사전편찬위위회, 『자연지리학사전』, 한울아카데미, 2002, 230쪽.

으면서 거의 육지로 둘러싸인 바다이다. 대지중해로는 북극해, 아메리카 지중해, 유럽지중해 등을 들 수 있고, 소지중해로는 발트해, 홍해, 페르시아만 등을 들 수 있다. 지중해는 해류에 의하여 해수가 순환하는 것이 아니라 염분의 농도와 바닷물의 온도 차이에 의하여 해수가 교환되는 특징을 가진다.

지구상에 산재하는 지중해는 주위의 대양보다 염분 농도가 높은 바다와 낮은 바다로 나눌 수 있다. 증발 등으로 염분 농도가 높은 지중해는 바깥 바다와 연결된 해협의 윗부분으로 염분 농도가 낮은 바깥 바다의 물이 흘러들고, 아랫부분으로는 염분 농도가 높은 지중해의 물이 빠져나간다. 반면 강물의 유입 등으로 염분 농도가 낮은 지중해는 이와 반대로 지중해의 물이 해협의 윗부분으로 빠져나가고 염분 농도가 높은 바깥 바닷물이 아래쪽으로 흘러든다. 대서양을 통해 해수가 교환되는 지중해로는 유럽지중해, 아메리카지중해, 발트해, 베핀만 등이 있고, 인도양과 통하는 지중해로는 페르시아만과 홍해가 있다. 그리고 순다제도와 필리핀열도로 닫혀 있는 오스트랄라시아지중해는 인도양과 태평양 사이에 걸쳐 있고, 북극해는 대서양과 태평양 양쪽으로 열려 있다. 이 가운데 전형적인 지중해는 유럽지중해이다.

유럽아프리카지중해Eurafrican Mediterranean라고도 불리는 유럽지중해는 유럽·아프리카·아시아 세 대륙에 둘러싸인 내해로서, 전체 면적이 약 296만 9,000km^{2}이고 동서 길이가 약 4,000km, 최대 너비가 약 1,600km, 평균 수심이 1,458m이다. 유럽지중해는 이탈리아반도와 시칠리아섬을 중심으로 동지중해와 서지중해로 나뉘는데, 서지중해는 지브롤터해협을 통해 대서양과 이어지고 동지중해는 수에즈운하를 통해 홍해와 연결된다.

거대한 해양분지로 형성된 유럽지중해는 지중해를 포함한 주변 지역에 독특한 기후를 만들어낸다. 기후학에서는 이를 '지중해성 기후'라 하거니

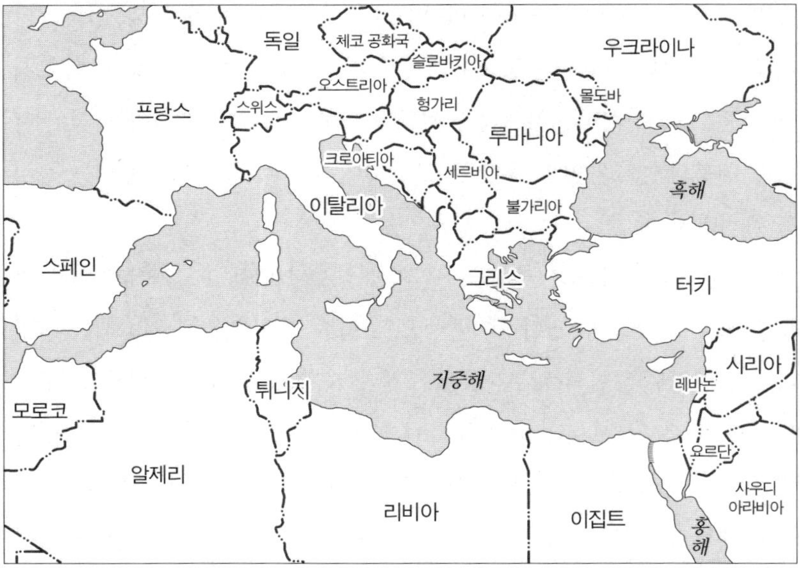

그림 1-3 유럽지중해

와, 여름에 고온건조하고 겨울에는 비교적 온난하다. 그리고 강수량은 유럽 대륙 서안西岸이나 몬순기후대보다 훨씬 적다. 이에 따라 유럽지중해는 해수의 증발량이 강수량보다 많아 염분의 농도와 해수면의 온도가 대서양보다 높아짐으로써 상층으로는 상대적으로 염분 농도가 낮은 대서양의 물이 지중해로 흘러들어가고 하층으로는 염분 농도가 높은 지중해 해수가 대서양으로 흘러나간다.[15] 이러한 방식으로 유럽지중해의 수량이 일정하게 유지되는데, 해수 교환의 주요 통로가 바로 지브롤터해협이다.

유럽지중해가 대륙에 둘러싸인 대지중해라면 페르시아만은 서남아시아 대륙 속으로 만입한 소지중해이다. 아라비아반도와 이란 사이에 끼어 있는 페르시아만은 전체 면적이 약 23만 9,000km²로, 서북쪽의 샤트알아랍

15 강창근, 「지중해의 해양생태학적 고찰」, 『지중해지역연구』 5-1, 2003, 26~33쪽.

강에서 남동쪽의 호르무즈해협까지 약 900km에 걸쳐 뻗어 있다. 수심은 90m 이상 되는 곳이 드물 정도로 매우 얕다.

페르시아만으로 흘러드는 담수는 부시르 남쪽의 이란 해안에서 흘러드는 몇 개의 작은 하천을 제외하고는 서북쪽의 티그리스강과 유프라테스강, 그리고 카룬강이 합쳐진 샤트알아랍강이 유일하다. 이런 조건에다 고온에 따른 해수의 증발이 많아 페르시아만의 염분 농도는 매우 높다. 고염분의 페르시아만 해수는 호르무즈해협을 통하여 인도양의 연해인 오만만의 바닷물과 교환된다.

이상에서 살펴본 것처럼 지중해는 대양에 부속된 일종의 내해로서 전체적으로 육지에 둘러싸였으면서 한두 곳의 좁은 통로, 곧 해협을 통해 대양과 연결된 바다이다. 게다가 지중해는 바깥 바다와 통하는 해협의 폭이 안쪽 바다에 비하여 협소하고, 대양의 해류가 침투하지 못함으로써 해류가 존재하지 않는다. 그 결과 지중해의 물은 해류나 조석이 아니라 염분 농도와 수온 차이로 인하여 대양의 해수와 교환이 이루어질 수밖에 없다. 지리학 혹은 해양학에서는 이러한 몇 가지 조건을 갖추어야만 비로소 '지중해'라 칭한다.

(2) 인문적 지중해

자연지리학의 관점에서 지중해는 대양의 부속해로서 육지로 둘러싸인 바다인가, 대양과 통하는 입구가 상대적으로 좁은가, 해류가 존재하는가, 해수 교환은 해류 때문인가 아니면 염분 농도와 수온 차이 때문인가 등의 기준에 의하여 다른 바다와 구분된다. 이러한 개념은 인간의 삶이랄까 문화를 완전히 배제한 채 지리적 특성만을 기준으로 삼아 지중해를 정의했다는 점에서 이를 '지리적 지중해'라 해도 좋을 듯싶다.

자연환경은 인간에게 끊임없이 영향을 미친다. 육지로 둘러싸인 지중해

역시 주변 지역의 인간생활에 다양한 방식으로 영향을 준다. 사실 인간의 역사와 문화를 탐구하는 인문학에서는 지리적 지중해보다 지중해 주변의 인간생활에 더 관심이 많다. 만약 지중해가 주변 지역의 인간생활과 문화에 전혀 영향을 끼치지 않거나 그 정도가 미미하다면 그러한 지중해는 인문학의 대상이 될 수 없다. 대표적인 경우가 북극해이다.[16]

북극해는 지구상에 존재하는 규모가 가장 큰 지중해로, 유라시아와 북아메리카, 그리고 그린란드 등의 육괴陸塊로 둘러싸인 해역이다. 그곳의 해안분지에는 수만 년 동안 에스키모인들과 알레우트인들이 사냥과 고기잡이로 살아왔는데, 그들은 가혹한 자연환경 때문에 이렇다 할 문명을 만들어내지 못하였다. 뿐만 아니라 여타 지중해와 달리 북극해를 사이에 둔 지역 간에 상호 교류가 거의 없었기 때문에 문화의 상관성도 찾기 어렵다. 이런 점에서 북극해는 지리학적으로 분명 지중해이나 인문학적 탐구 대상으로서의 '지중해'는 될 수 없다.

북극해를 제외한 여타의 지중해는 육지로 둘러싸인 지리적 요인으로 인해 주변 지역의 인간생활에 지대한 영향을 미친다. 일반적으로 바다를 막힌 공간으로 인식하는 경향이 많다. 그러나 바다는 문화의 전파 혹은 교류를 가로막는 장벽인 동시에 교류의 징검다리 역할을 한다. 바다의 이러한 이율배반적이고 이중적인 성격을 가장 잘 드러내주는 바다가 바로 지중해이다.

지중해를 사이에 둔 육지 양안兩岸에는 전혀 다른 문화랄까 문명이 만들어진다. 이는 양 지역이 서로 바다에 의해 가로막혀 있기 때문이다. 그러

16 국제수로기구(International Hydrographic Organization, IHO)는 북극해를 大洋으로 인정하고 있으나, 해양학계에서는 지중해로 분류하여 북극지중해the Arctic Mediterranean Sea 혹은 줄여서 북극해the Arctic Sea로 칭한다. 해양학계에서 북극해를 지중해로 보는 이유는, 대륙으로 둘러싸인 지리적 조건뿐만 아니라 북극해의 해수가 해류가 아닌 염분 농도와 수온 차이에 의해 순환되기 때문이다.

면서도 각기 다른 문화는 바다를 통해 서로 영향을 주고받아 이른바 문화 접변(文化接變, acculturation)이 일어난다. 다시 말하면 지중해 주변에는 각 지역이 바다로 격절됨으로써 다양하고 독창적인 문화가 발생하고, 그러한 문화는 지중해라는 공간을 활용하여 교류함으로써 문화 상호간에 융합(融合, fusion)과 융화(融化, deliquescence), 그리고 동화(同化, assimilation)가 일어난다.[17] 그 결과 지중해를 둘러싼 일정 지역에는 공통의 문화요소를 갖춘 독특한 문화권이 형성되기도 한다.

프랑스의 지리학자 브뤼네Brunet는 지구상에 존재하는 지중해를 7가지 모형으로 분류하여 지중해 주변의 문화적 상관성을 연구하였다. 그림 1-4는 브뤼네가 분류한 지중해 공간모형이다.[18]

우선 ①은 호수모형(the lake model, LAC)이다. 이 공간모형은 국가, 도시 등 각기 다른 공간단위로 구분된 연안 지역 사이에 바다를 통한 교류는 활발하나, 주변의 다른 지역과는 고립되어 문화가 폐쇄적으로 발달한 모델이다. ②는 광원모형(the focal model, FOYER)으로, 바다를 중심으로 고리형으로 형성된 공간모형이다. 이것은 바다를 중심으로 불균형한 형태로 공간축이 형성되는데, 유럽지중해의 경우 그리스와 로마 시대에는 하나의 중심이 있었으나 중세 이후에는 로마와 이스탄불 두 개의 중심이 존재하였다. ③은 해협모형(the strait model, DÉTROIT)이다. 이 모델은 지중해가 두 개의 대양을 지리적·문화적으로 연결하는 역할을 모형화한 것이다. ④는 지협모형(the isthmus model, ISTHME)으로, 지중해가 두 개의 대륙을 지리적·문화적으로 연결하는 역할을 보여준다. ⑤는 초승달모형(the croissant model, CROISSANT)이다. 이 모델은 지역 간의 정치, 경제, 문화

17 정수일, 「지중해 문명과 지중해학」, 『지중해지역연구』 5-1, 2003, 3~4쪽.

18 Brunet, Roger, "Modèles de Méditerranées", *Espace Géographique*, No. 3., 1995, 200~208쪽; 정인철, 「지중해 지역의 지리적 특성」, 『지중해지역연구』 5-1, 2003, 156~157쪽에서 재인용.

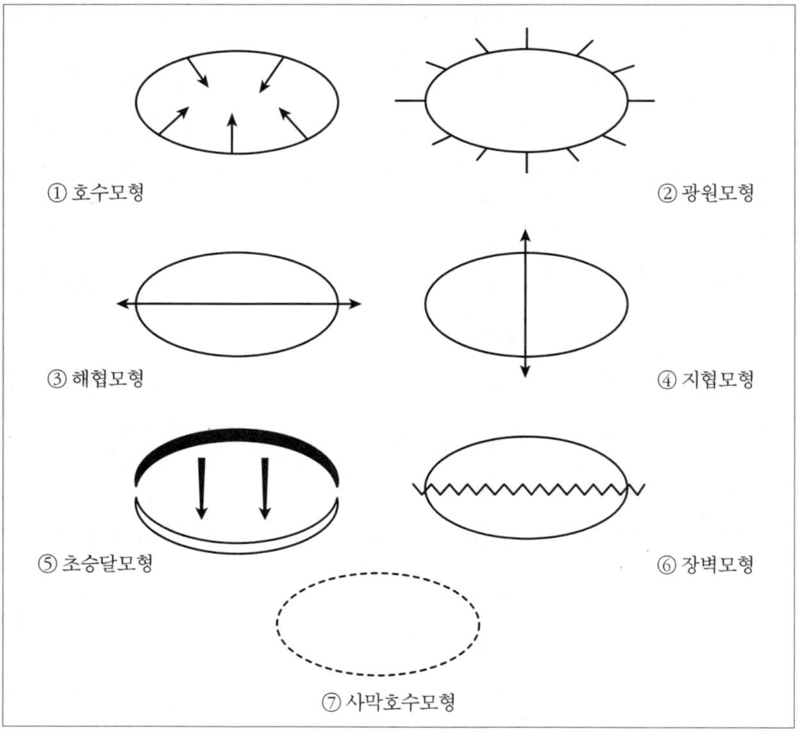

그림 1-4 브뤼네의 지중해 공간모형

등의 수준 차이로 인해 하나의 연안이 다른 연안을 지배하는 경우에 해당한다. ⑥은 장벽모형(the frontier model, BARRIÈRE)으로, 지중해가 제반 수준이 미약한 연안의 국가 혹은 도시를 다른 연안의 공간단위로부터 보호하는 장벽 역할을 하는 경우이다. ⑦은 사막호수모형(the schott model, CHOTT)이다. 교통과 통신의 발달로 시간과 공간이 지속적으로 축약되면 사막의 호수처럼 지중해의 역할이 사라지는 경우이다.[19]

브뤼네의 7가지 지중해 공간모형을 살펴보면, 마지막 사막호수모형을

19 정인철, 앞의 논문, 2003, 156~157쪽.

제외한 6가지 모형은 모두 지중해 주변 지역의 문화가 어떤 형태로든 지중해를 매개로 교류한다는 사실을 알 수 있다. 그것을 지중해의 문화적 상관성相關性이라 칭할 수 있거니와, 문화의 다양성과 상관성, 그리고 문화적 융합을 통한 문화권 형성은 지중해의 인문적 특성이라 할 수 있다. 그러한 특성을 가장 잘 보여주는 곳이 유럽지중해이다.

유럽지중해문명은 각기 독특한 성격을 가지고 있던 이집트문명, 에게문명, 페니키아문명의 만남에서부터 시작되어 그리스와 로마 시대에 기틀이 잡혔다. 특히 로마인들은 유럽지중해를 '우리의 바다mare nostrum'로 칭하며 약 500년간 지배하면서 그리스문명, 라틴문명, 오리엔트문명, 기독교문명 등 다양한 문화 요소들을 통합하여 융합문명을 만들어냈다. 그 후 이슬람세력이 유럽지중해를 지배하며 로마인이 이룩한 문명에 자신들의 문화를 곁들여 새로운 지중해 문화를 창조하였고, 근대 서구인들은 앞 시대의 다양한 문화를 바탕으로 근대 지중해 문화를 만들었다. 이처럼 수천년에 걸쳐 형성·발전한 유럽지중해문명은 늘 문화의 다양성과 상관성, 그리고 융합성과 통일성을 지향하는 특성을 가지고 있었다.

2. '동아지중해'와 황해

(1) 동아지중해론 검토

일반적으로 지중해라 하면 유럽지중해를 지칭하는 경우가 많다. 그러나 엄밀히 말하면 지중해는 라틴어에서 '가운데' 혹은 '사이'라는 의미를 가진 메디우스Medius와 '지구' 혹은 '땅'을 뜻하는 테라Terra의 합성어인 메디테라네우스mediterraneus에서 유래한 말로, '육지로 둘러싸인 바다'를 의미하는 보통명사이다. 이런 점에서 지구상에는 다양한 지중해가 존재할 수 있다. 여기서 다루는 '동아지중해' 역시 지중해의 보편적 의미를 전제로 한 개념임은 말할 것도 없다.

오늘날 동아지중해라는 말은 그렇게 생소한 용어가 아니다. 그럼에도 그 연원을 따져보면 사용된 지 30여 년밖에 되지 않은 신생용어라는 사실을 알 수 있다. 과문한 탓인지 모르지만, 동아지중해를 처음 학술용어로 사용한 사람은 일본의 고고 민속학자 고쿠부 나오이치國分直一가 아닌가 한다. 그는 타이완의 링춘성凌純聲이 아시아 대륙의 극동에서 일본열도를 거쳐 남쪽의 필리핀과 인도네시아로 이어지는 여러 섬으로 둘러싸인 바다를 아호지중해亞濠地中海로 상정하여 중국의 선사문화를 탐구한 것에서 힌트를 얻어, 오호츠크해, 동해(일본해), 동중국해, 남중국해를 각각 하나의 지중해로 설정하고 이것들을 통칭해 동아지중해라 하였다.[20]

고쿠부 나오이치는 동아지중해의 개념을 활용하여 동아시아 벼농사의 기원과 전파, 농경문화와 신앙, 일본열도 해민海民의 습속과 생활상 등을 고고 민속학적으로 탐구하였다. 뿐만 아니라 그는 난세이南西제도의 선사 및 고대문화와 민족이동 문제 등 고대 동아시아 해역 전반의 역사와 문화를 종합적으로 고찰하였다. 그러한 연구의 근저에는 동아시아 해양교류라는 전제가 깔려 있는데, 고쿠부 나오이치는 그것을 '동아시아지중해의 길東アジア地中海の道'이라 하였다.[21]

고쿠부 나오이치의 동아지중해 개념은 센다 미노루千田稔와 오가와 유헤이小川雄平에 의하여 발전적으로 계승되었다. 먼저 센다 미노루는 1996년부터 1998년까지 3년에 걸쳐 수행한 국제일본문화연구센터의 "동아시아지중해 세계의 문화권 성립 과정에 대한 연구"라는 공동연구에서 남중국해, 동중국해, 동해(일본해), 황해를 하나로 묶어 전체 해역을 일괄 동아지중해라 지칭하였다.[22] 그들의 연구 중에서 동아지중해 세계를 문화권과

20 國分直一, 『環シナ海民族文化考』, 慶友社, 1976, 20~22쪽.

21 國分直一, 『東アジア地中海の道』, 慶友社, 1995.

22 千田稔 編著, 『東アジア地中海考-海の古代史』, 角川書店, 2002, 7~12쪽.

관련해 다룬 논문들을 뽑아 엮은 것이 『바다의 고대사-동아시아지중해 고찰海の古代史-東アジア地中海考』이다. 이 책에서 센다 미노루를 비롯한 연구 참여자들은 중국 대륙과 일본열도로 둘러싸인 동아시아 해역 주변의 문화적 동질성, 곧 유사한 문화적 특색이 분포하는 공간의 문화권 형성 과정을 동아지중해 개념을 도입하여 역사적으로 고찰하였다.

반면 오가와 유헤이는 현대 동아시아의 에너지와 물류공동체 결성이라는 경제적 관점에서 동아지중해론을 제창하였다. 이것은 그가 일찍이 제기한 환황해경제교류권環黃海經濟交流圈을 더욱 확대시켜 고안한 이론으로, 동아시아 해역을 에너지의 효과적인 활용과 경제교류를 염두에 두고 환일본해교류권環日本海交流圈, 환황해교류권環黃海交流圈, 북회귀선교류권北回歸線交流圈으로 나누고 그것을 합쳐서 '동아시아지중해 경제교류권'이라 통칭하였다.[23]

오가와 유헤이가 제시한 동아지중해는 비록 세 권역으로 나누어져 있으나 해역의 범위는 센다 미노루가 설정한 동아지중해와 겹친다. 오가와 유헤이가 말한 환일본해교류권은 동해(일본해), 환황해교류권은 황해와 동중국해 북부, 북회귀선교류권은 동중국해 남부와 남중국해를 포괄하기 때문이다. 다만 센다 미노루는 고대 동아시아 문화권 형성이라는 관점에서 동아지중해를 설정하였으나, 오가와 유헤이는 현대 동아시아 경제교류권의 시각에서 동아지중해를 설정해 활용했다는 점에서 서로 차이가 있다. 어쨌든 이들은 동아시아 해역 일대를 동아지중해로 파악했다는 점에서 동일하다고 하겠다.

23 小川雄平, 『東アジア地中海經濟圈』, 九州大學出版會, 2006, 108~117쪽; 「東亞地中海經濟圈과 日韓海峽自由貿易圈構想」, 『季刊 地域社會』 33, 1999; 「環黃海經濟圈から擴大環黃海經濟圈へ-東アジア地中海經濟圈の提唱」, 『商經研究』 19-1, 2003, 69~78쪽; 「東北アジア海洋文化交流と東アジア地中海交流圈」, 『동북아시아문화학회 국제학술발표회 발표자료집』, 2007, 3~7쪽.

한편 한국에서는 윤명철尹明喆이 동아지중해의 개념을 설정하여 그것을 다방면으로 활용하였다. 윤명철이 동아지중해론을 본격적으로 제기한 것은 1994년이다. 그는 7세기 전후 고구려의 해양활동과 이를 통한 동아시아 질서 재편 과정을 고찰한 논문에서, 동아시아 해양활동의 무대인 황해, 동해, 동중국해를 일괄 지중해적 성격을 가진 동아지중해로 명명하였다.[24]

윤명철이 동아지중해의 개념을 설정한 데는 나름의 이유가 있었다. 그에 따르면, 동아시아의 중심부인 중국 대륙과 한반도, 그리고 일본열도 서부 지역은 바다를 매개로 정치·경제·군사적으로 직접적인 연관성 또는 상호 관련성을 가지고 복잡한 역학관계를 연출하며 각국과 관계를 맺었는데, 그러한 역할을 담당한 것이 바로 동아지중해라는 것이다. 따라서 종전의 일국사적一國史的인 연구의 한계를 보완하고 동아시아의 역사와 문화를 유기적으로 이해하기 위하여 동아시아 해양에 지중해적 성격을 적용할 필요가 있다고 하였다.

이처럼 윤명철은 중국 대륙과 일본열도로 둘러싸인 황해, 동해, 동중국해를 동아지중해로 설정하여, 동아지중해라는 틀 속에서 한국의 역사뿐만 아니라 동아시아의 역사와 해양문화의 특성을 파악하려고 시도하였다. 특히 그는 바다를 가운데 두고 바다 주변의 주민과 문화는 상호 영향을 주고받는다는 '환류環流시스템'이라는 개념을 만들어 동아지중해론을 보완하였다. 아울러 그는 황해를 특별히 강조하며, 황해는 동아지중해 중에서도 가장 지중해적 성격이 강한 지역이라 하였다.

윤명철은 동아지중해론을 선사시대부터 현대에 이르기까지 동아시아의 정치·군사·경제·문화적 상관성과 동아시아 문화의 특성을 설명하는 유용한 도구로 활용하였다. 그의 한국해양사 관련 논문과 저서를 일별하면,

---

24 윤명철, 「高句麗 末期의 海洋活動과 동아지중해의 질서재편-高隋戰爭을 중심으로」, 『國史館論叢』 52, 1994, 71~74쪽.

대부분이 황해를 포함한 동아시아 해역의 지중해적 성격과 해양환경, 즉 동아시아 해역을 통과하는 해류, 황해와 남해 연안 일대의 조류, 황해와 동중국해의 계절풍, 항해와 항로 등을 먼저 언급한 다음 본격적인 논의를 진행하였다. 그러면서도 그는 동아시아 해역의 해양환경을 일괄 동아지중해라는 틀 속에 넣어 전근대 동아시아의 역사와 문화를 파악하고 현대 동아시아의 국제관계와 경제체제 등을 전망하였다.[25]

1970년대 후반에 고쿠부 나오이치가 처음 제기한 동아지중해론은 오늘날까지 면면히 이어지고 있다. 그런데 동아지중해론을 자세히 살펴보면, 동아지중해의 범위에서부터 동아지중해론의 활용 방식 등이 논자마다 약간씩 다르다는 사실을 알 수 있다.

먼저 동아지중해의 범위에 대하여 고쿠부 나오이치는 오호츠크해, 동해(일본해), 동중국해, 남중국해를 통칭하여 동아지중해라 하였고, 센다 미노루와 오가와 유헤이는 고쿠부 나오이치가 제시한 해역 가운데 오호츠크해를 제외하고 대신 황해를 더한 바다를 동아지중해라 하였으며, 윤명철은 여기서 다시 남중국해를 뺀 나머지 해역, 곧 황해, 동해, 동중국해를 동아지중해 해역으로 설정하였다.

동아지중해의 범주를 각기 다르게 설정한 만큼이나 동아지중해론의 활용 방식도 달랐다. 고쿠부 나오이치는 선사 및 고대 중국 대륙과 일본열도 및 여러 제도諸島 사이의 문화교류를 민속학적으로 연구하는 데 동아지중해의 개념을 활용하였고, 센다 미노루는 동아시아 해역 주변의 문화권 형성 과정을 역사적으로 고찰하는 방편으로 동아지중해 개념을 원용하였다. 그리고 오가와 유헤이는 현대 동아시아의 광역 경제교류권 설정과 활용이

25 윤명철, 『바닷길은 문화의 고속도로였다』, 사계절, 2000; 『한민족의 해양활동과 동아지중해』, 학연문화사, 2002; 『장보고 시대의 해양활동과 동아지중해』, 학연문화사, 2002; 『한국해양사』, 학연문화사, 2003.

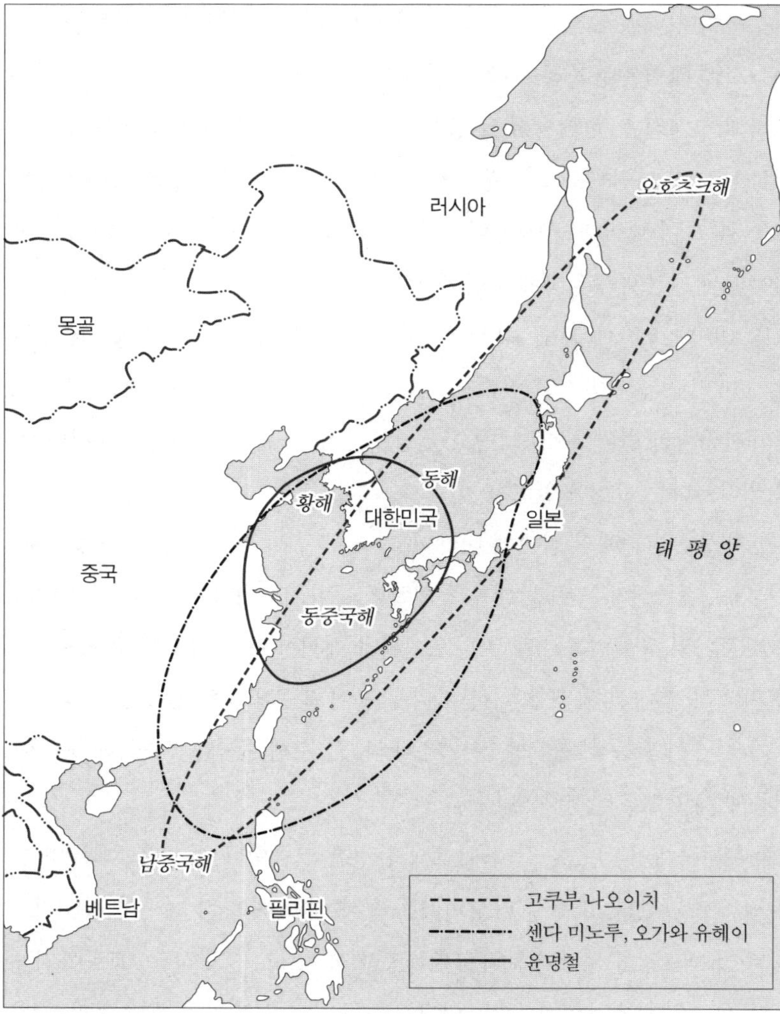

그림 1-5 동아지중해의 범위 구분

라는 측면에서 동아지중해를 상정하였고, 윤명철은 동아지중해의 중심에 위치한 한반도의 조정調停이라는 측면에서 한국고대사를 포함한 전근대 동아시아의 역사와 문화를 파악하고 현대 동아시아의 국제관계와 경제체제 등을 전망하는 데 유용한 모델로 활용하였다. 이처럼 해역 설정과 활용

방식이 각기 달랐으나, 대부분이 황해를 중심으로 한 동아시아 해역을 동아지중해로 인식하였다는 점은 매우 흥미롭다고 하겠다.

(2) 동아시아 속의 황해

동아지중해론이 동아시아의 국제교류와 교역, 그리고 문화권 형성을 설명하는 데 유용한 이론임에는 틀림없다. 그러나 막상 기존의 동아지중해론을 살펴보면, 해당 지역이 지리학 혹은 해양학적으로 과연 지중해의 지형에 해당하는가, 그것이 인문학적으로 지중해적 성격을 가지고 있는가 등에 대하여 심각하게 고민하지 않았음을 감지할 수 있다. 무엇보다도 중국 대륙과 일본열도 및 난세이제도로 둘러싸인 광대한 해역을 해양학적 측면에서 지중해로 볼 수 있을까가 문제이다.

지중해는 글자 그대로 육지로 둘러싸인 바다를 의미한다. 그러나 육지로 둘러싸인 바다라고 해서 모두 지중해가 될 수 없다. 전술하였듯이, 지중해는 다음과 같은 몇 가지 조건을 갖추어야 한다. 첫째, 전체적으로 육지로 둘러싸였으면서도 한두 곳의 좁은 통로를 통해 대양과 연결된다. 둘째, 바깥 바다와 통하는 해협의 폭이 안쪽 바다에 비하여 협소하다. 셋째, 대양의 해류가 침투하지 못함으로써 해류가 존재하지 않는다. 넷째, 염분 농도와 수온 차이로 인해 바닷물이 대양과 순환한다. 이처럼 지중해는 대양의 영향을 거의 받지 않는 독립된 바다이다.

그러나 기존에 설정한 '동아지중해'를 살펴보면, 앞에서 제시한 지중해의 지리적 요건을 충족시키지 못한다. 우선 동아지중해를 동해, 황해, 동중국해로 한정한다면, 북쪽과 서쪽은 중국 대륙으로 완전히 막혔고 동쪽은 일본열도가 태평양 연해 쪽을 막고 있다. 그리고 남쪽은 가고시마현鹿兒縣 오스미해협大隅海峽에서 서남쪽으로 뻗어나가 타이완해협까지 징검다리 모양으로 듬성듬성 이어지는 난세이제도가 태평양과 경계를 이룬다. 동아시아 지도를 보면 쉽게 알 수 있듯이, 난세이제도는 태평양으로부터 동중국해의 독립성을 전혀 보장할 수 없을 정도로 넓게 트여 있다. 따라서 동아지중해는 '사방이 육지로 둘러싸인 바다'인 지중해의 개념과 거리가 멀 뿐더러 한두 곳의 좁은 통로를 통해 대양과 연결되는 지중해적 지형과 어울리지 않는다.

동아지중해가 지리적으로 지중해의 기본 요건을 갖추지 못했기 때문에 그에 따른 다른 요인, 즉 해류의 존재 여부와 해수의 순환방식 역시 지중해의 조건과 어긋날 수밖에 없다. 동아시아 해역에는 쿠로시오해류가 흐른다. 쿠로시오해류는 태평양의 북적도해류北赤道海流가 서쪽으로 대양을 횡단하여 필리핀이나 타이완 부근에서 북쪽으로 꺾여 북동진하여 난세이제도를 지나 동중국해에 진입한 다음 일본열도를 따라 동쪽으로 흐르는 강력한 난류의 일종이다.

쿠로시오해류는 북상 중에 일본열도와 부딪치면서 한 갈래가 대한해협을 통과해 동해로 흘러드는 지류를 만들어 내는데 그것이 쓰시마해류이다. 동해에는 난류인 쓰시마해류 외에도 타타르해협 부근에서 러시아 연안을 따라 동해로 남하하는 리만한류가 흐른다. 정도의 차이는 있지만, 황해도 쿠로시오해류와 쓰시마해류의 영향을 일부 받는다. 이처럼 동중국해, 동해, 황해는 해류가 자유롭게 흐르고 그 지역의 바닷물은 염분의 농도 차이가 아니라 해류에 의해 순환된다. 이런 측면에서 이른바 동아지중해는 대양의 영향을 직접적으로 받는 '열린 바다'에 가깝다. 따라서 지리학·해양학적으로 '동아지중해'는 성립될 수 없다.

그러면 인문학적 측면에서 '동아지중해'의 설정은 가능한가? 지중해는 문화의 다양성과 상관성, 나아가 동일한 문화권을 만들어내는 특성을 가진다. 이러한 특성은 개방성과 폐쇄성을 동시에 가지는 지중해의 독특한 자연환경에 기인하거니와, 동아시아 해역에서도 일정 부분 그러한 특성을

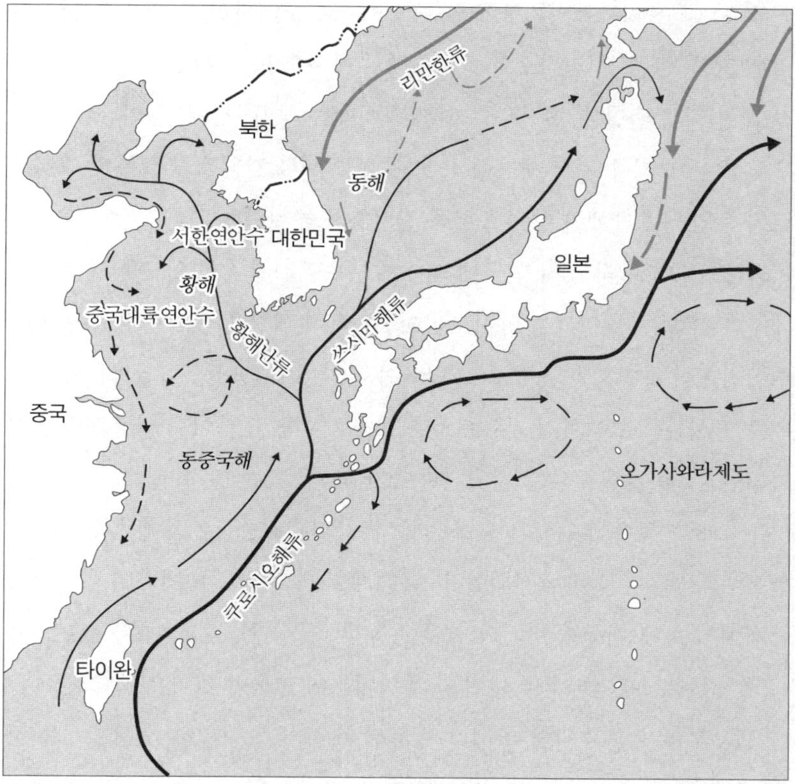

그림 1-6 동아시아 해역의 해류[26]

찾아볼 수 있다. 중국 대륙의 물질문명과 정신문화가 바다를 통해 동아시아 전역으로 퍼져나갔고, 한반도와 일본열도 사이에도 바다를 매개로 빈번한 문화교류가 이루어졌다. 뿐만 아니라 중국문명을 기반으로 한 한자문화권 혹은 유교문화권 역시 동아시아 해역을 매개로 형성되었다.

그렇다고 하여 '동아지중해' 전체가 문명교류의 장場으로서 적극적인 역할을 한 것은 아니었다. 동해는 서쪽과 북쪽이 한반도와 러시아 극동의

26 정진술, 『한국의 고대 해상교통로』, 한국해양전략연구소, 2009, 17쪽 〈도 1-5〉를 참고하여 새로 작성하였다.

연해주, 곧 프리모스키지구Primorsky Krai로 둘러싸였고, 동쪽과 남쪽은 일본열도가 있어 지리적으로는 지중해와 흡사하다. 고대부터 연해주와 한반도, 연해주와 일본, 한반도와 일본 사이에는 정치·경제·문화 교류가 이루어졌다. 그러나 특정 시기에 특정 목적을 위한 간헐적인 교류에 그침으로써 문명 상호간에 영향을 줄만큼 친밀도가 높지 못하였다.

최근의 고고학적 조사 연구에 의해, 9~12세기경 오호츠크해 연안의 연해주와 사할린 및 일본 홋카이도北海道 사이에 해상을 통한 문물교류가 이루어졌음이 확인되었다. 그리고 발해와 홋카이도 사이의 직접적인 문화접촉을 암시하는 고고학적 자료도 나오고 있다. 즉, 홋카이도 서남부의 이시카리만石狩灣을 마주보는 샤코탄반도積丹半島의 요이치정余市町 오가와大川유적과 그 동쪽에 인접한 오타루시小樽市 란토蘭島 D유적에서 대륙에 기원을 둔 각종 유물이 발견되었다. 특히 오가와유적의 10세기 수혈거주지 근처에서 발해 계통의 토기와 매우 유사한 흑색 단경호短頸壺가 출토되었다.[27] 이는 동해를 통해 두 지역 간에 직접적인 교류가 있었음을 말해준다.

각종 문헌을 통해서도 발해와 일본이 활발하게 교류한 사실을 확인할 수 있다. 7세기 후반에 신라가 삼국을 통일하고 곧이어 고구려의 옛 땅에 발해가 들어섬으로써 이른바 남북국시대가 개막되었다. 이에 신라와 발해는 일본과 외교관계를 맺고 서로 사절을 교환하였다. 발해는 총 34회의 사절을 일본에 파견하였고 일본은 15회의 견발해사遣渤海使를 보냈는데,[28] 양국의 사절단은 주로 동해를 통해 왕래하였다. 그럼에도 불구하고 발해와 일본의 교류가 두 지역에 문화접변을 일으킬 정도로 친밀한 것은 아니

27 小嶋芳孝, 「中國東北地方の渤海土器について-大川遺跡出土の黑色壺を考える」, 『1993年度大川遺跡發掘調査報告 V』, 北海島余市町教育委員會, 1994; 李基東, 「9~12世紀 韓國과 東아시아세계」, 『史學硏究』 88, 2007, 25쪽에서 재인용.

28 上田雄, 『渤海使の硏究(上)』, 明石書店, 2002, 237~612쪽; 上田雄·孫榮健, 『日本渤海交涉史』, 大興出版, 1990, 64~149쪽.

었다. 더욱이 동아지중해의 세 구역, 곧 동해·동중국해·황해 지역의 상호 교류는 거의 찾아보기 힘들다.

이상에서처럼 '동아지중해'는 지리학·해양학적으로 지중해가 아니다. 뿐만 아니라 지중해의 특성인 문화의 다양성과 상관성도 폭넓게 드러나지 않는다. 이런 점에서 동해, 황해, 동중국해를 아우르는 동아지중해는 지리적 '지중해'와 인문적 '지중해성地中海性'의 어느 것도 갖추었다고 할 수 없다. 따라서 굳이 동해, 황해, 동중국해를 하나의 해역으로 통칭하고자 한다면 동아지중해가 아니라 '동아시아 해역' 혹은 '동아시아 연해'로 칭하는 것이 온당할 듯싶다.

그런데 동아시아 해역에서 황해는 사정이 약간 다르다. 고대 중국 대륙과 한반도, 그리고 일본열도는 황해를 매개로 활발하게 교류하였다. 그러면서도 이들 지역에서는 각기 독자적인 문화를 창안해 유지·발전시켰다. 동아시아 삼국의 문화적 다양성과 상호 교류를 통한 문화의 상관성, 나아가 한자 혹은 유교를 공통요소로 한 동아시아 문화권의 형성은 모두 황해 교류를 통해 가능하였다. 이런 점에서 황해는 브뤼네의 지중해 공간모형 가운데 광원모형에 가깝다고 하겠다. 아무튼 동아시아 해역에서 황해는 지중해적 성격, 곧 인문적 지중해성을 가장 강하게 띠는 바다라 할 수 있다.

사실 황해는 지리적으로도 지중해와 유사한 면이 많다. 물론 황해 남쪽이 넓게 트여 있으므로 전형적인 지중해 지형과는 일치하지 않는다. 그럼에도 황해는 다른 해역에 비해 대양으로부터 해류의 영향을 덜 받는다. 쿠로시오해류는 동아시아 해역에 가장 영향을 많이 미치는 해류이다. 그런데 이 해류에서 갈라져 나온 쓰시마해류가 제주도 서쪽을 지나면서 일부가 나뉘어 황해로 유입되면서 황해난류가 된다. 그리고 북쪽에는 보하이만에서 중국 대륙을 따라 남하하는 중국대륙연안수와 한반도 서남해안을 따라 남하하는 서한연안수가 있다. 그러나 이들 해류는 흐름이 비교적 약해 황해 해수를 순환시키는 결정적인 요인이 되지 못한다. 황해 해수가 완전히 교환되는 데 2, 3년이 걸리는 것은 황해가 대양의 해류로부터 비교적 영향을 덜 받는다는 사실을 말해준다.

한편 황해는 주위 바다에 비하여 염분 농도가 매우 낮다. 황해를 둘러싼 육지의 강들이 모두 황해로 유입되는 것이 주요인이겠거니와, 특히 창장강과 황허강의 물이 불어나는 여름에는 염분 농도가 22‰까지 떨어진다. 반면 동중국해의 염분 농도는 지점과 계절에 따라 다소 차이가 나는데, 겨울에는 32.6~34.4‰로 연중 가장 높고 여름에는 28.0~32.4‰로 가장 낮다.[29] 그렇다면 황해의 저염분 해수가 상대적으로 고염분을 가진 동중국해의 물과 농도 차이로 자연적으로 순환할 수밖에 없다. 이는 지중해의 특성을 그대로 보여준다고 하겠다.

이처럼 황해는 지리적으로 뿐만 아니라 문화적으로도 지중해적 성격을 가지고 있는 바다이다. 다시 말하면 황해는 동아시아 해역 가운데 지중해적 성격을 가장 많이 가지고 있는 바다라 할 수 있다. 이런 점에서 황해를 준동아지중해semi-East Asian Mediterranean Sea 혹은 황해지중해Yellow sea Mediterranean라 해도 좋을 듯싶다.

29 장이현·김상우·고우진·야마다게이꼬·서영상, 「동중국해 북부해역 수온, 염분의 분포 변동 특성」, 『한국환경과학회 정기학술발표회 발표논문집』 16-1, 2007, 331~335쪽.

제2장

황해 개척과 진출

제1절 해양 개척과 황해 진출

한반도 동남쪽 내륙의 경주 분지에서 발상한 신라는 일견 해양과 무관하게 성장, 발전한 것으로 보일지도 모른다. 특히 초창기인 사로국斯盧國 시대에는 더욱 그러하다. 그러나 신라는 주위의 어느 나라 못지않게 바다로 활발히 진출하였고, 또 해양활동을 통해 국가 발전을 도모하였다. 6세기 신라의 중흥과 황해 진출, 7세기 한반도 통일왕조 수립과 신라 수군의 활동, 남북국시대 신라의 번영과 활발한 해양활동 등은 신라의 국가 발전과 해양 진출 사이에 상관관계가 있음을 말해 준다. 9세기 중엽 장보고張保皐가 황해를 중심으로 동아시아 해역을 장악하고 해상상업제국을 건설할 수 있었던 것은 삼국시대부터 꾸준히 진행된 신라의 해양 진출이 그 바탕이 되었을 것이다.

신라가 바다에 관심을 갖게 된 데는 여러 가지 이유가 있었겠으나, 무엇보다도 바다로부터 침입하는 해양세력의 도전挑戰에 대한 응전應戰의 필요성에서 비롯되었다. 다시 말하면 건국 초부터 나라의 존망을 위협하던 해양세력을 방어하기 위해 신라는 바다에 관심을 갖지 않을 수 없었다. 그 결과 신라는 해양세력에 성공적으로 대응하였고, 나아가 이를 기반으로 점차 적극적으로 해양 진출을 도모하였다.

신라의 해양 진출은 동해, 남해, 황해의 세 방향으로 순차적으로 추진되었다. 그 가운데 신라가 황해 진출을 통하여 중국과 자유롭게 통교한 사실은 신라사뿐만 아니라 한국사의 전개 과정에서도 매우 중요한 의미를 갖는다. 그럼에도 종전에는 신라의 해양활동에 별로 관심을 갖지 않았다.[1] 그것은 신라가 한반도 동남쪽에 치우쳐 있어 바다로의 진출이 용이하지 않았으리라는 막연한 선입견과 해양 관련 유적과 유물, 그리고 문헌자료가 별로 남아있지 않기 때문이었다.

그러나 해양과의 관련성을 염두에 두고 신라의 발전 과정을 살펴보면, 의외로 다양한 자료를 발견할 수 있다. 이 절에서는 해양에 관한 여러 자료를 최대한 활용하여 신라가 해양을 개척하고 진출하는 과정을 모색기와 진출기로 나누어 고찰하고자 한다.

1 신라의 해양활동에 관한 연구는 고구려나 백제에 비해 적은 편이 아니다. 그러나 대부분 張保皐가 활동하던 9세기 전후를 대상으로 했고, 삼국시대의 해양활동에 관해서는 다음에 제시한 몇 편의 논문밖에 없다. 본서에서는 이들 논문을 참고하여 신라의 황해 개척과 그 의미를 새롭게 정리하였다.

權悳永, 「三國時代 新羅의 海洋進出과 國家發展」, 『STRATEGY 21』 vol.2-2(통권 4호), 한국해양전략연구소, 1999, 200~225쪽; 「南北國時代 신라 황해경영의 기반」, 『史學硏究』 58·59 합집, 1999, 337~354쪽; 「신라의 황해개척과 바다 경영」, 『대외문물교류연구』 9, 해상왕장보고연구회, 2010, 9~50쪽; 임동민, 「신라 上代 국가발전과정의 해양사적 고찰-해양력과 국력의 유기적 관계를 중심으로」, 『STRATEGY 21』 vol.12-2(통권 24호), 한국해양전략연구소, 2009, 7~54쪽.

1. 해양 개척의 모색

(1) 해양세력의 도전

동서양을 막론하고 초기 국가는 대내외적으로 끊임없는 갈등과 투쟁의 시련을 겪으면서 성장, 발전하였다. 신라도 예외가 아니어서, 내적으로는 왕국 건설에 따른 유력 집단 사이의 알력과 계층 간의 대립을 극복하며 발전하였고, 외적으로는 주변 국가들의 끊임없는 침략에 시달리며 국력을 키워나갔다. 다시 말하면 신라는 내부의 갈등과 외부의 침략에 성공적으로 대응함으로써 국가의 존속과 발전이 가능하였다.

신라 초기 외부 도전세력 중의 하나는 왜倭로 지칭되는 해양세력이었다. 『삼국지三國志』(권30) 위서魏書 동이전東夷傳 왜조倭條에서 언급하고 있듯이, 왜는 한반도 동남쪽 도서, 곧 지금의 일본열도에 분거하고 있던 종족으로 주로 어로 활동에 종사하였다. 그리고 이들이 살던 땅은 토질이 척박하여 물산이 풍부하지 못하였기 때문에 배를 이용해 종종 이웃 지방과 교역하거나 그들을 약탈하였다.[2] 왜의 교역과 약탈의 대상 가운데 하나가 바로 신라였다.

왜의 신라 침략은 혁거세왕赫居世王 때부터 시작되었다. 『삼국사기』 신라본기에 의하면, 혁거세왕 8년(기원전 50)에 왜인이 군사를 움직여 변방을 침범하려다가 물러갔고, 남해왕 11년(14)에는 100여 척의 병선兵船을 타고 와서 바닷가의 백성들을 노략질했다고 한다. 그 후 왜는 지증왕 원년(500)까지 30여 차례에 걸쳐 신라를 침범하여 신라 백성을 약취하거나 민호를 불태우는 등의 약탈을 자행하였다. 특히 왜는 조분왕 3년(232), 흘해왕 37년(346), 나물왕 38년(393), 눌지왕 28년(444), 자비왕 2년(459)에 신라의 왕도王都에까지 침입하여 왕이 거주하던 금성 혹은 월성을 포위하였

2 『三國志』 권30, 魏書 東夷傳 倭.

그림 2-1 광개토왕릉비 탁본(일부)

다. 그리고 『삼국사기』에는 보이지 않으나 현재 중국 지린성吉林省 지안현集安縣에 있는 광개토왕릉비에, 신라가 왜의 침략을 받아 존망의 위기에 처했던 사실이 생생하게 묘사되어 있다.[3]

물론 『삼국사기』 신라본기 초기 기록의 사료적 신빙성 문제와 거기에 등장하는 왜의 실체에 관해서는 가야加耶의 왜 또는 한인왜韓人倭 등 여러 가지 견해가 있다.[4] 왜의 실체가 어떠하였든, 『삼국사기』 초기 기록에 등

3 광개토왕릉비에 의하면, 왜가 침입하여 城池를 부수고 신라를 복속하려 했으므로 永樂 9년(399)에 신라 나물왕이 고구려에 사신을 보내 구원을 청하자 다음 해에 광개토왕이 5만 명의 군사를 보내 구원하였는데, 그때 왜가 신라 도성에 가득했다고 한다.

4 三品彰英는 『삼국사기』 신라본기 기사 가운데 나물왕 이전을 전설시대라 하여 혁거세왕부터

장하는 왜는 바다를 통해 신라에 침입하여 인민과 재물을 약탈하던 해적 혹은 해양집단이었음은 부정할 수 없다.[5] 이런 점에서 해양세력 왜는 당시 신라를 위협하던 가장 강력한 외부 도전세력이었다고 하겠다.

사실 왜 외에도 상고기에 신라를 위협한 외부세력으로는 고구려, 백제, 말갈 등이 있었다. 그러나 이들은 모두 신라 중심지로부터 멀리 떨어진 지역에서 분쟁을 일으키는 데 그쳤고, 왕성 부근까지는 접근하지 못하였다. 반면 왜는 바닷길을 이용하여 신속하게 침공해 왔으므로 신라가 미리 대비할 겨를도 없이 수차례에 걸쳐 신라 왕성이 함락될 위기에 처하였다.

왜의 침입에 대하여 신라는 화전和戰 양면책을 구사하였다. 즉, 신라는 때로 왜와 화친을 맺고 사신을 교환하거나 왜의 혼인 또는 인질 요청을 받아들이면서 한편으로는 그들과 맞서 싸워 패주敗走시켰다. 심지어 왜의 빈번한 침입에 고심하던 유례왕과 실성왕은 군사를 보내 왜의 본거지를 공격하려고 하였다.[6]

신라는 왜의 침입 외에도 바다를 통해 이주해 온 세력들의 도전을 받았다. 호공瓠公과 탈해脫解 집단이 대표적이다. 호공은 원래 왜인이었는데, 처음에 박을 허리에 매고 바다를 건너 신라에 왔다고 한다.[7] 그는 혁거세왕 38년(기원전 20)에 마한에 사신으로 파견되었고, 탈해왕 2년(58)에 대보大輔가 되었으며, 동왕 4년에 시림始林에서 알지의 탄생을 처음 목도하고

나타나는 왜의 신라 침공 사실 자체를 부정하였다(三品彰英, 『日本書紀朝鮮關係記事考證(上)』, 吉川弘文館, 1962). 그러나 많은 사람들은 『삼국사기』 신라본기 초기 기사의 불완전성을 인정하면서도 거기에 등장하는 왜를 역사적 실체로 받아들이고 있다. 『삼국사기』 신라본기에 등장하는 왜의 성격에 대해서는 田中俊明, 「三國史記にみえる'倭'關係記事について」, 『歷史公論』 8-4, 1982; 강종훈, 「三國史記에 보이는 倭의 성격」, 『광개토대왕비와 한일 관계』, 경인문화사, 2005, 185~226쪽 참조.

5 旗田巍, 「三國史記新羅本紀にあらわれた'倭'」, 『日本文化と朝鮮』 2, 1975; 井上秀雄 외 지음, 김기섭 편역, 『고대 한일관계사의 이해-倭』, 이론과 실천, 1994, 107~118쪽.

6 『三國史記』 권2, 儒禮尼師今 12년; 같은 책 권3, 實聖尼師今 7년.

7 『三國史記』 권1, 赫居世居西干 38년.

왕에게 아뢰었다. 그리고 호공은 양산楊山 아래 지금의 반월성 자리에 거주하다가 탈해의 꾀에 속아 집을 빼앗겼다고 한다.

호공이 왜인이었고 바다를 통해 신라에 도래하였음은 그가 해양계 이주민이었음을 말해준다. 그런데 그는 혼자 신라에 온 것이 아니라 한 무리의 주민들과 동행했을 가능성이 많다. 호공이 국정을 총괄하는 대보에 임명되었고, 길지吉地라 할 수 있는 반월성 자리에 거주할 수 있었던 배경에는 그가 이끄는 도래인 집단이 큰 힘이 되었음 직하다. 호공을 중심으로 한 해양계 주민의 신라 이주는 토착 신라인들에게 어떤 형태로든 경계의 대상이었고 또 하나의 도전세력이었을 것이다.

호공 집단이 신라에 도래한 얼마 후 탈해가 바다를 통해 신라에 이주해 왔다. 『삼국사기』와 『삼국유사』 등의 기록에 의하면, 탈해는 원래 왜국의 동북쪽 천 리 떨어진 곳의 다파나국多婆那國[8] 혹은 용성국龍城國에서 태어났는데, 그 출생이 상서롭지 못하여 버림을 받고 바다를 떠다니다가 금관국金官國을 거쳐 신라 아진포阿珍浦에 도착했다고 한다.[9] 탈해 설화에서 언급하듯이, 탈해 역시 노비를 포함한 일단의 무리를 거느리고 신라에 도래하였다.

당시 그들은 선진 기술인 야금冶金과 제철기술을 가지고 있었다. 탈해가 호공의 집을 꾀로 빼앗는 과정에서 '자신들은 본래 대장장이었다'고 한 말에서 그러한 사실을 알 수 있다.[10] 제철기술을 소지한 해양세력인 탈해 집

8 다파나국의 위치에 관해서는 음이 비슷한 일본의 但馬(たじま)國 혹은 玉名(たまな)郡으로, (三品彰英, 『三國遺事考證(上)』, 塙書房, 1975, 490쪽) 또는 서역에 있던 小國(姜仁求, 「新羅王陵의 再檢討(2)-脫解王陵」, 『尹武炳博士回甲紀念論叢』, 통천문화사, 1984, 307~308쪽)으로 비정한다. 그리고 탈해 집단을 흉노족의 일파로 보기도 한다(千寬宇, 『古朝鮮史 · 三韓史硏究』, 일조각, 1989, 281~283쪽). 탈해의 출신지가 어느 곳이었든, 그는 배를 타고 바다를 통해 신라에 도래하였으므로 그를 해양세력으로 파악하는 데는 문제가 없다.

9 『三國史記』 권1, 脫解尼師今 1년; 『三國遺事』 권1, 脫解王.

10 『三國遺事』 권1, 脫解王.

단은 신라에 이주한 이후 토착세력에 협력함으로써 금관국에서 이루지 못한 왕위의 꿈을 실현하였다. 즉, 탈해는 남해왕의 사위로서 대보가 되어 군무와 국정을 통괄하다가 유리왕을 이어 왕위에 올라 24년간 재위하였다. 이처럼 바다를 통해 이주해 온 탈해 집단은 신라의 왕권을 장악할 정도로 강력한 도전세력이었다.

일찍이 영국의 문명사가 토인비Arnold J. Toynbee는, 하나의 문명은 생존을 위협하는 도전challenge에 성공적으로 응전response하여 그것을 극복할 때 비로소 발생하고 발전할 수 있다고 하였다. 신라의 해양 진출사도 마찬가지였다. 신라는 국초부터 해양세력인 왜의 침입과 해양 이주민들의 도전을 끊임없이 받아왔다. 이에 신라는 해양세력의 도전에 보다 효과적으로 응전하기 위하여 해양 진출을 모색하지 않을 수 없었다.

(2) 해양 진출의 기반

건국 초부터 계속된 해양세력의 도전으로 바다에 관심을 갖게 된 신라는 5, 6세기 정치체제의 정비와 경제 발달의 기반 위에서 점차 바다로 진출하였다. 신라는 나물왕 때에 이르러 김씨가 왕위를 독점적으로 세습하게 되었고, 눌지왕 때에 부자상속제를 확립함으로써[11] 왕실의 분쟁을 최소화하였다. 그리고 자비왕대의 방리명坊里名 획정, 소지왕대의 우역郵驛 설치와 시장 개설 등을 통하여 국내 지배체제를 강화해 나갔다. 그 후 중고기에 들어와 신라는 체제 정비에 더욱 박차를 가하여, 중앙과 지방의 통치체제를 완비함으로써 명실상부한 중앙집권적 귀족국가의 면모를 갖추었다. 신라의 해양 진출은 이러한 통치체제의 정비와 그에 따른 정치·사회적 안정 위에서 가능하였다.

11 李基東, 「新羅 奈勿王系의 血緣意識」, 『歷史學報』 53·54 합집, 1972; 『新羅 骨品制社會와 花郎徒』, 일조각, 1984, 74쪽.

그림 2-2 〈논갈이〉(김홍도, 국립중앙박물관 소장)

중고기는 정치적으로 뿐만 아니라 경제적인 측면에서도 주목할 만한 시기였다. 4~6세기 신라에서는 철제 U자형 따비와 보습, 괭이와 낫 등의 농기구가 보급되어 농업생산력이 획기적으로 증가하였다.[12] 게다가 지증왕 3년(502)에 농사를 장려하는 왕명을 내리고 우경법牛耕法을 실시함으로써 농업 발전에 커다란 계기를 마련하였다. 또한 이즈음 수리 사업이 활발히 진행되었는데, 이는 당시 수전농업水田農業이 급속히 보급되고 있었음을 말해준다.[13]

12 전덕재, 「4~6세기 농업생산력의 발달과 사회변동」, 『역사와 현실』 4, 1990, 16~50쪽; 『한국고대사회경제사』, 태학사, 2006, 85~99쪽; 李賢惠, 『韓國 古代의 생산과 교역』, 일조각, 1998, 133~174쪽.

13 李春寧, 『李朝農業技術史』, 한국연구원, 1964, 15~18쪽; 전덕재, 앞의 책, 2006, 140~141쪽.

철제 농기구의 보급과 우경법의 실시, 그리고 수전농업의 확산 결과 단위면적당 수확량, 곧 농업생산력이 획기적으로 증대되었다. 이에 따라 잉여생산물이 생기게 되고, 나아가 이를 교환하는 유통체계가 필요하였다. 신라는 소지왕 12년(490)에 처음으로 시장을 열어 재화를 유통시켰고,[14] 지증왕 10년(509)에는 왕경에 동시東市를 개설하고 또 이를 관리하기 위하여 동시전東市典을 설치하였다.[15] 이는 4~6세기 농업생산력 증대의 당연한 결과라 할 수 있다.

정치체제 정비와 경제 발달의 기반 위에서 신라는 해양 진출을 위한 준비를 구체적으로 진행하였다. 첫 번째의 가시적인 조치는 자비왕 10년(467)의 전함戰艦 수리 사업이었다.[16] 자비왕대 초에 왜가 100여 척의 배를 타고 신라를 침범하여 월성을 포위하였고, 활개성活開城과 삽량성歃良城에 침입하여 백성들을 붙잡아가는 등 왜구의 노략질이 극성을 부렸다. 자비왕대의 전함 수리는 이러한 대규모 전란을 겪고 난 이후, 장차 있을 왜의 침입에 대비하기 위한 조치였던 것으로 보인다. 따라서 그것은 국력을 기울인 역사役事였음이 틀림없다.

당시 전함의 크기와 모양, 그리고 선단의 규모는 알 수 없으나, 어떤 형태로든 선박 수리소와 그것을 관장하는 관리 내지 관청이 존재했을 것이다. 『삼국사기』에서는 그러한 관서를 막연히 '유사有司'라 표현하였는데, 여기서의 '유사'는 선박 수리와 제작을 관장하던 관청이었음이 분명하다. 그러므로 신라는 늦어도 자비왕대에 미숙하나마 선박 관련 관서를 설치, 운영했다고 하겠다.[17]

---

14 『三國史記』 권3, 炤知麻立干 12년.

15 『三國史記』(권4) 新羅本紀에 의하면, 智證王 10년 정월에 東市를 설치하였고, 같은 책(권38) 雜志 職官(上)에서는 동왕 9년에 東市典을 설치했다고 한다. 이는 시장 개설에 앞서 담당 관서를 1년 앞서 만들었음을 말해준다.

16 『三國史記』 권3, 慈悲麻立干 10년.

17 張學根은 자비왕 10년의 戰艦 수리를 계기로 종래 신라의 倭에 대한 수세적 방어 자세가 공세

두 번째 조치는 지증왕 6년(505)에 선박 이용에 관한 제도를 정한 일이었다.[18] 신라사의 전개 과정에서 지증왕대는 획기적인 시기였다. 순장 금지, 우경법 보급, 국호와 상복법喪服法 제정, 지방제도 획정 및 군주軍主 설치 등 지증왕대에 행해진 일련의 제도 정비를 통하여 신라는 바야흐로 도약의 기틀을 마련하였다. 선박 이용에 관한 제도 역시 그러한 전반적인 제도 정비의 일환으로 행해졌다.

지증왕 6년에 제정한 선박 이용에 관한 제도에는, 추측컨대 종전보다 튼튼하고 안전한 선박 제조기술과 항해술의 개발 등과 관련한 내용이 포함되어 있지 않았을까 한다. 선박 이용에 관한 제도를 정한 7년 후인 동왕 13년(512)에 이사부異斯夫가 우산국을 정벌했다는 점에서 그러한 사실을 추정할 수 있다.[19] 당시 하슬라주何瑟羅州 군주였던 이사부가 명주溟州(지금의 강원도 강릉)에서 전함을 이끌고 동쪽으로 약 160km 떨어진 우산국까지 항해하여[20] 그들을 정복하고 무사히 귀환하기 위해서는 상당한 규모의 선박과 항해술이 필요했을 것이기 때문이다. 다시 말하면 이사부의 우산국 정벌은 원양항해를 통해서만 가능하였는데, 원양항해는 선박의 대형화와 항해술의 발달이 수반되지 않고는 불가능하다. 따라서 선박 이용에 관한 제도는 신라의 조선술造船術과 항해술을 한 단계 끌어올리는 계기가 되었다고 하겠다.

법흥왕 4년(517)의 병부兵部 설치는[21] 신라 해양 진출의 또 하나의 계기

적 자세로 전환되었다고 하였다(張學根, 『韓國 海洋活動史』, 해군사관학교 박물관, 1994, 32~33쪽).

18 『三國史記』 권4, 智證麻立干 6년.

19 『三國史記』 권4, 智證麻立干 13년 6월; 『三國遺事』 권1, 智哲老王.

20 『三國遺事』(권1) 智哲老王條에 의하면, 阿(何)瑟羅州에서 于陵島까지 순풍을 받고 항해하면 2일이 걸린다고 하였다.

21 신라의 兵部 설치 시기에 대하여 『三國史記』(권4) 新羅本紀에는 법흥왕 4년이라 하였고, 같은 책(권38) 雜志 職官(上)에는 동왕 3년이라 하여 1년의 차이가 난다. 본서에서는 신라본기

를 마련해 주었다. 앞에서 언급하였듯이, 태생적으로 해양과 거리가 멀었던 신라가 바다에 관심을 갖게 된 것은 왜의 침입에 당면한 군사적 목적에서였다. 그러므로 해양과 선박에 관한 사항은 당연히 군사체계 속에 포함되었을 터인데, 병부가 설치되기 이전의 해양과 선박에 관한 업무를 포함한 전반적인 군무軍務는 통일성 있는 정책 수립과 실행에 어려움이 있었을 것이다. 그런데 법흥왕 때 군사권을 일률적으로 통괄하는 병부를 설치함으로써 신라의 해양정책도 보다 체계적이고 통일적으로 운용될 수 있었으리라 생각된다.

이러한 과정을 거쳐 신라는 진평왕 5년(583)에 선박과 해양에 관한 업무를 전담하는 선부서船府署를 설치하였다.[22] 선부서는 선박의 운항을 총괄하던 관청으로, 거기에는 대감大監과 제감弟監 각 1명이 배속되어 있었다. 그러나 이때의 선부서는 독립된 관청이 아니라 이전의 전통을 이어받아 병부에 소속되었으므로 어디까지나 군사적 업무를 주로 담당하였을 것이다.[23] 그러므로 병부 내의 선부서에 소속된 대감과 제감은 신라의 수군水軍을 총괄하는 우두머리였다고 하겠다. 선부서의 상하 배속 관계가 어떠하였든, 진평왕대 선부서의 설치는 신라 해양개척사에서 획기적인 사건이었다고 할 수 있다.

신라는 삼국통일전쟁을 겪으면서 수군의 중요성과 바다에 대한 관심이 더욱 높아졌다. 660년에 소정방蘇定方이 이끄는 당나라 13만 수군의 위용을 목도하고 바다의 중요성을 절감했음인지, 문무왕 3년(663)에 선부서에 경卿 2명을 두어 선부서를 개편하였다.[24] 이는 종전에 군사적 목적에서 선

에 따라 병부의 설치 시기를 법흥왕 4년으로 간주한다(李文基, 『新羅兵制史研究』, 일조각, 1997, 314~315쪽).

22 『三國史記』 권4, 眞平王 5년.

23 井上秀雄, 『新羅史基礎研究』, 東出版, 1974, 275쪽; 李文基, 앞의 책, 1997, 318~319쪽.

24 『三國史記』 권38, 職官(上) 船府.

부서를 통괄하던 대감과 제감을 대신하여 중앙 관서의 차관인 경을 설치한 것으로, 종전에 군사적인 업무에 한정되었던 선부서가 비군사적인 일까지 포함한 모든 선박과 해양 관련 업무를 맡게 된 것을 의미한다. 그렇다면 이때 선부서에 경 2명을 설치한 것은 병부로부터 선부서의 독립을 예고하는 관제 개편이었던 셈이다.[25]

고구려 정벌과 나당전쟁을 마무리한 문무왕은 동왕 18년(678)에 종전의 선부서를 병부로부터 완전히 독립시켜 명칭을 선부船府라 하고, 영令 1명, 경 2명, 대사大舍 2명, 사지舍知 1명, 사史 8명의 관원을 두었다.[26] 당시 당과 일본에도 각각 주즙서舟檝(楫)署와[27] 주선사主船司가[28] 있어 선박 운항에 관한 업무를 관장하였다. 그러나 이 관청들은 각각 도수감都水監과 병부성兵部省에 소속된 부속 관서였다. 이에 비하여 신라의 선부는 중앙의 조부調府와 예부禮部 등에 버금가는 독립된 일급 관청이었다. 이러한 사실은 신라의 선부가 당과 일본의 동일 관청에 비하여 상대적으로 지위가 높았고, 그 역할도 보다 광범위하고 다양하였음을 암시한다.

이처럼 문무왕 18년에 설치한 선부는 그 지위가 여타 중앙의 일급 관청과 동일하게 격상됨으로써 명실상부한 신라의 선박과 해양 업무를 총괄하는 관서가 되었다. 그 후 선부는 경덕왕 때 일시적으로 이제부利濟府로 이

『日本書紀』(권27) 天智 2년조에 의하면, 왜의 백제 구원군이 軍船 수백 척을 이끌고 663년 8월에 白江에 도착하여 나당연합군과 싸웠으나 크게 패했다고 하는데, 이는 문무왕이 선부서를 개편한 시기와 같은 해이다. 만약 卿 2명을 두었던 선부서의 개편 시기가 문무왕 3년(663) 8월 이후였다면, 왜의 백제 구원군 파견 역시 선부서 개편의 계기가 되었음 직하다.

25 李文基는 문무왕 3년에 선부서의 大監이 卿으로 바뀐 것을 '병부의 屬司的인 성격이 점차 약화되어가는 것'으로 파악하였다(李文基, 앞의 책, 1997, 319쪽).

26 『三國史記』 권38, 職官(上) 船府.
최근에 고경석은 문무왕 18년의 船府 설치를 '삼국통일 후 신라의 수군 활동이 감소한 반면 조운과 해상교역활동의 비중이 증가한 데 따른 조치였을 것'으로 추정하였다(고경석, 「신라 수군의 변화 과정 연구」, 『대외문물교류연구』 8, 해상왕장보고연구회, 2009, 25~26쪽).

27 『大唐六典』 권23, 舟檝署; 『舊唐書』 권44, 職官(3) 都水監.

28 『令集解』 권4, 職員令 主船司.

름이 변경되고 관원의 증감이 있었으나[29] 관부의 기본 성격에는 변함이 없었다. 따라서 해양 경영을 위한 신라의 제도적 장치는 문무왕 18년에 완비되었고, 이때 설치된 선부를 기반으로 하여 8, 9세기 신라의 활발한 해양 활동이 전개되었다.

2. 황해 진출 과정

(1) 동해와 남해 진출

신라의 해양 진출은 동해로부터 시작하여 남해, 황해로 이어졌다. 동해는 왜의 침입과 해양 주민들의 진입 통로였으므로 신라는 일찍부터 동해 진출에 관심을 보였다. 신라가 동해로 진출하기 위한 우선적인 과제는 국도國都 동남쪽에 산재해 있는 소국들을 병합하는 일이었다.

신라가 주위의 소국을 정복하기 시작한 것은 탈해왕 때부터였다. 『삼국사기』(권44) 거도전居道傳에 의하면, 탈해왕을 섬기던 거도가 마기馬技[30]라는 말달리기 오락을 빙자하여 우시산국于尸山國과 거칠산국居柒山國을 멸망시켰다고 한다. 이 기사에 보이는 우시산국은 지금의 울산광역시 울주군 웅촌면에 비정되고, 거칠산국은 부산광역시 동래구에 해당한다.[31] 그러므로 신라는 경주 동남쪽 진출을 시발로 하여 영역국가로 발전해나갔다고 하겠다.

탈해왕을 이은 파사왕은 종전에 비해 더욱 활발하게 정복활동을 벌였다. 파사왕 23년(102)에 신라가 음즙벌국音汁伐國(지금의 경북 경주시 안강읍 남쪽)을 정벌하자 실직국(지금의 강원도 삼척시)과 압독국(지금의 경북 경산

29 『三國史記』 권38, 職官(上) 船府.

30 종래의 모든 『三國史記』 판독본에서는 '馬技'를 '馬叔'으로 읽었으나, 본서에서는 鄭求福 등이 교감한 『譯註 三國史記 1-勘校 原文篇』(한국정신문화연구원, 1996, 423쪽)에 의거하여 馬技로 읽는다.

31 鄭求福 外, 『譯註 三國史記 4-주석편(하)』, 한국정신문화연구원, 1997, 696쪽.

시)이 스스로 항복해왔고, 동왕 29년(108)에는 비지국比只國(지금의 경북 경주시 안강읍),[32] 다벌국多伐國(지금의 경북 포항시 북구 흥해읍), 초팔국草八國(지금의 경북 포항시 북구 기계면)을 병합하였다.[33] 그리고 정확한 연대는 알 수 없으나, 파사왕은 굴아화촌屈阿火村(지금의 울산광역시 울주군 범서면)도 병합했다고 한다.[34]

이들 가운데 압독국을 제외한 소국은 모두 경주의 동쪽과 동북쪽 혹은 동남쪽의 동해 방면에 있던 나라들이다.[35] 신라 초기의 정복활동이 주로 경주의 동쪽과 동남쪽에 치우쳤던 것은 신라의 동해 진출과 무관하지 않다. 신라는 동해와 동남해로부터 밀려드는 해양세력의 도전을 받으며 성장, 발전하였으므로 나라 동쪽에 관심을 갖지 않을 수 없었다. 그 결과 탈해왕 때 우시산국과 거칠산국의 병합을 시작으로 파사왕 때에 이르러 동쪽의 모든 소국들을 병합하게 되었다.

파사왕 때 신라의 영역이 동해까지 미침에 따라 신라는 동해로 진출할 수 있는 영토상의 여건이 마련되었다. 그렇다고 하여 2, 3세기에 이미 신라가 동해를 통한 해양 진출을 시작한 것은 아니었다. 한 국가가 해양으로

32 千寬宇는 비지국을 경북 경주시 안강읍 지역에 있던 음즙벌국과 서로 10리 정도 떨어진 집단이었거나 아니면 동일집단의 異稱이라 하였다. 반면 鄭求福과 李永植은 비지국을 경남 창녕으로 비정하였다.
千寬宇, 앞의 책, 1989, 293쪽; 鄭求福 外, 『譯註 三國史記 4-주석편(하)』, 한국정신문화연구원, 1997, 383쪽; 李永植, 「新羅와 加耶諸國의 戰爭과 外交」, 『新羅의 對外關係史 硏究』, 신라문화제학술발표회논문집 15, 1994, 103~104쪽.

33 『三國史記』 권1, 婆娑尼師今 23년 및 29년.
한편 李丙燾와 鄭求福은 多伐國과 草八國을 각각 지금의 대구광역시와 경남 합천군 초계면으로 비정하였다(이병도, 『國譯 三國史記』, 을유문화사, 1977, 17쪽; 鄭求福 外, 『譯註 三國史記 3-주석편(상)』, 한국정신문화연구원, 1997, 51쪽).

34 『三國史記』 권34, 地理(1) 良州 臨關郡.

35 宣石悅은 신라 초기의 소국 정복 기록을 연대순으로 보면 ① 동남 해안 방면, ② 동해안 방면, ③ 낙동강 중류 방면, ④ 남해안 방면, ⑤ 경북 내륙 방면으로 이어지는 특징이 있음을 지적하였다(宣石悅, 『新羅國家成立過程硏究』, 혜안, 2001, 130쪽).

진출하기 위해서는 정치적 안정에 기반을 둔 제도 정비와 경제 발달, 그리고 해양 기술이 축적되어야만 한다. 그러나 4, 5세기까지 신라는 아직 이러한 조건들을 충족시킬 정도로 발전하지 못하였다. 끊임없이 왜의 침입에 시달리던 신라가 유례왕 12년(295)과 실성왕 7년(408)에 바다를 건너 왜의 본거지를 토벌하려 했으나 끝내 실행하지 못한 것은[36] 당시 해양으로 진출할 수 있을 정도의 사회적 기반을 갖추지 못했음을 의미한다.

신라가 동해로 진출할 수 있는 여건이 충족된 것은 대략 6세기를 전후한 시기였다. 특히 지증왕 때 우경법 실시를 통한 농업생산력의 증대와 선박 이용에 관한 제도의 제정, 동시東市 개설을 통한 유통경제의 활성화, 그리고 각종 제도 정비는 신라의 해양 진출을 가능하게 하였다. 이러한 정치·경제적 기반 위에서 신라는 지증왕 때부터 본격적으로 해양으로 진출하였다.

신라의 동해 진출에 있어서 상징적인 사건은 이사부의 우산국 정벌이다. 이사부의 우산국 정벌에 관해서는 『삼국사기』와 『삼국유사』에 자세히 서술되어 있거니와, 그는 지증왕 13년(512)에 나무로 만든 사자를 전함에 싣고 우산국을 위협해 항복을 받아냈다고 한다.[37] 그러나 이사부가 우산국을 정벌할 수 있었던 것은 단순히 사자로 위협했기 때문이 아니라, 실제로는 신라 수군의 무력시위 혹은 위용 때문이 아니었을까 한다. 우산국 사람들이 두려워 맞서지 못하고 항복할 정도의 무력시위였다면, 이사부의 수군은 당시로서는 보기 드문 대형 전함과 잘 훈련된 군사들로 구성되었을 것으로 추정할 수 있다. 따라서 6세기의 신라는 대형 전함을 건조할 수 있는 조선술과 원양항해가 가능할 정도의 항해술을 갖추고 있었다고 하겠다.

항해술과 조선술, 그리고 수군력을 바탕으로 한 6세기 신라의 해양력은 국초부터 끊임없이 이어져 온 왜의 침입을 완전히 종식시켰다. 『삼국사

36 『三國史記』 권2, 儒禮尼師今 12년; 같은 책 권3, 實聖尼師今 7년.

37 『三國史記』 권4, 智證麻立干 13년 6월; 『三國遺事』 권1, 智哲老王.

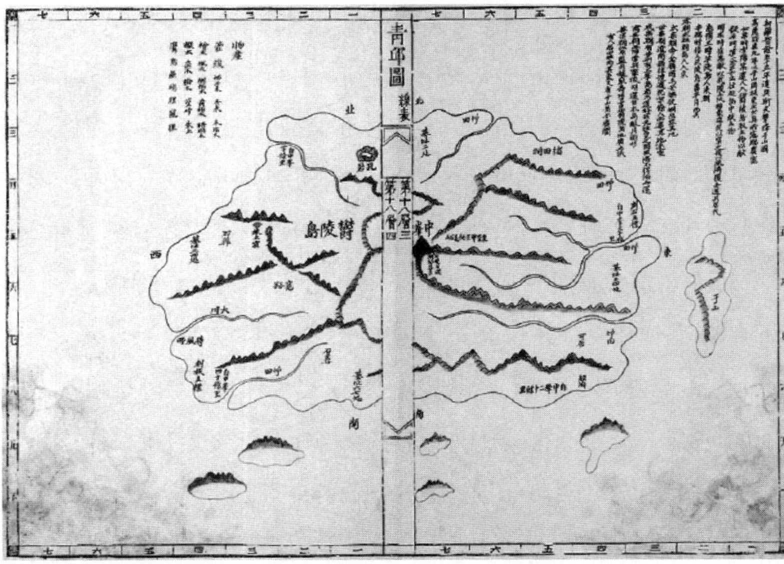

그림 2-3 『청구도青丘圖』 중의 울릉도(국립중앙도서관 소장)

기』 신라본기를 살펴보면, 혁거세왕 8년부터 수시로 보이던 왜의 신라 침공 기사가 지증왕 때부터 전혀 보이지 않는다. 이는 일본열도의 내부 사정 또는 『삼국사기』 기록의 성격과도 관련이 없지 않겠으나, 신라의 동해 진출을 통한 해상권의 장악과 보다 밀접한 관련이 있을 것으로 생각된다.

신라는 동해로 진출함으로써 우산국이라는 새로운 영토를 자국에 편입시켰고, 왜로 대표되는 해양세력의 도전을 물리칠 수 있었다. 게다가 우산국 정벌은 고구려가 신라 동해안 지역으로 진출하는 것을 저지하는 한편, 고구려의 대왜對倭교섭로를 차단하는 효과가 있었다.[38] 어쨌든 6세기를 전후하여 신라는 동해 진출을 계기로 삼아 해양 진출에 대한 자신감이랄까

38 강봉룡, 「이사부 생애와 활동의 역사적 의의」, 『고대 해양활동과 異斯夫 그리고 사자 이야기』, 강원도민일보·강원도·삼척시, 2009, 11~30쪽; 金昌錫, 「新羅의 于山國 복속과 異斯夫」, 『역사교육』 111, 2009, 105~133쪽.

가능성을 확인하고 점차 그 영역을 남해와 황해로 넓혀 나갔다.

삼국시대 신라 남쪽에는 가야연맹이 자리 잡고 있었다. 『삼국사기』에 의하면, 신라와 가야가 처음 접촉한 것은 탈해왕 21년(77) 황산진黃山津 어귀에서의 전투였다.[39] 이후 신라와 가야는 전쟁과 화친을 반복하며 병존하다가, 신라가 법흥왕 19년(532)에 김해의 금관가야를 병합하고 이어서 함안의 안라가야安羅加耶와 고령의 대가야 등을 차례로 정복하였다. 특히 법흥왕의 금관가야 병합은 신라가 남해로 진출할 수 있는 교두보를 마련했다는 점에서 그 의미가 매우 크다.

낙동강 하구에 자리 잡은 금관가야는 낙동강 수로水路의 관문이었고 남해 해로의 요충이었다. 예로부터 한반도와 일본 사이의 바닷길은 낙동강 하구의 김해 부근에서 쓰시마와 이키시마壹岐島를 거쳐 규슈九州로 가는 길이 일반적이었다.[40] 이 항로는 삼국시대 이전부터 조선시대까지 꾸준히 이용되었는데, 3세기경에 찬술된 『삼국지』(권30) 위서 동이전 왜조에 그 항로가 구체적으로 명시되어 있다. 즉, 대방군帶方郡에서 해안을 따라 내려와 김해의 구야국狗邪國에 도착한 다음 바다를 건너 대마국對馬國과 일대국一大國을[41] 거쳐 규슈 서쪽의 말로국末盧國으로 가는 바닷길이 그것이다. 『수서隋書』(권81) 동이전 왜국조에도 수나라에서 백제를 거쳐 일본으로 가는 항로가 기록되어 있다.[42] 이 경우에도 수나라에서 백제의 서

39 『三國史記』 권1, 脫解尼師今 21년.

40 대한해협을 흐르는 해류, 조류, 풍향 등을 고려하여 김해와 쓰시마를 잇는 항로에 대하여 회의적인 견해도 있으나(尹明喆, 「海洋條件을 통해 본 古代 韓日關係史의 理解」, 『日本學』 15, 1995, 84~86쪽), 이는 국제무역항으로 기능하였던 고대 김해의 인문지리적 환경과 조선술·항해술의 발달 등을 배제한 오로지 자연조건에만 의거한 결론이므로 선뜻 수긍하기 어렵다.

41 『翰苑』(권30)에 인용된 『魏略』 逸文, 『梁書』(권54) 諸夷傳 倭條, 『北史』(권94) 列傳 倭條, 『隋書』(권81) 列傳 倭國條에는 一支國이라 하였다. 따라서 『삼국지』의 一大國은 一支國의 이칭이거나 오기로 생각되거니와, 일지국은 지금의 이키시마에 있던 소국으로 추정된다(水野祐, 『評釋魏志倭人傳』, 雄山閣, 1987, 140쪽).

42 『隋書』 권81, 列傳 倭國.

남 해안을 지나 김해 부근을 거쳐 쓰시마로 가는 길이었을 것으로 추정된다.[43] 그러므로 김해 지역은 한반도 혹은 중국과 일본 사이를 왕래하는 남해항로의 인후咽喉였던 셈이다. 금관가야는 이러한 지리적 요건을 활용하여 변한에서 생산되는 철을 매개로 낙랑, 대방, 왜, 마한, 동예 등과 교역하였다.[44]

신라는 법흥왕 때 김해를 포함한 낙동강 하류 지역을 차지한 이후, 금관가야의 해양활동 전통을 계승하여 남해로 진출하였다. 우선 신라는 왜의 대화조정大和朝廷에 사신을 파견하였다. 『일본서기日本書紀』에 의하면, 560년과 561년에 신라 사신 미지기지彌至己知와 구례질久禮叱, 그리고 노저奴氐가 각각 왜에 왔다고 한다.[45] 신라가 이들을 파견한 목적은 왜의 백제 일변도 외교정책을 바꾸어보려는 정치적 의도와 함께 대왜 교통로 확보에 따른 경제교역을 시도하기 위함이었다.[46] 비록 이들의 교섭은 성공하지 못하였으나, 금관가야 병합 이후 신라의 대왜관계 개선 노력은 추후 신라 대왜교섭의 단초가 되었다.

신라의 남해 진출은 왜와의 교섭에 한정된 것은 아니었다. 진평왕 9년(587)에 나물왕 8세손인 대세大世가 친구인 구칠仇柒과 함께 남해에서 배를 타고 오월吳越지방, 곧 남중국으로 떠났다는 이야기가 『삼국사기』에 전한다.[47] 이 설화에서는 대세와 구칠이 남해에서 황해 남단을 가로질러 직접 중국 남쪽 지방으로 갔던 것처럼 서술되어 있으나, 남해를 통한 남중국과의 직접 왕래는 당시에 보편화되어 있지 않았다.[48] 그렇다면 그들은 남

43 金恩淑, 「6世紀 後半 신라와 倭國의 國交 成立過程」, 『新羅의 對外關係史 硏究』, 신라문화제학술발표회논문집 15, 1994, 190~191쪽.

44 李賢惠, 「三韓의 對外交易體系」, 『李基白先生古稀紀念 韓國史學論叢(上)』, 일조각, 1994, 45쪽.

45 『日本書紀』 권19, 欽明 21년 9월 및 22년.

46 金恩淑, 앞의 논문, 1994, 200쪽.

47 『三國史記』 권4, 眞平王 9년 7월.

해에서 황해 연안을 따라 우회하여 중국 남쪽 지방으로 갔을 가능성이 높다. 어느 쪽이었든, 이 설화는 신라가 남해를 통해 중국까지 진출할 수 있었음을 보여준다.

(2) 황해로의 진출

한반도 동남쪽에 치우쳐 있던 신라가 황해로 진출할 수 있는 길은 동해 혹은 남해에서 연안을 따라 서진西進하여 황해로 나가는 방법과 황해 연안에 항구를 개설하여 거기서 곧장 바다로 나가는 방법이 있었다. 이 가운데 신라가 동해와 남해를 통하여 황해로 진출하는 데는 여러 가지 제약이 뒤따랐다. 우선 장시간에 걸쳐 남해안을 우회하는 불편함과 그에 따른 해상 조난의 위험이 있었다. 그리고 1년 내내 타이완 동쪽 해역에서 동북쪽으로 흐르는 쿠로시오해류의 지류인 쓰시마해류는 신라 선박의 황해 진출을 방해하였다.[49] 뿐만 아니라 백제가 한반도 서부와 남부지역을 차지하고 있는 상황에서 백제의 용인 없이는 신라 선박이 남해와 황해를 자유롭게 통행하는 것이 불가능하였다. 그러므로 대중국외교가 절실히 요구되던 6세기 중엽에 이르러 신라는 황해로 곧장 나아갈 수 있는 직할 항구를 마련하지 않을 수 없었다.

한국사에서 6세기는 삼국 간에 반목과 갈등, 화해와 대립이 빈번히 교차하던 시기였다. 서기 500년에 64세의 나이로 즉위한 지증왕은 종래 왕실 간의 혼인을 통해 맺은 백제와의 공고한 동맹관계를 파기하고 적대관계에 있던 고구려와 관계 개선을 도모하였다.[50] 그러나 지증왕을 이은 법흥왕은

48 權悳永, 『古代韓中外交史-遣唐使硏究』, 일조각, 1997, 205쪽.

49 쓰시마해류의 유속은 대략 0.5~1.5노트였으므로(井上尙文, 「西日本海海域の海洋學的特性」, 『對馬暖流』, 日本水産學會, 1974, 33쪽), 당시 선박이 순풍을 받을 경우 운항이 불가능할 정도는 아니었다. 그러나 선박의 항해에 부담스러웠던 것만은 사실이다.

50 梁起錫, 「5~6世紀 前半 新羅와 百濟의 관계」, 『新羅의 對外關係史 硏究』, 신라문화제학술발

기존의 친고구려 정책을 버리고 다시 백제와 연합하였다. 법흥왕의 친백제 노선은 진흥왕대에도 이어져, 신라는 가야·왜와 함께 백제 성왕의 한강 유역 수복 작전에 참전하였다. 그러나 진흥왕 12년(551)에 신라는 백제와 연합해 고구려로부터 빼앗은 한강 유역의 죽령竹嶺 이북 고현高峴 이남의 10개 군을 마음대로 차지하고, 2년 뒤에는 백제가 점령하고 있던 한강 하류지역을 기습적으로 탈취하여 신주新州를 설치함으로써 한강 유역 전부를 독차지하였다. 이에 격분한 성왕은 이듬해 가야와 함께 신라를 공격하였으나 도리어 관산성管山城 전투에서 전사하고 말았다. 이와 같은 일련의 사건으로 신라와 백제 사이의 동맹이 와해되었음은 물론 양국은 돌이킬 수 없는 파국으로 치달았다.

신라가 백제와 고구려의 보복성 침략을 감수하면서까지 한강 유역 전부를 차지하고자 했던 데는 정치·경제·군사적인 여러 가지 이유가 있었을 것이다. 그 가운데 주요한 이유는 신라가 한강 하류를 통하여 황해로 진출하기 위해서였다.[51] 신라는 6세기 전반 지증왕과 법흥왕대를 거치면서 왕권 강화와 제도 정비, 그리고 군사력 증강을 통하여 중앙집권적 귀족국가로서의 체제를 갖추게 되었다. 그럼에도 선진 문물의 수입과 대외무역의 대상이었던 중국과의 외교는 항상 고구려와 백제에 부용附庸되었다.

현존하는 문헌에 의하면, 신라는 진흥왕대 이전까지 모두 5차례에 걸쳐 중국 왕조에 사신을 보냈다.[52] 즉, 나물왕 22년(377)과[53] 27년(382)에 전진前秦에 사신을 파견하였고,[54] 지증왕 3년(502)과 9년(508)에는 북위北魏에

표회논문집 15, 1994, 88쪽.

51 申瀅植, 「新羅의 發展과 漢江」, 『韓國史研究』 77, 1992, 44쪽; 李宇泰, 「영토의 확장과 왕권강화」, 『한국사』 7, 국사편찬위원회, 1997, 107쪽.

52 『晉書』(권 97) 東夷傳 辰韓條에, 진나라 武帝 太康 원년(280)과 2년(281), 7년(286)에 진한의 사신이 와서 조공하였다는 기록이 있다. 그러나 여기서 말하는 진한이 신라를 지칭하는지 분명하지 않으므로 본서에서는 이를 제외하였다.

53 『資治通鑑』 권104, 晉紀 26 太元 2년.

사신을 보냈으며,[55] 법흥왕 8년(521)에는 양梁에 사신을 파견했다고 한다.[56] 이 가운데 전진과 북위에 사신을 파견할 때는 고구려의 도움을 받았고, 양나라의 경우에는 백제 사신을 따라갔다. 고구려와 백제에 의지한 신라의 대중 교섭은 치열하게 전개되던 삼국 간의 쟁패전에서 여러 가지로 신라에 불리하게 작용하였다. 대외적으로는 당시 중원의 패권을 둘러싸고 부침浮沈을 거듭하던 중국 정세에 능동적으로 대처할 수 없었고, 대내적으로는 중국과의 문물교류의 길이 제한됨으로써 고구려와 백제에 비해 정치적으로나 문화적으로 후진성을 면치 못하였다.

이러한 한계를 극복하기 위하여 신라는 중국의 여러 왕조와 직접 통교하지 않을 수 없었다. 그러나 신라는 지리적으로 한반도 동남쪽에 치우쳐 있었으므로 대중국對中國 통교의 길이 막혀 있었다. 비록 동해와 남해를 통하여 중국을 왕래할 수 있었겠으나, 장거리를 우회해야 하는 지리적 제약과 고구려·백제의 견제로 이 항로를 자유롭게 이용할 수가 없었다. 진흥왕이 백제와의 동맹을 파기하면서까지 한강 하류지역을 기습적으로 점령한 것은 바로 황해와 맞닿은 지역을 확보하여, 중국과 독자적으로 통교할 수 있는 황해 진출의 거점을 마련하기 위함이었다.

진흥왕은 한강 하류지역을 점령한 후 지금의 경기도 화성시 남양만에 있던 당항진黨項津, 곧 당은포唐恩浦를 황해 진출의 전진기지로 삼았다. 당은포는 항구로서 천혜의 자연조건을 갖추었고, 지리적으로 중국과의 왕래에 유리한 위치에 있었으며, 한강의 내륙 수로와도 직접 연결되었으므로 삼국통일 이후에도 줄곧 신라 제일의 대중국 출입 관문 역할을 하였다. 이

54 『太平御覽』 권781, 東夷2 新羅.
『三國史記』에서는 나물왕 26년(381)에 衛頭를 전진에 파견했다고 하여 1년의 차이를 보이고 있으나, 본서에서는 『太平御覽』의 기록을 따른다.

55 『魏書』 권8, 景明 3년; 같은 책 권28, 永濟 元年.

56 『三國史記』 권4, 法興王 8년; 『梁書』 권3, 普通 2년 11월; 같은 책 권54, 東夷 新羅.

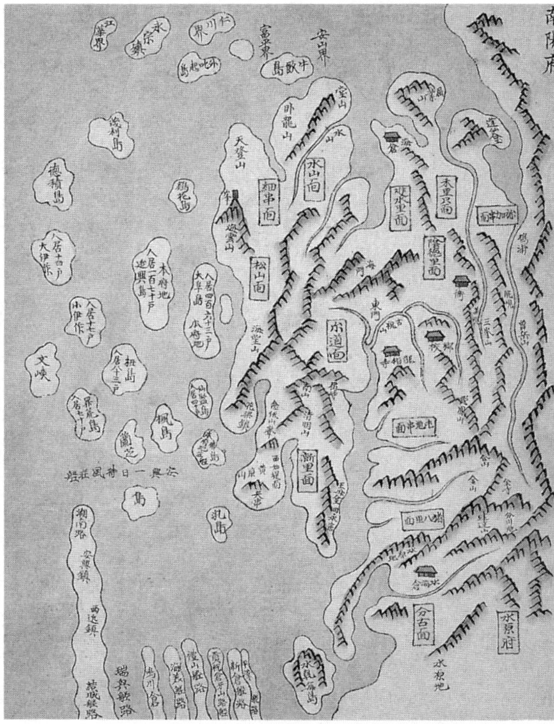

그림 2-4 『여지대전도輿地大全圖**』 중의 남양부**(성신여대박물관 소장)

런 점에서 진흥왕의 한강 하류지역 점령에 이은 당은포 개설은 신라 황해 진출의 단초를 마련한 사건이었다고 하겠다.

신라는 당은포를 거점으로 삼아 활발히 황해로 진출했는데, 그것은 중국과의 빈번한 왕래로 나타났다. 전술하였듯이, 진흥왕 이전에 신라의 대중국 통교는 고구려 혹은 백제에 부용되는 비자주적인 입장에서 행해졌고, 사신 파견 횟수도 200여 년 동안 5회에 불과하였다. 그러나 신라가 한강 하류지역을 차지한 이후 무열왕 이전까지 약 100년 동안 북제北齊에 2회, 진陳에 8회, 수에 6회, 당에 26회의 사신을 파견하였다.[57] 진흥왕대 이

57 北齊, 陳, 隋에 사신을 파견한 횟수는 徐榮洙, 「三國時代 對中外交의 전개와 성격」(『古代韓中

후 신라의 대중국 사신 파견 횟수가 이처럼 급증할 수 있었던 것은 신라의 한강 하류지역 점령에 따른 황해 진출이 용이해졌기 때문이었음은 말할 것도 없다.

신라가 황해를 통하여 독자적으로 중국과 빈번히 교섭하게 되자, 고구려와 백제는 이를 견제하였다. 이들 양국은 신라 황해 진출의 교두보였던 당은포를 탈취하기 위하여 군사를 일으켰고, 해로의 중간을 가로막고 중국과의 왕래를 방해하였다.[58] 특히 무열왕 이전까지 신라는 황해 북부 연안을 따라 항해하는 이른바 황해 북부 연안항로를 주로 이용하여 중국을 왕래하였으므로, 신라 선박들은 고구려의 방해를 자주 받을 수밖에 없었다. 이에 신라는 고구려의 방해를 받지 않고 안전하게 중국을 왕래할 수 있는 새로운 항로를 모색하지 않을 수 없었는데, 그것이 다음 절에서 살펴볼 황해 중부 횡단항로橫斷航路이다.

제2절 조선술과 항해술의 발달

선사시대 이래 북방과 남방의 다양한 문화는 주로 바다를 통해 한반도에 들어왔고, 또 그것은 바다를 통해 일본을 비롯한 각지로 전파되었다. 종족의 이동도 마찬가지였다. 그러므로 해양은 이질적인 문화 혹은 종족이 한반도로 침투할 수 있는 통로인 동시에 우리 문화와 민족이 해외로 뻗어나갈 수 있는 통로라 할 수 있다.

關係史의 硏究』, 삼지원, 1987, 133쪽 〈표 3〉)에 의거하였고, 당에 사신을 파견한 횟수는 권덕영, 앞의 책(1997, 32~33쪽 〈표 1-3〉)에 의거하였다.

58 고구려가 바닷길을 가로막고 나당 간의 통행을 방해한 사실은 『三國史記』(권4) 眞平王 47년 11월조와 『文館詞林』(권364)에 실린 「貞觀年中撫慰新羅王詔一首」에 잘 나타나 있다.

그렇다고 하여 한반도 주위의 모든 바다가 교류와 이동의 통로가 되는 것은 아니었다. 육지에는 서로 다른 두 지점을 연결하는 선형線形의 공간인 '길'이 있어, 사람들은 길을 통하여 다른 지역을 안전하게 왕래하고 물자를 편리하게 운송하고 교환한다. 마찬가지로 바다에도 길이 있는데, 그것을 일반적으로 '해로海路' 혹은 '바닷길'이라 한다. 바다를 통한 문화교류와 민족이동은 바로 해로를 따라 이루어졌다. 해로는 자연적으로 만들어지는 것이 아니라 수많은 항해 경험과 해양기술의 축적, 그리고 인적·물적 희생을 수반한다. 특히 선박 제조 기술과 항해술의 발달은 바닷길을 여는 기초가 된다.

신라를 포함한 삼국은 일찍부터 나름의 조선술造船術을 가지고 고유한 형식과 기능을 가진 배를 만들어 사용하였다. 그것은 이른바 '한선韓船'의 원형이 되었거니와,[59] 당시 삼국의 배는 일본과 중국 배에 비하여 성능이 우수하였다. 그 중에서도 신라인이 개발한 선박, 곧 '신라선新羅船'은 파도에 잘 견디는 특성을 가지고 있었다. 삼국인들은 그러한 선박을 이용해 황해를 왕래하며 보다 편리하고 안전한 바닷길을 탐색하였다. 그 결과 종래 위험하게만 여겨졌던 황해의 몇몇 항로는 그 안전성이 검증되어, 이후 동아시아인들의 일상적인 바닷길로 활용되었다.

앞 절에서 우리는 삼국시대를 중심으로 신라의 해양 개척과 황해 진출 과정을 살펴보았다. 사실 삼국시대 신라의 해양활동은 황해를 비롯한 주변 바다를 모색하는 정도의 초보적 수준에 지나지 않았다. 그러나 남북국시대가 되면 신라가 삼국의 조선술과 항해술을 함께 계승·발전시켜 황해를 '경영經營'하는 단계에 이르게 된다. 따라서 이 절에서는 남북국시대

59 韓船은 平底船 구조를 기본으로 한 한국의 전통적인 선박을 통칭하는 용어이다. 한선의 구조와 특성, 연혁과 조선술 등에 관해서는 金在瑾, 『우리 배의 歷史』, 서울대학교출판부, 1989, 3~127쪽 참조.

신라가 황해를 경영할 수 있는 기반이 되었던 조선술의 발달과 신항로 개척 과정을 살펴보고자 한다.

1. '백제선'과 '신라선'

(1) 백제선의 제작

한강 하류지역에 터를 잡고 건국한 백제는 일찍부터 해양과 밀접한 관계를 가지며 성장, 발전하였다. 건국 초에 미추홀彌鄒忽, 곧 지금의 인천 지역에 있던 비류沸流 집단을 병합하여 황해로 진출한 백제는 이후 점차 남쪽의 마한 지역을 통합함으로써 한반도 중부 이남의 황해 해역을 자국의 세력권으로 삼았다. 백제가 이른 시기부터 선진 문물을 받아들여 질서정연한 국가체제를 갖출 수 있었던 것은 그들의 해양활동과 무관하지 않은데, 그 과정에서 나름의 항해술과 조선술을 발전시켜 나갔다.

사실 백제의 항해술에 관해서는 구체적인 자료가 없어 자세히 알 수 없다. 그러나 3세기 후반에 고이왕은 서진西晉에 8차례의 사절을 파견하였고, 책계왕은 랴오둥지방에 한 차례 사신을 보냈으며, 계왕은 랴오시遼西 지방의 모용씨慕容氏와 통교하였다.[60] 그 후 근초고왕 때부터 백제는 한반도와 중국 대륙을 끼고 황해를 한 바퀴 돌아야만 도달할 수 있는 중국 남조를 비롯한 여러 왕조와 빈번하게 통교하였고, 황해 남부를 거쳐 남해를 돌아 대한해협을 건너야 도달할 수 있는 왜와 활발히 교류하였다. 이처럼 백제가 원거리 항해를 통해 남조 및 왜와 교류할 수 있었던 것은 당시 백제의 항해술이 뛰어났음을 말해준다. 그런데 원거리 항해는 우수한 조선술과

60 慕容氏와의 접촉을 제외한 여타의 사절 파견에 대하여 『晉書』에서는 사절의 파견 주체를 馬韓이라 하였다. 이 점에 대하여 千寬宇와 李基東은 당시 백제가 아직 마한 전 지역을 정복하지 못했기 때문에 중국 입장에서 습관적으로 백제를 마한으로 표시한 것에 지나지 않는다고 하여 파견 주체를 백제로 이해하였다(千寬宇, 「三韓의 國家形成(下)」, 『韓國學報』 3, 1976, 150~152쪽; 李基東, 「馬韓領域에서의 百濟의 成長」, 『馬韓 · 百濟文化』 10, 1987, 62쪽).

다양한 항해 경험이 축적되어야만 가능하다.

백제의 조선술과 관련하여 주목을 끄는 것은 '백제선百濟船'이다. 여기서 말하는 백제선은 단순히 백제인들이 타고 다니는 배라는 뜻이 아니라 백제 특유의 조선술로 만든 백제식 선박을 의미한다. 이러한 백제선의 존재를 처음으로 언급한 것은 『일본서기』이다. 『일본서기』(권25) 백치白雉 원년(650) 시세조是歲條에서, 왜한직현倭漢直縣·백발부련등白髮部連鐙·난파길사호상難波吉士胡床을 안예국安藝國에 보내 백제선 두 척을 만들게 했다고 한 것이 그것이다.[61]

안예국은 고대 산양도山陽道에 속한 나라로 지금의 히로시마현廣島縣 서부에 해당하는데, 남쪽에는 세토瀨戶 내해가 있고 북쪽에는 산지가 펼쳐져 있다. 항해의 요충인 세토 내해 중간에 자리 잡고 있던 안예국은 산림과 목재가 풍부한 자연조건으로 인해 고대 일본에서는 주로 이곳에서 견당사遣唐使들이 타고 다니던 선박을 건조하였다. 예를 들면, 천평天平 18년(746) 10월에 안예국에 명하여 선박 두 척을 만들어 견당사선으로 사용하였고, 천평보자天平寶字 5년(761) 10월과 보귀寶龜 2년(771) 11월, 그리고 보귀 6년(775) 6월에 안예국에서 견당사선 네 척을 만들었으며, 보귀 9년(778) 11월에는 일본에 온 당나라 사신들을 호송하기 위해 안예국에서 선박 두 척을 건조하였다.[62]

이처럼 안예국은 8세기 일본의 견당사선 건조를 전담하다시피 하였으므로 650년에 안예국에서 건조한 '백제선' 두 척은 654년에 파견한 견당

61 일찍이 木宮泰彦와 森克己는 '白鳳 원년에도 安藝國에 명하여 백제선 두 척을 만들게 하여 그것을 견당사선으로 사용했다'고 하였다(木宮泰彦, 『日支交通史』 上卷, 金剌芳流堂, 1926, 137쪽; 森克己, 『遣唐使』, 至文堂, 1966, 36쪽). 그러나 전거를 밝히지 않아, 어떤 자료에 근거했는지 확인할 수 없다.

62 『續日本紀』 권16, 天平 18년 10월 丁巳; 같은 책 권23, 天平寶字 5년 10월 辛酉; 같은 책 권31, 寶龜 2년 11월 癸未; 같은 책 권33, 寶龜 6년 6월 辛巳; 같은 책 권35, 寶龜 9년 11월 庚申.

사를 위해 만든 선박이었다고 하겠다. 그렇다면 안예국에서 만든 여타 일본의 견당사선도 백제의 조선 방식으로 만든 '백제선'을 기본 모델로 하여 제작한 선박이었고, 나아가 일본의 견당사선은 대부분 '백제선'이었을 것으로 추정할 수 있다.[63]

당이 존속하던 약 3세기 동안 일본은 총 16회의 견당사를 파견하였는데, 초기에는 두 척의 배로 견당사의 선단을 구성했으나 8세기 이후에는 대체로 네 척으로 선단을 구성하였다.[64] 당시 견당사선의 크기는 일정하지 않았으나 대체로 길이 30m, 너비 9m 정도의 크기에 화물을 포함하여 120~150명 정도가 승선할 수 있는 규모였다.[65]

한편 일본 견당사선의 구조에 대해서는 논의가 분분하다. 전통적인 한선과 마찬가지로 용골龍骨이 없는 평저선인가 아니면 첨저선인가, 돛과 노는 각각 어디에 몇 개를 설치했으며, 선수와 선미가 평판형平板型인가 유선형流線型인가 등등 의견이 다양하다. 현재 일본의 견당사선과 관련한 유물이 남아있지 않아 선박의 구조를 구체적으로 언급하기 어려우나, 선수와 선미가 평판형이고 용골이 설치되지 않은 평저선의 범선이었던 점은 분명해 보인다.[66] 이렇게 볼 때 백제선 역시 배의 앞쪽과 뒤쪽이 평평하고

63 森克己, 『遣唐使』, 至文堂, 1966, 36쪽.

64 물론 759년과 779년의 견당사처럼 한 척 혹은 두 척으로 구성된 경우도 있었으나, 이는 정식 사절단이 아니라 일본에 온 당 사절단을 본국까지 호송하기 위한 임시 견당사였다. 이런 점에서 8세기 이후 일본 견당사는 네 척의 배로 구성하는 것이 원칙이었다고 해도 과언이 아니다.

65 上田雄, 『遣唐使全航海』, 草思社, 2006, 251~256쪽.

66 최항순, 「圓仁의 일기에 기술된 遣唐使船에 대한 考察」, 『대한조선학회지』 40-3, 2003, 89~94쪽; 李元植·許逸, 「4世紀~7世紀 百濟 使臣船의 船型 硏究」, 『대한조선학회지』 41-2, 2004, 105쪽.
이와 달리 최근식은 圓仁의 『入唐求法巡禮行記』(권1)에 묘사된 承和 견당사 선박의 모습을 분석하여, 백제선은 선저의 용골 포재가 설치된 첨저형의 수밀격벽 구조를 가진 범선이라 주장하였다(최근식, 『신라해양사 연구』, 고려대학교출판부, 2005, 85~98쪽; 「백제의 조선·항해 기술」, 『百濟論叢』 9, 2010, 181~187쪽). 그러나 논증 과정에 여러 가지 문제가 있으므로

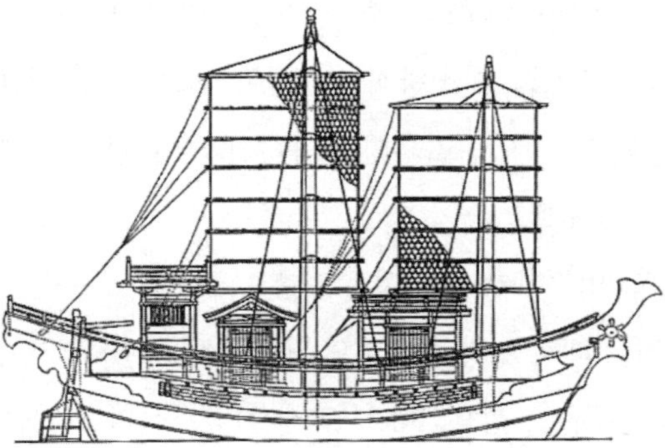

외측면

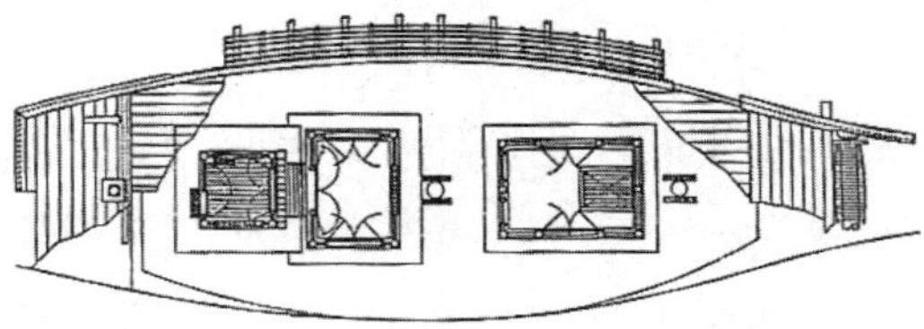

평면

그림 2-5 일본 견당사선 상상모형도[67]

바닥에 용골이 설치되지 않은 평저선 모형의 범선이었을 것으로 추정할 수 있다.

그러면 왜 일본은 견당사를 파견할 때 백제선을 만들어 사용하였을까? 그것은 당시 일본의 선박 제조 기술로는 수많은 인원과 화물을 적재하고 황해 또는 동중국해를 건너 중국을 안전하게 왕래할 수 있는 선박을 만들 수 없었기 때문이었음은 말할 것도 없다. 그렇더라도 하필이면 '백제선'인가가 문제이다.

일본과 백제는 시종 정치·경제·문화적으로 친밀한 관계를 유지하였다. 그에 따라 백제는 각 분야의 전문가를 파견하여 유교와 불교는 물론

선뜻 수긍하기 어렵다.

67 上田雄, 앞의 책, 2006, 247쪽.

도교와 오행사상, 역학曆學과 의학醫學, 건축과 조각, 회화술 등을 대거 일본에 전파하였다.[68] 백제가 일본에 파견한 전문가 중에는 조불공造佛工, 와박사瓦博士, 철반박사鐵盤博士, 화사畵師와 같은 기술자들이 있었는데, 비록 기록에는 보이지 않으나 배를 만드는 조선공造船工도 일본에 파견했을 것이다. 이러한 양국의 인적 교류를 통해 일본은 백제의 조선공을 활용하여 자신들이 만들 수 없는 원양항해용 대형 선박인 견당사선을 건조했음직하다.

일본이 백제선을 만들어 견당사선으로 사용한 또 다른 이유는 백제선이 고구려나 신라의 선박에 비하여 성능이 뛰어났기 때문이었을 것이다. 삼국시대 대왜관계를 일별하면 알 수 있듯이, 비록 백제만큼 친밀하지는 못했으나 고구려와 신라 역시 왜와 정치·경제·문화적으로 교류하였다. 그 과정에서 고구려와 신라도 승려와 학자를 비롯한 각종 기술자들을 일본에 파견하였다. 그렇다면 일본은 고구려와 신라의 선박 제조 기술을 익히 알고 있었을 것이다. 그런데도 일본은 고구려나 신라의 배가 아니라 백제선을 채용하였다. 이는 백제의 조선술이 고구려나 신라에 비해 뛰어났음을 의미한다고 하겠다.

'백제는 바다로 시작하여 바다로 망했다'라는 말이 있듯이,[69] 백제의 역사는 시종 바다와 밀접한 관계가 있었다. 그 결과 백제는 일본은 물론 삼국 가운데 가장 우수한 항해술과 조선술을 가질 수 있었을 것이다. 백제가 일찍부터 황해를 건너 중국 남조와 빈번하게 왕래할 수 있었던 것도 성능이 우수한 '백제선'을 만들 수 있었던 데 기인한 측면이 많다. 이러한 백제의 조선술은 후에 신라로 이어져 이른바 '신라선新羅船' 개발의 기반이 되었다.

---

68 노중국, 「三國文化가 日本에 끼친 影響」, 『한국사』 2, 국사편찬위원회, 1984, 443~459쪽.
69 신형식, 「수·당과의 관계」, 『백제의 대외관계』, 백제문화사대계 연구총서 9, 2007, 241쪽.

(2) 신라선의 개발

신라의 조선술과 항해술이 백제와 고구려에 비해 뒤떨어졌으리라는 것은 누구나 쉽게 짐작할 수 있다. 고구려는 3세기 전반에 이미 바다를 통하여 중국 강남의 오吳와 통교하였고, 고국원왕 6년(336)에 해로로 남조의 동진東晉에 사신을 파견하였으며, 광개토왕 6년(396)에는 왕이 대규모의 수군을 이끌고 백제를 공격하여 58성 700촌을 격파하였다.[70] 또한 백제는 372년에 근초고왕이 동진에 사신을 파견한 이후 지속적으로 남조와 통교하였다. 이처럼 고구려와 백제는 3, 4세기부터 중국의 남조와 왕래할 수 있을 정도로 조선술과 항해술이 발달하였다.

반면 신라는 법흥왕대까지 중국에 독자적으로 사신을 파견하지 못하고 항상 고구려와 백제 사절단을 따라 중국을 왕래하였다. 이는 신라가 지리적으로 불리한 위치에 있은 데다가 정치적으로 대중국외교가 미숙했기 때문이었겠으나, 한편으로는 당시 신라의 조선술과 항해술이 지리적 불리함을 극복할 수 있을 정도로 발달하지 못한 데도 기인했을 것이다. 특히 유례왕 12년(295)에 신라가 쓰시마 정벌을 계획할 때 상호 반목이 심했던 백제와 함께 일을 추진하려고 한 것도[71] 당시 신라의 조선술과 항해술에 한계가 있었기 때문이 아니었을까 한다.

이처럼 신라는 비록 고구려와 백제에 미치지 못하였으나, 나름대로 조선술과 항해술을 개발하여 5세기경에는 상당한 수준에 이르렀다. 이와 관련하여 『일본서기』에 흥미로운 기사가 실려 있다. 즉, 응신應神 31년에 지금의 일본 효고현兵庫縣 아마가사키시尼崎市의 무코강武庫川 하구 수문에 정박해 있던 왜의 선박이 신라 사신의 실화로 소실되자 왜에서 신라를 책

70 고구려의 항해술과 해양활동에 관해서는 윤명철, 「高句麗 海洋交涉史 硏究」, 성균관대학교대학원 박사학위논문, 1993; 『고구려 해양사 연구』, 사계절, 2003 참조.

71 『三國史記』 권2, 儒禮尼師今 12년.

망하였으므로 신라왕은 즉시 뛰어난 장인을 왜에 보냈는데, 이들이 저명부猪名部의 시조가 되었다고 한다.[72] 당시 신라왕이 뛰어난 장인을 왜에 보낸 것은 신라 사신의 실수로 태워버린 선박을 다시 건조해주기 위함이었는데, 그때가 눌지왕 10년(426)경이었다.[73] 그러므로 5세기 신라의 조선술은 왜에 선박 기술자를 보내 배를 만들어줄 정도로 발달해 있었다고 하겠다. 자비왕 10년(467)의 전함 수리 사업과 지증왕 13년(512)의 우산국 정벌은 그러한 상황 속에서 가능하였다.

신라의 조선술은 6세기 중엽 금관가야 병합을 계기로 한 단계 높은 수준으로 발전하였다. 낙동강 하구와 남해가 맞닿은 지금의 경남 김해 지역에 위치한 금관가야는 지리적 이점을 활용하여 일찍부터 해상교역에 종사하였다. 특히 2, 3세기경부터 철鐵을 매개로 낙랑군과 대방군, 그리고 왜와 바닷길을 통하여 활발하게 교역하였다.[74] 그런데 해상교역은 조선술과 항해술의 발달을 전제하므로, 금관가야의 조선술은 고구려와 백제에 버금갈 정도로 뛰어났을 것이다. 신라는 그러한 금관가야를 병합함으로써 이들의 우수한 조선술과 항해술을 이어받을 수 있었다.

신라의 조선술은 7세기 중엽 삼국통일전쟁을 거치는 동안 또 한 차례 발전하였다. 삼국통일전쟁을 전후하여 신라는 나당 연합작전과 대당對唐전쟁을 수행하기 위하여 수군을 증강시켰는데,[75] 이는 곧 조선술의 발달을 가져왔다. 또한 신라가 백제와 고구려를 병합한 후 서해안과 남해안 일대에 산재한 그들의 수군기지로부터 선박들을 접수하였고, 우수한 성능을

72 『日本書紀』 권10, 應神 31년 8월.

73 『日本書紀』 초기 기사 紀年의 신빙성에는 문제점이 많다. 그래서 應神 31년의 연대를 『日本書紀』 應神 25년조의 백제 久爾辛王의 즉위 기사와 『三國史記』를 대비해서 조정하면, 신라 사신의 실화 사건과 그에 따른 신라 장인의 왜 파견은 426년경, 곧 신라 눌지왕 때였다고 할 수 있다.

74 『三國志』 권30, 魏書 東夷傳 弁辰.

75 고경석, 앞의 논문, 2009, 20~21쪽.

가진 '백제선' 제작 기술자를 비롯한 조선공들을 신라에서 활용하였음이 틀림없다. 이처럼 신라는 6세기 이후 영토 확장 과정에서 가야, 백제, 고구려의 우수한 선박과 선박 제조 기술을 이어받음으로써 종전보다 성능과 효용이 뛰어난 선박을 만들 수 있었다.[76]

선박 제조는 제작기술 못지않게 적합한 재목을 확보하는 일이 중요하다. 백제와 고구려를 통합하기 이전 신라의 영토는 지금의 경상도 지역에 한정되었으므로 식생植生 분포상 선용재船用材 채취가 매우 제한적일 수밖에 없었다. 그러나 신라가 두 나라를 통합한 후에는 우수한 품질의 선용재를 손쉽게 다량으로 구하여 배를 만들 수 있었다.

전북 부안군의 변산반도邊山半島는 전통적으로 대표적인 양질의 선박 재목 산지였다. 비록 후대의 일이지만, 고려 원종 15년(1274)에 몽골이 일본을 원정하기 위해 배를 만들 때 고려는 부안의 변산邊山과 장흥의 천관산天冠山을 주요한 조선장造船場으로 삼았고,[77] 조선 세조 6년(1460)에는 변산과 완도莞島에서 조운선 100척을 건조하였다.[78] 그리고 임진왜란 때는 변산과 경상도 거제도, 충청도 안면도, 평안도 철산, 황해도 장산곶에 조선장을 설치했다고 한다.[79]

교통수단이 발달하지 못한 전근대에는 주로 선용재의 산지에 조선장을 만들었다. 그런데 고려와 조선시대 내내 부안의 변산에 조선장이 설치되었던 점으로 보아 고려시대 이전에도 그곳에 조선장이 있었을 것으로 여겨진다. 변산반도 외에도 고려시대 이후 조선장이 설치되었다는 앞의 지

76 최근식은 종전 백제인들이 만든 '百濟船' 제작 기술을 받아들여 신라가 9세기의 '新羅船'을 만들었다고 한다(최근식, 앞의 책, 2005, 79~83쪽). 이러한 주장에 문제가 없는 것은 아니나, 그 타당성 여부를 떠나 신라는 백제를 병합한 후 백제의 조선술과 항해술을 이어받았음은 부정할 수 없는 사실이다.

77 『高麗史』 권27, 元宗 15년 6월 辛酉.

78 『世祖實錄』 권21, 世祖 6년 7월 乙亥.

79 金在瑾, 앞의 책, 1989, 112~114쪽.

역들은 모두 옛 백제와 고구려의 황해 연안에 위치해 있다. 따라서 이곳 가운데 몇몇 지역에도 백제와 고구려가 운영하던 조선장이 존재했을 가능성이 높다. 결국 7세기 중엽 이후 신라가 대동강 이남 황해 연안 전체를 장악함으로써 선박 제조에 필요한 양질의 재목을 확보할 수 있었고, 또 이를 바탕으로 종전보다 튼튼하고 규모가 큰 선박을 만들 수 있게 되었다.

이러한 제작 기술과 재목으로 만든 배가 바로 일본인들이 말한 '신라선'이다. 이전에도 그랬는지 알 수 없으나, 9세기 일본인들은 신라선을 일본과 중국 배에 비하여 바람과 파도에 잘 견디는 안전한 선박으로 인식하였다. 839년 7월에 일본 조정은 대재부大宰府에 명하여 바람과 파도를 감당할 수 있는 신라선을 만들도록 하였고,[80] 다음 해 9월에 쓰시마 관리가 '조물調物을 실은 선박이 바람과 파도에 의해 자주 표류하거나 파선되기 때문에 파도를 능히 헤쳐 나갈 수 있는 신라선 한 척을 쓰시마에 이관시켜 줄 것'을 중앙에 요청한 것이 그 예이다.[81] 그리고 838년에 파견한 일본 견당사절단이 본국으로 돌아갈 때 자신들이 타고 간 배를 버리고 굳이 신라선 9척을 고용하여 귀국한 것은[82] 신라선이 중국이나 일본의 어떤 배보다도 안전하다고 생각했기 때문이었다.

현재 신라선의 구조가 어떠했는지 구체적으로 알 수 없다. 그런데 1975년에 경주의 안압지雁鴨池 보수 과정에서 신라 배의 선체 일부가 출토되었다. 이 배는 길이가 길고 너비가 좁으며 밑이 평평한 평저형 선박으로, 소나무로 만들어졌다. 그리고 배의 크기와 구조로 보아 내수內水의 놀이용으로 제작된 것인데, 우리나라의 전통 선박인 한선의 원형을 보여준다고 한다.[83]

80 『續日本後紀』 권8, 承和 6년 7월.

81 『續日本後紀』 권9, 承和 7년 9월.

82 圓仁, 『入唐求法巡禮行記』 권1, 開成 4년 3월 17일; 『續日本後紀』 권8, 承和 6년 8월 己巳.

83 金在瑾, 앞의 책, 1989, 73~76쪽.

한편 1984년에 전남 완도군 약산면藥山面 어두리漁頭里 앞바다에서 후대의 전형적인 한선으로 발전하는 중간 형태에 속하는 11세기경의 목선이 발굴되었고,[84] 1995년에 전남 목포시 충무동 달리도達里島 앞바다에서 13세기 후반에서 14세기 초반경의 선박이 발굴되었다. 2004년에는 전남 군산시 옥도면 십이동파도十二東波島에서 11세기 후반에서 12세기 초반으로 편년되는 선박이 발굴되었고, 2005년에는 전남 신안군 안좌면 금산리 해변과 중국 산둥성 펑라이시蓬萊市 고항古港에서 각각 14세기의 고려 선박 잔해가 연이어 발굴되었으며, 2007년에는 충남 태안군 대섬에서 12세기 중후반에서 13세기 초에 침몰한 것으로 추정되는 고려시대 청자 운반선 잔해가 발굴되었다. 이들 가운데 이른바 '펑라이선蓬萊船'은 전통 한선과 중국식 조선법이 결합된 독특한 구조를 가지고 있으나,[85] 나머지는 모두 안압지에서 출토된 배의 제작법을 보다 발전시켜 만든 평저선의 형태를 취하고 있다.[86]

9세기의 '신라선'은 안압지에서 출토된 배와 이른바 '완도선'을 비롯한 고려시대 여러 목선과 시기적으로 중간에 위치하기 때문에, 기본 선형은 한선의 형태였을 것으로 여겨진다. 그러므로 신라선은 배의 밑바닥이 평탄하고 선수와 선미가 평면을 이루는 평저선으로,[87] 주요 부재는 적송과

84 金在瑾, 「莞島海底發掘船의 船體構造에 대하여」, 『學術院論文集(人文社會科學篇)』 25, 1986, 1~31쪽; 李昌億 · 姜祥澤, 「韓國 古代의 造船史 考察」, 『張保皐硏究』 4, 한국해양대학교부설장보고연구실, 2002, 8~11쪽.

85 山東省文物考古硏究所 · 烟台市博物館 · 蓬萊市文物局 編, 『蓬萊古船』, 文物出版社, 2006; 김성준, 「펑라이(蓬萊) 고려고선(高麗古船)의 한국 선박사상의 의의」, 『STRATEGY 21』 vol.10-1(통권 19호), 한국해양전략연구소, 2007, 85쪽.

86 태안군 대섬에서 발굴된 고려 선박의 잔해는 船舷의 외판뿐이어서 선체의 구조를 정확히 알 수 없다. 그러나 잔존한 제1단 외판재가 현저하게 厚板인 점과 단면상 하단 내측부의 만듦새로 보아, 선체는 목포시 달리도와 신안군 안좌면에서 발굴된 고려 선박과 유사할 것으로 추정된다(김용한, 「태안 대섬 발굴 고선박의 고찰」, 『고려청자 보물선-태안 대섬 수중발굴 조사보고서(본문편)』, 문화재청 · 국립해양문화재연구소, 2009, 448~455쪽).

87 최근식은 '신라선은 尖底型으로 선저에 용골 布材가 부착된 水密隔壁 구조'라 하였다(최근

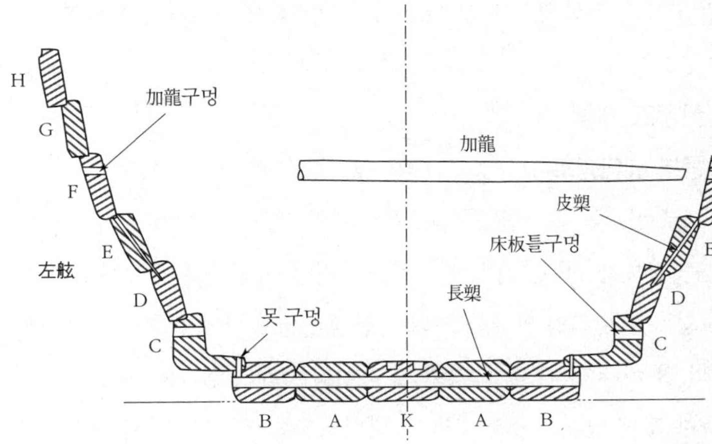

그림 2-6 완도선 중앙 단면도[88]

같은 육송陸松이었고 외판재는 두꺼웠으며 돛과 노를 갖춘 비교적 둔중한 배였을 것으로 추정할 수 있다. 이에 따라 신라선은 속도를 내기는 어려우나 파도에 의한 전복과 충돌로 인한 파손은 덜하였을 것이다. 9세기 일본인들이 "신라선은 능히 바람과 파도를 감당할 수 있다"고 한 것은 신라선의 이러한 특성을 두고 한 말이었다.

바람과 파도에 잘 견디는 신라선은 강력한 신라 수군의 기반이 되었고, 신라 견당사와 장보고를 비롯한 해상무역업자들은 이러한 배를 이용하여 황해를 왕래했음이 틀림없다. 일본 견당사에 비해 신라 견당사의 조난과 난파 비율이 훨씬 낮은 이유는, 항로와 항해술 등과도 관련이 있었겠지만,[89] 신라의 독특하고 뛰어난 조선술에 기인한 바도 컸을 것이다. 신라인

식, 앞의 책, 2005, 85~98쪽). 이러한 주장은 백제선을 모델로 한 일본 견당사선이 신라선과 동일한 구조라는 전제하에서, 圓仁의 『入唐求法巡禮行記』(권1)에 묘사된 承和 견당사선의 모습을 통해 도출한 결론이다. 그러나 승화 견당사선은 첨저형이 아니라 평저형이 분명하므로 (최항순, 앞의 논문, 2003, 89~94쪽) 그의 주장을 받아들일 수 없다.

88 金在瑾, 앞의 책, 1989, 77쪽 〈그림〉 41-1 참조.

89 權悳永, 앞의 책, 1997, 244쪽.

은 이처럼 고유의 조선술을 계승, 발전시켜 해양을 안전하게 왕래하였다.

2. 황해 신항로 개척

(1) 황해 중부 횡단항로

일반적으로 항로는 무모한 항해와 뜻하지 않은 표류이동이 계기가 되어 만들어지는 경우가 많다. 처음에는 무모하거나 우연한 환경에서 조우한 바닷길이 점차 반복적인 왕래를 통해 안전성과 효율성이 검증되면 그것이 곧 '바다의 길'이 된다. 황해 바닷길 역시 여러 차례의 실패와 성공적인 항해를 거듭한 후에 만들어졌을 터인데, 한반도와 중국 사이의 해상교류 루트는 신석기시대부터 형성되었다.[90]

황해 바닷길을 통한 중국과 한반도의 인적 왕래와 문화교류는 신석기시대 이후에도 꾸준히 이어졌다. 춘추시대 후기부터 한대까지 주로 사용된 도씨검桃氏劍이 평양 석암리, 재령 고산리, 완주 상림리, 함평 초포리, 경주, 익산 등지에서 출토되었고, 익산 평장리에서는 전한시대의 거울이 출토되었다. 그리고 명도전明刀錢, 오수전, 화천 등이 랴오둥반도와 황해도 황주와 은율, 경남 김해와 마산, 제주도, 일본 등지에서 발견되었다. 뿐만 아니라 비록 전설적인 이야기지만, 서불徐芾이 진시황의 명을 받아 불로초를 구하기 위해 산둥반도 연해안에서 황해를 건너갔다고 한다. 이처럼 중국의 유적과 유물이 황해 연안을 따라 장기간에 걸쳐 중층적으로 발견되는 것은 신석기시대 이래 중국에서 황해를 건너 랴오둥반도와 한반도까지 이어지는 황해 바닷길이 형성되어 있었음을 말해준다.[91]

---

90 崔夢龍, 「考古學資料를 통해 본 黃海交涉史硏究 序說」, 『震檀學報』 66, 1988, 176~177쪽; 「上古史의 西海交涉史 硏究」, 『國史館論叢』 3, 1989, 4~8쪽; 中國航海學會, 『中國航海史 : 古代航海史』, 人民交通出版社, 1988, 6쪽; 정진술, 『한국의 고대 해상교통로』, 한국해양전략연구소, 2009, 199~208쪽.

91 崔夢龍, 앞의 논문, 1989, 1~28쪽; 金京七, 「南韓地域 출토 漢代 金屬貨幣와 그 性格」, 『湖南

항해술과 조선술이 발달하지 않은 시대의 항해는 육지나 섬을 바라보면서 자신의 위치를 확인하며 나아가는 시인거리視認距離 연안항해가 일반적이었다. 이는 해상 조난의 위험을 피할 수 있는 가장 안전한 항해법이기 때문이다. 신석기시대부터 황해를 왕래한 사람들은 상당 기간 동안 시인거리 내에서 연안을 따라 항해했을 터인데, 중국 대륙과 랴오둥반도 및 한반도 황해 연안을 잇는 연안항로는 다음과 같은 바닷길을 상정할 수 있다.

우선 산둥반도에서 보하이만渤海灣과 황해의 경계를 이루는 먀오다오열도를 따라 동북진하여 지금의 뤼순旅順 서남쪽 두리진都里鎭에 도착한 후 다롄만大連灣에서 스청도石城島를 잇는 창산군도長山群島를 차례로 지나고 랴오둥반도 연안을 따라 항해하여 압록강鴨綠江 하구에 이른다. 압록강 하구에서 한반도 서해안을 따라 남진하면 옹진반도와 해주만, 그리고 신라의 대중국 출입 관문이었던 당은포에 이를 수 있다. 당은포에서 다시 남쪽으로 내려오면 금강과 영산강 하구에 이르고 거기서 남해안을 따라 나아가면 마산과 김해, 그리고 일본에 다다를 수 있다. 황해 서북쪽 연안을 따라 반원을 그리며 황해를 휘감아 도는 이 항로를 황해 북부 연안항로라 칭할 수 있거니와,[92] 이 항로는 육지에 근접하여 항해하는 코스이기 때문에 다른 항로에 비하여 안전한 바닷길이었다.

이 바닷길은 가탐賈耽이 『도리기道里記』에서 말한 '등주해행입고려발해도登州海行入高麗渤海道'와 일치하는데,[93] 기원전 109년에 누선장군 양

考古學報』 27, 2007, 117～118쪽.

92 종전에 이 항로를 老鐵山水路航路(孫兌鉉, 『韓國海運史』, 아성출판사, 1982, 29～30쪽) 혹은 高麗·渤海航路(申瀅植, 「韓國古代의 西海交涉史」, 『國史館論叢』 2, 1989, 2～10쪽)라 하였다. 그러나 이들의 명칭은 老鐵山이라는 특정 지역과 고구려·발해라는 특정 시기에 초점을 맞추었기 때문에 통시대적인 보편성이 약하다.

93 『新唐書』 권43(下), 地理 7(下).
한편 정진술은 『道里記』의 '登州海行入高麗渤海道'에 황해 북부 연안항로뿐만 아니라 후술할 황해 중부 횡단항로까지 포괄적으로 서술되었다고 한다(정진술, 앞의 책, 2009, 240～251쪽). 그러나 원문 해석에 다소 무리가 따르기 때문에 수긍하기 어렵다.

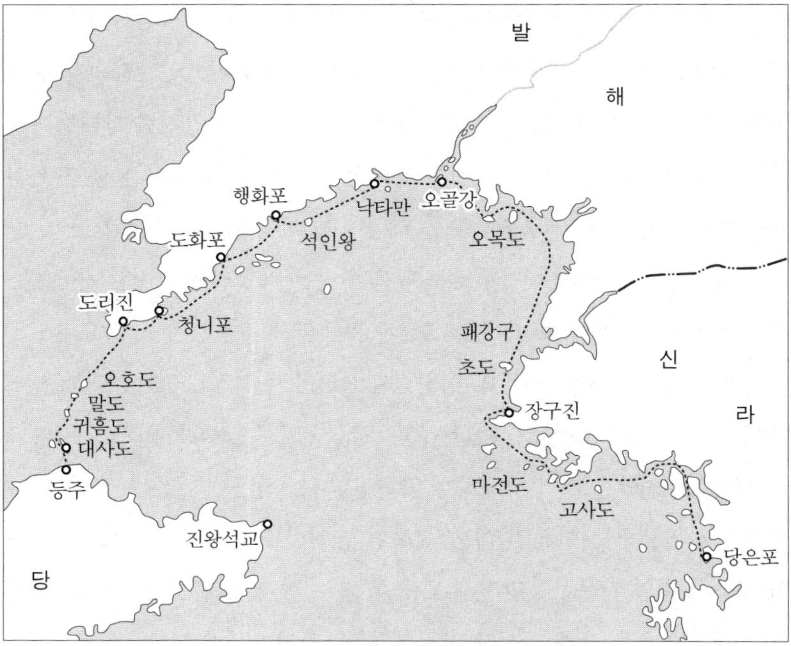

그림 2-7 『도리기』의 연안항로[94]

복楊僕이 한나라 수군을 이끌고 이 항로를 따라 황해를 건너 고조선을 공격하였고, 수나라와 당나라 수군도 이 항로를 이용해 고구려를 침공하였다. 그리고 고대 한반도 삼국의 사절단도 대부분 황해 북부 연안항로를 따라 중국 남북조를 왕래하였고, 중국 사절단도 이 길을 이용해 삼국을 내왕하였다.

신석기시대 이래 보편적으로 이용되던 황해 북부 연안항로는 중국 남북조의 대립과 한반도 삼국 간의 치열한 전쟁으로 5, 6세기부터 점차 경색되어갔다. 특히 한반도 북부와 랴오둥반도를 장악한 고구려와 산둥반도를 차지한 북위北魏가 자국 근해를 항해하는 적대국의 선박을 나포하고 바닷

94 정진술, 앞의 책, 2009, 245쪽 〈도 5-21〉을 참고하여 새로 작성하였다.

길을 막음으로써 황해 북부 연안항로를 통해 서로 왕래하던 동아시아 각국들은 혼란에 빠졌다. 그 중에서도 고구려의 견제를 받던 한반도 남쪽의 백제와 신라는 더욱 어려움을 겪게 되었다. 이에 백제와 신라는 고구려의 방해를 받지 않는 새로운 황해 교통로 개척이 절실했을 터인데, 그러한 필요에서 개척한 항로가 바로 황해 중부 횡단항로이다.[95]

황해 중부 횡단항로는 지금의 황해도 서남단에서 중국의 산둥반도를 향하여 정서쪽으로 황해를 가로지르는 바닷길이다. 백제와 신라의 경우, 이 항로는 연안항로와 원양항로로 구성되었다. 즉, 한반도 서해안을 따라 덕적도와 강화도 및 교동도 등을 경유하여 황해도 서남단의 옹진반도까지 가는 길은 연안항로이고, 옹진반도에서 산둥반도까지는 대양을 가로지르는 원양항로이다.

그런데 누가, 언제, 어떤 목적으로 이 항로를 이용하기 시작했는지 정확히 알 수 없다. 일찍이 나이토 슌포內藤雋輔는 경초景初(237~239) 연간에 대방태수 유흔劉昕과 낙랑태수 선우사鮮于嗣가 처음으로 이 항로를 이용해 바다를 건넜다 하였고,[96] 신형식은 6세기 중엽에 백제가 개척했다고 하였으며,[97] 정진술은 앞의 학설을 포함한 여러 주장들을 비판하고 475년에 북위가 처음 이용했을 것으로 추정하였다.[98]

물론 5세기 후반 혹은 그 이전에도 단발적으로 중부 횡단항로를 이용한 경우가 있었을 것이다. 그러나 이 항로는 7세기 전반까지 일반화되지 못하였다. 그때까지 중국을 왕래하던 백제와 신라의 선박이 종종 고구려의 방

95 이 항로를 赤山航路(孫兌鉉, 앞의 책, 1982, 29~30쪽) 또는 新羅航路(申瀅植, 앞의 논문, 1989, 2~10쪽)라 하였으나 본서에서는 취하지 않는다.

96 內藤雋輔, 「朝鮮支那間の航路及び其推移に就いて」, 『內藤博士頌壽紀念 史學論叢』, 1927; 『朝鮮史研究』, 東洋史研究會, 1961, 383~385쪽.

97 申瀅植, 앞의 논문, 1989, 20~21쪽; 『統一新羅史研究』, 삼지원, 1990, 306쪽.

98 정진술, 앞의 책, 2009, 252~276쪽.

해를 받았던 사실이 확인되기 때문이다. 백제는 문주왕 2년(476)과 동성왕 6년(484)에 각각 송宋과 남제南齊에 사신을 보냈으나 고구려가 바닷길을 막았으므로 되돌아왔고,[99] 신라 진평왕이 당에 사신을 보내 고구려가 바닷길을 막아 조공이 어렵다고 호소한 것이[100] 대표적인 사례이다. 이처럼 중국을 왕래하던 백제와 신라의 선박이 고구려에 의해 차단되는 상황에서 두 나라는 새로운 교통로를 개척할 필요가 있었는데, 신라가 특히 그러했다.

한반도 동남쪽에 치우쳐 있던 신라는 진흥왕 때 한강 하류지역을 점령함으로써 비로소 황해로 진출하였으나, 중국을 왕래하는 데는 여전히 어려움이 많았다. 삼국시대 신라는 주로 황해 북부 연안을 따라 중국을 왕래하였으므로 항상 고구려의 위협을 받았다. 선덕왕 13년(644)에 김다수金多遂가 신라로 돌아간 후 아무런 연락이 없자, 당 태종이 "혹시 고구려가 길을 막고 있어 신라가 사신을 보내지 못하는 것이 아닐까"라 하였고,[101] 진덕왕 2년(648)에 나당 군사동맹을 성사시키고 귀국하던 김춘추가 해상에서 고구려 순라군巡邏軍을 만나 가까스로 목숨을 구해 돌아온 사건[102] 등은 당시 신라가 고구려 영해를 통과하는 위험성을 단적으로 말해준다.

이 시기에 백제는 고구려와 연합하여 신라를 공격할 정도로 고구려와 우호적인 관계였고, 645년 이후에는 당과의 관계가 소원해졌으므로[103] 새로운 항로 개척이 절실하지 않았다. 반면 황해 진출로가 한강 하구밖에 없었고, 또한 7세기 전반 삼국 간의 치열한 전쟁 와중에서 당에 크게 의존하

99 『三國史記』 권26, 文周王 2년 3월 및 東城王 6년 7월.

100 『三國史記』 권4, 眞平王 47년 11월.

101 「貞觀年中撫慰新羅王詔一首」, 『文館詞林』 권364 ; 朝鮮史編修會 編, 『朝鮮史』 1-3, 395쪽.

102 『三國史記』 권5, 眞德王 2년.

103 이러한 사실은 백제의 遣唐使 파견 횟수를 보면 쉽게 알 수 있다. 백제는 621년부터 652년까지 모두 25회의 견당사를 보냈는데, 그 가운데 645년까지 23회를 보냈고 그 이후에는 2회의 견당사만 파견하였다. 이 점에 관해서는 權悳永, 앞의 책, 1997, 18~19쪽 〈표 1-2〉 참조.

던 신라는 고구려의 위협을 받지 않고 당을 왕래할 수 있는 새로운 항로 개척이 절실하였다. 그래서 눈을 돌린 것이 한반도와 중국 사이의 최단거리 직선코스로서 고구려의 위협이 적은 황해 중부 횡단항로였다.[104]

한편 660년에 당의 소정방이 13만 군대를 이끌고 산둥반도 성산成山을 출발해 덕물도德物島(지금의 인천광역시 옹진군 덕적도)를 거쳐 백제를 공격해 멸망시켰다. 이것은 황해 중부 횡단항로를 이용한 사실을 분명하게 밝힌 첫 사례이거니와, 당군이 이 항로를 택한 것은 신라가 제공한 정보에 크게 의존한 것으로 보인다. 당시 군사를 청하기 위해 당에 갔던 김인문은 당 고종에게 백제 지역의 도로 상태와 백제 진공로進攻路를 자세히 설명하고, 자신이 신구도부대총관神丘道副大摠管이 되어 소정방과 함께 당나라 군사를 이끌고 바다를 건넜다.[105] 이때 김인문이 제공한 정보 속에 황해 바닷길, 곧 황해 중부 횡단항로에 관한 내용도 포함되어 있었을 것이다.

당은 백제 침공의 기밀을 유지하기 위해 당시 본국으로 돌아가려는 왜의 사신을 장안(지금의 산시성 시안시西安市)에 억류할 정도로[106] 철저한 보안 속에서 전쟁을 수행하였다. 그러므로 당군이 이용하려고 했던 황해 바닷길 역시 백제가 모르거나 자주 이용하지 않던 예기치 못한 바닷길을 선택했음직하다. 그런데 김인문은 이미 이 항로의 안전성을 확신하고 당 고종에게 백제 진격로로 제안하였다. 그렇다면 660년 당시 황해 중부 횡단항로는 백제인들에게 익숙하지 않은 반면, 신라인들에게는 어느 정도 익숙한 바닷길이었던 셈이다.

결국 황해 중부 횡단항로는 7세기 전반에 신라인들이 외교적 목적으로 주로 이용하던 것을 당이 백제 공격로로 활용함으로써 그 효용성이 검증

104 강봉룡, 『바다에 새겨진 한국사』, 한얼미디어, 2005, 82~83쪽; 고경석, 「신라의 對中 해상교통로 연구」, 『新羅史學報』 21, 2011, 118~119쪽.

105 『三國史記』 권44, 列傳 金仁問.

106 『日本書紀』 권26, 齊明 5년 7월 戊寅.

되어 마침내 상용화의 길을 걷게 되었다고 하겠다. 그 후 이 항로는 남북국시대 신라 견당사와 상인들이 자주 이용하였음은 물론 고려시대와 조선시대에도 널리 활용되었다.

(2) 황해 남부 사단항로

755년부터 약 10년간 지속된 안사安史의 난 이후 중국의 하북과 하남지방은 정치·경제·사회적으로 매우 어수선하였다. 반면 강남의 여러 연해도시들은 국제무역항으로 발전하여 경제적 호황을 누렸다. 창장강長江 하구의 양주揚州(지금의 장쑤성 양저우시揚州市), 저장강浙江 하구의 명주明州(지금의 저장성 닝보시寧波市)와 항주杭州(지금의 저장성 항저우시杭州市)는 당시 대표적인 무역도시였다. 그래서 황해를 무대로 활동하던 각국의 무역업자들은 강남으로 모여들었고, 신라와 일본의 견당사들 역시 강남으로 발길을 향하였다.

전술하였듯이, 황해 중부 횡단항로는 황해 북부 연안항로에 비하여 항해거리가 훨씬 단축된 편리한 바닷길이었다.[107] 그럼에도 한반도에서 남중국을 왕래할 경우, 이 바닷길은 한반도 서해안과 중국 황해 연안을 거슬러 오르내려야 하기 때문에 많은 시일이 소요되는 상대적으로 불편한 항로이기도 했다. 이에 남중국과 한반도를 직접 연결하는 새로운 항로 개척이 요구되었는데, 그것이 바로 한반도 서남단에서 중국의 창장강 혹은 저장강 하구까지 비스듬히 연결하는 황해 남부 사단항로斜斷航路이다.[108]

---

107 황해 중부 횡단항로는 황해 북부 연안항로에 비하여 항해거리가 약 1/4에 불과하다고 한다(고경석, 앞의 논문, 2011, 110쪽).

108 종전 이 항로를 東支那 혹은 東中國海 斜斷航路라 칭하였다(孫兌鉉·李永澤, 「遣使航運時代에 관한 硏究」, 『韓國海洋大學校論文集』 16, 1981, 21쪽; 金在瑾, 「韓國·中國·日本 古代의 船舶과 造船術」, 『震檀學報』 68, 1989, 194쪽). 그러나 엄밀히 말하면, 우리나라 서해 남단과 唐代 중국의 양주·명주·항주 등을 잇는 나당 간의 항로는 대부분이 동중국해East China Sea가 아니라 황해Yellow Sea 지역에 포함되므로 동중국해 사단항로라는 용어는 부적절하

이 항로 역시 누가, 언제 개척했는지 정확하게 알 수 없다. 고대 한중 간 항로 연구의 선구자인 나이토 슌포는 479년에 금관가야가 남제에 사신을 보낼 때 이 항로를 이용했을 것으로 추정하면서 진평왕 9년(587)에 대세大世와 구칠仇柒이 황해 남부 사단항로를 통해 남중국으로 갔고, 백제가 중국 남조와 통교할 때도 이 항로를 이용했다고 한다.[109] 그리고 최근식은 9세기 이전에 이미 동아시아에서 항해용 나침반 사용이 일반화되었다는 전제하에서, 장보고가 활동하던 9세기에 황해 남부 사단항로가 본격적으로 이용되었다고 하였다. 한편 정진술은 앞의 두 견해를 포함한 여러 주장들을 비판한 후 고대 항해술의 수준, 항해용 나침반의 사용 시기, 장쑤성 지역 연안항로의 발달과 항해의 기술적인 측면을 고려하여 이 항로는 11세기 중반에 비로소 개척되었다고 하였다.[110]

물론 11세기 중반 이후가 되면 항해용 나침반의 사용과 북방 거란족의 위협 등 여러 이유로 황해 남부 사단항로가 널리 이용되었음은 분명하다. 1074년에 고려가 김양감金良鑑 일행을 송나라에 보내, 종전 등주登州(지금의 산둥성 펑라이시蓬萊市)를 경유하던 입송로入宋路를 명주로 바꾸어 주도록 요청한 이후 고려 사절단은 줄곧 황해 남부 사단항로를 통해 송을 왕래하였다.[111] 뿐만 아니라 1078년에 명주에서 배를 타고 정해현定海縣(지금의 저장성 저우산시舟山市 딩하이구定海區)을 거쳐 동쪽으로 바다를 횡단한 가좌간의대부假左諫議大夫 안도安燾 일행과[112] 1123년에 역시 같은 코스로 고려에 온 서긍徐兢 일행의 예에서 보듯이, 송나라 사신 역시 이 항로를 통하

다. 한편 정진술은 기존의 황해 남부 사단항로와는 별도로 淮水 하구에서 동쪽으로 흑산도를 잇는 '황해 남부 횡단항로'를 설정하였다(정진술, 앞의 책, 2009, 341~345쪽). 본서에서 말하는 황해 남부 사단항로는 정진술이 말한 황해 남부 횡단항로까지 포함한 용어이다.

109 內藤雋輔, 앞의 책, 1961, 383~385쪽.

110 정진술, 앞의 책, 2009, 326~346쪽.

111 『宋史』 권287, 列傳 高麗.

112 『宋史』 권287, 列傳 高麗.

그림 2-8 『선화봉사고려도경』의 황해 남부 사단항로[113]

여 고려를 왕래하였다.

그렇다고 하여 11세기에 와서 비로소 황해 남부 사단항로가 개척되었던 것은 아니다. 비록 이전 시기에 나침반과 같은 정량적定量的 항해기기가 사용되지 않았으나, 수차례의 항해 경험을 통한 추측항법과 천문항법으로도 황해 남부를 가로지르는 원양항해가 가능하였다. 일본의 승화承和 견당사가 귀국할 때 황해 횡단 방법을 논의하는 과정에서 판관 장잠숙네長岑宿禰가 "옛 사례를 살펴보면, 명주에서 출발한 배는 바람에 떠밀려 신라 땅

113 정진술, 앞의 책, 2009, 347쪽 〈도 5-30〉을 참고하여 새로 작성하였다.

에 다다랐고, 양자강揚子江에서 출발한 배 또한 신라에 도착했다"고 한[114] 것으로 보아, 일본인들도 경험적 지식을 통해 저장강 혹은 창장강 하구에서 신라로 가는 항로를 이미 알고 있었다. 일본인에 비해 훨씬 빈번하게 당을 왕래하던 신라인들 역시 그러한 사실을 충분히 인지하고 있었을 것이다. 실제로 여러 자료에서 9세기를 전후한 시기에 신라인들이 이 항로를 이용했음을 암시하는 기록이 종종 보인다.

경덕왕 때 상선을 타고 장사하던 장춘長春이 바다에서 폭풍을 만나 중국 남쪽 지방에 표착해 그곳 사람들에게 사역을 당하던 중 신라 승려의 도움으로 귀국했다는 설화가 『삼국유사』에 전한다.[115] 여기서 승려가 장춘을 옆에 끼고 깊은 개울을 건너뛰어 곧바로 고향에 돌아왔는데, 저녁때쯤 남중국을 떠나 술시戌時, 곧 오후 8시경에 신라에 도착했다고 한다. 물론 이 설화를 그대로 믿을 수 없다. 그럼에도 장춘의 이야기는 그가 신라 승려와 함께 남중국에서 신속하게 바다를 건너 고향에 돌아왔음을 시사해준다. 그렇다면 장춘은 중국과 한반도 연안을 따라 황해를 한 바퀴 도는 황해 북부 연안항로나 황해 중부 횡단항로가 아닌 중국 남쪽에서 황해 남단을 곧장 가로지르는 황해 남부 사단항로를 이용했음을 유추할 수 있다.

진철대사 이엄利嚴은 진성왕 10년(896)에 사신 최예희崔藝熙의 배를 타고 눈 같은 파도를 넘어 며칠 만에 은강鄞江에 도착하였다.[116] 은강은 남쪽의 봉화강奉化江과 서쪽의 자계강慈谿江, 곧 요강姚江이 합류하여 지금의 저장성 닝보시를 거쳐 황해로 들어가는 용장강甬江 상류지역을 말한다.[117] 진철대사가 편승한 신라 사절단의 배가 수일 만에 은강에 도착할 수 있었던 것은 그들이 황해 남단을 비스듬히 횡단했기 때문에 가능하였다. 그리

114 圓仁, 『入唐求法巡禮行記』 권1, 開成 4년 4월 2일.
115 『三國遺事』 권3, 敏藏寺.
116 崔彦撝, 「廣照寺眞澈大師塔碑銘」, 『朝鮮金石總覽』, 1919, 126쪽.
117 『浙江通志』 권13, 山川5 寧波府; 『大淸一統志』 권224, 寧波府 山川.

고 효공왕 4년(900)에 정진대사 경양競讓은 서쪽으로 가는 큰 배를 얻어 타고 붕새가 움직이듯 남쪽으로 날아 '신숙지간信宿之間', 곧 2, 3일 만에 강회江淮지방에 도달했다고 한다.[118] 신라에서 배를 타고 2, 3일 만에 당의 강회지방에 도달할 수 있는 바닷길은 한반도 서남단에서 서쪽으로 비스듬히 황해를 횡단하는 남부 사단항로를 상정할 수밖에 없다.[119]

한편 혜목산화상 현욱玄昱은 견당사 김의종金義琮의 배를 타고 희강왕 2년(837) 9월 12일에 영산강 하구 회진會津(지금의 전남 나주시 다시면)에 도착하였고,[120] 효공왕 때에는 법경대사 경유慶猷, 진철대사 이엄, 선각대사 형미逈微 등이 당에서 배를 타고 회진을 통해 입국하였으며, 대경대사 여엄麗嚴은 무주 승평昇平(지금의 전남 순천시)에 도착하였다. 그리고 경명왕 5년(921)에 통진대사 경보慶甫와 원종대사 찬유璨幽는 당으로부터 각각 전주 임피군臨陂郡(지금의 전북 군산시 임피면)과 강주 덕안포德安浦를 통해 입국했고, 경애왕 원년(924)에 정진대사 긍양兢讓은 변산반도 남단인 전주 희안현喜安縣(지금의 전북 부안군 보안면)에 도착하였다.

이들이 모두 황해 남부 사단항로를 이용해 바다를 건넜다고 단언할 수 없으나, 송나라 사절단으로 고려에 온 서긍의 항해 여정을 살펴보면 그랬을 가능성이 높다. 『선화봉사고려도경宣和奉使高麗圖經』에 의하면, 서긍 일행은 1123년 5월 16일에 명주를 떠나 정해현에 도착한 다음 북상하여 창장강 하구까지 가서 동북쪽으로 방향을 바꾸어 대양으로 나아가 흑수양黑水洋을 지나 황해를 횡단한 후 6월 3일에 흑산도를 통과하여 한반도 서

118 李夢游, 「鳳巖寺靜眞大師塔碑銘」, 『朝鮮金石總覽』, 1919, 199쪽.

119 李重煥은 『擇里志』(八道總論 全羅道)에서, 신라시대 영암 鳩林村에서 黑山島, 紅衣島, 可佳島까지 각각 1일 걸리고, 가가도에서 寧波府 定海縣까지 3일, 혹은 순풍을 만나면 1일 걸린다고 하여, 황해 남부 사단항로의 航程에 총 4~6일 걸렸다고 한다. 이는 진철대사 利嚴과 정진대사 競讓이 '數日' 혹은 '信宿之間'에 황해를 건넜다고 표현한 것과 크게 다르지 않다.

120 『祖堂集』 권17, 東國慧目山和尙.

해 연안을 따라 예성강까지 올라갔다고 한다.[121] 그런데 앞에서 언급한 신라 승려들이 도착한 회진, 승평, 덕안포는 흑산도에서 동쪽으로 멀지 않고, 임피군과 희안현은 흑산도에서 서해 연안을 따라 올라가는 중간에 있다. 이런 점에서 현욱 등은 아마 창장강 혹은 저장강 하구에서 서긍 일행과 비슷한 코스로 황해 남단을 가로질러 항해했음직하다.

뿐만 아니라 이중환李重煥은 『택리지擇里志』에서, 신라가 당에 사신을 보낼 때 모두 영암에서 출항하여 흑산도, 홍의도紅衣島, 가가도可佳島를 거쳐 정해현에 이른다고 하였다.[122] 그리고 『명일통지明一統志』와 『대청일통지大淸一統志』 등에 의하면, 신라 · 고려 · 일본으로 가는 사람들은 모두 영파부寧波府(지금의 저장성 닝보시) 주산군도의 매잠산梅岑山에서 바람을 기다렸다가 그 길을 따라 갔다고 한다.[123] 이는 비록 후대의 기록이지만 나름대로 역사성을 가지고 있다.

창장강 혹은 저장강 하구에서 한반도 서남단까지 직선거리 약 600km를 중간 기착지 없이 단숨에 횡단해야 하는 이 항로는 연안항해나 근해항해에 비하여 해상 조난의 위험성이 훨씬 높다. 그럼에도 불구하고 앞에서 소개한 사례처럼, 9세기에 신라와 당을 왕래하던 사람들은 계절풍과 해류 같은 자연조건을 효과적으로 이용해 황해 남단을 가로질러 항해하였다. 그러면 이처럼 위험한 항로를 개척한 사람은 누구였을까? 결론부터 말하면 그들은 바로 신라 상인이었다.

8세기 후반 이후, 동아시아에서는 종래 엄격히 통제되던 사무역이 발달하기 시작하였다. 그런데 이 시기에 당, 신라, 일본을 대상으로 동아시아 해상무역을 가장 적극적으로 주도한 사람은 재당 신라인을 포함한 신라

121 徐兢, 『宣和奉使高麗圖經』 권34~39, 海道 1~6.
122 李重煥, 『擇里志』, 八道總論 全羅道.
123 『明一統志』 권46, 寧波府 山川; 『大淸一統志』 권224, 寧波府 山川.

상인이었다. 이들의 해상무역 활동에 관해서는 필자가 자세히 고찰한 적이 있거니와,[124] 장보고로 대표되는 신라의 원거리 교역자들은 세계 각지로부터 강남의 무역도시 양주, 명주, 항주로 모여드는 물화物貨를 신라와 일본 등지에 신속하게 유통시킴으로써 이윤의 극대화를 추구하였다. 게다가 당시 그들은 장기간의 해상활동 경험을 통해 얻은 뛰어난 항해술을 가지고 있었으며, 바람과 파도를 이겨낼 수 있는 '신라선'을 운행하였으므로 원양항해의 안전을 어느 정도 담보할 수 있었다.

최소의 투자로 최대의 이익을 얻으려는 것이 동서고금 모든 상인의 속성이다. 8, 9세기 재당 신라인을 포함한 신라 상인도 예외가 아니어서, 중국의 강남과 한반도 및 일본을 보다 신속하게 왕래함으로써 이익의 극대화를 꾀했을 것이다. 그 결과 신라 상인들은 우수한 선박과 뛰어난 항해술을 바탕으로 새로운 바닷길을 개척했는데, 그것이 바로 황해 남부 사단항로이다. 신라 하대 구법승들을 태우고 남중국을 왕래한 여러 선박들이 대부분 신라 상선이었다는 사실은[125] 신라 상인들이 황해 남부 사단항로를 개척했음을 말해준다.

결국 황해 남부 사단항로는 재당 신라인을 비롯한 신라 상인들이 상업적 목적에서 개척한 항로였다고 하겠다. 황해 중부 횡단항로가 외교적 목적으로 개척한 '사절단의 길'이었다면 황해 남부 사단항로는 경제적 목적으로 개척한 '상인의 길'이었다. 그 후 이 항로는 상인뿐만 아니라 신라 견당사와 고려 및 송나라 사신들에 의하여 편리하게 이용되었다.

124 권덕영, 『재당 신라인사회 연구』, 일조각, 2005, 177~238쪽.

125 日野開三郎, 「羅末三國の鼎立と對大陸海上交通貿易(1)」, 『朝鮮學報』 16, 1961, 29~31쪽.

제3장

황해외교와 전쟁

제1절 수·당과의 사절 왕래

한국의 역사는 주변국들과의 부단한 교류와 교섭을 통하여 발전해왔다. 그 중에서도 중국과의 관계는 각별하였다. 한국과 중국은[1] 지리적으로 경계를 맞대고 있기 때문에 양국 간 교섭은 자연스러운 일이겠거니와, 그 과정에서 한국과 중국 사이에 인적·물적 왕래가 꾸준히 이루어졌다. 뿐만 아니라 상호 전쟁과 평화가 교차하는 가운데 양 지역은 각기 한 차원 높은 단계로 발전할 수 있었다. 따라서 한국사의 전개와 발전 과정에서 대중국 관계가 차지하는 비중은 매우 높다고 할 수 있다.

한반도의 고대 삼국이 중국과 본격적으로 교섭하기 시작한 것은 남북조

1 김한규는 '한중관계사'의 개념을 "한국과 중국이라는 두 역사공동체가 서로 관계한 역사"로 정의하였다(김한규, 『한중관계사 I』, 아르케, 1999, 15쪽). 본서에서 말한 '한국'과 '중국' 혹은 '한중관계' 역시 민족이나 국가 개념이 아닌 역사공동체의 개념으로 사용하는 용어이다.

시대부터였다. 그 후 남북조의 혼란을 통일한 수와 이어서 등장한 당과 교섭하였는데, 삼국과 수·당의 관계는 한중관계사에서 하나의 획기劃期였다고 해도 지나친 표현이 아니다. 삼국과 수·당의 교섭 과정에서 형성된 국제관계 모델이 향후 한중관계의 기본 방향이랄까 틀을 획정하였기 때문이다.

그런데 삼국의 대중국 교섭은 대부분 황해를 통해 이루어졌다. 한반도 남쪽에 자리 잡은 백제와 신라는 말할 것도 없고 중국과 육지로 맞닿아 있던 고구려도 황해를 통해 교섭하는 경우가 많았다. 특히 고구려가 평양으로 수도를 옮긴 이후 지리적 여건상 중국의 남북조 및 수·당과의 교섭은 모두 황해 바닷길을 이용했을 것으로 생각된다. 이런 점에서 황해는 고대 한중교섭의 통로이자 징검다리였다고 할 수 있다.

전근대 황해를 통한 동아시아 교섭은 주로 사절 왕래를 통해 이루어졌다. 사절 왕래는 왕조 사이의 정치적 친소관계親疎關係를 나타내는 척도였고, 경제교역과 문화교류의 수단이었다. 삼국과 수·당의 교섭도 예외가 아니었다. 그 가운데 천하의 중심을 자처하며 세계제국을 표방하던 당은 주변국들에게 문호를 활짝 개방함으로써 수많은 나라들이 당과 사절단을 교환하며 정치적 유대관계를 맺었다. 특히 당과 신라는 가장 많은 횟수의 사절단을 교환하였고, 유학생과 구법승 역시 빈번하게 왕래하였다.[2] 그래서 이 절에서는 황해를 징검다리 삼아 양 지역을 오간 신라와 수·당 사절의 왕래 실상과 그 의미를 종합적으로 살펴보고자 한다.

2 嚴耕望,「新羅留唐學生與僧徒」,『中韓文化論集』1, 1955, 67~98쪽.

1. 견수사와 견당사 파견

(1) 견수사[3] 파견

신라는 삼국 가운데 중국과의 교섭이 가장 늦었다. 그것은 신라가 한반도 동남부에 치우쳐 있는 지리적 위치와 무관하지 않은데, 그러한 불리한 여건을 바꾸어 놓은 것이 진흥왕 14년(553)의 한강 유역 확보였다. 이후 신라는 한강 하류지역을 중국 진출의 교두보로 삼아 중국 남조의 진陳과 북조의 북제, 그리고 수·당과 교류하였다.[4]

그럼에도 당 이전 신라의 대중외교는 고구려와 백제에 비하여 활발하지 못하였다. 남북조시대 선비족 탁발씨拓跋氏가 북위를 세워 화북지방을 통일한 후 약 1세기가 지나 동위東魏와 서위西魏로 분열되었고, 동위와 서위는 각각 북제와 북주北周를 세워 서로 치열하게 대립, 경쟁하였다. 그 과정에서 북주의 무제가 북제를 아우르고 화북지방을 재통일했으나 오래가지 못하고 581년 2월에 양견楊堅이 북주 정제靜帝의 선양을 받아 수를 건국하였다. 그가 바로 수 문제文帝이다.

중국에 통일왕조가 등장하자 고구려와 백제는 앞다투어 수에 사절을 파견하였다. 고구려는 문제가 즉위한 그해 12월에 수에 사신을 보낸 이래 614년까지 총 16차례의 견수사遣隋使를 파견하였다.[5] 그리고 백제는 고구려보다 다소 앞선 581년 10월에 수에 사절을 보낸 이래 위덕왕대에 세 차례, 무왕대에 네 차례의 견수사를 파견하였다. 특히 위덕왕 36년(589)에

3 종래 遣隋使는 일본에서 중국 수나라에 보낸 사절을 총칭하는 말로 주로 사용되어 왔다. 그러나 견수사는 '隋에 보내는 사신 혹은 사절단'이란 뜻이므로 파견 주체에 따라 일본 견수사 혹은 신라 견수사 등으로 사용할 수 있다. 본서에서도 '遣隋使'를 일본뿐만 아니라 중국 주변국에서 수 왕조에 보내는 사절을 총칭하는 의미로 사용한다.

4 신라의 남북조 및 수와의 교류에 대해서는 徐榮洙, 「三國時代 韓中外交의 전개와 성격」, 『古代韓中關係史의 硏究』, 삼지원, 1987, 133~140쪽 참조.

5 고구려와 수와의 관계에 관해서는 여호규, 「6세기 말~7세기 초 동아시아 국제질서와 고구려 대외정책의 변화-대수관계(對隋關係)를 중심으로」, 『역사와 현실』 46, 2002, 5~11쪽; 金子修一, 「高句麗와 隋의 關係」, 『高句麗硏究』 14, 2002, 382~385쪽 참조.

지금의 제주도인 탐모라국耽牟羅國에 표착한 수나라 병선을 송환하고 더불어 진나라 평정을 축하하는 사절을 파견함으로써 수와 돈독한 관계를 맺었다.[6]

고구려와 백제가 수나라 건국 직후부터 사신을 보내 통교한 반면, 신라는 그보다 13년 뒤에 비로소 수와 외교관계를 맺었다. 『수서隋書』(권81) 신라전과 『삼국사기』(권4) 신라본기에서, 진평왕 16년(594)에 신라가 사신을 보내 토산물을 바치자 수 문제가 진평왕을 상개부 낙랑군공 신라왕上開府樂浪郡公新羅王으로 책봉했다고 한 것이 그것이다.

그 후 신라는 진평왕 18년(596)에 수에 사신을 보내 토산물을 바쳤고, 동왕 22년에 나마 제문諸文을 견수사로 파견하였으며, 동왕 24년에 대나마 상군上軍이 수에 들어가 토산물을 바치고 그해 9월에 구법승 지명智明과 함께 귀국하였다. 그리고 진평왕 26년(604) 7월에 대나마 만세萬世와 혜문惠文이 수에 들어가 조공한 후 이듬해 3월에 구법승 담육曇育을 데리고 귀국하였고, 동왕 33년에 또 견수사를 보내 원광圓光이 작성한 고구려 토벌을 요청하는 표문을 양제에게 바쳤다. 이것이 신라의 마지막 견수사였다.

이처럼 신라는 총 6차례의 견수사를 파견하였는데, 이는 전반적으로 당시 신라를 압박하던 북쪽의 고구려를 견제하기 위함이었다. 사실 백제의 대수對隋외교도 기본적으로 수와의 연계를 통해 고구려를 견제하려는 실리외교의 일환이었다.[7] 위덕왕 45년(598)에 왕변나王辯那를 보내 수가 고구려를 정벌하면 스스로 향도嚮導가 될 것을 자청하였고, 무왕 8년(607)에

---

6 백제의 대수외교에 관해서는 梁起錫, 「百濟 威德王代 王權의 存在形態와 性格」, 『百濟研究』 21, 1990, 46~48쪽; 박윤선, 「위덕왕대 백제와 남북조와의 관계」, 『역사와 현실』 61, 2006, 99~101쪽; 「무왕대 전반기 삼국의 각축과 백제의 외교」, 『韓國古代史研究』 53, 2009, 254~261쪽; 鄭載潤, 「5~6세기 백제의 南朝 중심 외교정책과 그 의미」, 『百濟文化』 41, 2009, 196~197쪽 참조.

7 盧重國, 「高句麗·百濟·新羅 사이의 力關係變化에 대한 일고찰」, 『東方學志』 28, 1981, 91쪽; 徐榮洙, 앞의 논문, 1987, 139쪽; 박윤선, 앞의 논문, 2006, 101쪽.

표 3-1 신라의 견수사

파견 시기	활동	전거	기타
594년(진평왕 16)	토산물 헌상	『수서』 81, 『삼국사기』 4	진평왕을 상개부 낙랑군공 신라왕에 책봉
596년(진평왕 18)	토산물 헌상	『삼국사기』 4	담육 동행 入隋
600년(진평왕 22)	나마 諸文, 조공	『삼국사기』 4	원광 동행 귀국
602년(진평왕 24)	대나마 上軍, 토산물 헌상	『삼국사기』 4	지명 동행 귀국
604년(진평왕 26)	대나마 萬世와 惠文, 조공	『삼국사기』 4	담육 동행 귀국
611년(진평왕 33)	표문을 올려 고구려 토벌 요청	『삼국사기』 4	

왕효린王孝隣을 보내 수에 고구려 공격을 요청하였으며, 무왕 12년(611)에는 국지모國智牟를 보내 수의 고구려 정벌 행군기일을 요청하며 동참할 의향을 전하였다. 그리고 신라 역시 진평왕 33년에 백제와 비슷한 목적으로 견수사를 파견하였다. 이런 점에서 신라와 백제는 고구려 견제라는 동일한 목적으로 견수사를 파견했다고 하겠다.

(2) 견당사 파견

① 7세기의 견당사

618년에 이연李淵이 수나라 공제恭帝로부터 제위를 이어받아 당을 건국하자, 신라는 진평왕 43년(621)에 처음으로 견당사를 보냈다. 그 후 진평왕은 하정사, 사은사, 경하사 등의 다양한 사절을 보내 당과 관계를 돈독히 함으로써 주국 낙랑군공 신라왕柱國樂浪郡公新羅王의 관작을 받았고, 또 고구려와 백제의 신라 침공을 완화시켰다. 특히 진평왕 49년(627)에는 6월과 11월 두 차례 사신을 보내, 당 태종의 즉위를 축하하고 고구려와 백제의 신라 침략을 사전에 방지해준 것에 대하여 감사하였다.

632년 정월에 진평왕이 죽고 선덕왕이 즉위하였다. 선덕왕대에 들어와 삼국 간의 전쟁이 보다 치열해지자 신라는 더욱 적극적으로 당에 사절단을 보냈다. 선덕왕 11년(642)에 백제가 신라의 40여 성을 탈취하고 대야성大耶城(지금의 경남 합천군 합천읍)을 함락시켰으며 고구려와 백제의 연화連和가 본격화되자,[8] 신라는 이듬해 정월과 9월, 11월에 연이어 견당사를 파견해 도움을 요청하였다. 선덕왕대에는 모두 9차례의 견당사를 보냈는데, 그 중에는 귀족 자제들의 당 국자감 입학과 자장慈藏의 방환을 요청하기 위한 문화사절도 포함되어 있었다.

647년 정월에 염종廉宗과 비담毗曇의 난 와중에 선덕왕이 죽고 진덕왕이 즉위하였다. 진덕왕대에는 총 8차례의 견당사를 파견하였다. 그 가운데 주목할 만한 것은 김춘추金春秋의 입당이다. 김춘추는 진덕왕 원년(647) 12월에 아들 문왕文王과 함께 당에 들어가 당 태종과 고구려·백제를 정벌할 계책을 모의한 후 다음 해 2월에 돌아왔다.[9] 당시 신라의 실권자였던 김춘추의 입당은 삼국의 대당외교에서 신라가 우위를 차지하는 결정적인 계기가 되었다.

654년 3월에 진덕왕이 죽고 무열왕이 즉위하였다. 그해 윤5월에 당 고종이 태상승 장문수張文收를 보내 진덕왕의 죽음을 조문하고 무열왕을 신라왕으로 책봉하자, 무열왕은 견당사를 보내 책봉에 감사하고 고구려와 백제가 신라의 북쪽 변경을 자주 침입한다고 호소하며 구원을 요청하였다. 이것이 무열왕대 최초의 견당사이다.

무열왕대에는 모두 6차례의 견당사를 파견하였다. 특히 이 시기에는 무열왕의 둘째 아들 김인문金仁問과 셋째 아들 문왕이 주로 견당사로 활동하였다. 일찍이 김춘추를 따라 당에 들어가 숙위하고 돌아온 문왕은 무열왕 3년(656) 10월에 재차 당에 들어갔다.[10] 문왕은 다음 해에 귀국하여 무열

8 李昊榮은 당시 고구려와 백제의 連和를 신라가 당과 제휴하는 과정에서 신라에 의하여 만들어진 허구라 하였다(李昊榮, 「麗濟 連和說의 檢討」, 『慶熙史學』 9·10 합집, 1982, 17~34쪽).

9 權悳永, 『古代韓中外交史-遣唐使硏究』, 일조각, 1997, 26~31쪽.

10 『册府元龜』 권970, 外臣部 朝貢3; 『三國史記』 권5, 太宗武烈王 3년 7월.

왕 5년 정월에 문충文忠을 이어 중시中侍에 임명되었고 후에 삼국통일전쟁에도 참여하였다. 그리고 김인문은 무열왕 6년(659) 4월에 백제 토벌을 위한 청병사로서 당에 들어가 다음 해 6월에 소정방蘇定方과 함께 당나라 군사 13만 명을 이끌고 돌아왔다. 그는 무열왕 7년에 나당연합군이 백제를 멸망시킨 후 소정방이 백제왕과 왕족 등을 포로로 붙잡아 당으로 돌아갈 때 사찬 유돈儒敦, 대나마 중지中知 등과 함께 또다시 입당하였다.

661년 6월에 무열왕이 죽고 문무왕이 즉위하였다. 당은 그해 9월에 무열왕의 죽음을 위문하고 태자 법민法敏을 신라왕으로 책봉하였다. 이에 신라는 다음 해 7월에 김인문을 당에 보내 문무왕의 책봉에 감사를 표하였고, 문무왕 4년(664)에 정공鄭恭을 당에 파견하였다. 문무왕 5년에는 이미 몇 차례 입당 경험이 있던 김인문을 당에 보냈는데, 그는 웅진도독부 치하의 백제, 왜, 탐라 사신과 함께 유인궤劉仁軌를 따라 입당하여 다음 해 정월에 거행된 고종의 태산 봉선의식封禪儀式에 참석하였다. 이후 문무왕 6년(666)에 김천존의 아들 한림翰林, 김유신의 아들 삼광三光, 김양도金良圖 등을 청병사로 파견하였고, 동왕 8년(668) 9월에는 이적李勣이 고구려 보장왕과 왕자, 대신 등을 사로잡아 당으로 돌아갈 때 김인문과 조주助州 등이 동맹국의 대표로서 동행하였다.

고구려 멸망 이후 백제 고토故土 영유권을 둘러싼 나당 간의 갈등이 표면화되어, 양국 간에 크고 작은 분쟁이 끊이지 않았다. 이러한 와중에 문무왕은 당의 정세를 파악하고 신라의 입장을 전달하기 위해 수차례 견당사를 보냈다. 문무왕 9년에 김흠순金欽純과 김양도를 파견한 것이 대표적이다.[11] 그 후에도 신라는 당과의 갈등을 해소하기 위해 여러 차례 견당사를 파견하여 백제와 고구려 옛 땅에 대한 당의 부당한 처사와 신라의 군사

11 김흠순은 다음 해 7월에 신라가 차지한 백제의 옛 땅을 되돌려주라는 당 고종의 조서를 가지고 돌아왔으나, 함께 당에 들어갔던 김양도는 당에 억류되어 있다가 그곳에서 獄死하였다.

그림 3-1 장회태자 이현 묘의 예빈도(중국 산시성 셴양시咸陽市 첸현乾縣)

행동의 불가피성을 역설하였다. 특히 문무왕 15년(675)에 '사죄사'를 두 차례 연이어 파견함으로써 앞서 당이 삭탈한 문무왕의 관작을 다시 인정받았다.[12]

681년 7월에 문무왕이 죽고 신문왕이 즉위하자 당은 사신을 보내 신문왕을 책봉하였다. 당의 책봉에 대한 답사를 보내지 않던 신문왕은 동왕 6년(686) 2월에 견당사를 보내『예기』와 문장에 관한 서적을 청하고 구법승 원측圓測의 방환을 요청하는 표문을 전하였다.[13] 이에 측천무후는 담당관

12 중국 陝西省 咸陽市 乾縣에 있는 章懷太子 李賢 墓의 널길 동쪽 벽에 그려진 예빈도(그림 3-1) 속의 鳥羽冠을 쓴 인물이 바로 이때 입당한 사죄사로 보인다(권덕영,「조우관을 쓴 사절 그림 이야기」,『고대로부터의 통신』, 푸른 역사, 2004, 198~200쪽).

13 崔致遠의「飜經證義大德圓測和尙諱日文」에 의하면, 垂拱 연간에 우리 임금이 불법을 仰慕하여 여러 차례 표문을 올려 원측의 방환을 요청하였으나 중국 황제가 이를 정중히 거절했다고 한다. 수공 연간은 신문왕 5년에서 8년까지로, 이 시기에 신라가 당에 보낸 사신은 신문왕 6년에 입당한 견당사밖에 없었다. 그러므로 원측의 방환을 요청하는 신문왕의 표문을 올린 것

서에 명하여 길례吉禮와 흉례凶禮의 긴요한 부분을 베끼게 하고, 『문관사림文館詞林』 중에서 모범이 될 만한 것을 뽑아 50권의 책으로 만들어 보내주었다. 그러나 원측의 방환은 정중히 거절하였다.

신문왕대에 한 차례 견당사를 파견하였지만 이를 계기로 문무왕대에 악화된 양국 관계가 종전처럼 다시 긴밀해진 것은 아니었다. 신문왕 때 당나라 사신이 무열왕의 묘호廟號가 당 태종과 같다고 하여 고칠 것을 요구하였으나 따르지 않았고,[14] 10년간 재위했던 효소왕은 동왕 8년(699) 2월에 한 차례의 견당사만을 파견하는 데 그친 것은 그러한 사실을 말해준다.[15] 이상에서 살펴본 7세기 신라 견당사 파견 현황과 추이를 정리하면 표 3-2와 같다.

표 3-2에 의하면 신라는 7세기에 총 48회의 견당사를 파견했는데, 그 중에서 문무왕대가 14회로 가장 많고 신문왕대와 효소왕대는 각각 1회로 가장 적다. 그리고 진덕왕대에는 0.89년마다 한 차례씩 견당사를 파견함으로써 빈도가 가장 높고, 신문왕과 효소왕은 각각 11년과 10년 동안에 한

표 3-2 **7세기 견당사 파견 현황과 추이**

왕명		진평왕	선덕왕	진덕왕	무열왕	문무왕	신문왕	효소왕	합계 (평균)
재위 기간		618.5~632.1	632.2~647.1	647.2~654.3	654.4~661.6	661.7~681.7	681.8~692.7	692.8~702.7	84.25년
		13.75년[16]	15년	7.17년	7.25년	20.08년	11년	10년	
파견 횟수		8회	10회	8회	6회	14회	1회	1회	48회
파견 간격		1.72년	1.50년	0.89년	1.21년	1.43년	11년	10년	(1.76년)

은 신문왕 6년 2월에 입당하여 『예기』와 문장을 요청한 견당사였다고 하겠다.

14 『三國史記』 권8, 神文王 12년 봄; 『三國遺事』 권1, 太宗春秋公.

15 『三國史記』 권8, 孝昭王 8년 2월; 『册府元龜』 권970, 外臣部 朝貢3.

16 진평왕은 579년 8월부터 632년 1월까지 53년 6개월 동안 재위하였다. 그러나 여기서는 견당사 파견이 개시되는 당의 건국 시점, 곧 618년 5월부터를 재위 기간으로 계산하였다.

차례씩 견당사를 파견함으로써 빈도가 가장 낮다. 이러한 현상은 진덕왕대부터 문무왕대까지는 김춘추의 입당을 계기로 체결한 나당 군사동맹의 실행기였고, 신문왕대와 효소왕대는 백제 고토를 둘러싼 양국 간의 알력으로 나당동맹이 와해된 갈등기였다는 점과 무관하지 않을 것이다.

② 8세기의 견당사

고구려 멸망 이후 단절되다시피 하였던 나당관계는 신문왕의 즉위와 측천무후의 집정을 계기로 변화의 기미를 보이다가, 8세기의 개막과 더불어 마침내 회복되었다. 비록 효소왕 때 정삭正朔 수수를 통해 신라와 당은 예전 관계를 어느 정도 회복하였으나,[17] 빈번한 사절 왕래를 통해 나당관계를 재정립한 것은 성덕왕 때부터였다.

성덕왕은 재위 34년 8개월 동안에 46회의 견당사를 파견하였다. 성덕왕은 즉위 이듬해(703)에 정월과 7월 두 차례 견당사를 보낸 이래 동왕 36년(737)에 사찬 김포질金抱質을 하정사로 파견하기까지 다양한 목적으로 당에 사절을 보냈다. 성덕왕대의 견당사 파견에 관해서는 필자가 자세히 정리한 적이 있으므로[18] 여기서 일일이 소개할 필요가 없다. 다만 그 대략적인 추이를 살펴보면, 성덕왕은 원년, 3년, 14년, 19년, 20년을 제외하고는 매년 한 차례 이상 견당사를 보냈다. 특히 성덕왕 5년과 34년에는 한 해 동안에 세 차례의 사절단을 보내는 등 역대 왕들 가운데 가장 정력적으로 대당교섭을 추진하였다.

737년 2월에 성덕왕이 죽고 효성왕이 즉위하였다. 효성왕은 즉위 직후에 견당사를 파견해 성덕왕의 죽음과 자신의 즉위를 알렸고,[19] 동왕 2년 3

---

17 권덕영, 「8, 9세기 '君子國'에 온 唐나라 使節」, 『新羅文化』 25, 2005, 98~99쪽.
18 權悳永, 앞의 책, 1997, 45~57쪽.
19 『唐會要』 권95, 新羅.

월에 김원현金元玄을 보내 새해를 축하하였다.[20] 이후 약 4년간 신라에서 견당사를 파견한 기록이 보이지 않다가 효성왕 6년(742) 5월에 신라 사신이 입당하여 조공했다고 한다.[21] 그들은 효성왕이 죽기 이전에 신라를 떠났을 터이므로 효성왕대의 마지막 견당사였던 셈이다.

742년 5월에 효성왕이 죽고 그의 아우 경덕왕 헌영憲英이 즉위하여 곧바로 당에 고애사告哀使를 보내 효성왕의 죽음과 자신의 즉위를 알렸다. 그 후 경덕왕은 동왕 3년에 세 차례나 견당사를 파견하는 등 재위 24년 동안 총 16회의 사절을 파견하였다.

765년에 경덕왕이 죽고 혜공왕 건운乾運이 즉위하였다. 혜공왕은 종전처럼 즉위 직후에 곧바로 견당사를 보내지 않고 2년 후인 동왕 3년(767) 7월에 김은거金隱居를 당에 보내 경덕왕의 죽음과 자신의 즉위를 알리고 책봉을 요청하였다.[22] 당 대종은 김은거를 자신전紫宸殿에서 인견하고, 요청에 따라 다음 해에 혜공왕을 신라왕으로 책봉하고 그의 어머니 만월부인滿月夫人을 왕태비로 봉하였다. 이에 혜공왕은 동왕 4년 9월에 사은사를 보내 책봉에 감사하였다.

이즈음 신라에서는 대공大恭과 대렴大廉 형제가 반란을 일으켜 왕궁을 33일간 포위하였다가 진압되었다. 또 혜공왕 6년(770)에는 대아찬 김융金融이 반란을 일으켰다가 죽음을 당하는 등 나라 안이 극도로 혼란스러웠다. 『신당서』(권220) 신라전에서 "때마침 그 나라 재상들 사이에 권력 다툼이 일어나 서로 싸워서 나라가 크게 어지러웠는데, 3년 만에 진정되었다〔會其宰相爭權相攻 國大亂 三歲乃定〕"라 하였듯이, 대공의 난으로 촉발된 일련의 반란과 국내 소요사태는 3년 만인 혜공왕 7년경에야 어느 정도 안정

20 『冊府元龜』 권971, 外臣部 朝貢4.

21 『冊府元龜』 권971, 外臣部 朝貢4.

22 『三國史記』 권9, 惠恭王 3년 7월.

을 되찾을 수 있었다.

신라의 국내 정세 불안으로 일시 중단되었던 견당사 파견은 혜공왕 8년에 재개되었다. 『삼국사기』(권9) 혜공왕 8년조에, 그해 정월에 김표석金標石을 당에 보내 새해를 축하하자 당 대종이 그에게 위위원외소경衛尉員外少卿의 벼슬을 주어 돌려보냈다고 한 것이 그것이다. 그 후 혜공왕은 동왕 12년까지 매년 두 차례씩 견당사를 보냈고, 동왕 13년에 또 한 차례의 사절을 파견하였다.[23]

780년 4월에 김지정金志貞의 난 와중에 혜공왕이 죽고 나물왕 10세손인 김양상金良相이 선덕왕宣德王으로 즉위함으로써 155년간의 신라 하대가 개막되었다. 선덕왕은 즉위 후 1년 반이 지난 782년 윤정월에 처음으로 견당사를 파견하였다. 그 후 선덕왕 5년에 한찬韓粲 김양공金讓恭을 당에 파견하여[24] 비로소 신라의 왕위 교체 사실을 알리고 책봉을 청하여 신라왕으로 책봉되었다. 그러나 그해 정월 13일에 선덕왕이 죽고 원성왕 경신敬信이 즉위하였다.

원성왕은 즉위 2년(786) 4월에 김원전金元全을 당나라에 보내 방물을 바쳤다.[25] 이에 당 덕종은 칙서를 내려 원성왕을 격려하고 왕과 왕비 및 재상들에게 각기 비단과 옷 등을 내려주었다. 원성왕 5년(789)에는 김준옹金俊邕을 당에 파견하였고, 다음 해에는 김언승金彦昇을 견당사로 보냈다. 그리고 원성왕 8년(792) 7월에도 당에 사신을 보내 몸에서 향기가 나는 신라 제일의 미녀 김정란金井蘭을 바쳤다.[26] 이후 원성왕이 죽을 때까지 견당사

---

23 『舊唐書』(권199 上) 新羅傳에서 "大曆 9년(774)부터 12년까지 신라는 매년 사신을 보내 조공했는데 1년에 두 번씩 올 때도 있었다"고 하여, 혜공왕 10년 이후 신라 견당사 파견 실태를 포괄적으로 서술하였다.

24 『祖堂集』 권17, 雪岳陳田寺元寂禪師.

25 『三國史記』 권10, 元聖王 2년 4월.

26 『三國史記』 권10, 元聖王 8년 7월.
한편 『三國遺事』(권2) 元聖大王條에, 원성왕의 총애를 받던 사미 妙正이 당에 사신으로 가는

표 3-3 8세기 견당사 파견 현황과 추이

왕명	성덕왕	효성왕	경덕왕	혜공왕	선덕왕	원성왕	소성왕	합계 (평균)
재위 기간	702.8~737.2	737.3~742.5	742.6~765.6	765.7~780.4	780.5~785.1	785.2~798.12	799.1~800.6	97.91년
	34.67년	5.25년	23.08년	14.83년	4.75년	13.83년	1.5년	
파견 횟수	46회	3회	16회	12회	2회	4회	1회	84회
파견 간격	0.75년	1.75년	1.44년	1.24년	2.38년	3.46년	1.5년	(1.17년)

를 파견한 기록이 보이지 않는다.

798년 12월에 원성왕이 죽고 이듬해에 소성왕 김준옹이 즉위하였다. 소성왕은 그해 7월에 견당사를 보내 9척尺 되는 인삼을 바쳤으나 당에서 인삼이 아니라 하여 받지 않았다.[27] 이때의 사신은 원성왕의 죽음과 소성왕의 즉위 사실을 알리기 위해 파견되었던 듯한데, 신라의 왕위 교체 사실을 접수한 당은 다음 해 사봉랑중 겸 어사중승 위단韋丹을 조문 겸 책봉사로 삼아 신라로 보냈다. 그런데 마침 그해 6월에 소성왕이 죽었으므로 위단은 운주鄆州(지금의 산둥성 주청시諸城市)까지 왔다가 되돌아갔다. 이상에서 살펴본 8세기 신라 견당사의 파견 현황과 추이를 정리하면 표 3-3과 같다.

표 3-3에 의하면 신라는 8세기에 총 84회의 견당사를 보냈는데, 약 55%인 46회가 성덕왕이 보낸 사절이다. 성덕왕대는 파견 횟수뿐만 아니라 0.75년마다 한 차례씩 견당사를 보낼 정도로 파견 빈도가 높다. 이런 점에서 성덕왕대는 나당교섭의 극성기라 할 수 있다.

한편 성덕왕대 이후 견당사의 파견 횟수가 상대적으로 대폭 감소하였고 파견 간격도 늘어났다. 그러나 전체적으로 보면 한 차례의 견당사를 파견

某 匝干에게 딸려서 당제에게 바쳐진 설화가 실려 있다. 설화 내용으로 보아 『三國遺事』에서 말하는 妙正은 미녀 김정란과 동일인으로 보인다. 그렇다면 이때의 견당사는 잡찬의 관등을 가진 어떤 사람이었다고 하겠다.

27 『三國史記』 권10, 昭聖王 원년 7월.

하는 데 평균 1.17년으로, 7세기의 평균 1.76년과 후술할 9세기의 평균 2.32년에 비하면 기간이 훨씬 짧다. 뿐만 아니라 왕대별 파견 간격의 편차도 7세기와 9세기에 비하여 크지 않다. 이러한 사실은 8세기의 안정적이고 친밀한 나당관계의 특징을 보여준다고 하겠다.

③ 9세기의 견당사

소성왕을 이어 즉위한 애장왕은 동왕 5년(804)에 처음으로 견당사를 보냈다.[28] 이에 당은 다음 해 2월에 병부랑중 겸 어사대부 원계방元季方을 신라에 보내 당 덕종의 죽음을 알리고, 애장왕과 왕모를 각각 신라왕과 왕태후로 봉하였다.[29] 원계방으로부터 덕종의 사망 소식을 들은 신라는 애장왕 7년(806) 8월에 사절을 파견해 방물을 바쳤다. 그해 12월에도 신라 사신이 당에 들어가 조회하였고,[30] 애장왕 9년 2월에는 김역기金力奇가 당에 들어가 앞서 미처 수령하지 못한 소성왕과 왕모 및 왕비의 책봉조서를 받아 돌아왔다. 김역기가 당에서 소성왕의 책봉조서와 문극門戟을 받아오자 애장왕은 다음 해 7월에 대아찬 김육진金陸珍을 보내 감사를 표하였다.

곧이어 헌덕왕 김언승이 애장왕을 시해하고 왕위에 올랐다. 그러나 헌덕왕은 그 사실을 당에 곧바로 알리지 않고 동왕 2년(810) 10월에 이미 죽은 애장왕의 이름으로 김헌장金憲(獻)章을 당에 보내 순종順宗의 명복을 빈다는 명목으로 금·은과 불상을 바쳐 환심을 사고 당 조정의 분위기를 파악한 다음, 동왕 4년(812)에 비로소 김창남金昌南을 보내 애장왕의 죽음과 자신의 즉위 사실을 알렸다.[31] 그 후 헌덕왕은 매년 혹은 격년으로 김사신金士

28 『冊府元龜』(권972) 外臣部 朝貢(5)조에 그러한 사실이 보이거니와, 이는 「雙溪寺眞鑑禪師塔碑銘」에서 진감선사가 편승했다는 歲貢使와 동일한 사절단이다.

29 『三國史記』 권10, 哀莊王 6년; 『舊唐書』 권14, 貞元 21년 2월; 『冊府元龜』 권976, 外臣部 褒異 3; 같은 책 권965, 外臣部 封冊3.

30 『舊唐書』 권14, 元和 원년 12월.

信, 김장렴金張廉, 김주필金柱弼, 김흔金昕 등을 견당사로 파견하였다.

826년 10월에 헌덕왕이 죽고 흥덕왕이 즉위하여 곧바로 견당사를 보내 헌덕왕의 죽음과 자신의 즉위 사실을 알렸다. 그 후 흥덕왕은 꾸준히 견당사를 파견하였는데, 특히 흥덕왕 4년, 6년, 11년에는 각각 1년에 두 차례씩 사절을 보냈다. 흥덕왕대의 견당사로는 당에서 차 씨앗을 가져온 김대렴金大廉, 귀국 도중에 익사한 김능유金能儒, 사은사 겸 숙위로 입당한 김의종金義琮 등이 알려져 있다.

흥덕왕이 죽은 후 신라 왕실에서는 왕위쟁탈전이 치열하게 전개되었다. 그 와중에 836년에 희강왕 김제륭金悌隆이 왕위에 올랐으나 약 1년 후에 자살하고, 이어서 즉위한 민애왕 김명金明은 1년 만에 신무왕 김우징金祐徵에게 쫓겨났다. 그리고 839년 윤정월에 즉위한 신무왕은 5개월 만에 병으로 죽었다. 흥덕왕 사후의 정치적 혼란으로 수시로 왕실의 주인이 바뀐 신라는 견당사를 파견할 여유가 없었다. 그래서 이 기간 동안에는 신무왕 때 한 차례의 견당사를 파견하는 데 그쳤다.

신무왕을 이은 문성왕은 즉위 직후인 동왕 2년(840)에 견당사를 파견하여 신라왕의 죽음을 알리고 기한이 만료된 숙위와 국학생의 방환을 요청하였다.[32] 그 후 수년간 신라에서 견당사를 파견한 사실이 보이지 않다가, 문성왕 8년(846) 2월에 하정사로 보이는 김국련金國連이 입당하였다.[33]

김국련의 입당을 끝으로 중국 문헌에는 더 이상 신라 견당사의 왕래 기록이 보이지 않는다. 그것은 당 무종武宗 이후 정치·사회적 혼란으로 당에서 실록을 편찬하지 못했기 때문이다. 그래서 문성왕 8년 이후의 신라 견당사에 관해서는 국내의 각종 자료에 단편적으로 보이는 기록들을 정리하

31 『三國史節要』(권13) 哀莊王 10년조에 의하면, 이때 金彦昇은 애장왕이 마치 병으로 죽었던 것처럼 당에 보고했다고 한다.

32 『舊唐書』 권199(上), 列傳 新羅; 『唐會要』 권95, 新羅.

33 『舊唐書』 권18(上), 會昌 6년 2월.

는 데 그치지 않을 수 없다.

우선 문성왕 12년(850)에 아찬 원홍元弘이 견당사로 입당했다가 다음 해 4월에 불경과 부처의 치아, 풍연馮涓이 지은 「중수명학루기重修鳴鶴樓記」를 가지고 돌아왔다.[34] 그리고 김영金穎이 찬술한 「월광사원랑선사탑비명月光寺圓朗禪師塔碑銘」에 의하면, 문성왕 18년에 당에 하정사를 파견한 사실을 알 수 있다.

857년 9월에 문성왕이 죽고 헌안왕이 즉위하였다. 헌안왕은 즉위 다음 해에 견당사를 파견하였다.[35] 이때의 견당사는 헌안왕이 즉위한 후 얼마 지나지 않아 파견되었으므로 문성왕의 죽음과 새로운 왕의 즉위 사실을 알리기 위한 사절이었을 것이다. 이것은 기록에서 보이는 헌안왕대의 유일한 견당사이다.

861년 정월에 헌안왕이 죽고 경문왕이 즉위하였다. 경문왕은 동왕 2년(862) 7월에 아찬 부량富良 등을 당에 보내 방물을 바치려 하였으나, 그들은 입당 도중에 바다에서 익사하고 말았다. 부량 일행이 익사한 2년 후인 경문왕 4년에 재차 당에 사신을 보내 신라왕의 죽음을 알렸다. 최치원이 찬술한 「초월산대숭복사비명初月山大崇福寺碑銘」에 의하면, 그들은 경문왕 5년에 책봉사 호귀후胡歸厚 등과 함께 귀국했다고 한다. 그리고 경문왕 9년(869) 7월에 소판 김윤金胤을 당에 파견해 사은하였고, 이듬해 2월에는 사찬 김인金因을 당에 보내 숙위하도록 하였다.[36] 이후 경문왕대에 견당사를 파견한 사실이 확인되지 않는다. 다만 동왕 14년에 당 희종이 신라에 사신을 보내 유지諭旨를 선포했다고 하므로[37] 이 시기를 전후하여 신라가 견당사를 파견하지 않았을까 추측해볼 수 있을 뿐이다.

---

34 岡田英弘, 「新羅國記と大中遺事について」, 『朝鮮學報』 2, 1951, 115~118쪽.

35 「瑞雲寺了悟和尙塔碑銘」; 『祖堂集』 권20, 五冠山瑞雲寺和尙.

36 『三國史記』 권11, 景文王 9년 7월 및 10년 2월.

37 『三國史記』 권11, 景文王 14년 4월.

그림 3-2 초월산대숭복사비 귀부(국립경주박물관)

875년 7월에 경문왕이 죽고 헌강왕이 즉위하여, 이듬해 7월에 당에 사신을 보내 방물을 바쳤다. 이에 당 희종은 878년에 사신을 보내 헌강왕 김정金晸을 신라왕으로 책봉하였다. 당의 책봉을 받은 헌강왕은 그해 7월에 사은사로 추정되는 사절단을 보내려 하였으나, 당에서 황소黃巢가 반란을 일으켰다는 소식을 듣고 그만두었다.[38] 헌강왕 8년(882)에는 김직량金直諒을 견당사로 파견하여, 황소의 난을 피해 사천四川 성도成都(지금의 쓰촨성 청두시成都市)에 머물던 희종을 배알하였다.[39]

헌강왕 9년경에는 김인규金仁圭를 견당사로 파견하였다. 최치원이 지은 「제참산신문祭巉山神文」과 「사태위별지謝太尉別紙」를 통해 그러한 사실을 알 수 있거니와, 김인규가 사행을 마치고 당을 떠날 즈음인 884년에 황소의 난이 평정되었다. 그 소식을 들은 헌강왕은 자신이 직접 표문을 지어,[40]

---

38 『三國史記』 권11, 憲康王 4년 7월.

39 『三國史記』 권46, 列傳 崔致遠.

40 崔致遠, 「謝賜詔書兩函表」, 『東文選』 권33.

동왕 11년(885) 10월에 시전중감 김근金僅을 보내 황소의 난 평정을 축하하였다.

886년에 헌강왕이 죽고 정강왕이 즉위하였으나 이듬해 7월에 죽었으므로 헌강왕의 누이 진성왕 김만金曼이 즉위하였다. 진성왕은 동왕 5년(891)에 검교사부랑중 최원崔元을 당에 보내, 소종의 등극을 축하하고 숙위학생 최영崔霙 등의 국자감 입학을 청하였다.[41] 최원은 이후 효공왕 원년(897) 7월에 경문왕과 헌안왕을 각각 태사太師와 태부太傅로 추증하는 당의 조칙을 가지고 신라에 돌아왔다.[42] 진성왕 7년(893)에는 정절旌節을 바치기 위하여 병부시랑 김처회金處誨를 당에 보냈으나 바다에서 익사하였다. 이에 사건의 시말을 알리기 위하여 혜성군槥城郡(지금의 충남 당진시 면천면) 태수 김준金峻과 부성군富城郡(지금의 충남 서산시) 태수 최치원을 함께 당에 파견하려 하였으나, 당시 흉년이 들고 도적들이 창궐하여 역시 입당하지 못하였다.[43] 그리고 진성왕 10년(896)에는 최예희崔藝熙를 견당사로 파견하였다.

진성왕은 동왕 11년(897) 6월에 자신의 조카 김요金嶢에게 왕위를 물려준 다음, 창부시랑 김영金穎을 당에 보내 하정하고 「양위표讓位表」를 올려 왕위를 물려준 사실을 알렸다. 뿐만 아니라 앞서 김근을 따라 입당했던 유학생들의 방환과 김영이 데리고 간 학생들의 국자감 입학을 요청하였다.[44] 이외에도 진성왕대 후반에 아찬 양패良貝를 우두머리로 한 견당사를 또 한 차례 파견하였다.[45]

---

41 崔致遠, 「遣宿衛學生首領等入朝狀」, 『東文選』 권47.

42 崔致遠, 「謝恩表」, 『東文選』 권33.

43 『三國史記』 권11, 眞聖王 7년; 같은 책 권46, 列傳 崔致遠.
『三國史記』(권46) 崔致遠傳에는 槥城郡을 榼城郡으로 표기했으나, 이는 槥城郡의 오기 혹은 오각으로 판단된다(鄭求福 外, 『譯註 三國史記 4-주석편(하)』, 한국정신문화연구원, 1997, 765쪽).

44 崔致遠, 「遣宿衛學生首領等入朝狀」, 『東文選』 권47; 「奏請宿衛學生還蕃狀」, 『東文選』 권47.

표 3-4 　　　　　　　　**9세기 견당사 파견 현황과 추이**

왕명	애장왕	헌덕왕	흥덕왕	희강왕	민애왕	신무왕	문성왕	헌안왕	경문왕	헌강왕	정강왕	진성왕	효공왕	합계(평균)
재위기간	800.7~809.7	809.8~826.10	826.11~836.12	837.1~838.1	838.2~839.1	839.2~839.7	839.8~857.9	857.10~861.1	861.2~875.7	875.8~886.7	886.8~887.7	887.8~897.12	898.1~907.4	106.67년
	9.08년	17.25년	10.17년	1.08년	1년	0.42년	18.17년	3.25년	14.5년	11년	1년	10.42년	9.33년[46]	
파견횟수	5회	10회	9회	0회	0회	1회	4회	1회	4회	5회	0회	6회	1회	46회
파견간격	1.82년	1.73년	1.13년	0	0	0.42년	4.54년	3.25년	3.63년	2.20년	0	1.74년	9.33년	(2.32년)

897년 6월에 효공왕이 즉위하였다. 그해 7월에 최원이 경문왕과 헌강왕을 각각 태사太師와 태부太傅로 봉하는 당 소종의 칙서를 가지고 돌아왔으므로, 효공왕은 할아버지와 아버지를 추봉해준 것에 감사하고 아울러 자신의 즉위를 알리는 견당사를 파견하였다. 최치원이 지은 「사은표謝恩表」와 「사사위표謝嗣位表」는 바로 그때 효공왕이 당에 보낸 표문이다. 이것이 문헌에서 확인되는 신라 최후의 견당사였다. 이상에서 살펴본 9세기 신라 견당사 파견 현황과 추이를 정리하면 표 3-4와 같다.

표 3-4에서와 같이 신라는 9세기에 총 46회의 견당사를 보냈다. 그런데 특징적인 것은 흥덕왕대 이후에 견당사 파견이 급감하였고, 전체적으로 평균 2.32년에 한 차례의 견당사를 보낼 정도로 앞 시기에 비해 파견 빈도도 낮다는 점이다. 이는 흥덕왕 사후 신라에서 왕위쟁탈전이 본격화되어 당에 사신을 보낼 겨를이 없었고, 설령 보냈다 하더라도 당 무종 이후 중국의 기록이 허술하여 그러한 사실을 전하지 않기 때문이다. 따라서 표 3-4

45 『三國遺事』 권2, 眞聖女大王 居陁知.

46 효공왕은 898년 1월부터 912년 4월까지 14년 4개월 동안 재위하였다. 그러나 여기서는 견당사 파견이 종결되는 당의 멸망 시점인 907년 4월까지를 재위 기간으로 계산하였다.

에 의거하여 나당 간의 정치교섭사를 분석하기에는 무리가 따른다. 아무튼 홍덕왕대 이후 신라의 견당사 파견이 앞 시기에 비하여 활발하지 못했던 것은 분명한 사실이다.

2. 수·당 사절의 내왕

(1) 수 사절의 내왕

고구려와 백제는 수나라 건국 직후부터 꾸준히 견수사를 파견하였다. 이에 대하여 수는 고구려에 4회, 백제와 신라에 각각 1회의 사절을 보냈다. 삼국의 견수사 파견도 그러하지만, 삼국을 내왕한 수나라 사절 역시 한반도 삼국의 정세와 상호 밀접하게 관련되어 있었다. 따라서 신라에 온 수나라 사절의 성격을 파악하기 위해서는 고구려와 백제를 내왕한 수 사절에 대한 이해가 동시에 필요하다.

581년에 북주를 아우르고 건국한 수는 남쪽으로 진陳을 압박하고 북쪽으로 돌궐과 토번 등을 토벌하였다. 전통적으로 남북조와 동시에 통교하던 고구려는 수나라 건국 이후에도 수뿐만 아니라 남조의 진과 교섭하며 수의 침공에 대비하였다. 그 과정에서 고구려는 수의 활 제작 기술자를 매수하여 몰래 고구려로 데려오는 등 수나라에 대항할 기세를 보였다. 이에 수가 사신을 보내 고구려의 사정을 알아보게 하자, 고구려는 수나라 사신을 빈 객관에 안치하고 삼엄한 경계를 펴 방찰訪察을 막았다.[47] 이것이 고구려를 내왕한 수의 첫 번째 사절이다.

589년에 수가 남쪽의 진을 멸망시키고 중국 대륙을 통일함으로써 수의 고구려 침공 가능성이 한층 높아졌다. 이에 고구려 평원왕이 군사를 훈련하고 군량을 쌓는 등 군비를 확충하여 수의 침략에 대비하자, 수 문제는

47 『隋書』 권81, 列傳 高麗.

590년에 다시 사신을 보내 고구려가 스스로 번국藩國이라 칭하면서도 정성과 예절을 다하지 않았다고 책망하며 수에 순종할 것을 당부하였다.[48] 수 문제의 조서를 받은 평원왕은 수에 사과하고자 했으나 곧 죽고 영양왕이 즉위하였다. 수는 다시 사신을 보내 영양왕을 상개부의동삼사 요동군공上開府儀同三司遼東郡公으로 책봉하였다.

그러던 중 영양왕 9년(598) 2월에 고구려가 말갈과 함께 랴오시지방을 침공하였다. 수 문제가 이 소식을 듣고 한왕漢王 양諒과 왕세적王世績을 원수로 삼아 고구려를 공격하는 한편 영양왕에게 내려주었던 관작을 삭탈하였다. 비록 이때 문제가 고구려에 사신을 보냈다는 명확한 기록이 없으나, 정황으로 보아 사신을 보내 고구려왕의 관작을 빼앗았을 것이다. 이후 양국 관계가 파탄을 맞음으로써 수 사절의 고구려 내왕의 발길이 끊어졌다.

반면 백제와 신라는 수와의 우호관계를 통해 고구려를 견제하려는 정책으로 일관하였으므로 수와 고구려가 무력으로 충돌했을 때도 수와 비교적 순탄한 관계를 유지하였다. 특히 백제와 신라는 수의 고구려 침공을 조장했을 뿐더러 군사적 협력까지 약속하였다. 그래서인지 수는 고구려 침공을 전후한 시기에 백제와 신라에 각각 한 차례의 사신을 보냈다.

백제 무왕은 611년 3월에 견수사를 보내 조공하고 또다시 국지모를 보내 수의 고구려 정벌에 동참할 의향을 전하였다. 이에 수 양제는 상서기부랑尙書起部郞 석률席律을 백제에 보내 고구려 정벌의 행군기일을 협의하도록 하였다. 협의 내용은 구체적으로 알 수 없으나, 수가 다음 해에 감행할 고구려 원정에 백제가 군사적으로 수를 돕는 방안이 포함되지 않았을까 한다. 그러나 백제는 출병 준비만 하고 실제로 전투에는 참가하지 않았다.[49]

---

48 『隋書』(권81) 高麗傳과 『資治通鑑』(권178) 隋紀(2)에서, 수 문제의 조서를 고구려에 전한 시기를 開皇 17년이라 하였다. 그러나 『三國史記』 찬자가 이미 밝혀 놓았듯이 그것은 개황 10년의 사실이다.

49 『三國史記』 권20, 嬰陽王 23년; 같은 책 권27, 武王 13년.

백제의 불참 때문만은 아니었지만, 결과적으로 수 양제의 1차 고구려 원정은 실패로 끝났다.

고구려 원정에서 별다른 성과를 거두지 못한 수 양제는 613년 정월에 다시 군사를 징발하고 군량을 준비하여 4월에 랴오허강을 건너 평양으로 향하였다. 바로 이즈음에 수는 왕세의王世儀를 신라에 파견하였다. 『삼국사기』(권4) 진평왕 35년(613) 7월조에서 '수나라 사신 왕세의가 도착하자 원광 등의 고승을 불러 황룡사에서 백고좌회百高座會를 열었다'고 한 것이 그것이다.[50]

왕세의가 무슨 목적으로 신라에 왔는지 자세히 알 수 없다. 그런데 신라가 2년 전에 원광이 작성한 「걸사표乞師表」를 수에 보내 군사를 요청한 적이 있고, 왕세의가 신라에 온 시기가 수의 고구려 2차 침공 시기와 일치하는 점에서 왕세의는 수의 고구려 정벌에 관한 모종의 협의를 하기 위해 신라에 오지 않았을까 추측할 수 있다. 사실 수 양제는 1차 고구려 침공 때 백제의

표 3-5 **삼국을 내왕한 수 사절**

국가	도래 시기	사신명(관직)	목적	전거	기타
고구려	590년 이전		고구려 사정 訪察	『수서』 81	객관에 억류
	590년 (평원왕 32)		고구려 군비 확충 질책	『수서』 81, 『삼국사기』 19	
	590년 (영양왕 1)		상개부의동삼사 요동군공 책봉	『수서』 81, 『삼국사기』 20	
	598년 (영양왕 9)		영양왕 관작 삭탈	『수서』 81, 『삼국사기』 20	
백제	611년 (무왕 12)	席律 (尙書起部郞)	고구려 정벌 행군 기일 협의	『삼국사기』 27	
신라	613년 (진평왕 35)	王世儀	고구려 정벌 관련 협의	『삼국사기』 4, 『삼국유사』 4	백고좌회 개최

50 『三國遺事』(권4) 圓光西學條에도 이러한 사실이 소개되어 있다. 이때 원광이 황룡사 백고좌회를 주관한 것은 일찍이 그가 수에 보낸 「乞師表」를 작성한 것과 무관하지 않을 것이다.

약속 위반으로 낭패를 당하였다. 그래서 이번에는 신라를 고구려 협공 파트너로 삼았을 것이다. 이것이 신라를 내왕한 수 사절의 유일한 예이다.

(2) 당 사절의 내왕

① 7세기의 당 사절

수와 달리 당은 비교적 자주 신라에 사절을 파견하였다. 당 고조는 진평왕 43년(621)에 통직산기상시 유문소庾文素를 처음으로 신라에 보내 조서와 그림병풍, 그리고 채색비단 300단段을 진평왕에게 주었다. 유문소에 이어 당은 진평왕 46년(624) 3월에 또 책봉사를 파견해 진평왕을 주국 낙랑군공 신라왕柱國樂浪郡公新羅王으로 책봉하였다. 사실 이때 당은 고구려와 백제에도 사신을 파견해 영류왕과 무왕을 책봉하였다. 삼국의 왕을 같은 해에 책봉한 것은 한반도 삼국의 세력 균형과 상호 견제를 꾀하려는 당의 의도에서 비롯되었는데, 당시 고구려에는 형부상서 심숙안沈叔安이 책봉사로 파견되었다.[51] 그러나 신라와 백제에는 누가 왔는지 확인되지 않는다.

신라, 고구려, 백제에 동시에 책봉사를 파견했던 당은 2년 후에 주자사朱子奢를 다시 삼국에 보내 각국을 돌며 삼국 간의 화친을 주선하였다. 당이 주자사를 삼국에 파견한 직접적인 이유는 고구려가 신라와 백제 사신의 입당로入唐路를 막고 당과의 통교를 방해했기 때문이다.[52] 아울러 당 고조의 죽음과 태종의 즉위 사실을 전하고, 태종의 한반도 정책이랄까 구상을 알리려는 목적도 있었을 것으로 생각된다.[53]

632년 정월에 진평왕이 죽고 그해 2월에 선덕왕이 즉위하였다. 당 태종

51 『三國史記』 권20, 榮留王 7년; 『資治通鑑』 권190, 武德 7년 2월 丁未.

52 『三國史記』 권4, 眞平王 47년 및 48년; 같은 책 권27, 武王 27년.

53 당 태종이 626년 6월에 고조의 선양을 받아 즉위한 직후인 7월에 주자사를 삼국에 파견했다는 점에서 이러한 추정이 가능하다.

은 진평왕이 죽었다는 말을 듣고 그에게 좌광록대부左光祿大夫를 추증하고 부물賻物 200단을 보냈다.[54] 그런데 『일본서기』(권23) 서명舒明 4년(632) 8월조에, 당나라 사신 고표인高表仁이 일본 견당사와 함께 신라 송사送使를 따라 쓰시마에 도착했다는 기사가 있다. 송사는 사람이나 물건을 목적지까지 안전하게 호송하는 사신의 일종이므로,[55] 고표인 일행은 신라를 거쳐 일본으로 갔을 것으로 판단할 수 있다. 그렇다면 고표인이 신라에 도착한 시기는 그들이 쓰시마에 도착한 632년 8월 이전이었을 것이므로, 진평왕에게 좌광록대부를 추증하고 부물을 전달한 당나라 사신은 고표인이었을 가능성이 높다. 그 후 선덕왕 4년(635)에 또다시 당 사절이 신라에 와서 선덕왕을 신라왕으로 책봉하였다.

한편 631년에 당의 광주사마廣州司馬 장손사長孫師가 고구려의 대수對隋 전승기념물인 경관京觀을 허문 사건을 계기로 당과 고구려의 관계가 틀어지기 시작하였다. 게다가 보장왕 때 연개소문이 대당 강경정책을 펼친 결과, 고구려는 645년에 당의 침공을 받았다. 이때 당은 백제와 신라 군사를 고구려 원정에 동원하기로 하고, 백제 사신 부여강신扶餘康信이 귀국하는 편에 조산대부朝散大夫 장원표莊元表와 우위훈위려사右衛勳衛旅師 단지군段智君을 신라에 보내 행군기일을 협의하도록 하였다. 이것이 선덕왕대에 신라를 내왕한 마지막 당 사절이다.

647년 정월에 선덕왕이 죽고 진덕왕이 즉위하자, 당 태종은 사신을 보내 선덕왕에게 광록대부를 추증하고 진덕왕을 주국 낙랑군왕柱國樂浪郡王으로 책봉하였다. 그 후 당나라 사신이 내왕한 것은 진덕왕이 죽은 직후인 654년 5월경이었다. 이때는 이미 무열왕이 즉위한 시기로, 당 고종이 태상승 장문수張文收를 보내 진덕왕의 죽음을 조문하고 그에게 개부의동삼사

54 『三國史記』 권4, 眞平王 54년; 『舊唐書』 권199(上), 列傳 新羅.

55 權悳永, 앞의 책, 1997, 169쪽.

그림 3-3 삼년산성(충북 보은군 보은읍)

를 추증하였다. 아울러 무열왕을 개부의동삼사 신라왕開府儀同三司新羅王으로 책봉하였다.

무열왕대에 두 번째로 온 당 사신은 좌위중랑장 왕문도王文度였다. 백제 멸망 직후 왕문도는 웅진도독에 임명되어 임지로 가던 도중 삼년산성三年山城에 머물고 있던 무열왕에게 고종의 조서를 전달하고 예물을 전하려다가 병으로 갑자기 죽었다.[56] 이때 왕문도가 가지고 온 조서의 내용을 정확히 알 수 없으나, 백제 토벌전의 노고와 승리에 대한 치하의 말이 포함되어 있지 않았을까 한다.

661년 6월에 무열왕이 죽고 곧바로 문무왕 법민이 즉위하였다. 당 고종은 낙성문洛成門에서 무열왕의 죽음을 애도하는 의식을 거행하고 조문 겸 책봉사를 신라에 파견하였다. 당 사절은 같은 해 10월 29일 신라 왕도에

56 『三國史記』 권5, 太宗武烈王 7년 9월.

도착하여 무열왕의 죽음을 조문하고 채색비단 500단을 주었다. 그리고 객관에 머물다가 다음 해 정월에 문무왕을 신라왕으로 책봉하였다.[57]

당의 조문 겸 책봉사가 왕도에 머물고 있던 661년 겨울에 당의 함자도 총관 유덕민劉德敏이 신라에 와서, 평양을 공격하는 소정방 군대에 군량을 전달하라는 고종의 명을 전하였다.[58] 그리고 문무왕 5년(665)에 왕의 아우 문왕文王이 죽자, 당 고종은 사신을 보내 조문하고 자줏빛 옷과 허리띠, 채색비단 100필과 생초生綃 200필을 보냈다. 이에 문무왕은 당나라 사신에게 금과 비단을 후하게 주었다고 한다.

그리고 문무왕 8년(668)에 당의 유인궤가 사신의 직무를 띠고 신라에 왔다. 『삼국사기』(권6) 문무왕 8년 6월 12일조에 의하면, 유인궤가 황제의 명을 받들어 당에서 숙위하던 사찬 김삼광金三光과 함께 당항진(지금의 경기도 화성시 남양동)에 도착하자 문무왕이 김인문에게 명하여 성대한 의식으로 맞이하도록 했다고 한다. 유인궤가 당항진에 온 것은 고구려 공격을 위한 군사 동원기일을 협의하기 위함이었으므로, 그는 신라 왕도에 가지 않고 곧장 천강泉岡으로 향한 것으로 보인다.

문무왕 9년에는 당 사절이 세 차례 신라를 내왕하였다. 첫 번째는 정월에 당나라 승려 법안法安이 고종의 명을 받들어 자석을 구하였고, 두 번째는 겨울에 당 사신이 조서를 전하고 쇠뇌 기술자 구진천仇珍川을 데리고 갔다. 당 사신과 함께 당나라에 간 구진천은 거기서 쇠뇌를 만들었으나 신라에서 만든 쇠뇌에 비해 성능이 크게 떨어졌다. 고종이 그 이유를 묻자 구진천은 재목이 좋지 않기 때문인데, 신라에서 나무를 가져온다면 성능이 뛰어난 쇠뇌를 만들 수 있다고 하였다. 이에 고종은 다시 사신을 보내 신라의 목재를 구하였다. 이것이 세 번째 사절이다.

---

57 『三國史記』 권6, 文武王 원년 10월 및 2년 정월.

58 『三國史記』 권6, 文武王 원년; 같은 책 권7, 文武王 11년 7월.

문무왕 9년에 빈번히 내왕하던 당 사절은 이후 문무왕이 죽을 때까지 한 차례도 오지 않았다. 그것은 고구려와 백제의 옛 땅을 둘러싼 갈등과 전쟁, 그리고 그 후유증으로 양국 관계가 단절되다시피 했기 때문이다. 그런데 681년 7월에 문무왕이 죽고 신문왕 정명政明이 즉위하자, 당 고종이 사절을 보내 정명을 신라왕으로 책봉하고 문무왕의 관작을 그대로 이어받도록 하였다.

한편 『삼국사기』(권8) 신문왕 12년(692)조에, 당 중종이 사신을 보내 무열왕의 묘호가 당 태종과 서로 저촉되므로 그것을 고치도록 했으나 따르지 않았다는 기사가 있다. 『삼국유사』(권1) 태종춘추공조에도 이러한 사실이 소개되어 있는데, 거기서는 무열왕의 묘호 개칭을 요구한 사람을 당 고종이라 하여 차이를 보인다.

683년 12월에 당 고종이 죽고 곧이어 즉위한 중종은 황후의 아버지 위현정韋玄貞을 시중으로 임명하는 문제로 배염裵炎을 비롯한 훈구대신과 측천무후의 탄핵을 받아 54일 만에 폐위되어 방릉房陵(지금의 후베이성 스옌시十堰市 팡현房縣)에 유폐되었다.[59] 이처럼 2개월이 채 안 되는 재위 기간 동안 중종이 신라에 사신을 보낸 적도 없거니와, 중종이 재위한 시기가 『삼국사기』에서 말한 신문왕 12년도 아니다. 따라서 묘호 개칭을 요구한 왕은 『삼국유사』에서 말하는 당 고종이었을 터인데, 그가 죽은 시기를 감안하면 묘호 개칭을 요구한 것은 신문왕 원년부터 3년 12월 사이여야 한다. 그런데 그 시기에 신라에 온 당의 사절은 신문왕 원년의 책봉사가 유일하다. 따라서 무열왕의 묘호 개칭을 요구한 당 사절은 신문왕 원년에 신라에 온 신문왕 책봉사였다고 할 수 있다.[60]

59 『舊唐書』 권6, 光宅 원년 2월 戊午; 『資治通鑑』 권203, 光宅 원년 정월 癸巳.

60 『三國史記』에서 신문왕 재위 마지막 해에 이 사실을 수록한 것은 이 책의 찬자가 정확한 연대를 몰라 막연히 '신문왕대'의 일괄 기사로 실은 것이 아닐까 한다. 이것은 마치 화랑 설치 기사를 진흥왕 재위 마지막 해에 수록한 것과 유사한 사례이다. 한편 黃雲龍은 『三國史記』와

표 3-6 7세기의 당 사절

도래 시기	사신명(관직)	목적	전거	기타
621년 (진평왕 43)	庾文素(通直散騎常侍)	견당사 파견에 대한 답사	『구당서』 199, 『신당서』 220, 『삼국사기』 4	그림병풍, 채색비단 전달
624년 (진평왕 46)		진평왕 책봉	『구당서』 199, 『신당서』 220, 『책부원귀』 963, 『자치통감』 190, 『삼국사기』 4	
626년 (진평왕 48)	朱子奢(散騎常侍)	삼국 화친 주선	『구당서』 189·199, 『신당서』 198·220, 『자치통감』 192, 『삼국사기』 4	고구려, 백제 순회 방문
632년 (선덕왕 1)	高表仁	조문	『구당서』 199, 『신당서』 220, 『자치통감』 198, 『삼국사기』 5, 『일본서기』 23	진평왕 추증, 부물 200단 전달
635년 (선덕왕 4)		선덕왕 책봉	『구당서』 199, 『신당서』 220, 『책부원귀』 964, 『삼국사기』 5	
645년 (선덕왕 14)	莊元表(朝散大夫) 段智君(右衛勳衛旅師)	고구려 정벌 행군기일 협의	『문관사림』 664	백제 견당사 동행
647년 (진덕왕 1)		조문, 진덕왕 책봉	『구당서』 199, 『신당서』 220, 『자치통감』 198, 『삼국사기』 5	선덕왕 추증
654년 (무열왕 1)	張文收(太常丞)	조문, 책봉	『구당서』 199, 『신당서』 220, 『책부원귀』 964, 『자치통감』 199, 『삼국사기』 5	진덕왕 추증, 부물 비단 300단 전달
660년 (무열왕 7)	王文度(左衛中郎將)	승전 치하	『삼국사기』 5	조서 전달 후 사망
661년 (문무왕 1)		조문, 책봉	『구당서』 199, 『신당서』 220, 『책부원귀』 964, 『삼국사기』 6	부물 500단 전달
661년 (문무왕 1)	劉德敏	군량 전달 요청	『삼국사기』 6	
665년 (문무왕 5)		문왕 죽음을 조문	『삼국사기』 6	紫衣, 허리띠, 채색비단, 생초 등 부물 전달
668년 (문무왕 8)	劉仁軌	군사 동원기일 협의	『삼국사기』 6	
669년 (문무왕 9)	法安	자석 요청	『삼국사기』 6	
669년 (문무왕 9)		구진천 입당 요청	『삼국사기』 6	
669년 (문무왕 9)		쇠뇌 제작용 목재 요청	『삼국사기』 6	
681년 (신문왕 1)		책봉, 무열왕 묘호 개칭 요구	『구당서』 5, 『당회요』 95, 『책부원귀』 964, 『자치통감』 202, 『삼국사기』 8, 『삼국유사』 1	

692년 (효소왕 1)		조문, 책봉	『구당서』 199, 『당회요』 95, 『책부원귀』 964, 『자치통감』 205, 『삼국사기』 8	
695년 (효소왕 4)	陸元景(朝散大夫行司禮寺大醫署令) 某(判官, 朝散郎直司禮寺)	김인문 유해 호송	『삼국사기』 44	

692년 7월에 신문왕이 죽고 효소왕이 즉위하자, 측천무후가 사신을 보내 신문왕의 죽음을 조문하고 효소왕을 보국대장군 행좌표도위대장군 계림주도독 신라왕輔國大將軍行左豹韜衛大將軍鷄林州都督新羅王으로 책봉하였다.[61]

한편 668년에 당에 들어가 머물던 김인문이 694년 4월에 장안長安(지금의 산시성 시안시西安市)에서 죽었다. 당은 다음 해에 조산대부 행사례시대의서령朝散大夫行司禮寺大醫署令 육원경陸元景과 판관 모某를 보내 김인문의 유해를 신라로 호송하였다. 이것이 7세기에 신라를 내왕한 당의 마지막 사절이다.

② 8세기의 당 사절

8세기에는 신라 견당사가 빈번히 입당했을 뿐만 아니라 당나라 사절 역시 꾸준히 신라를 내왕하였다. 신라 역사상 견당사를 가장 많이 파견한 성덕왕대에는 당 사절이 세 차례 내왕하였다. 우선 702년에 효소왕이 죽고 성덕왕이 즉위하자, 측천무후는 다음 해 4월에 사신을 보내 조문하고 성덕

『三國遺事』에 소개된 당의 태종 묘호 개칭 요구는 당 조정에서 정식으로 문제 삼은 것이 아니라, 신문왕 2년에 신라에 왔던 당의 책봉사가 신라 조정에 대하여 위엄을 드러내 보이기 위하여 자의적으로 저지른 弄奸에 불과하다고 하였다(黃雲龍, 「新羅太宗廟號의 紛糾始末」, 『東國史學』 17, 1982, 15~18쪽).

61 『舊唐書』 권199(上), 列傳 新羅; 『三國史記』 권8, 孝昭王 원년; 『册府元龜』 권964, 外臣部 封册2.

왕을 신라왕으로 책봉하였다.[62] 그러나 이때 신라에 온 사신이 누구였는지 알 수 없다.

성덕왕대의 두 번째 당 사절은 동왕 11년(712)에 신라에 온 노원민盧元敏이다.[63] 8세기 초 당의 내부 사정은 매우 복잡하였다. 고종의 왕비였던 측천무후가 690년에 당 왕조를 대신해 주周를 세우고 자신이 황제가 되었다. 그러나 705년에 재상 장간지張柬之와 최현위崔玄暐 등이 군사를 일으켜 측천무후를 폐하고 당의 국호를 회복하여 중종을 복위시켰다. 재차 제위에 오른 중종은 710년에 왕비 위후韋后와 그 집안사람들에 의하여 독살되고 중무重茂가 즉위하여 소제少帝가 되었으나, 곧이어 예종의 셋째 아들 융기隆基가 반反위후세력을 결집하여 위씨 정권을 무너뜨리고 앞서 측천무후에 의해 폐위되었던 예종을 복위시켰다. 그러나 예종 역시 얼마 가지 못하고 712년 8월에 융기 곧 현종玄宗에게 제위를 선양하였다. 당의 사신 노원민은 바로 현종의 즉위를 전후하여 신라에 왔던 것이다.

『삼국사기』(권8) 신라본기에서는 성덕왕 11년 3월에 노원민이 신라에 왔다고 하였으나, 그가 성덕왕과 현종의 이름이 같기 때문에 성덕왕의 이름을 바꿀 것을 요구한 점으로 보아 노원민은 712년 8월 이후에 신라에 왔을 가능성이 높다. 그렇다면 노원민은 현종이 제위를 물려받은 사실을 통보하기 위하여 신라에 왔음 직하다.

성덕왕대의 세 번째 당 사절은 동왕 32년(733)에 604명의 대규모 사절단을 이끌고 신라에 온 내사內史 하행성何行成과 태복원외경 김사란金思蘭 일행이다.[64] 전해인 732년 9월에 발해 무왕이 장문휴張文休를 보내 당나라

62 『舊唐書』 권199(上), 列傳 新羅; 『册府元龜』 권964, 外臣部 封册2; 『三國史記』 권8, 聖德王 원년; 『資治通鑑』 권207, 長安 3년.

63 『三國史記』 권8, 聖德王 11년 3월.

64 崔致遠, 「上太師侍中狀」, 『三國史記』 권46, 列傳 崔致遠; 張九齡, 「勅新羅王金興光書」, 『文苑英華』 권471, 蕃書4; 『三國遺事』 권2, 孝成王.

그림 3-4 등주성(중국 산둥성 평라이시蓬萊市)

등주登州(지금의 산둥성 평라이시蓬萊市)를 공격하여 등주자사 위준韋俊을 죽이고 산둥반도 일대를 유린하였다. 발해의 공격을 받은 당은 우령군장군 개복순蓋福順에게 명하여 발해를 토벌하는 한편, 신라 군사를 동원하여 발해 남쪽을 공격하고자 하였다. 이에 현종은 733년 정월에 하행성을 우두머리로 한 대규모 사절단을 보내, 성덕왕에게 개부의동삼사 영해군사開府儀同三司寧海軍使의 관작을 더해주고 군사를 내어 발해를 공격하도록 종용하였다. 당의 요청을 받은 성덕왕은 김유신의 손자 윤중允中과 윤문允文 형제를 비롯한 4명의 장군에게 군사를 이끌고 발해 남쪽을 공격하도록 했으나 악천후로 성과 없이 되돌아왔다.

737년 2월에 성덕왕이 죽고 효성왕이 즉위하여 12월에 그 사실을 당에 알렸다. 당 현종은 성덕왕이 죽었다는 소식을 듣고 좌찬선대부 형숙邢璹과 솔부병조참군 양계응楊季鷹을 신라에 보내 조문하였다. 그리고 성덕왕에게 태자태보太子太保를 추증하고 효성왕을 개부의동삼사 신라왕으로 책봉하였다. 형숙이 신라로 떠날 즈음, 현종이 서문을 짓고 태자 이하 백관이 시詩를 지어 전송했다고 한다.[65] 형숙은 효성왕에게 『도덕경道德經』을 바치고 신라에서 유학을 강의하면서 다음 해까지 머물다가 본국으로 돌아갔다.

『삼국사기』(권9) 신라본기에 의하면, 효성왕 2년 2월과 동왕 4년 3월에도 당이 사신을 보내 왕비 박씨와 김씨를 각각 책봉했다고 한다. 그러나 당시 형숙이 신라에 와있었으므로 당이 효성왕 2년에 재차 사신을 보내왔다는 기록은 선뜻 수긍하기 어렵다. 만약 효성왕 2년에 당이 박씨를 왕비로 책봉한 것이 사실이라면, 그때 왕비를 책봉한 당나라 사신은 아마 형숙 일행이었을 것이다. 그러나 효성왕 4년의 당 사절 도래에 대해서는 부정할 근거가 없다. 따라서 본서에서는 효성왕 4년에 당 사절이 신라에 와서 새로 왕비가 된 김순원의 딸 혜명惠明을 왕비로 책봉한 것으로 파악하고자 한다.

742년 5월에 효성왕이 죽고 경덕왕이 즉위하자 다음 해 5월에 당 현종이 찬선대부 위요魏曜를 보내 조문하고 경덕왕을 신라왕으로 책봉하였다. 이때 현종이 보낸 조서가 『삼국사기』를 비롯한 여러 문헌에 소개되어 있는데,[66] 이들 자료에 의하면 현종은 경덕왕에게 전왕인 효성왕의 관작을 그대로 이어받도록 하고, 자신이 직접 주석한 『효경』 한 부를 경덕왕에게 주었다고 한다.

한편 『속일본기』(권25) 천평보자天平寶字 8년(764) 7월 갑인조에, 당나라 사신 한조채韓朝彩가 당에서 유학한 일본승 계융戒融이 무사히 본국으로 돌아갔는지 여부를 알아보기 위하여 발해를 거쳐 신라에 온 사실이 기록

---

65 『舊唐書』 권199(上), 列傳 新羅; 『冊府元龜』 권975, 外臣部 褒異2; 『三國史記』 권9, 孝成王 2년 2월.

66 『三國史記』 권9, 景德王 2년 3월; 『冊府元龜』 권965, 外臣部 封冊3; 『全唐文』 권24, 元宗.

되어 있다. 762년에 당은 대흠무大欽茂를 발해군왕에서 발해국왕으로 승격해 책봉하였는데, 그때 책봉조서를 가지고 발해에 갔던 사람이 한조채였다.[67] 그런 그가 763년 10월에 신라에 와서 계융의 안부 확인을 부탁하였으므로 신라는 김재백金才伯을 일본에 보내 계융이 안전하게 귀국하였음을 확인해 주었다.[68] 사실 한조채의 신라행은 당을 떠날 때부터 예정된 것이 아니라 계융의 안전한 귀국 여부를 확인하기 위한 단순한 방문에 지나지 않았다.[69] 이처럼 한조채는 당 조정이 신라에 보낸 공식 사절이 아니었으므로 본서에서는 그를 신라에 도래한 당 사절의 범주에 포함시키지 않는다.

765년에 경덕왕이 죽고 혜공왕이 즉위하자 당 대종은 다음 해에 창부랑중 겸 어사중승 귀숭경歸崇敬, 감찰어사 육정陸珽과 고음顧愔을 신라에 보내, 혜공왕을 개부의동삼사 신라왕으로 책봉하고 그의 어머니 만월부인을 왕태비로 책봉하였다. 「책신라왕김건운문冊新羅王金乾運文」과 「책신라왕태비문冊新羅王太妃文」에 의하면, 당은 대력大曆 3년(768) 정월 28일과 2월 10일에 각각 혜공왕과 왕태비의 책봉문을 내렸다고 한다.[70] 그렇다면 귀숭경 일행은 그로부터 멀지 않은 시기에 책봉조서를 가지고 당을 출발했을 터이므로 768년 여름쯤 신라에 도착했을 것이다.

780년에 선덕왕 김양상이 즉위하여 동왕 5년(784)에 왕위 교체 사실을 당에 알렸다.[71] 당 덕종은 다음 해 정월 혹은 2월에 호부랑중 개훈蓋塤과 비서승 맹창원孟昌源을 국자사업 겸 어사중승에 임명하여 신라에 보내 김양

67 金毓黻, 『渤海國志長編』 권3, 世紀1 大興 25년 및 26년; 濱田耕策, 「留唐學僧戒融の日本歸國をめぐる渤海と新羅」, 『日本古代の傳承と東アジア』, 吉川弘文館, 1995, 404~407쪽.

68 『續日本紀』 권25, 天平寶字 8년 7월 甲寅.

69 濱田耕策, 앞의 논문, 1995, 416~421쪽.

70 『唐大詔令集』 권129; 『全唐文』 권415; 같은 책 권49.

71 權悳永, 앞의 책, 1997, 71쪽 참조.

표 3-7 8세기의 당 사절

도래 시기	사신명(관직)	목적	전거	기타
703년 (성덕왕 2)		조문, 성덕왕 책봉	『구당서』 199, 『책부원귀』 964, 『자치통감』 207, 『삼국사기』 8	
712년 (성덕왕 11)	盧元敏	현종 즉위 통보, 성덕왕 개명 요구	『삼국사기』 8	성덕왕 興光으로 개명
733년 (성덕왕 32)	何行成(內史, 高品) 金思蘭(副使, 太僕員外卿)	발해 공격 요청, 성덕왕 관작 추가 수여	『구당서』 199, 『당회요』 95, 『문원영화』 471, 『책부원귀』 975, 『자치통감』 213, 『전당문』 284, 『삼국사기』 8·46, 『삼국유사』 2	사절 규모 604명
738년 (효성왕 2)	邢璹(左贊善大夫, 鴻臚少卿) 楊季膺(副使, 率府兵曹參軍)	조문, 효성왕 책봉	『구당서』 9·199, 『신당서』 220, 『당회요』 95, 『책부원귀』 964·975, 『삼국사기』 9	성덕왕 추증
740년 (효성왕 4)		왕비 책봉	『책부원귀』 975, 『삼국사기』 9	
743년 (경덕왕 2)	魏曜(贊善大夫)	조문, 경덕왕 책봉	『구당서』 199, 『책부원귀』 965, 『전당문』 24, 『삼국사기』 9	『효경』 증여
768년 (혜공왕 4)	歸崇敬(倉部郎中 겸 御史中丞) 陸珽(副使, 監察御史) 顧愔(副使, 監察御史)	조문, 혜공왕과 왕모 책봉	『구당서』 149·199, 『신당서』 145·220, 『당회요』 95, 『책부원귀』 654·965, 『당대조령집』 129, 『전당문』 49·415, 『삼국사기』 9	
785년 (선덕왕 6)	蓋塤(戶部郎中) 孟昌源(秘書丞, 國子司業 겸 御史中丞)	선덕왕 책봉	『구당서』 12·199, 『신당서』 220, 『당회요』 95, 『책부원귀』 965, 『삼국사기』 9	
795년 (원성왕 11)	元義方		『당국사보』(하), 『태평광기』 423, 『삼국유사』 2	河西國人 동행

상을 신라왕으로 책봉하였다.[72] 그런데 이달 13일에 선덕왕이 죽고 원성왕 김경신이 즉위하자, 선덕왕에게 주었던 관작을 원성왕이 그대로 이어받도록 하였다. 그러므로 원성왕 즉위 때는 당의 책봉사가 오지 않은 셈이다.

비록 즉위 때는 당 사절이 오지 않았으나, 원성왕 11년(795)에 당 사절이 한 차례 신라를 내왕하였다. 『삼국유사』(권2) 원성대왕조에 의하면, 원성

72 『舊唐書』 권199(上), 列傳 新羅; 『册府元龜』 권965, 外臣部 封册3; 『三國史記』 권9, 宣德王 6년 정월.

왕 11년에 당나라 사신이 신라 왕도에 와서 한 달 정도 체류하다 돌아갈 때 함께 왔던 하서국河西國 사람이 분황사 우물에 살던 호국룡을 붙잡아 간 것을 원성왕이 알아차리고 되찾아왔다고 한다. 이때 당 사절이 누구였는지 분명하지 않으나, 805년에 신라에 온 원계방元季方의 형인 원의방元義方이 아니었을까 한다.[73] 이것이 8세기 신라에 도래한 마지막 당 사절이다.

③ 9세기의 당 사절

798년 12월에 원성왕이 죽고 다음 해에 소성왕 김준옹金俊邕이 즉위하여 그 사실을 당에 알렸다. 신라의 왕위 교체 사실을 접수한 당은 800년 4월에 사봉랑중 겸 어사중승 위단韋丹을 신라에 보내, 김준옹을 신라왕으로 봉하고 왕모와 부인을 각각 태비와 왕비로 책봉하려 하였다. 그런데 그해 6월에 소성왕이 죽었으므로 위단은 운주鄆州까지 왔다가 되돌아갔다.[74] 비록 위단이 신라에 이르지 못했으나, 조문 겸 책봉사로 임명되어 신라로 향하던 도중 뜻하지 않은 신라왕의 죽음으로 되돌아갔으므로, 그를 신라에 온 당 사절의 범주에 넣어도 좋을 듯싶다.

당의 책봉조서를 받지 못하고 죽은 소성왕에 이어 800년 6월에 애장왕이 즉위하여 동왕 5년(804)에 신라왕의 교체 사실을 당에 알렸다. 이때 당에서는 805년 정월에 덕종이 죽고 순종이 즉위하였는데, 순종은 병부랑중 겸 어사대부 원계방과 주객원외랑 겸 전중감 마우馬于(宇)를 신라에 보내 덕종의 죽음을 알리고 애장왕을 신라왕으로 책봉하였다.[75] 그리고 애장왕의 어머니와 부인을 각각 태비와 왕비로 봉하였다.

---

73 권덕영, 앞의 논문, 2005, 103쪽.

74 『三國史記』 권10, 哀莊王 원년; 『舊唐書』 권199(上), 列傳 新羅; 『册府元龜』 권965, 外臣部 封册3; 『唐會要』 권95, 新羅.

75 『三國史記』 권10, 哀莊王 6년; 『舊唐書』 권199(上), 列傳 新羅; 「秘書少監史官修撰馬墓誌」, 『文苑英華』 권946; 『別本韓文考異』(外集) 권7, 順宗實錄2.

애장왕을 이은 헌덕왕대에는 네 차례에 걸쳐 당 사절이 신라를 내왕하였다. 809년에 자신의 조카 애장왕을 시해하고 왕이 된 헌덕왕 김언승은 동왕 4년(812)에 김창남金昌南을 당에 보내 즉위 사실을 알리고 책봉을 요청하였다.[76] 그러자 당 헌종은 직방원외랑 겸 섭어사중승 최정崔廷을 대사로 삼고 경조부공조 이예李汭와 김사신을 부사로 삼아 신라에 보내 조문하였다.[77] 그리고 헌덕왕을 신라왕으로 책봉하고 부인을 왕비로 봉했으며, 대재상 김숭빈金崇斌을 비롯한 세 명에게 문극門戟을 내려주었다.[78]

헌덕왕대에 두 번째로 온 당 사신은 양주절도사 조공趙恭이다. 817년에 당 헌종은 조정의 명을 거역하는 회남절도사 오원제吳元濟를 토벌한 후 이듬해에 평로치청절도사 이사도李師道를 공격하고자 하였다. 이사도는 이정기李正己의 손자로, 765년에 이정기가 자립한 이래 이사도에 이르기까지 50여 년 동안 세습하던 당대 최대의 번진세력이었다. 이처럼 거대한 번진 토벌을 목전에 둔 헌종은 신라에 사신을 보내 군사를 요청하였는데, 그러한 사명을 띠고 신라에 온 사람이 바로 조공이다.[79]

---

76 權悳永, 앞의 책, 1997, 75~76쪽.

77 『冊府元龜』(권976) 外臣部 褒異(3)조에, 이때 신라의 質子 試衛尉少卿 金沔을 試光祿少卿에 임명하여 조제·책립부사로 삼아 崔稜과 함께 신라에 보냈다고 한다. 김사신과 김면, 최정과 최릉의 관계에 대해서는 알 수 없다. 한편 『唐國史補』(下)에서는 李汭를 사절단의 판관이라 하였다.

78 최정이 헌덕왕 책봉사로 신라에 다녀간 사실은 그의 묘지명 「唐故朝散大夫光祿卿致仕上柱國賜紫金魚袋崔公△△△」과 그의 부인 묘지명 「唐故榮陽縣君鄭夫人墓誌銘」에서도 확인된다. 그리고 董文萼의 묘지명 「大唐故幽州盧龍節度監軍宣義郎內侍省掖庭局令員外置同正員上輕車都尉賜紫金魚袋隴西董府君墓誌銘」에서, 그의 아들 承悅이 원화 11년(816) 이전에 신라와 발해에 각각 사신으로 다녀왔다고 한 점으로 보아 董承悅 역시 최정과 함께 신라에 내왕했을 가능성이 높다. 이 점에 관해서는 권덕영, 「新羅 관련 唐 金石文의 기초적 검토」, 『韓國史硏究』 142, 2008, 58쪽 참조.

79 『三國史記』(권10) 憲德王 11년 7월조에 의하면, 당의 군사 요청에 따라 신라는 순천군장군 金雄元으로 하여금 3만의 군사를 거느리고 가서 돕게 했다고 한다. 그러나 李師道는 헌덕왕 11년(819) 2월에 淄青都知兵馬使 劉悟에 의하여 이미 피살되었으므로(『舊唐書』 권15, 元和 14년 2월 壬戌), 김웅원이 이끈 신라군이 실제 이사도 토벌전에 참전했는지 의문의 여지가 있다.

그림 3-5 당고형양현군정부인묘지명 탁본

헌덕왕 12년(820) 정월에 당 헌종이 죽고 목종이 즉위하였다. 그런데 『책부원귀』(권996) 외신부 납질조納質條에, 원화元和 15년(820) 2월에 신라의 볼모 시태자중윤試太子中允 김사신이 신라로 가는 당 사절의 부사가 되어 귀국하기를 청했다고 한다. 이때 김사신이 따라가고자 했던 당의 칙사가 구체적으로 누구였는지 알 수 없으나, 그들은 헌종의 죽음과 목종의 즉위 사실을 알리기 위하여 신라에 왔을 것이다. 이것이 헌덕왕대에 신라에 온 세 번째 당 사절이다.

한편 『구당서』(권17) 보력寶曆 2년(826) 5월 경진조에, 당의 칙사가 신라로부터 매를 가지고 왔다는 기사가 있다. 그리고 『책부원귀』(권669) 내신부 견책조譴責條와 탐화조貪貨條에, 중관 토돌사흔吐突士昕과 무자화武自和가 826년에 신라에서 돌아올 때 선물로 받은 매를 조정에 바치지 않았으므로 그들에게 장형 40대의 벌을 주고 각각 공릉恭陵과 남위南衛로 유배보냈다고 한다. 또한 무자화의 묘지명인 「당고조의대부내시성내부국승원외치동정원상주국무부군묘지명唐故朝議大夫內侍省內府局丞員外置同正員上柱國武府君墓誌銘」에서, 그는 선위宣慰 및 고애사로 신라에 다녀왔다고 한다. 이상의 기록을 종합하면 무자화 일행은 824년 내지 825년경에 목종의 죽음과 경종의 즉위를 알리기 위하여 신라에 왔음을 유추할 수 있다.[80] 이때 전우감문위 솔부병조참군 김운경金雲卿이 부사로서 동행하였다.[81] 이것이 헌덕왕대에 네 번째로 도래한 당 사절이다.

826년 10월에 헌덕왕이 죽고 홍덕왕이 즉위하여 그 사실을 당에 알리자, 당 문종은 이듬해에 태자좌유덕 겸 어사중승 원적源寂을 보내 조문하고 홍덕왕과 그의 어머니 및 부인을 각각 신라왕과 태비, 그리고 왕비로 책봉하였다. 이때 숙위 김윤부金允夫가 부사로 동행하였다.[82] 한편 「대당고홍원원종등사랑내시성내시백원외치동정원상주국주공고부인천수군월씨묘지명大唐故興元原從登仕郎內侍省內侍伯員外置同正員上柱國朱公故夫人天水郡越氏墓誌銘」에 의하면, 내시 주조정朱朝政과 최악崔鍔이 태화太和 8년(834)에서 멀지 않은 과거에 신라에 사신으로 갔다가 3년 만에 돌아왔다고 한다. 그러므로 주조정과 최악 역시 827년에 원적, 김윤부 등과 함께 신라에 내왕했음 직하다.

홍덕왕 사후 신라는 극심한 왕위쟁탈전으로 나당 간의 사절 왕래가 여의치 못하였다. 그런데 일본의 천태종 승려 원인圓仁은 『입당구법순례행기入唐求法巡禮行記』(권2) 개성開成 4년(839) 6월 28일조에서, 당의 천자가 새로 즉위한 신라왕을 위문하기 위해 신라로 파견한 청주병마사 오자진吳子陳, 부사 최崔 모, 판관 왕王 모 등을 적산 법화원에서 만났다고 한다. 여기서

80 拜根興, 「唐中後期赴新羅使節關聯問題考辨」, 『陝西師範大學學報』 33-6, 2004, 81~82쪽.
81 『冊府元龜』 권980, 外臣部 通好.
82 權悳永, 앞의 책, 1997, 79~81쪽.

말하는 새로운 왕은 그해 정월에 즉위한 신무왕을 지칭하므로,[83] 오자진 일행은 839년 6월 이후에 신무왕 책봉을 위해 신라에 도래했을 것이다.

곧이어 신무왕이 죽고 문성왕이 즉위하자 당 무종은 841년에 연주도독부사마 김운경을 치주장사淄州長史로 임명하여 신라에 보내, 문성왕을 신라왕으로 책봉하고 부인 박씨를 왕비로 책봉하였다. 그런데 『태평광기太平廣記』를 비롯한 몇몇 문헌에 따르면, 회창會昌(841~846) 연간에 좌서자 설의료薛宜僚가 책증사冊贈使로 신라에 갔다가 병으로 죽자 판관 묘갑(용)苗甲(用)이 책봉의례를 대신 주관했다고 한다.[84] 회창 연간에 신라왕을 책봉하기 위하여 신라에 온 당 사절은 앞에서 소개한 841년의 사절밖에 없다. 따라서 설의료는 841년에 김운경과 묘갑(용)을 대동하고 신라에 왔다고 하겠다.

그리고 「당고조의랑수전중소감겸통사사인지관사상주국사자금어대묘공묘지명唐故朝議郎守殿中少監兼通事舍人知館事上柱國賜紫金魚袋苗公墓誌銘」에 의하면, 묘홍본苗弘本이 신라왕 책봉사절단의 부사로 임명되어 신라에 갔으나 책봉의식을 치르기 전에 대사가 병이 들어 죽었으므로 그가 대사를 대신해 임무를 완수한 후 돌아왔다고 한다. 이 묘지명에서는 그가 언제 신라에 갔고 또 당시의 대사가 누구였는지 언급하지 않았다. 그러나 묘홍본은 855년에 죽었으므로 최소한 그 이전에 신라에 다녀왔을 터인데, 그 이전 신라왕 책봉사로서 병사한 당 사절의 대사는 설의료밖에 없다. 그러므로 『태평광기』에서 말한 묘갑(용)은 묘홍본과 동일인이고, 그는 부사로서 문성왕 책봉을 주관했다고 하겠다.[85]

841년의 문성왕 책봉사절단 중에는 내시 왕문간王文幹도 있었다. 「대당

83 小野勝年, 『入唐求法巡禮行記の研究』 2, 鈴木學術財團, 1966, 62쪽.
84 『太平廣記』 권274, 情感 薛宜僚; 『說郛』 권23(下), 炙轂子錄 薛宜僚.
85 권덕영, 앞의 논문, 2008, 59~60쪽.

고중대부행내시성내급사원외치동정원상주국증비어대왕공묘지명大唐故中大夫行內侍省內給事員外置同正員上柱國贈緋魚袋王公墓誌銘」에 의하면, 대대로 내시 집안 출신인 왕문간은 개성 5년(840)에 신라사新羅使로 임명되어 신라에 갔다가 임무를 마치고 돌아오는 길에 악천후를 만나 온갖 어려움을 겪은 후 겨우 당에 돌아왔으나 그것으로 병을 얻어 회창 4년(844)에 죽었다고 한다. 그런데 설의료와 김운경 등이 신라에 와서 신라왕을 책봉한 것이 841년 7월이었으므로, 그가 신라사에 임명되었거나 혹은 그들이 당나라를 출발했을 때는 840년쯤이었을 것이다. 이런 점에서 왕문간 역시 문성왕 책봉사의 일원이었다고 하겠다.

무종 이후 당에서는 정치적 혼란으로 실록이 편찬되지 않아, 중국 문헌에는 나당 간의 사절 왕래에 관한 기록이 거의 보이지 않는다. 그런데 다행히 한국과 일본 문헌에 당 사절의 내왕 기사가 몇 건 확인된다. 우선 『입당구법순례행기』(권4) 대중大中 원년(847) 윤3월 10일조에, 부사 시태자통사사인 김간중金簡中과 판관 왕박王朴 등이 등주 모평현牟平縣(지금의 산둥성 옌타이시烟台市 무핑구牟平區) 유산포에서 배를 타고 신라로 갈 예정이라 하였다. 여기서 김간중 일행을 '천사天使'라 한 점으로 보아 그들은 당 조정에서 파견한 사절이었음이 분명한데, 그들은 고애 겸 조제弔祭·책립사册立使였다. 한편 당에서는 846년 3월에 무종이 죽고 선종이 즉위하였다. 따라서 김간중 일행은 무종의 죽음과 선종의 즉위를 알리는 고애사였음을 알 수 있다. 그러나 조제·책립의 대상이 누구였는지는 알 수 없다.

그리고 『삼국사기』(권11) 경문왕 5년(865)조와 최치원이 찬술한 「초월산대숭복사비명」에, 865년에 당 의종이 태자우유덕 겸 어사중승 호귀후胡歸厚, 광록주부 겸 감찰어사 배광裵光(匡), 왕인王人 전헌섬田獻銛 등을 신라에 보내 헌안왕의 죽음을 조문하고 경문왕을 신라왕으로 책봉하였으며 왕에게 관고官誥, 정절, 채색비단 500필을 비롯한 각종 선물을 주었다고 한다. 아울러 의종은 왕비, 왕태자, 대재상, 차재상 등에게도 채색비단과 옷, 은으로 만든 그릇 등을 차등 있게 지급하였다.

경문왕대에는 또 한 차례 당 사절이 도래하였다. 내시 양공楊公의 처 조씨 부인의 묘지명인 「당고진무감군사증내시양공부인초군조씨묘지명唐故振武監軍使贈內侍楊公夫人譙郡曹氏墓誌銘」에 의하면, 조씨 부인의 둘째 아들 양준회楊遵誨가 건부乾符 원년(874)에 '국명國命'을 반포하기 위하여 해동에 다녀왔다고 한다. 여기서 말하는 해동은 신라를 지칭하거니와, 이때 당의 사신이 신라에 국명 곧 유지諭旨를 반포한 사실은 『삼국사기』에도 기록되어 있다.[86] 873년 7월에 당에서는 의종이 죽고 희종이 즉위하여 다음 해 11월에 연호를 건부로 바꾸고 성신총예인철명효황제聖神聰睿仁哲明孝皇帝의 존호를 사용하는 등[87] 대대적인 국정 쇄신 작업에 돌입하였다. 그 직후에 희종이 신라에 사신을 보내 유지를 선포한 점으로 보아, 양준회는 희종의 즉위와 연호 변경 사실을 신라에 알리기 위해 도래했을 것으로 추정할 수 있다.

875년 7월에 경문왕이 죽고 헌강왕이 즉위하여 이듬해 그 사실을 당에 알렸다. 이에 당 희종은 878년 4월에 사신을 보내 헌강왕을 신라왕으로 책봉하였다.[88] 이처럼 당 희종은 874년과 878년 두 차례 신라에 사절을 보냈는데, 그 가운데 한 번은 환관 서문사공西門思恭이 사신으로 온 듯하다. 『태평광기』(권481) 만이蠻夷 신라조에 "육군사 서문사공은 일찍이 왕명을 받들어 신라에 사신으로 갔다〔六軍使西門思恭 常銜命使于新羅〕" 고 하였는데, 서문사공이 주로 활동하던 시기가 희종대이기 때문이다.

이외에도 비록 10세기에 해당하나, 효공왕 10년(906) 3월에 공부원외랑

---

86 『三國史記』 권11, 景文王 14년 4월.

87 『新唐書』 권9, 乾符 원년 11월 庚寅; 『資治通鑑』 권252, 乾符 원년 11월 庚寅.

88 『三國史記』 권11, 憲康王 4년 4월.

표 3-8 9세기의 당 사절

도래 시기	사신명(관직)	목적	전거	기타
800년 (소성왕 2)	韋丹(司封郞中 겸 御史中丞)	조문, 소성왕·왕모·왕비 책봉	『구당서』 199, 『신당서』 196, 『당회요』 95, 『책부원귀』 965, 『삼국사기』 10	鄆州에서 귀환
805년 (애장왕 6)	元季方(兵部郞中 겸 御史大夫) 馬于(副使,主客員外郞 겸 殿中監)	애장왕·왕모·왕비 책봉, 당 덕종 죽음과 순종 즉위 통보	『구당서』 14·199, 『신당서』 201·220, 『당회요』 95, 『책부원귀』 965·976, 『문원영화』 946, 『別本韓文考異』(外集) 7, 『삼국사기』 10	
812년 (헌덕왕 4)	崔廷(職方員外郞 겸 攝御史中丞) 李汭(副使, 京兆府功曹, 殿中侍御史) 金士信(副使) 董承悅(內侍)	헌덕왕과 왕비 책봉	『구당서』 199, 『신당서』 220, 『당회요』 95, 『책부원귀』 965·976·980, 『당국사보』(하), 「董文萼墓誌銘」, 『삼국사기』 10	김숭빈 등에게 문극 전달
819년 (헌덕왕 11)	趙恭(楊州節度使)	군사 요청	『삼국사기』 10	
820년 (헌덕왕 12)	金士信(副使, 試太子中允)	당 헌종 죽음과 목종 즉위 통보	『책부원귀』 996	
824년경 (헌덕왕 16)	金雲卿(副使, 右監門衛率府兵曹參軍) 吐突士昕(中官) 武自和(中官)	당 목종 죽음과 경종 즉위 통보	『구당서』 17, 『책부원귀』 669·980, 「武自和墓誌銘」	토돌사흔과 무자화 귀국 후 유배
827년 (흥덕왕 2)	源寂(太子左諭德 겸 御史中丞) 金允夫(副使) 朱朝政(內侍)	조문, 흥덕왕·왕모·왕비 책봉, 당 경종 죽음 통보	『구당서』 17·168·199, 『신당서』 177·220, 『당회요』 95, 『책부원귀』 965·999, 「天水郡越氏墓誌銘」, 『삼국사기』 10	
839년 (신무왕 1)	吳子陳(青州兵馬使) 崔某(副使) 王某(判官)	신무왕 책봉, 위문	『입당구법순례행기』 2	
841년 (문성왕 3)	薛宜僚(左庶子) 金雲卿(副使, 兗州都督府司馬, 淄州長史) 苗弘本(苗甲)(副使, 太子贊善大夫) 王文幹(內侍) 崔鍔	문성왕과 왕비 책봉	『구당서』 199, 『당회요』 95, 『태평광기』 274, 「苗弘本墓誌銘」, 「王文幹墓誌銘」, 「天水郡越氏墓誌銘」, 『삼국사기』 11	
847년 (문성왕 9)	金簡中(副使, 試太子通事舍人) 王朴(判官)	당 무종 죽음과 선종 즉위 통보, 조제·책립	『입당구법순례행기』 4	
865년 (경문왕 5)	胡歸厚(太子右諭德 겸 御史中丞) 裵光(匡)(副使, 光祿主簿 겸 監察御史) 田獻銛(王人)	조제, 경문왕 책봉	「초월산대숭복사비명」, 『삼국사기』 11	정절과 선물 보냄

874년 (경문왕 14)	楊遵誨(內侍)	당 희종 즉위와 改元 통보	「譙郡曹氏墓誌銘」, 『삼국사기』 11	
878년 (헌강왕 4)	西門思恭(內侍, 六軍使)	헌강왕 책봉	『태평광기』 481, 『삼국사기』 11	
906년 (효공왕 10)	王某(中丞) 金文蔚(工部員外郎 沂王府諮議參軍)	효공왕 책봉	『문원영화』 297, 『삼국사기』 12	

기왕부자의참군 김문울金文蔚이 당의 사신 자격으로 신라에 왔다.[89] 그는 일찍이 당에 유학하여 빈공과에 급제한 후 당에 머물다가 이때 책명사가 되어 귀국한 것이다. 그런데 『문원영화文苑英華』(권297)에 수록된 조송曹松의 시詩 「송왕중승사일동送王中丞使日東」에서, 중승中丞 왕 모某가 계림에 사신으로 간 사실을 말하고 있다. 조송은 천복天福(901~904) 연간에 진사로 급제하여 후에 교서랑을 역임하였으므로[90] 이 시는 10세기 초에 쓰였을 가능성이 많다. 10세기 초에 당 사절이 신라를 내왕한 것은 효공왕 10년의 김문울 일행이 유일하다. 그렇다면 중승 왕 모는 김문울과 함께 신라에 왔을 것으로 추정할 수 있다. 이들이 신라에 도래한 당의 마지막 사절이다.

제2절 나당 간의 조공과 책봉

조공은 주나라의 종법적宗法的 봉건제도하에서 제후가 천자에게 정기적으로 조근朝覲하고 공물을 바침으로써 군신 간의 의리를 밝히고 천자와 제후 사이의 결속을 공고히 하기 위하여 고안된 정치의례이다. 그러나 주나

89 『三國史記』 권12, 孝恭王 10년 3월.
90 『新唐書』 권60, 藝文.

라의 멸망과 더불어 봉건제도가 소멸하고 강력한 통일왕조인 진, 한이 등장하자 종래 중국 내에서 행해지던 조공의례는 중국과 주변국들 사이의 국제질서로까지 그 외연이 확대되었다. 특히 한대 이후 조공제도는 중국 중심의 동아시아 전통사회에서 주변국과의 외교관계를 규정짓는 기본 제도로 정착, 활용되었다.

한편 책봉은 종주국宗主國이 주변국의 군장에게 특정한 관작官爵과 그에 상응하는 물품을 내려줌으로써 주변국 군장의 지위와 자격을 부여하고 공인하여 자신에게 신속시키고 종주국의 권위를 과시하는 정치의례의 일종이다. 이는 조공과 표리관계를 이루는 것으로, 책봉제도 역시 중국 주나라 때 중원 내부의 질서체계로 제도화되었다가 진, 한 이후 대외관계로까지 확대, 적용된 것이다.

중국과 국경을 맞대고 성장, 발전해 온 한민족이 중국과 조공·책봉관계를 맺은 것은 한과 고조선 사이에서 그 시원적 형태를 발견할 수 있다. 그러나 한과 고조선의 조공·책봉은 일회성을 띤 단속적斷續的 행위일 뿐 아니라 다분히 중국 입장에서 본 이념적인 표현에 불과하다. 따라서 한중 간에 보다 정형에 가까운 조공의례는 남북조시대를 거쳐 재차 통일왕조를 개창한 수·당대에 이르러 비로소 확립되었다고 하겠다.[91]

수·당대 한반도에서는 삼국이 정립하여 각축을 벌이다가 7세기 중엽에 신라가 백제와 고구려를 멸망시키고 통일왕조를 이룩하였다. 신라가 한반도의 유일한 주인이 될 수 있었던 것은 당과의 조공·책봉관계를 효과적으로 활용했기 때문이거니와, 이후 당이 망한 10세기 초까지 신라와 당은 조공과 책봉이라는 정치의례를 꾸준히 유지해나갔다. 따라서 약 3세기에 걸친 신라 대당외교의 키워드는 바로 조공과 책봉이라 할 수 있다.

91 全海宗, 「韓中 朝貢關係 槪觀」, 『韓中關係史硏究』, 일조각, 1970, 38~43쪽.

일반적으로 근대 이전 동아시아의 국제관계는 조공과 책봉을 매개로 한 중국 중심의 일원적 세계질서로 이해되고 있다. 특히 한중관계사에서 그러한 동아시아의 국제관계 모델은 신라와 당의 교섭기에 형성되었다. 이에 본 절에서는 신라의 대당관계를 개관하고, 신라와 당 사이 조공과 책봉의 실제 상황을 살펴본 다음 나당관계사에서 조공과 책봉이 가지는 성격과 그 의미를 찾아보고자 한다.

1. 대당교섭사의 추이

(1) 모색과 동맹

① 모색기

수나라 말기의 혼란을 틈타 진양晉陽(지금의 산시성 타이위안시太原市)에서 거병한 이연李淵이 여러 군웅들과 연계하여 618년에 수를 무너뜨리고 당을 건국하였다. 이에 한반도 삼국은 다투어 사신을 보내 당과 외교관계를 수립하고자 하였다. 그 중에서 수 양제의 대대적인 침략을 세 차례나 받았던 고구려가 삼국 가운데 가장 먼저 사신을 보내 대당관계 수립에 노력하였고, 이어서 신라와 백제가 차례로 사신을 보내 신왕조 당에 접근하였다. 삼국의 이러한 움직임에 대하여 당은 조공하는 순서에 따라 곧바로 책봉하지 않고 624년에 이르러 동시에 삼국의 왕을 책봉함으로써 한반도 삼국의 세력 균형과 상호 견제를 꾀하였다.[92]

624년을 기점으로 당과 조공·책봉관계를 수립한 삼국은 국내적으로 서로 간의 우위를 차지하고 국제적으로 자국의 위상을 높이기 위하여 경쟁적으로 당에 접근하였다. 우선 고구려는 당으로부터 책봉을 받기 이전부터 대당외교에 적극적이었는데, 622년에 당 고조가 제안한 양국 포로 교

92 申瀅植, 「三國의 對中外交」, 『韓國古代史의 新硏究』, 일조각, 1984, 314쪽.

환 제의를 받아들여 1만여 명의 중국인 포로를 당으로 돌려보냈다. 그리고 당의 책봉 이후에는 불교와 도교 승려들을 당에 보내고, 당 태종의 즉위와 돌궐의 힐리가한頡利可汗 격파를 경하하는 사절단을 보내는 등 당 건국 초기에 양국은 대체로 우호적인 관계를 유지하였다.

그러나 631년에 당나라 사신 장손사張孫師가 고구려의 경관京觀을 허문 사건을 계기로 양국 관계는 점차 소원해져, 고구려는 수나라 때부터 쌓기 시작하던 천리장성을 서둘러 완공하여 당나라의 침입에 대비하였다. 당 역시 고구려에 대한 의구심을 가지고 641년에 직방랑중 진대덕陳大德을 고구려에 보내 정세를 탐문하였다. 그러한 상황 속에서 642년에 연개소문이 정변을 일으켜 영류왕을 시해하고 보장왕을 즉위시켰으며, 신라 공격에 대한 당의 중재 노력을 거부하는 등 강경한 대외정책을 구사하였다. 이에 당은 645년에 대대적으로 고구려를 침략함으로써 이후 당과 고구려는 전쟁 상태에 돌입하였다.

백제 역시 일찍부터 대당관계에 힘을 기울였다. 백제는 621년에 처음 당에 사신을 파견한 이래 660년에 망할 때까지 총 25차례의 견당사를 파견하였는데,[93] 무왕 때는 무려 17회를 보내 당과의 친선관계를 과시하였다. 그 결과 당 태종은 무왕에 대하여 "처음과 끝이 한결같다〔克固始終〕"라 할 정도로 백제를 신뢰하게 되었다.[94] 비록 백제는 의자왕대에 신라의 모함으로 당으로부터 신뢰성을 의심받기도 하였으나, 곧바로 부여강신을 보내 오해를 풀고 당의 고구려 원정에 적극적으로 참여하겠다는 의사를 전달함으로써 종전의 관계를 지속할 수 있었다.[95] 그러나 645년에 당이 실제로 고구려 침공을 감행하자 백제는 종전의 군사 지원 약속을 저버렸을 뿐

93 權悳永, 앞의 책, 1997, 16~20쪽.

94 金壽泰, 「百濟의 滅亡과 唐」, 『百濟硏究』 22, 1991, 156~157쪽.

95 「貞觀年中撫慰百濟王詔」, 『文館詞林』 권664; 朝鮮史編修會 編, 『朝鮮史』 1-3, 395쪽.

만 아니라, 오히려 그 틈을 타 신라를 공격함으로써 백제와 당의 관계는 파탄을 맞게 되었다.

이처럼 고구려와 백제는 630년대와 640년대를 거치면서 당과 종전의 우호관계를 유지하지 못하고 불편한 관계가 되었으나, 신라는 오히려 이 시기에 당과의 관계가 돈독해졌다. 신라는 621년에 처음으로 당에 사신을 파견한 이래 정기적인 하정사는 물론 새로운 왕이 즉위하면 그 사실을 알리고 책봉을 받았으며, 때때로 백제와 고구려의 침략을 호소하고 당의 원조를 요청하는 등 국내외적인 정치 상황을 매번 당에 알리고 자문을 구하였다. 그럼에도 신라는 한때 당의 의심을 받아 선덕왕에 대한 폐위 압력을 받기도 하였으나,[96] 645년에 당이 고구려를 침공할 때 군사 3만 명을 내어 도와줌으로써 양국은 확고한 신뢰관계를 형성할 수 있었다.[97]

640년대 나당관계 진전에 결정적인 역할을 한 사람은 김춘추였다. 642년에 백제 무왕이 군사를 보내 대야성을 함락하고 대야주 도독 품석品釋 부부를 살해하는 사건이 일어났다. 김춘추는 이 사건을 가문의 치욕과 국가의 위기로 생각하고 고구려에 들어가 원병을 요청하였으나 실패하고 다시 일본을 방문하였다. 그러나 일본에서도 성과가 여의치 않았던지 647년에 당에 들어가[98] 당 태종과 군사동맹을 체결하였다. 이로써 삼국의 대당관계는 나당관계로 일원화되었고, 아울러 당을 둘러싼 외교관계의 모색기가 마무리되었다.

96 최현화, 「7세기 중엽 羅唐關係에 대한 考察」, 『史學硏究』 73, 2004, 33~44쪽.

97 朱甫暾, 「『文館詞林』에 보이는 韓國古代史 관련 外交文書」, 『慶北史學』 15, 1992; 『금석문과 신라사』, 지식산업사, 2002, 372쪽.

98 김춘추의 입당 시기가 『三國史記』(권5) 신라본기에서 말하는 648년이 아니라 647년이었다는 사실에 관해서는 權悳永, 앞의 책, 1997, 26~31쪽 참조.

② 동맹기

앞에서 살펴보았듯이, 647년 김춘추의 입당을 계기로 신라가 한반도의 대당관계를 독점하였다. 그러한 사실은 김춘추가 입당한 다음 해부터 고구려와 백제의 견당사 파견이 격감한 데 비하여 신라는 오히려 증가했다는 점에서 쉽게 알 수 있다.[99] 따라서 김춘추의 입당은 나당교섭사에서 하나의 분수령이었다고 할 수 있다.

김춘추의 입당에 관한 여러 자료를 종합하면, 진덕왕 원년에 김춘추는 아들 문왕과 함께 당에 들어가 태종에게 신라의 위급한 상황을 설명하고 군사를 요청하여 허락을 받았으며, 국학에서 석전의식釋奠儀式과 강론을 참관하였다. 아울러 신라의 장복章服을 바꾸어 중국 제도에 따르기를 청하자 태종이 김춘추에게 진귀한 의복을 내려주었다. 이에 김춘추는 문왕을 숙위로 남겨두고 신라로 돌아왔다고 한다.

김춘추가 당에 들어가 당 태종을 만난 것은 642년에 벌어진 대야성 전투의 참패를 설욕하기 위해 군사를 요청할 목적이었다. 그때 당 태종과 맺은 밀약의 내용 일부가 문무왕의 「답설인귀서答薛仁貴書」에 소개되어 있는데, 신라와 당이 힘을 합쳐 백제와 고구려를 차례로 멸망시킨 후 백제 땅은 신라가 갖고 고구려 땅은 당이 차지한다는 내용이었다.[100] 그러한 동맹을 보증하기 위하여 김춘추는 당의 연호와 의관제衣冠制를 채용하고 문왕을 숙위로 남겨두었던 것이다. 연호 채용과 의관제 습용, 그리고 숙위 파견은

99 고구려는 648년 이전에 평균 1.45년마다 한 차례씩 사신을 파견하였으나, 그 이후에는 평균 5년마다 1회의 사신을 파견하였다. 그리고 백제는 김춘추가 입당하기 이전에 1.17년마다 한 차례씩 견당사를 파견하였고, 그 이후에는 평균 6년마다 1회의 사신을 파견하였다. 반면 신라는 백제가 망한 660년까지 총 32회의 견당사를 보냈는데 김춘추가 입당하기 전까지는 20회로 평균 1.35년마다 1회를 파견하였으나, 그 이후에는 12차례의 견당사를 보내 평균 1년에 1회의 사신을 파견하였다.

100 "山川土地 非我所貪 玉帛子女 是我所有 我平定兩國 平壤已南百濟土地 並乞你新羅 永爲安逸"(『三國史記』 권7, 文武王 11년 7월).

나당동맹을 결성하고 유지하기 위한 고육지책이었겠으나, 결과적으로 신라는 자주국으로서의 명분을 군사동맹이라는 실리와 바꾼 셈이 되었다.

김춘추의 입당을 계기로 군사동맹관계를 구축한 신라와 당은 보다 빈번한 사절 교환을 통하여 서로의 결속을 다져나갔다. 특히 신라는 이 시기에 당과의 동맹관계를 유지하기 위하여 부단히 노력하였다. 649년 5월에 당 태종이 죽고 고종이 즉위하자 신라는 김법민金法敏을 당에 보내, 도살성道薩城(지금의 충북 괴산군 도안면)에서 백제군을 격파한 사실을 알리고 고종 즉위에 대한 축하와 당 제국의 위대함을 노래한 「오언태평송五言太平頌」을 지어 바쳤다. 그리고 신라 왕족 자제들을 교대로 당 왕실에 보내 숙위를 담당하게 하였고, 백제와 고구려 정세를 수시로 당에 알려주며 두 나라 토벌의 향도가 되기를 자임하였다.

647년부터 약 20년 동안 지속된 나당동맹기에 신라 정국을 주도한 사람은 당과 군사동맹을 맺고 돌아온 김춘추와 그의 처남 김유신이었다. 김춘추는 진덕왕을 이어 무열왕으로 즉위함으로써 명실상부한 신라의 제일인자가 되었고, 김유신은 신라의 군사권을 장악하고 김춘추의 정치적 구상과 야망을 물리적으로 뒷받침하였다. 뿐만 아니라 김춘추와 김유신 가문은 대당외교를 전담하다시피 하였다. 총 7차례나 당에 들어가 대당외교를 수행한 김인문, 당 고종의 즉위 축하사절로 파견된 김법민, 당에서 숙위로 활동하다 귀국한 후 재차 견당사로 파견된 김문왕 등은 모두 김춘추의 아들이다. 그리고 문무왕 6년(666)에 당에 들어가 신라의 고구려 토벌 계획을 전하고 군사를 청해 당군과 함께 귀국한 김삼광은 김유신의 아들이었고, 고구려 멸망 직후 나당 간에 전쟁의 기운이 감돌던 문무왕 9년에 사죄사로 입당한 김흠순은 김유신의 아우였다. 그리고 김유신의 서자 군승軍勝도 수차례에 걸쳐 당을 왕래한 것으로 보인다.[101] 이처럼 당시의 나당외교

101 權悳永, 앞의 책, 1997, 256~257쪽.

그림 3-6 태종무열왕릉(경북 경주시 서악동)

는 이들 두 가문에 의하여 시작되고 유지되었으며 마침내 삼국통일이라는 형태로 결실을 맺었다.

(2) 갈등, 안정, 소원

① 갈등기

김춘추와 당 태종 사이에 맺은 군사동맹은 백제가 멸망한 이후 서서히 금이 가기 시작하였다. 당초 신라와 당은 서로 힘을 합하여 백제와 고구려를 멸망시킨 후, 백제 땅은 신라가 차지하고 고구려 땅은 당이 갖기로 약속하였다. 그러나 당은 백제 옛 땅에 웅진도독부를 설치하고 의자왕의 아들 부여융扶餘隆을 내세워 백제를 자신의 영토로 삼으려는 야욕을 드러내었다. 이에 신라는 당의 한반도 정책에 의구심을 품고 당을 경계하게 되었고, 당 역시 신라의 움직임을 예의주시하였다. 그러나 강력한 고구려 정벌을 목전에 두고 있던 양국은 상호 불신감을 최대한 자제하며 668년에 힘을 합쳐 고구려를 멸망시켰다. 공동의 적이었던 고구려가 멸망한 후 양국

사이에 잠복해 있던 갈등이 마침내 표면화되어 무력 충돌이 일어났는데, 이것이 나당전쟁羅唐戰爭이다.

나당전쟁의 전말에 대해서는 이미 자세한 연구가 있거니와,[102] 전쟁 과정에서 신라와 당의 군사동맹은 완전히 와해되었다. 그렇다고 하여 양국 간의 조공·책봉이라는 외교시스템까지 붕괴된 것은 아니었다. 양국이 전쟁을 치르는 과정에도 신라는 꾸준히 사절을 보내 조공하는 한편, 당의 한반도 정책의 부당성과 전쟁의 불가피성을 역설하였다. 신라의 화전和戰 양면책에 대하여 당은 문무왕 14년(674)에 당시 장안에 머물고 있던 김인문을 신라왕으로 임명하고 문무왕의 관작을 취소하였다. 이에 신라가 여러 차례 사죄사를 보내 잘못을 시인하자 당은 문무왕의 관작을 회복시켜 주었다. 그러나 양국의 갈등은 여전히 지속되었다.

680년대에 들어와 나당 갈등의 장본인이었던 문무왕과 당 고종이 죽고 신문왕과 측천무후가 새로 등장하자, 나당 간의 불화는 점차 치유되어 갔다. 측천무후는 고종이 재위하던 670년대 후반부터 실질적인 권력을 행사하다가 고종 사후 중종中宗과 예종睿宗을 연이어 폐하고, 690년에 국호를 주周로 바꿈과 동시에 자신이 황제로 즉위하였다. 중국 역사상 최초로 여황제가 된 측천무후는 새로운 왕조의 정통성과 합법성을 확보하고 권력을 안정시키기 위하여 신진관료를 대거 등용하고, 주변국을 회무하며 사절을 초빙하였다.[103] 신라 역시 주 왕조의 회무 대상이었음은 말할 것도 없다.

한편 신라는 신문왕대에 들어와 무열왕과 문무왕대에 계속된 전쟁으로

102 徐仁漢, 『羅唐戰爭史』, 국방군사연구소, 1999; 서영교, 『羅唐戰爭史 研究』, 아세아문화사, 2006; 노태돈, 『삼국통일전쟁사』, 서울대학교출판부, 2009; 이상훈, 『나당전쟁 연구』, 주류성, 2012.

103 橫田滋, 「武周政權成立の前提」, 『東洋史研究』 14-4, 1956, 25~45쪽; 孫敏佐, 「則天武后의 勸力集中策」, 『慶北史學』 6, 1983, 113~152쪽; 任大熙, 「則天皇太后 執政期의 政治와 人物」, 『魏晉隋唐史研究』 2, 1996, 155~181쪽; 「唐高宗 統治後期의 政治와 人物」, 『中國學報』 47, 2003, 523~546쪽.

그림 3-7 건릉 측천무후 무자비(중국 산시성 셴양시咸陽市 첸현乾縣)

흐트러진 민심을 바로잡고 피폐해진 국내 제반 사항을 정비할 필요가 있었다. 이에 신문왕은 김흠돌金欽突의 난을 계기로 보수 귀족세력을 숙청하고 관제를 개혁하였으며 국학國學을 세워 인재 양성에 나섰다. 전후戰後 복구와 체제 정비를 서두르던 신문왕에게 당과의 불화는 결코 도움이 되지 않았다. 게다가 고구려의 옛 땅을 근거지로 삼아 발흥한 발해 역시 신라와 당 모두에게 부담스러운 존재였다. 이러한 7세기 후반의 국내외적인 여러 요소들이 복합적으로 작용하여 나당관계는 교섭 재개의 화해 분위기가 조성되어 갔다.

680년대의 '화해 무드' 속에서 신라와 당은 각각 한 차례씩의 사절 교환을 통하여 종전에 단절되다시피 했던 나당관계에 변화를 모색하였다. 그러나 692년 신문왕의 죽음으로 그러한 노력은 결실을 맺지 못하고 그 과업은 효소왕에게 넘어갔다. 효소왕이 즉위하자 측천무후가 사신을 보내 신문왕의 죽음을 조문하고 효소왕을 신라왕으로 책봉하였다.[104] 그럼에도 효소왕은 답사答使를 보내지 않고 여전히 침묵하였다.

신라의 불응에도 불구하고 측천무후는 재차 신라에 국교 재개를 시도하였는데, 그것의 계기가 된 것은 김인문의 죽음이다. 고구려 멸망 직후 생애 7번째로 당에 들어가 귀국하지 않고 그곳에 머물던 김인문은 694년 4월에 당에서 죽었다. 이에 측천무후는 조산대부 행사례시대의서령 육원경陸元景 등을 보내 김인문의 유해를 신라에 송환해 주었다.[105] 이러한 당의 적극적이고 우호적인 외교 공세 때문이었는지 효소왕은 동왕 8년(699) 2월에 견당사를 보내 당에 방물을 바쳤다.

효소왕 8년의 견당사 파견은 나당관계 복원에 중요한 의미를 가진다. 당은 690년 측천무후의 즉위와 더불어 주나라 역曆을 채용하여 자월子月, 곧 음력 11월을 정월로 삼았다가 700년에 인월寅月, 곧 음력 1월을 정월로 삼았다.[106] 그런데 『삼국사기』(권8) 효소왕 9년(700)조에 "인월을 정월로 삼았다"고 하므로, 효소왕 8년의 견당사가 당의 정삭正朔을 받아왔음을 추지할 수 있다. 정삭의 수수는 신속관계를 전제로 하는 정치의례이다. 이런 점에서 효소왕 8년의 견당사 파견은 단절되었던 나당관계를 실질적으로 복구하는 계기가 되었다고 하겠다.

② 안정기

당 건국 이후 약 80년 동안 나당관계는 모색, 동맹, 갈등을 거치면서 다소 불안하게 지속되었다. 그러나 8세기의 개막과 더불어 신라와 당의 관계는 안정기에 접어들었다. 702년에 즉위한 성덕왕은 대당교섭을 정력적

104 『舊唐書』 권199(上), 列傳 新羅; 『三國史記』 권8, 孝昭王 원년; 『册府元龜』 권964, 外臣部 封册2.

105 『三國史記』 권44, 列傳 金仁問.

106 『舊唐書』 권6, 載初 원년 정월 및 久視 원년 10월.

으로 추진하여 나당관계의 안정적 기반을 닦았다. 즉, 성덕왕은 46회의 견당사를 파견하여 당과의 관계 진전에 노력하였고, 이에 부응하여 당은 세 차례의 사절을 신라에 보냈다. 특히 성덕왕은 당의 요청을 받아들여 발해 토벌군을 파견함으로써 그 대가로 패강浿江 이남의 땅을 신라 영토로 인정받았다. 뿐만 아니라 성덕왕대에는 견당사, 유학생, 구법승의 왕래를 통하여 활발한 문물교류가 이루어졌다. 신라 전 시기를 통하여 성덕왕대 만큼 대당교류가 활발한 때가 없었다. 이런 점에서 성덕왕대는 나당교섭사에서 중흥의 기틀이 다져진 시기였다고 할 수 있다.[107]

이후 나당관계는 성덕왕이 닦아놓은 기반 위에서 순조롭게 이어져나갔다. 비록 780년 4월에 김지정金志貞의 난 와중에 혜공왕이 죽고 선덕왕이 즉위함으로써 이른바 하대下代 왕위쟁탈전의 서막이 열렸으나, 나당관계는 흥덕왕대까지 중대와 다를 바 없었다. 이 시기에 신라는 정기적으로 당에 하정사를 보내 신라의 사정을 알렸고, 수시로 사은사와 고주사告奏使 등을 보내 당과의 관계를 돈독히 하였다. 신라의 적극적인 대당외교에 대하여 당 역시 신라의 왕위 교체 때마다 빠짐없이 책봉사를 파견하여 신라왕과 왕비 등을 책봉하였다.

그림 3-8은 성덕왕대부터 흥덕왕대까지 신라와 당이 상대국에 파견한 사절 왕래 현황과 추이를 그래프로 정리한 것이다. 여기서 특징적인 것은 이 시기에 양국의 사절 왕래가 매우 규칙적이었다는 사실이다. 비록 신라의 사절 파견 횟수가 당에 비하여 압도적으로 많았으나 신라는 대략 1년 내지 2년에 한 차례씩 꾸준히 견당사를 보냈고, 당은 한 명의 왕에 대하여 최소한 한 차례 이상 사절을 보내 신라왕을 책봉하였다. 이러한 현상은 나당관계가 매우 안정되어 있었다는 사실을 말해준다. 아울러 이 시기는 조

107 성덕왕대의 대당외교에 관해서는 趙二玉, 「新羅 聖德王代 對唐外交政策研究」, 『梨花史學研究』 19, 1990, 77~98쪽 참조.

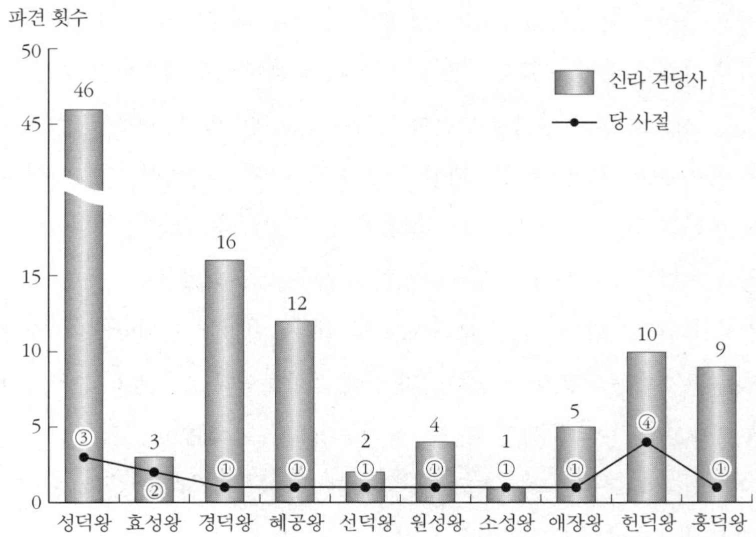

그림 3-8 안정기의 사절 왕래 현황과 추이

공·책봉을 통한 나당관계사의 전형을 보여준다고 할 수 있다.

③ 소원기

836년 12월에 흥덕왕이 후사後嗣 없이 죽은 이후 신라에서는 격심한 왕위쟁탈전이 벌어졌다. 먼저 김균정金均貞과의 무력 대결에서 이긴 김제륭金悌隆이 왕위에 올라 희강왕이 되었으나 약 1년 만에 김명金明의 핍박을 받아 자살하고, 이어 김명이 즉위하여 민애왕이 되었다. 그러나 민애왕 역시 1년 만에 청해진 장보고의 군사를 이끌고 진격해 온 김우징과 김양에게 피살되고 왕권은 다시 김우징, 곧 신무왕에게 넘어갔다. 이처럼 흥덕왕 사후에 신라는 왕위쟁탈전을 둘러싼 분란의 소용돌이 속에 있었으므로 당과의 교섭에 소홀해질 수밖에 없었다.

전통적으로 신라는 새로운 왕이 즉위하면 당에 사신을 보내 그 사실을 알리고 책봉을 요청하였다. 그러나 흥덕왕 사후 희강왕과 민애왕대에는 그러한 사실을 알릴 겨를조차 없었고, 당의 입장에서도 책봉사를 보낼 틈이 없을 정도로 신라 왕실의 주인이 시시각각 교체되었다. 겨우 안정을 되찾은 듯이 보이던 신무왕도 5개월 만에 죽고, 이어서 즉위한 문성왕 이후에야 신라는 당과의 관계를 다소 정상화할 수 있었다. 그러나 얼마 후 진성왕대를 전후하여 신라는 다시 극심한 혼란을 맞게 되었다.

진성왕대에는 정치기강이 무너지고 각지에서 반란이 일어났으며, 지방에서는 독자적인 세력이 등장하여 왕실에 대항하였다. 그 결과 나당 간의 교통로가 막혀 양국의 사절 교환이 불가능할 정도가 되었다. 급기야 10세기의 개막과 더불어 견훤甄萱과 궁예弓裔가 각기 독립하여 후삼국 쟁패전이 본격화되자 나당관계는 더욱 소원해졌다.

한편 당에서는 안사의 난 이후 각지에 설치한 절도사들이 독자적인 세력을 형성하여 중앙 왕실과 대립하였고, 무종武宗의 실정과 이후 이어지는 정치 혼란으로 전반적으로 어수선한 상태가 되었다. 특히 875년부터 약 10년간 지속된 황소의 난은 중국 전체를 전쟁으로 몰아넣어 당의 멸망을 촉진시켰다. 이처럼 830년대 후반 이후 신라와 당은 정치·사회적 혼란에 빠져 있었으므로 양국 간의 왕래가 활발하게 이루어질 수 없었다. 이에 따라 양국의 사절 왕래는 불규칙하게 되고 양국 관계 역시 소원해질 수밖에 없었다.

그렇다고 하여 나당관계가 단절된 것은 아니었다. 그림 3-9에서 보듯이, 비록 불규칙하고 횟수가 많지 않았으나 신무왕 이후 당이 망할 때까지 신라는 꾸준히 견당사를 보내 당에 조공하였고, 당 역시 사신을 보내 재위기간이 극히 짧은 몇몇 신라왕을 제외하고는 모두 책봉하였다. 이런 점에서 신라와 당은 극심한 혼란 속에서도 조공과 책봉을 통한 정치교섭과 경제교역 및 문화교류라는 큰 틀을 여전히 유지했다고 하겠다.

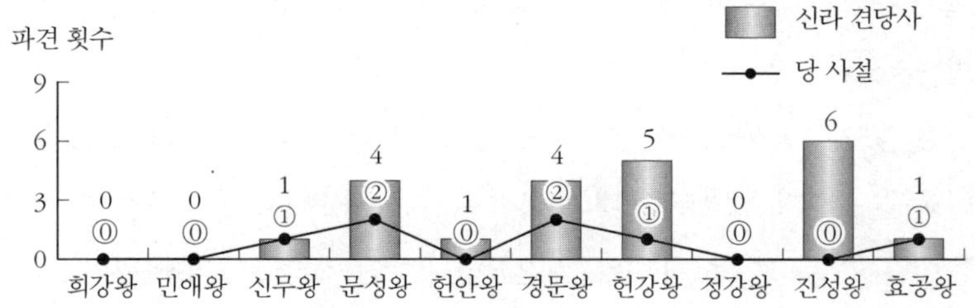

그림 3-9 소원기의 사절 왕래 현황과 추이

2. 조공·책봉의 실제

(1) 신라의 조공

신라는 진평왕 43년(621) 이후부터 당이 망할 때까지 꾸준히 사신을 보내 조공하였다. 조공은 책봉을 전제로 왕이나 사신이 정기적으로 책봉국에 찾아가 국내 사정을 알리고 공물을 바치는 의식이므로, 엄격히 말하면 신라가 당에 보낸 사절단을 모두 조공사절이었다고 말할 수 없다. 그러나 신라의 견당사 파견은 조공과 책봉이라는 외교시스템 속에서 이루어졌으므로, 신라 견당사의 대부분을 조공사절로 간주해도 틀린 말은 아닐 듯싶다.

신라는 다양한 형태의 사절을 당에 파견하였다. 그것들을 유형별로 나누면 크게 다섯 가지로 나눌 수 있다.[108]

첫 번째는 하정사賀正使이다. 하정사는 매년 정월 초하루에 당나라 정전正殿에서 열리는 하정식에 참석하여 당 왕실의 번영을 기원하고 당제를 축수祝壽하던 신년 축하사절이다. 하정사는 신라뿐만 아니라 당의 주변국 대부분이 정기적 또는 부정기적으로 파견하였는데, 신라는 거의 매년 당에 하정사를 보냈다. 하정사는 신라가 보낸 전체 견당사의 절반가량을 차지하는데, 이들은 당제에게 올리는 표문과 공물을 지참하고 정기적으로 당

108 이하에서 소개하는 신라 견당사의 유형은 權悳永, 앞의 책, 1997, 147~169쪽을 참고하여 재정리한 것이다.

에 들어갔다는 점에서 '조공'의 원래 취지에 가장 부합하는 사절단이었다고 할 수 있다.

두 번째는 사은사謝恩使이다. 이는 당으로부터 어떠한 시혜를 받았을 때 고마움을 표하기 위하여 보내는 사절로, 책봉과 조문, 관작 수여와 추증, 예물이나 영토 사여 시에 주로 파견되었다. 예를 들면, 진덕왕 원년 7월에 보낸 견당사는 선덕왕의 추증과 진덕왕의 책봉에 대한 사은사였고, 성덕왕 32년 12월의 견당사는 성덕왕에게 개부의동삼사 영해군사의 관작을 더해주고 앵무새 한 쌍과 각종 비단, 금은 세공품을 보내준 것에 대한 사은사였다. 또한 성덕왕 35년의 견당사는 당이 패강진 일대를 신라 땅으로 인정해 준 것에 대한 사은사였다.

세 번째는 신라 국내 또는 당과 신라 사이에 모종의 일이 생겼을 경우에 사건의 진상을 곡진하게 알리거나 시비를 가리기 위하여 파견하던 고진사告陳使이다. 고진사에는 신라왕의 죽음을 알리는 고애사告哀使, 전쟁의 승리를 알리는 고첩사告捷使, 시비곡직을 알리는 고주사告奏使, 잘못을 시인하고 용서를 구하는 사죄사 등이 있었다. 헌덕왕 4년에 애장왕의 죽음을 당에 전한 김창남金昌南은 고애사였고, 무열왕 7년 7월에 나당연합군의 사비성 함락과 의자왕의 항복 사실을 당에 알린 제감 천복天福은 고첩사였다. 그리고 고구려 멸망 후 백제 옛 땅의 영유권을 둘러싸고 나당 간의 갈등이 일어나자 신라는 김흠순과 김양도를 사죄사로 파견하였다.

네 번째는 당에 특정 사안을 요구할 때 보내던 주청사奏請使이다. 나당 교섭기에 신라는 당에 여러 가지 사안을 요청하였다. 왕과 왕모 및 왕비의 책봉은 물론 귀족자제들의 당나라 국자감 입학, 당에 체류하고 있던 신라인들의 방환, 서적과 물건의 사여, 군사 요청 등이 그것이다. 혜공왕 3년에 김은거는 신라왕의 책봉을 청하였고, 애장왕 9년에는 김역기가 소성왕의 갑작스러운 죽음으로 미처 수령하지 못한 소성왕과 왕모 및 왕비의 책봉조서를 받아가기를 청하였다. 그리고 헌강왕 11년의 견당사 김근은 신라 학생들의 국자감 입학을 청하였고, 선덕왕 12년의 견당사는 구법승 자장의 방환을 요청하였으며, 신문왕 6년의 견당사는 원측의 방환과 『예기』 및 문장을 요청하였다. 또한 성덕왕 34년에는 패강 지역에 신라 군사의 주둔을 요청하였고, 고구려·백제와 각축을 벌이던 7세기 중엽에는 두 나라를 정벌하기 위해 수차례 군대 파병을 요청하였다.

다섯 번째는 당의 경사에 대한 축하 혹은 흉사에 대한 위문을 위한 경조사慶弔使이다. 신라는 당의 봉선의식, 당제의 즉위와 태자 책봉, 반란과 주변국의 토평과 같은 경사가 있을 때 경하사慶賀使를 파견하였고, 당제가 죽었을 때는 조위사弔慰使를 보냈다. 예를 들면 666년 정월에 김인문이 태산에서 거행된 봉선의식에 경하사로 참석하였고, 헌강왕 10년에는 김근이 황소의 난 평정과 희종의 환도를 축하하였으며, 진성왕 5년에 최원崔元이 당에 들어가 소종의 즉위를 축하하였다.

이처럼 신라는 다양한 형태의 견당사를 보내 당과의 관계를 유지하였다. 그런데 전통적인 의미의 조공에는 '빙聘'과 '조朝'가 있어, 빙聘은 제후의 신하가 왕을 대신하여 천자를 알현하는 것이고, 조朝는 제후가 직접 천자를 찾아가는 것을 말한다.[109] 그러한 이념은 당대까지 이어져 『대당개원례大唐開元禮』에는 주변국의 왕이 직접 왔을 경우와 사신이 대신 왔을 때의 의례를 각각 다르게 규정해놓았다. 그 중에서 번주蕃主, 곧 주변국의 왕이 직접 찾아왔을 때는 구두로 국내 사정을 아뢰고, 사신이 왔을 경우에는 표문으로 번주의 말을 대신하도록 하였다.[110] 그러나 조공의 외연이 주변국에까지 확대된 한나라 이후 주변국의 왕이 직접 중국에 찾아가 조공한 경우는 거의 없었다. 신라 역시 왕이 직접 당에 들어가 조공한 적이 없

109 "諸侯來曰朝 大夫來曰聘"(『春秋公羊傳』, 隱公 11년).

110 『通典』 권131, 開元禮纂類26 賓禮.

고, 모두 사신이 대신하였다. 이에 신라 사신은 당의 규정에 따라 신라왕의 의지를 적은 표문을 반드시 지참하였다.

신라가 당에 올린 표문으로 현재 내용이 비교적 온전하게 남아 전하는 것은 14건에 불과한데, 표문에는 하정과 사은 등 다양한 내용을 담고 있다. 사실 현전하는 이들 표문은 신라가 당에 보낸 국서의 극히 일부분에 지나지 않고, 매번의 사절단이 당에 올린 표문을 모두 합하면 수백 건에 이를 것이다.

조공의례에서 빼놓을 수 없는 것이 방물方物의 헌상이다. 방물은 조공국에서 나는 특산물로, 표문과 함께 견당사가 반드시 지참하는 물건이었다. 자료의 미비로 신라 견당사들이 지참한 방물을 구체적으로 알 수 없으나 단편적인 기록들을 종합해보면, 광물류, 직물류, 약재류, 동물류 등 다양하였다.[111] 그 중에서도 금, 은, 우황, 인삼은 신라의 대표적인 조공품이었다. 이에 대하여 당은 회사回賜이라는 이름으로 방물에 상응하는 물품을 신라에 주었다.

(2) 당의 책봉

신라의 조공에 대응하여 당은 책봉의례를 행하였다. 당은 선진시대先秦時代 이래 이어져온 중화사상의 전통에 입각하여 신라왕, 왕비, 왕모, 신라관인 등 다양한 사람에게 관작을 주어 책봉하였다. 전술하였듯이, 당은 624년에 진평왕을 주국 낙랑군공 신라왕으로 책봉한 이후 줄곧 신라왕을 책봉하였다. 역대 신라왕을 포함한 왕모와 왕비에 대한 책봉 사실을 정리하면 표 3-9와 같다.

표 3-9를 일별하면 알 수 있듯이, 당은 진평왕에서 흥덕왕까지 신라왕을

111 신라 방물의 구체적인 목록은 權悳永, 앞의 책, 1997, 279쪽 〈표 4-1〉 참조.

표 3-9 당의 신라왕·왕모·왕비 책봉

구분	책봉 시기	피책봉자	책봉 내용	사유	책봉사	전거
모색기	624년 (진평왕 46)	진평왕	柱國樂浪郡公新羅王			『삼국사기』 4, 『구당서』 199, 『신당서』 220, 『책부원귀』 963, 『자치통감』 190
	632년 (선덕왕 1)	진평왕	左光祿大夫	추증		『삼국사기』 4
	635년 (선덕왕 4)	선덕왕	柱國樂浪郡公新羅王	즉위		『삼국사기』 5, 『구당서』 199, 『신당서』 220, 『책부원귀』 964
동맹기	647년 (진덕왕 1)	선덕왕 진덕왕	光祿大夫 柱國樂浪郡王	추증 즉위		『삼국사기』 5, 『구당서』 199, 『신당서』 220, 『책부원귀』 694
	654년 (무열왕 1)	진덕왕 무열왕	開府儀同三司 開府儀同三司樂浪郡王新羅王	추증 즉위	張文收	『삼국사기』 5, 『구당서』 199, 『신당서』 220, 『책부원귀』 964·974, 『당회요』 95
	662년 (문무왕 2)	문무왕	開府儀同三司上柱國樂浪郡王新羅王	즉위		『삼국사기』 6, 『구당서』 199
	663년 (문무왕 3)	문무왕	鷄林州大都督	加授		『삼국사기』 6, 『구당서』 199, 『신당서』 220, 『책부원귀』 964, 『자치통감』 201, 『당회요』 95
갈등기	674년 (문무왕 14)	김인문	鷄林州大都督開府儀同三司新羅王	왕위 교체		『삼국사기』 7·44, 『신당서』 220, 『책부원귀』986, 『자치통감』 202, 『당회요』 95
	675년 (문무왕 15)	문무왕	鷄林州大都督開府儀同三司上柱國樂浪郡王新羅王	복위		『삼국사기』 7·44, 『신당서』 220, 『책부원귀』 986, 『자치통감』 202, 『당회요』 95
	681년 (신문왕 1)	신문왕	鷄林州大都督開府儀同三司上柱國樂浪郡王新羅王	즉위		『삼국사기』 8, 『책부원귀』 964, 『당회요』 95
	692년 (효소왕 1)	효소왕	輔國大將軍行左豹韜衛大將軍鷄林州都督新羅王	즉위		『삼국사기』 8, 『구당서』 199, 『책부원귀』 964
안정기	702년 (성덕왕 1)	성덕왕	輔國大將軍行左豹韜衛大將軍鷄林州都督新羅王	즉위		『삼국사기』 8, 『구당서』 199, 『책부원귀』 964
	707년 (성덕왕 6)	성덕왕	驃騎大將軍	加授		『당회요』 95
	713년 (성덕왕 12)	성덕왕	驃騎將軍特進行左威衛大將軍使持節大都督鷄林州諸軍事鷄林州刺史上柱國樂浪郡公新羅王	加授		『삼국사기』 8
	733년 (성덕왕 32)	성덕왕	開府儀同三司寧海軍使(太尉持節寧海軍事鷄林州大都督)	加授	何行成, 金思蘭	『삼국사기』 8·46, 『구당서』 199, 『책부원귀』 964·975

	738년 (효성왕 2)	성덕왕 효성왕	太子太保 開府儀同三司新羅王 (開府儀同三司使持節大都督鷄林州諸軍事兼持節寧海軍使新羅王)	추증 즉위	邢璹, 楊季膺	『삼국사기』 9, 『구당서』 199, 『책부원귀』 964·975, 『당회요』 95
	740년 (효성왕 4)	왕비	王妃			『삼국사기』 9, 『책부원귀』 975, 『당회요』 95
	743년 (경덕왕 2)	경덕왕	開府儀同三司使持節大都督鷄林州諸軍事兼充持節寧海軍使新羅王	즉위	魏曜	『삼국사기』 9, 『구당서』 199, 『전당문』 24
	768년 (혜공왕 4)	혜공왕 왕모	開府儀同三司新羅王 太妃	즉위	歸崇敬, 陸珽, 顧愔	『삼국사기』 9, 『구당서』 11·199, 『신당서』 220, 『책부원귀』 965·976, 『당회요』 95, 『전당문』 49·415, 『당대조령집』 129
	785년 (선덕왕 6, 원성왕 1)	선덕왕 원성왕	檢校太尉使持節大都督鷄林州刺史寧海軍使新羅王 檢校太尉使持節大都督鷄林州刺史寧海軍使新羅王	즉위 즉위	蓋塤, 孟昌源	『삼국사기』 9, 『구당서』 12, 『당회요』 95
안정기	800년 (소성왕 2)	소성왕 왕모 왕비	開府儀同三司檢校太尉鷄林州都督新羅王 太妃 王妃	즉위	韋丹	『삼국사기』 10, 『구당서』 13·199, 『책부원귀』 965, 『당회요』 95
	805년 (애장왕 6)	애장왕 왕모 왕비	開府儀同三司檢校太尉使持節大都督鷄林州諸軍事鷄林州刺史兼持節充寧海軍使上柱國新羅王 太妃 王妃	즉위	元季方, 馬于	『삼국사기』 10, 『구당서』 14·199, 『신당서』 201·220, 『책부원귀』 965·976, 『당회요』 95, 『문원영화』 946
	812년[112] (헌덕왕 4)	헌덕왕 왕비	開府儀同三司檢校太尉使持節大都督鷄林州諸軍事鷄林州刺史兼持節充寧海軍使上柱國新羅王 王妃	즉위	崔廷, 李汭, 金士信	『삼국사기』 10, 『구당서』 15·199, 『신당서』 220, 『책부원귀』 965·976·980, 『당회요』 95, 『당국사보』(하)
	827년 (흥덕왕 2)	흥덕왕 왕모 왕비	開府儀同三司檢校太尉使持節大都督鷄林州諸軍事兼持節充寧海軍使上柱國新羅王 太妃 王妃	즉위	源寂, 金允夫	『삼국사기』 10, 『구당서』 17·199, 『책부원귀』 965, 『당회요』 95
소원기	839년 (신무왕 1)	신무왕	미상		吳子陳, 崔某, 王某	『입당구법순례행기』 2

소원기	841년 (문성왕 3)	문성왕 왕비	開府儀同三司檢校太尉使持節大都督鷄林州諸軍事兼持節充寧海軍使上柱國新羅王 王妃	즉위	金雲卿	『삼국사기』 11
	865년 (경문왕 5)	경문왕	開府儀同三司檢校太尉持節大都督鷄林州諸軍事上柱國新羅王	즉위	胡歸厚, 裵光(匡), 田獻銛	『삼국사기』 11, 「초월산대숭복사비명」, 「사은표」
	878년 (헌강왕 4)	헌강왕	使持節開府儀同三司檢校太尉大都督鷄林州諸軍事新羅王	즉위		『삼국사기』 11, 「사은표」
	897년 (효공왕 1)	경문왕 헌강왕	太師(鷄林州大都督檢校太尉) 太傅(持節寧海軍事檢校太保)	추증 추증		「사은표」
	906년 (효공왕 10)	효공왕	미상		金文蔚	『삼국사기』 12

빠짐없이 책봉하였다. 그러나 홍덕왕 이후에는 간혹 책봉 사실이 빠져 있는데, 희강왕·민애왕·헌안왕·정강왕·진성왕 등이 그들이다. 이 가운데 희강왕과 민애왕은 내부의 치열한 왕위쟁탈전으로 왕위가 단명으로 끝났고, 정강왕 역시 재위 기간이 1년에 불과하였으므로 당으로부터 책봉을 받을 겨를이 없었을 것이다. 그러나 헌안왕과 진성왕은 재위 기간과 사절 왕래 정황으로 보아, 비록 기록에는 전하지 않으나 당으로부터 책봉을 받았을 것으로 생각된다.

당은 신라왕을 책봉할 때 신라왕의 지위에 걸맞은 관작을 함께 내려주었다. 표 3-9를 보면, 당이 신라왕에게 내려준 관작은 시기에 따라 약간씩 달랐음을 알 수 있다. 우선 나당교섭의 모색기에 당은 신라왕에게 주국 낙랑군공의 관작을 주어 고구려·백제와 균형을 유지하였으나, 동맹기에 들

112 『三國史記』(권10) 신라본기에서는 당이 헌덕왕 즉위년(809) 8월에 崔廷 등을 보내 헌덕왕과 왕비를 책봉한 것으로 기록하였으나, 실제 헌덕왕과 왕비는 헌덕왕 4년(812)에 당으로부터 책봉받았다. 이 점에 관해서는 權悳永, 앞의 책, 1997, 75~76쪽 참조.

어와 양국 관계가 보다 친밀해지자 종래 종2품 훈관인 주국柱國과 군공郡公을 각각 정2품인 상주국上柱國과 군왕郡王으로 올리고, 종1품 문산관인 개부의동삼사開府儀同三司를 추가하였다. 이후 갈등기를 거쳐 안정기에 들어가면 신라왕은 계림주대도독, 보국대장군 행좌표도위대장군, 영해군사 등의 관작이 더해졌고, 이어서 정1품인 태위太尉와 태사太師 등이 덧붙여졌다. 이처럼 당이 책봉한 관작은 후대로 갈수록 높아졌는데, 이는 시간이 흐를수록 당 중심의 동아시아 국제사회에서 신라의 위상이 점차 높아졌음을 말해주는 동시에 신라와 당 사이의 조공·책봉관계가 더욱 긴밀해져갔음을 의미한다.

당은 신라왕뿐만 아니라 왕비와 왕모도 책봉하였다. 당은 효성왕의 비를 처음 책봉한 이후 소성왕·애장왕·흥덕왕·헌덕왕·문성왕의 비를 정식 왕비로 책봉하였고, 혜공왕·소성왕·애장왕·흥덕왕의 경우는 왕의 어머니를 태비太妃로 책봉하였다. 왕모와 왕비에 대한 책봉이 신라의 요청에 의한 것인지 아니면 당이 일방적으로 행한 것인지 알 수 없으나, 그들 역시 당의 책봉조서를 받았다. 비록 신라 왕비에 대한 책봉조서는 현전하지 않으나, 왕모에 대한 것으로는 당 대종代宗이 혜공왕의 어머니 만월부인을 태비로 책봉한 「책신라왕태비문」이 전하고 있다.[113]

한편 왕과 왕비 또는 왕모에 대한 책봉과는 다소 성격이 다르지만, 당 왕조는 신라 관인에게도 당의 관작을 수여하였다. 중국 왕조가 주변국 관리에게 관작을 수여한 연원은 한대까지 거슬러 올라간다. 당도 그러한 전통을 이어받아 주변국 관리들에게 다양한 관작을 수여하였다. 신라의 경우 30여 명의 관인이 당으로부터 각종 관작을 받았는데, 그들은 대부분 견당사절단이었다.[114]

---

113 宋敏求 編, 『唐大詔令集』 권129; 『全唐文』 권49, 代宗.

114 당의 관작을 받은 신라 견당사에 관해서는 權悳永, 앞의 책, 1997, 184쪽 〈표 2-9〉 참조.

다른 나라 사절에게도 마찬가지였지만, 당은 신라 견당사에게 본국의 관함에 준하는 관작을 주었다. 예를 들면 이찬 김춘추는 당의 정2품인 특진特進을, 파진찬 김인문은 종3품인 좌령군위장군左領軍衛將軍을, 급찬 박유는 종5품인 조산대부 원외봉어朝散大夫員外奉御를 받았다. 이러한 점으로 보아 신라의 이찬은 당의 정2품, 파진찬은 종3품, 급찬은 종5품에 대응한다는 사실을 알 수 있다. 그리고 신라 관인에게 관작을 줄 때도 왕과 왕비의 책봉조서와 유사한 칙서를 내렸다. 백거이白居易가 대작代作한 「신라하정사김양충수관귀국제新羅賀正使金良忠授官歸國制」와[115] 두목杜牧이 지은 「신라왕자김원홍등수태상시소경감승부제新羅王子金元弘等授太常寺少卿監丞簿制」는[116] 견당사 김양충과 김원홍에게 관작을 내려준 칙서이다. 이처럼 당은 신라의 왕과 왕비, 왕모, 관인을 대상으로 광범위하게 책봉하였다.

3. 조공·책봉의 성격

(1) 당대當代의 조공·책봉관

전근대 동아시아 국제관계의 기본 틀이라 할 수 있는 조공·책봉제도는 상하 위계질서를 전제로 한 정치의례이다. 신라와 당 사이도 예외가 아니어서, 양국 간에는 엄격한 상하관계가 설정되어 있었고 또 그러한 구조 속에서 양국 관계가 유지되었다. 나당 간의 위계질서 의식은 양국이 주고받은 공문서에 적나라하게 나타난다.

표 3-10을 보면 쉽게 알 수 있듯이, 신라가 당에 보낸 공문서는 대부분 표문表文의 형식을 띠고 있다. 표表는 신하가 임금에게 올리는 문장 형식

115 『白氏長慶集』 권53; 『全唐文』 권659, 白居易4.

116 『樊川文集』 권17; 『全唐文』 권750, 杜牧3.
한편 『全唐文』(권750)에서는 金元弘을 金元宏으로 표기하였으나, 이는 金元弘의 잘못이다.

표 3-10 신라의 대당 공문서

작성(전달) 시기	제목	작성자	내용	전거
650년 (진덕왕 4)	五言太平頌		당과 당제의 위대함을 노래	『삼국사기』 5, 『구당서』 199, 『신당서』 220, 『책부원귀』 962
671년 (문무왕 11)	答薛仁貴書		설인귀의 책망에 대한 시비곡직을 따짐	『삼국사기』 7
672년 (문무왕 12)	謝罪表		웅진도독부 공격의 불가피성을 변론하고 사죄	『삼국사기』 7
723년 (성덕왕 22)	上表		당에 공물을 바침	『삼국사기』 8, 『책부원귀』 971
733년 (성덕왕 32)	謝恩表		당의 진귀한 물품 사여에 대한 사은	『삼국사기』 8, 『책부원귀』 975
734년 (성덕왕 33)	上表	김충신	당 사신의 일원이 되어 귀국하기를 요청	『삼국사기』 8, 『책부원귀』 973
736년 (성덕왕 35)	謝恩表		패강 이남 땅의 신라 영유권 인정에 대한 사은	『삼국사기』 8, 『책부원귀』 971
879년 (진성왕 11)	新羅賀正表	최치원	새해 축하와 당제에 대한 축수	『동문선』 31
897년 (진성왕 11)	讓位表	〃	왕위를 조카 嶢에게 양위할 뜻을 피력	『삼국사기』 11, 『동문선』 43
897년 (진성왕 11)	遣宿衛學生首領等入朝狀	〃	학업 만료자 방환과 새로운 학생의 입학 요청	『동문선』 47
진성왕대	奏請宿衛學生還蕃狀	〃	학업 만료자 방환 요청	『동문선』 47
진성왕대	謝賜詔書兩函表	〃	당의 조서에 대한 사은	『동문선』 33
진성왕대	謝不許北國居上表	〃	발해 빈공급제자를 신라 하위로 한 것에 대한 사은	『동문선』 33
진성왕대	起居表	〃	당 소종이 華州로 순행한 것에 대한 안부를 문의	『동문선』 39
진성왕대	新羅王與唐江西高大夫湘狀	〃	박인범, 김악 등을 빈공급제자로 선발해준 것에 대한 감사	『동문선』 47
효공왕대	謝恩表	〃	경문왕과 헌강왕의 추증에 대한 사은	『동문선』 33
효공왕대	謝嗣位表	〃	진성왕으로부터 왕위를 이어받게 된 사정을 진술	『동문선』 33

의 일종이다. 신라는 하정표, 양위표, 사은표, 사죄표 등을 통하여 신라의 사정을 당에 알렸는데, 그 내용은 문장 형식에 걸맞게 당제에게 극도의 공경을 드러내었다. 예를 들면, 문무왕 12년에 보낸 사죄표에서 "살아서는 천자의 명을 거스른 신하가 되고 죽어서는 은혜를 저버린 귀신이 될까 두렵다"라 하였고, 성덕왕 32년에 보낸 사은표에서 "충성은 티끌만큼 작은데 은혜는 산과 같이 무겁다"고 하였다. 그리고 진성왕 때 최치원이 지은 여러 표문에서, 신라왕은 당제의 신하로 자처하며 당의 보살핌을 받는 번국왕蕃國王으로서의 지위를 분명히 하였다.[117] 신라의 그러한 태도는 표문이 아닌 문무왕의 「답설인귀서」와 같은 문서에서도 마찬가지였다.[118] 이처럼 신라는 나당교섭기 동안 스스로 당의 제후국임을 공식 문서로서 천명하였다.

반면 당이 신라에 보낸 문서(표 3-11)는 황제가 제후를 비롯한 신료들에게 내리는 문서 양식인 조서詔書로 통칭할 수 있다. 조서의 주체는 당제이고 수령자는 신라왕과 그 신하이기 때문에 그 내용은 표문과 극명하게 대조된다. 당 현종이 경덕왕에게 보낸 책봉조서에서 "바다 동쪽의 보물을 실어 사신을 보냈고 구름을 벗삼아 조정과 통하였으며, 대대로 사심 없는 신하가 되어 여러 번 충성스러운 절의를 나타내었다"라 하였고, 당 덕종이 원성왕에게 보낸 조서에서는 "경은 마땅히 나라 안을 안정시키고 부지런히 백성을 돌보아 길이 번방의 신하가 되어 바다 모퉁이에 있는 나라를 평온케 하라"고 하였다. 이처럼 당은 신라를 자신을 지키는 울타리, 곧 번국

117 「新羅賀正表」에서 "伏惟皇帝陛下 膺乾納祜 與天同休 臣某誠歡誠喜 頓首頓首"라 하였고, 「謝讓位表」에서 "臣伏限權叨蕃寄 莫能奔詣行朝 無任望恩兢懼之至"라 한 것이 대표적인 표현이다.

118 "高麗旣叛 不可不伐 彼此俱是帝臣 理須同討凶賊 發兵之事 須有平章"이라 하여 신라 스스로가 당제의 신하라 하였고, "新羅旣是國家之州 不可分爲兩國"이라 하여 신라를 당의 한 州라 하였다.

표 3-11 당의 대신라 공문서

작성(전달) 시기	제목	작성자	내용	전거
645년 (선덕왕 14)	貞觀年中撫慰新羅王詔		당의 고구려 원정 시 군사 지원 요청	『문관사림』 664
671년 (문무왕 11)	薛仁貴書	薛仁貴	신라 문무왕의 반당 행위를 책망	『삼국사기』 7
723년 (성덕왕 22)	賜新羅王金興光書	元宗	신라에서 바친 미녀를 방환	『삼국사기』 8, 『책부원귀』 170, 『전당문』 40
724년 (성덕왕 23)	賜新羅王金興光書	″	신라 하정사에 대한 답신	『삼국사기』 8, 『책부원귀』 975·980, 『전당문』 40
731년 (성덕왕 30)	賜新羅王金興光書	″	신라 하정사에 대한 답신	『삼국사기』 8, 『책부원귀』 975, 『전당문』 40
734년 (성덕왕 33)	勅新羅王金興光書	張九齡	신라의 발해 공격 치하와 하정사 파견에 대한 답신	『곡강집』 8, 『문원영화』 471, 『전당문』 284
735년 (성덕왕 34)	勅新羅王金興光書	″	패강진 일대의 신라 영유권 인정	『곡강집』 9, 『문원영화』 471, 『전당문』 285
735년 (성덕왕 34)	勅新羅王金興光書	″	신라 견당사의 죽음에 대한 조의	『곡강집』 9, 『문원영화』 471, 『전당문』 285
743년 (경덕왕 2)	命金憲英襲封新羅王制	元宗	경덕왕을 신라왕으로 책봉	『삼국사기』 9, 『책부원귀』 965, 『전당문』 24
756년 (경덕왕 15)	玄宗御製御書五十韻詩	玄宗	신라의 성실한 조공에 대한 칭송	『삼국사기』 9
768년 (혜공왕 4)	册新羅王金乾運文	常袞	혜공왕을 신라왕으로 책봉	『당대조령집』 129, 『전당문』 415
768년 (혜공왕 4)	册新羅王太妃文	″	혜공왕의 어머니를 왕태비로 책봉	『당대조령집』 129, 『전당문』 415
786년 (원성왕 2)	詔書		원성왕에 대한 격려와 선물 하사	『삼국사기』 10
810년 (헌덕왕 2)	與新羅王金重熙書[119]	白居易	헌덕왕이 불경과 불상을 헌상한 것에 대한 감사	『백씨장경집』 56, 『문원영화』 471, 『전당문』 665
850 (문성왕 12)	新羅王子金元弘等授太常寺少卿監丞簿制	杜牧	김원홍 등에게 당의 관직을 수여	『번천문집』 17, 『전당문』 750
미상	新羅賀正使金良忠授官歸國制	白居易	하정사 김양충에게 관직 수여	『백씨장경집』 53, 『전당문』 659

蕃國으로 인식하였다. 결국 신라와 당 사이에 오간 공문서에서 양국 관계를 황제국과 제후국의 관계로 분명히 하였고, 양국 간의 조공과 책봉을 당연한 의무와 권리로 받아들이고 있었다고 하겠다.

그러면 당시 당인과 신라인들은 양국 간의 조공과 책봉, 제후국과 황제국 관계를 인정하고 그것을 당연한 현실로 받아들였을까? 결론부터 말하면 '그랬다'라고 할 수 있다. 그러한 사실은 일종의 사문서私文書라 할 수 있는 나당 문인들의 시문과 저술, 그리고 각종 금석문 등을 통하여 알 수 있다.

당나라 문인들이 신라와 관련해 지은 시문들은 현재 수십 편이 남아 있다. 그것들은 대부분 유학생, 구법승, 사신 등으로 당에 체류하다가 본국으로 돌아가던 신라인을 위해 당인이 지은 송별시이거나 당의 관리가 신라에 사신으로 갈 때 장도壯途를 격려하기 위한 당 문인들의 전별시이다. 이 가운데 신라인을 보내며 지은 송별시에서는 당과 신라의 관계가 조공과 책봉 혹은 제후국과 천자국으로 맺어져 있다는 생각을 노골적으로 드러내지 않았다. 사실 개인적 친분으로 인해 지은 송별시에서 나당 간의 조공과 책봉 같은 정치적 용어랄까 의식을 드러낼 필요가 없었을 것이다. 그러나 신라에 사신으로 가는 당 관인의 전별시에서는 다양한 형태로 나당관계에 대한 차등 인식을 드러내었다.

요합姚合이 신라에 사신으로 가는 원적을 위하여 지은 송별시에서 "금합金函 속의 조서를 열어 이왕夷王(신라왕)을 위무한다"라 하였고,[120] 유우석劉禹錫은 "천자의 말씀을 전달하러 계림에 가게 되었다"고 하였다.[121] 그리고 경위耿緯는 책봉사 귀숭경의 전별시에서 "먼 나라에 왕화王化를 통하게

119 『全唐文』(권284)에서 이 국서를 「勅新羅王金重熙書」라 하여 張九齡이 지은 것으로 분류하였으나, 이것은 백거이가 지은 글이다.

120 姚合, 「送源中丞赴新羅」, 『文苑英華』 권278; 『姚少監詩集』 권2.

121 劉禹錫, 「送源中丞充新羅册立使」, 『文苑英華』 권297; 『劉賓客文集』 권28.

하기 위하여 사신이 되었고, 황제의 명을 받들어 신라왕을 책봉하고 조문한다"라 하였고,[122] 독고급獨孤及은 "사신의 부절을 잡고서 큰 바다를 건너 우리 제왕의 풍모를 대황大荒의 바깥에 편다"고 하였다.[123] 이외에도 당의 문인들은 비록 강약의 차이는 있으나, 대부분이 당은 조칙을 내리는 천자국이고 신라는 당의 책봉과 덕화德化를 받는 제후국으로 인식하였다.[124]

신라 지식인들 역시 당 문인들의 생각과 크게 다르지 않았다. 사실 당에 대한 신라인의 인식과 태도를 보여주는 자료는 매우 부족하다. 물론 『삼국사기』와 『삼국유사』에 당에 관한 내용이 풍부하게 수록되어 있으나, 엄격히 말하면 이 두 책은 고려시대 사람들의 시각에서 재인식되고 재해석된 자료에 불과하므로 그것들을 여과 없이 신라인의 생각으로 받아들일 수 없다. 그렇다면 이 두 책에서 신라인이 직접 작성한 자료를 골라내어 살펴보지 않을 수 없다. 그 가운데 하나가 『삼국사기』(권41~43)에 실린 김유신전이다.

『삼국사기』 김유신전은 김유신의 현손玄孫인 김장청金長淸이 저술한 『김유신행록金庾信行錄』 10권을 저본으로 김부식이 재구성한 것이다.[125] 김장청은 김유신 가문이 몰락해가던 8세기 후반에 살았던 사람이다.[126] 그렇다면 『김유신행록』은 바로 그 시기에 작성되었을 터이므로, 『삼국사기』 김유신전은 8세기 후반에 신라인 김장청이 가지고 있던 당나라에 대한 인식을 보여준다고 하겠다.[127]

---

122 耿緯, 「送歸中丞使新羅册立弔祭」, 『文苑英華』 권297.

123 獨孤及, 「送歸中丞使新羅弔祭册立序」, 『昆陵集』 권15.

124 徐盛, 「당대 문인의 신라 인식-당시 속에 나타난 신라 관련 시를 중심으로」, 『中國學論叢』 36, 2012, 69~76쪽.

125 『三國史記』 권43, 列傳 金庾信(下).

126 李基白, 「金大問과 金長淸」, 『韓國史 市民講座』 1, 일조각, 1987, 99~101쪽.

127 『三國史記』 김유신전에 인용된 『김유신행록』의 자료적 성격과 가치에 관해서는 高寬敏, 「三國史記の一原典としての金庾信行錄」, 『三國史記原典的研究』, 雄山閣, 1996, 149~161쪽 참조.

여기서 김장청은 김유신의 입을 빌어 수차례 당을 '대국大國'이라 하였고, 신라는 당에 대한 충성과 신의로써 나라를 보존하였으나 고구려와 백제는 그렇지 못하여 나라가 망했다고 하였다.[128] 그리고 당의 임금을 '황제'로 지칭하고 신라의 임금을 전하殿下, 오군吾君, 대왕이라 하여 당과 신라의 지위를 차별적으로 인식하였다. 뿐만 아니라 당 고종이 김유신에게 조서를 내려 준 것을 자랑스럽게 여기고 있었다.

당과 신라의 상하 차등의식은 8세기 후반 김장청만이 가지고 있던 생각은 아니었다. 현존하는 각종 금석문에 의하면, 신라인들은 자신의 나라를 당의 번국 혹은 제후국으로 자처하였고, 당을 대당大唐·성당聖唐·제당帝唐·황당皇唐이라 하면서 신라를 해외海外·해우海隅라 하였다. 그리고 당의 임금에 대해서는 어김없이 천자天子·제帝·대제大帝·황제皇帝·성제聖帝·천황대제天皇大帝라 칭한 반면, 신라 임금에 대해서는 김장청이 그랬던 것처럼 군君이나 왕王으로 칭하였다.

이상에서와 같이 신라와 당 사이에 주고받은 국서와 당시 문인들의 글에 의하면, 신라와 당은 각각 제후국과 천자국의 관계라는 인식이 널리 받아들여졌고, 양국 간의 조공과 책봉을 당연한 외교의례로 생각하였음을 알 수 있다. 다시 말하면 신라는 소국小國으로 대국大國인 당을 섬겨야 할 의무가 있고, 대국인 당은 소국인 신라를 보살필 책임이 부여된 존재로 인식하였다. 그러한 인식이 구체적 현실로 나타난 것이 조공과 책봉이다. 이런 점에서 당시 나당 간의 조공과 책봉은 매우 자연스러운 정치행위였다고 하겠다.

---

128 『三國史記』 권43, 列傳 金庾信(下).

(2) 조공·책봉의 새로운 이해

조공·책봉제도는 중화사상에 기초한 중국 중심적 사고방식에서 안출된 전근대 동아시아 국제관계의 한 원리로, 거기에는 종주국과 번국이라는 상하관계가 설정되어 있었다. 이 때문에 현대인들은 일반적으로 조공·책봉제도를 비자주적이고 굴욕적 대외관계로 간주한다. 물론 국민국가nation-state 또는 국민주권popular sovereignty이라는 근대 서구적 기준에서 보면 조공·책봉관계는 분명 불평등외교의 전형이었다고 말할 수 있다. 그러나 조공과 책봉을 오늘날 국민국가와 국가평등의 관점에서 일방적으로 해석할 수만은 없다.

앞에서 신라와 당 사이에 오간 공문서와 양국 문인들의 시문詩文을 통하여 추론하였듯이, 신라인들은 당에 조공을 바치고 당으로부터 책봉을 받는 것을 당연하게 여겼다. 그러면 신라인들은 오늘날 말하는 자주의식이랄까 주체사상을 가지고 있지 않았을까? 왜 그들은 조공과 책봉을 자연스럽고 당연하게 인식하였을까? 조공과 책봉을 단순히 지배와 종속, 자주와 복종으로 보는 근대 국민국가의 시각으로는 이러한 의문에 대한 해답을 찾을 수 없다.

하나의 역사 현상은 당시 사회이념과 불가분의 관계가 있다. 전근대 동아시아의 주도적 사회이념이자 생활원리는 유교였다. 유교에서는 개인과 개인, 사회와 사회의 관계를 예禮로써 규정하고, 위로 국가의 근본적인 법규범에서부터 아래로 의식주와 혼인·장례에 이르기까지 모든 사회생활을 예를 통하여 정립하고 유지하고자 하였다. 따라서 유교에서는 예의 규범이 무시되거나 무너지면 개인과 사회의 제반 관계가 투쟁과 혼란으로 빠져든다고 여겼다. 그러면서 유교의 예에서는 대소大小와 존비尊卑의 상하관계를 전제로 명분과 질서를 추구하였다. 삼강三綱에서와 같이 임금과 신하, 아버지와 아들, 남편과 아내 사이에는 필연적으로 상하 존비의 위계가 존재하는데, 그러한 상하 존비의 조화에 의하여 가정과 사회, 그리고 국가가 순조롭게 운영될 수 있다고 생각하였다.

동아시아 유교의 예적禮的 사고방식은 개인과 사회를 넘어 국제관계의 원리에도 그대로 적용되어, 중국과 주변국 간의 관계는 가정에서의 부자관계나 나라에서의 군신관계와 다름없는 인륜관계 차원에서 관념화되고 정당화되었다. 다시 말하면 중외관계中外關係를 가족관계를 포함한 예 규범의 확대·연장으로 보았던 것이다.[129] 그 결과 개인 간에 상하와 존비가 존재하듯 나라 사이에도 상하의 위계가 설정되지 않을 수 없었다. 영토가 넓고 우수한 문화를 가지고 있으며 군사력이 강한 나라는 상위 국가가 되고 그렇지 못한 나라는 하위 국가가 된다. 그리고 유교의 예에서 윗사람에 대한 공순恭順과 아랫사람에 대한 자애를 강조하는 것처럼 국가 간에도 '사대자소事大字小'를 강조한다. 따라서 국가 간에 설정된 상하관계에서 하위 국가는 상위 국가에 방물과 같은 폐백을 진상하는데 그것이 조공이다. 이에 대하여 상위 국가는 그에 상응하는 선물을 내려주고 그 나라에 걸맞는 직위와 권한을 부여하는데 그것이 책봉이다.

만약 그러한 규범이 지켜지지 않으면 개인이나 사회와 마찬가지로 나라 사이에도 분쟁이 일어나고 국제사회는 혼란에 빠지고 만다. 따라서 나라 사이의 분란과 전쟁을 방지하기 위해서는 국가 간에도 가정 혹은 사회에 적용되던 유교적 예법을 설정하고 그것을 준수할 필요가 있었다. 춘추·전국시대 각지에서 할거하던 군웅들이 회맹을 맺고 주나라 왕실 혹은 맹주를 중심으로 충신忠信과 의리를 기치로 내걸고 분란 방지와 공동 번영을 추구한 것이 하나의 예이다. 이런 점에서 전근대 동아시아 국제사회에 적

129 권선홍, 『전통시대 동아시아 국제관계』, 부산외국어대학교출판부, 2004, 12~13쪽.
국제관계를 가족관계로 확대 적용한 대표적인 사례로는 1004년에 澶淵의 盟으로 송과 거란이 형제관계를 맺었고, 1127년에 靖康의 變으로 금과 송이 숙질관계를 맺었으며, 금과 고려가 처음에 형제관계였다가 나중에 군신관계로 발전한 것을 들 수 있다.

용된 유교적 예법은 근대 서구에서의 국제법國際法과 같은 것으로, 국가 간의 분쟁과 공벌攻伐을 방지하기 위한 평화 공존의 이데올로기였다고 할 수 있다. 동아시아에서 그러한 국가 간 유교적 예법이 구체적으로 제도화된 것이 바로 조공과 책봉이었다.

한반도에 유교사상이 일반화되기 이전에는 중국 중심의 국제질서에 순응하지 못하였고, 또 그럴 필요성도 느끼지 못하였다. 예를 들면, 고조선과 한의 관계는 전형적인 조공·책봉관계가 아닐뿐더러, 고조선 사람들은 그러한 조공과 책봉의 이념적 당위성을 받아들일 수 없었을 것이다. 그러나 남북조시대 이래 한반도 삼국과 중국 간의 왕래가 많아지고 그에 따라 유교사상이 본격적으로 들어옴으로써 점차 유교가 사회이념화되었고, 유교적 예는 자연스럽게 삼국의 사회와 국가 이념으로 정착되어갔다. 아울러 유교사상에 기반을 둔 국제관계, 곧 유교적 국제질서도 자연스럽게 형성되었다.

특히 신라는 당과 시종 친밀한 관계를 유지하며 유교사상을 적극적으로 수용하였다. 선덕왕대 이후 숙위학생의 파견과 유학생, 구법승, 견당사들의 왕래를 통해 중국의 유교사상이 대거 유입되어 신라에서 학습되었고, 『논어』와 『효경』을 비롯한 각종 유교경전은 국학의 교과목과 관리 선발 시험과목으로 채택되었다. 이러한 과정에서 유교사상은 신라의 국가이념으로 그리고 생활윤리로서 자리 잡았다.[130] 더불어 유교사상은 나당관계의 이념적 지표로까지 외연이 확대되었다.

나당교섭을 통해 유교사상이 사회의 생활규범과 정치이념으로 정착됨으로써 신라와 당은 유교적 명분론과 의리론을 이념적 매개로 종주국과 번국의 관계, 곧 종번관계宗蕃關係를 형성하였다. 당과 신라의 종번관계는

130 김영하, 「儒學의 수용과 지배윤리」, 『新羅中代社會硏究』, 일지사, 2007, 198~217쪽.

시간이 흐를수록 더욱 공고해졌다. 조공과 책봉은 중고기보다 중대에 더욱 규범화되었고, 중대보다는 하대에 훨씬 체계화되었다. 이는 유교이념의 확산이랄까 심화가 조공과 책봉을 통한 종번관계와 관련이 있음을 말해 준다. 조공과 책봉이 유교이념의 확산·심화와 관련이 있을진대, 나당관계사 속의 조공과 책봉은 동아시아 유교문화권에서 자연적으로 발생할 수밖에 없는 당연한 현상이었다고 하겠다.

재차 언급하지만, 전근대 동아시아 사회에서 유교는 국가와 사회의 기본 이념이었다. 그러한 상황에서 유교적 세계질서를 규정하는 천자와 제후, 종주국과 번국, 중화와 이적夷狄, 책봉과 조공 등은 오늘날 말하는 민족의 자주의식 또는 주체사상보다 상위 개념이었을 것이다. 따라서 대당관계에 관한 한, 신라인들은 주체의식으로 무장한 투쟁보다 당을 중심으로 한 중국적 세계질서에 충실히 순응할 수밖에 없었다.

조공과 책봉이 상하 위계질서를 전제로 한 국제관계라고 해서 종주국과 번국 사이에 현대적 의미의 지배와 종속관계가 형성된 것은 아니었다. 청나라 말기에 프랑스와 미국 등이 조공국인 조선의 지위에 관하여 물을 때마다 청은 '조선은 중국에 속해 있기는 하나 내치內治와 외교는 자주이다'라 하였고,[131] 한말의 유학자 최익현崔益鉉은 '명목상으로는 중국의 번속藩屬이나 토지, 인민, 정치는 모두 자립과 자주이다'라 하였다.[132] 조선과 청은 이른바 '전형적 조공관계'를 맺고 있었다.[133] 그럼에도 청은 조선을 자주국으로 인정하였고, 조선 역시 스스로 자주국임을 자부하였다. 따라서 나당교섭기를 포함한 전근대 동아시아의 조공과 책봉은 실질적인 지배와 종속이 아닌, 어디까지나 유교적 명분론에 입각한 정치적 의례에 불과

131 『通文館志』 권11, 紀年續編 今上 15년 戊寅.
132 『勉菴集』 권16, 雜著 布告八道士民.
133 全海宗, 「韓中朝貢關係考-韓中關係史의 鳥瞰을 위한 導論」, 『東洋史學研究』 1, 1966, 34~37쪽.

하다고 하겠다.

유교의 명분론적 예법사상의 연장선상에서 만들어진 조공·책봉체제에서 중국과 주변국 사이의 자주성은 철저히 지켜졌다. 만약 서로 상대방을 독립체로 인정하지 않거나 자주권을 위협할 경우 예적 질서는 무너지고, 상호간 충돌이 일어나 종번관계는 파탄을 맞을 수밖에 없었다. 나당교섭사에서 그러한 사례가 바로 나당전쟁이다.

나당전쟁의 성격을 어떻게 규정할 것인가는 쉬운 문제가 아니다. 다만 전쟁 발발의 주요 원인 중 하나가 당이 계림도독부를 설치하여 신라를 직접 지배지로 편입하려는 움직임 때문이었다면,[134] 나당전쟁은 신라가 독립성과 자주성을 수호하려는 투쟁이었다고 할 수 있다. 다시 말하면 신라의 선제공격으로 시작된 나당전쟁은 조공과 책봉을 거부하고 당 중심의 세계질서로부터 벗어나 오늘날과 같은 주권국가를 건설하기 위한 전쟁이 아니라, 유교의 예적 명분론에서 추구하는 개개의 자주성과 독립성, 곧 신라의 자주권을 인정받기 위한 싸움이었다. 따라서 당이 신라의 자주권을 인정한다면 신라는 언제든지 다시 당에 조공할 수 있었다. 실제 당이 신라의 영토를 인정하고 문무왕을 명실상부한 신라왕으로 다시 임명하자 신라는 곧바로 당에 조공사절을 파견하였다. 이는 신라와 당 사이의 조공과 책봉이 신라의 자주 혹은 자치와는 별개의 개념이었음을 말해준다.

이처럼 동아시아의 조공·책봉제도는 유교사상을 기반으로 한 도덕적, 윤리적 차원의 예적 국제질서였다. 비록 조공·책봉제도가 종주국과 번국이라는 상하 위계질서로 규정되어 있으나, 그것은 추상적이고 관념적인 이념에 불과하고 실제로는 서로의 독자성을 인정하는 나름대로의 '합리적' 국제관계였다. 따라서 나당 간의 조공과 책봉은 오늘날 인식하는 정치

---

134 李基白·李基東, 『韓國史講座-古代篇』, 일조각, 1982, 298~299쪽.

적 지배와 종속관계와는 거리가 멀다고 하겠다. 오히려 신라는 조공·책봉제도 속에서 자주성을 보장받을 수 있었고, 당 중심의 동아시아 정치·경제·문화 공동체의 일원으로 참여할 수 있었다.[135]

제3절 황해상의 전쟁과 폭력

황해는 서쪽과 북쪽, 그리고 동쪽이 중국 대륙과 한반도로 둘러싸였고 남쪽에 일본열도가 자리 잡고 있는 지리적 특성상, 예로부터 한·중·일 동아시아 삼국의 정치·경제·문화 교류의 통로로 활용되었다. 그래서 고구려, 백제, 신라의 한반도 삼국과 중국의 여러 왕조는 황해를 징검다리 삼아 상호 외교사절단을 교환하였고, 일본과 중국의 사절 역시 주로 황해를 통해 동아시아 각 지역을 왕래하였다. 뿐만 아니라 고대 동아시아의 상인들은 황해를 활동 공간으로 삼아 해상무역에 종사하였고, 각국의 유학생과 구법승들은 황해를 건너다니며 학술과 사상을 서로 교류하였다.

외교사절과 무역상인, 유학생과 구법승들이 평화롭게 오가던 황해는 동아시아의 국제관계가 악화되면 가끔 전쟁의 바다로 변한다. 일찍이 누선장군 양복楊僕이 한나라 수군을 이끌고 산둥반도에서 황해를 건너 고조선을 침공하였고, 수와 당은 수차례에 걸쳐 황해를 넘어 고구려와 백제를 공격하였으며, 발해의 장문휴張文休는 수군을 이끌고 황해를 건너 당나라 등주 일대를 유린하였다. 뿐만 아니라 황해 주변의 국가들이 정치적 혹은 사

---

135 김한규는 조공·책봉체제 하에서 당과 신라의 관계를 '결코 수평적 관계도 아닐뿐더러 그렇다고 종속적 관계도 아니며, 불평등하면서도 서로 독립된 관계'라는 말로 적절하게 표현하였다(김한규, 앞의 책, 1999, 317쪽).

회적 혼란으로 바다를 통제할 능력이 없을 때, 황해는 해적을 비롯한 불법 집단들이 횡행하며 인명을 살상하고 재물을 약탈하는 폭력의 바다가 되기도 했다. 이런 점에서 황해는 평화와 전쟁, 그리고 폭력이 교차하는 다중多重의 공간이었다고 하겠다.

앞 절에서 우리는 평화의 바다 황해에서 이루어진 신라와 당 사절의 활동과 그 의미를 살펴보았다. 그리고 다음 장에서는 황해를 매개로 평화롭게 전개된 신라와 당 사이의 경제교역과 문화교류를 고찰할 것이다. 신라 황해 교섭사라는 측면에서 황해의 역사성을 탐구하려는 본서에서 평화의 바다 황해뿐만 아니라 전쟁과 폭력의 바다 황해도 동시에 살펴볼 필요가 있다. 이 절에서는 황해의 다양한 풍경들 가운데 신라가 황해를 무대로 펼친 전쟁과 황해에서 벌어진 해적들의 폭력 활동을 탐색해 보고자 한다.

1. 통일전쟁기의 황해 해전

(1) 기벌포 해전

7세기 중엽은 동아시아의 패권을 둘러싸고 전쟁이 빈발한 격동의 시대였다. 618년에 수를 대신하여 중원을 장악한 당은 630년대에 서북쪽의 동돌궐東突厥, 토욕혼吐谷渾, 고창高昌 등을 차례로 복속한 다음, 640년대부터 동쪽으로 눈을 돌려 수차례 한반도를 침공하였다. 그런데 당과 한반도 사이에 황해가 가로놓여 있어, 당은 늘 육군과 수군을 동시에 활용해 공격하였다. 그 결과 황해에서는 다양한 종류의 해전이 자주 일어날 수밖에 없었다. 당과 연합하여 백제와 고구려를 정벌하였고, 양국 멸망 이후 당과 무력항쟁을 벌였던 신라 역시 황해에서 여러 차례 전쟁을 치렀다. 그 중의 하나가 기벌포伎伐浦 해전이다.

660년 3월에 신구도행군대총관 소정방은 13만 군대를 이끌고 산둥반도 동쪽 끝자락인 성산成山을 출발하여 황해를 횡단한 후 같은 해 6월에 덕물도德物島(지금의 인천광역시 옹진군 덕적도)에 이르렀다. 한편 신라 무열왕은 당군과 합세하여 백제를 공격하기 위해 660년 5월 26일 직접 군사를 거느리고 왕도를 출발하여 6월 18일 남천정南川停(지금의 경기도 이천시)에 도착한 후 태자 법민을 덕물도로 보내 소정방을 맞이하도록 하였다. 덕물도에서 김법민을 만난 소정방은 신라와 당의 군사가 합류할 지점과 기일을 알려주고 덕물도를 떠나 사비성으로 향하였다.

그런데 김법민이 소정방을 맞이하기 위해 덕물도에 갈 때 병선 100척을 거느리고 갔다고 한다.[136] 김법민이 이끌고 간 병선 100척의 임무가 구체적으로 무엇이었는지 알려져 있지 않으나, 김법민 일행을 안전하게 호송하고 바다를 건너온 당나라 군사에게 식량을 비롯한 잡다한 물품을 보급하기 위해서였을 것이다. 뿐만 아니라 신라 병선의 일부는 당나라 수군과 합세하여 사비성 공격에 참여하기 위함이었을 것으로 생각된다. 이런 점에서 비록 신라 수군의 규모가 당나라 군대에 비해 미미했으나, 형식상으로나마 나당연합 수군의 모양새를 갖추었다고 하겠다.[137]

덕물도에서 신라 병선과 합류한 소정방의 당군은 남쪽으로 내려가 기벌포에서 백제군을 격파하였다. 나당연합군이 처음으로 백제군과 전투를 벌인 기벌포는 금강 하구의 충남 서천군 장항읍 장암리에 있던 포구로 추정된다.[138] 의자왕의 실정을 간언하다 옥에 갇힌 성충成忠과 유배당했던 홍

---

136 『三國史記』 권5, 太宗武烈王 7년 5월 21일.

137 『三國史記』(권5) 신라본기와 「大唐平百濟國碑銘」에 의하면, 당시 부대총관 김인문과 우무위중랑장 김양도는 당나라 소정방의 군영에 소속되어 백제 공격에 참여했다고 한다. 그렇다면 그들은 신라 수군 100척을 지휘했을 가능성도 없지 않다.

138 鄭求福 外, 『譯註 三國史記 3-주석편(상)』, 한국정신문화연구원, 1997, 182쪽.
기벌포의 위치에 관해서는 금강 하구, 동진강 하구, 안성천, 아산만 입구로 보는 견해 등이 있다. 그리고 금강 하구 중에서도 북쪽 연안인 장항 쪽인지 남쪽의 군산 쪽인지에 대해서도 의견이 나누어져 있다. 대부분의 연구자들은 기벌포를 금강 하구의 장항 쪽 포구로 보고 있으나, 강봉룡은 군산 쪽으로 이해하였다(강봉룡, 「海戰을 통해서 본 신라의 삼국통일과 그 해양사적 의의」, 『대외문물교류연구』 4, 해상왕장보고연구회, 2006, 18쪽).

수興首가 당나라 군사들이 기벌포에 들어오지 못하게 막아야 한다고 역설했듯이, 기벌포는 백제 왕도인 사비성의 인후와 같은 곳이다. 물론 의자왕은 이들의 말을 새겨듣지 않았으나, 사비성의 관문인 기벌포의 전략적 가치를 잘 알고 있던 백제는 그곳에 상당수의 수군을 배치하였다. 나당연합군의 상륙을 저지하다가 퇴패한 수천 명의 백제 군사가 바로 그들이다.[139] 나당연합군은 기벌포에서 백제군을 깨뜨린 다음 조류를 타고 강을 거슬러 올라가 7월 11일에 김유신이 이끈 신라 육군과 합세하여 마침내 사비성을 함락하였다.

이처럼 신라 수군이 참여한 기벌포 전투는 비교적 쉽게 승리를 거두었다. 그런데 이 싸움에서 신라 수군의 전투력은 별로 돋보이지 않았다. 당시 신라 수군은 수적으로 당나라 군사에 비해 절대적 열세에 있었기 때문에 그럴 수밖에 없었을 것이다. 그럼에도 신라 수군은 나름대로 중요한 역할을 수행했을 것으로 짐작된다. 잘 알려져 있듯이, 한반도 서해안은 복잡한 리아스식 해안으로 이루어졌고 또 조수간만의 차이가 크다. 따라서 지형지물과 물때를 정확히 알지 못하면 연안항해는 물론 육지로 접근하기가 매우 어렵다. 이런 점에서 신라 수군은 한반도 황해 연안의 지형에 익숙하지 않은 당나라 수군을 기벌포까지 안전하게 인도하는 향도 역할을 맡지 않았을까 한다.

기벌포 해전의 승리를 발판으로 나당연합군은 백제를 멸망시키고 이어서 668년에 고구려를 멸망시켰다. 고구려 멸망 이후 한반도 영유권을 둘러싸고 나당관계는 급속히 냉각되었다. 특히 문무왕은 백제의 옛 땅을 점령하고 고구려 유민을 받아들여 여러 차례 당과 전투를 치렀다. 신라는 나당전쟁 동안 북쪽에서 공격해오는 당의 육군을 저지하는 한편, 황해를 통

139 『舊唐書』 권83, 列傳 蘇定方.

해 침입하는 수군에도 적극적으로 대처하였다. 671년에 진공眞功을 보내 옹포甕浦를 지키게 했다거나, 673년에 철천徹川으로 하여금 병선 100척을 거느리고 서해, 곧 한반도 황해 연안을 방어하도록 했다는 것이 그것이다.

그 와중에 기벌포에서 또다시 전투가 벌어졌다. 이 전투를 제2차 기벌포 해전이라 할 수 있거니와, 이때의 상대는 설인귀가 이끌던 당나라 수군이었다. 『삼국사기』(권7) 문무왕 16년(676)조에 의하면, 그해 11월에 사찬 시득施得이 수군을 거느리고 소부리주의 기벌포에서 설인귀와 싸워 처음에는 크게 패했으나 다시 나아가 22회에 걸친 싸움에서 4,000명을 죽이는 전과를 올렸다고 한다.

물론 설인귀가 상원上元(674~676) 연간에 상주象州(지금의 광시좡족자치구廣西壯族自治區 샹저우현象州縣)에 유배되었다는[140] 점을 들어 『삼국사기』(권7)에 기록된 제2차 기벌포 해전을 부정하는 견해도 있다.[141] 그러나 설인귀의 유배 기록을 정밀하게 살펴보면, 설인귀는 상원 연간 내내 유배를 가 있었던 것이 아니라 상원 연간에 일어난 모종의 사건, 곧 기벌포 해전의 패배로 상주로 유배를 간 것으로 해석할 수도 있다.[142] 그렇다면 『삼국사기』의 이 기사를 반드시 두찬杜撰이라 할 수 없다.

사실 설인귀는 671년과 675년에 각각 한 차례씩 군대를 이끌고 신라를 공격한 적이 있었다. 즉, 그는 671년에 웅진도독부를 구원하기 위해 한반도에 왔으나 석성石城에서 신라군에게 참패하였고, 675년에 숙위학생 풍훈風訓을 앞세워 천성泉城을 공격했으나 역시 패하고 돌아갔다. 당에 머물

---

140 『舊唐書』 권83, 列傳 薛仁貴; 『新唐書』 권111, 列傳 薛仁貴.

141 池內宏, 「高句麗滅亡後の遺民の叛亂及び唐と新羅との關係」, 『滿鮮地理歷史研究報告』 12, 1930; 『滿鮮史研究』 上世2, 吉川弘文館, 1960, 464~484쪽; 古畑徹, 「七世紀末から八世紀初にかけるの新羅唐關係」, 『朝鮮學報』 107, 1983, 7~14쪽; 黃約瑟, 『薛仁貴』, 西北大學出版部, 1995, 146~147쪽; 劉矩·姜維東, 『唐征高句麗史』, 吉林人民出版社, 2006, 284~290쪽; 서영교, 앞의 책, 2006, 224쪽.

142 李相勳, 「羅唐戰爭期 伎伐浦 戰鬪와 薛仁貴」, 『大丘史學』 90, 2008, 42~49쪽.

던 설인귀는 676년에 재차 군사를 이끌고 한반도로 쳐들어와 기벌포에서 신라군과 접전했는데, 그것이 앞에서 말한 제2차 기벌포 해전이다.

나당전쟁이 마무리되어 가던 676년에 설인귀가 다시 한반도에 쳐들어온 것은 전년의 천성 전투를 만회하기 위함이었는지,[143] 아니면 또 다른 목적이 있었는지 명확하지 않다. 그런데 이때 설인귀가 이끈 군대는 당이 기존에 한반도를 공격하던 방식, 곧 수군과 육군을 동시에 움직이는 수륙병진책과 달리 수군 단독으로 해로를 통해 기벌포에 나타났다. 최근 이 점에 주목하여 설인귀는 웅진도독부에 머물던 당나라 군사를 비롯한 백제민을 당으로 옮기기 위한 철수작전의 일환으로 기벌포에 왔다가 신라 수군의 공격을 받은 것으로 이해하기도 한다.[144] 아무튼 676년에 신라 수군이 기벌포에서 설인귀가 이끄는 당의 수군과 싸워 대승을 거두었다.

676년의 기벌포 해전을 끝으로 신라는 더 이상 당과 전투를 벌이지 않았다. 다시 말하면 제2차 기벌포 해전은 10년 가까이 지속되던 나당전쟁의 종지부를 찍은 최후의 전투였던 셈이다. 앞서 살펴보았듯이, 제1차 기벌포 해전에서 신라 수군은 당나라 군대를 안전하게 인도해 백제를 멸망시켰다. 그리고 제2차 기벌포 해전에서는 당의 수군를 공격해 격파함으로써 나당전쟁을 종식시켰다. 이런 점에서 두 차례의 기벌포 해전은 신라 삼국통일전쟁의 처음과 끝을 장식한 전투였다고 하겠다.

(2) 대동강구와 천성 해전

기벌포 해전 외에도 나당전쟁 동안 신라는 황해 연안에서 수차례 당과 해전을 치렀다. 그 중의 하나가 문무왕 11년(671)에 신라가 황해 연안을 항해하던 당나라 수송선을 습격한 사건이다. 이와 관련하여 『삼국사기』

143 강봉룡, 앞의 논문, 2006, 37쪽.

144 李相勳, 앞의 논문, 2008, 56~66쪽; 앞의 책, 2012, 242~254쪽.

(권7) 신라본기에서, 문무왕 11년 10월 6일에 당의 운송선 70여 척을 습격하여 낭장 겸이대후鉗耳大侯와 사졸 100여 명을 사로잡고 수많은 군사를 익사시켰다고 하였다.[145]

한편 『삼국유사』(권2) 문호왕법민조에 의하면, 신미년(671)에 당나라 장수 조헌趙憲이 군사 5만 명을 이끌고 쳐들어왔으므로 문두루 비법을 썼더니 배가 침몰했다고 한다. 그리고 장수長壽 3년(694)에 곽사원郭思元이 어머니 유씨를 장사지낼 때 아버지 곽행절郭行節의 혼백을 불러 함께 무덤을 만들면서 작성한 「대주고곽부군묘지명大周故郭府君墓誌銘」에서, 곽행절은 함형咸亨 2년(671)에 계림도판관 겸 지자영총관 압운사鷄林道判官兼知子營總管押運使가 되어 바다를 건너 신라로 향하던 중 풍랑을 만나 배가 침몰하여 익사했다고 한다.[146]

이 기록들을 비교해보면, 모두 『삼국사기』에서 말한 신라의 당나라 수군 습격 사건에 대한 다른 서술임을 쉽게 판단할 수 있다. 우선 모두가 671년에 일어난 사건이라 하였고, 두 번째는 『삼국유사』를 제외한 나머지에서 당의 수군이 황해 바닷길로 군량을 비롯한 보급품을 싣고 항해했다고 하였으며, 세 번째는 세 자료 모두에서 당의 수군이 신라 황해 연안에서 침몰했다고 하기 때문이다.

물론 당의 병선이 침몰한 이유를 『삼국사기』에서는 신라군의 습격, 『삼국유사』에서는 문두루 비법의 효력, 「대주고곽부군묘지명」에서는 풍랑 때문이라 하여 각기 다르게 서술하였다. 그러나 『삼국유사』의 경우는 신

145 노태돈은 이때 격파당한 당의 조운선을 671년에 웅진도독부를 구원하러 온 설인귀의 군대인 것으로 추정하였으나(노태돈, 『삼국통일전쟁사』, 서울대학교출판부, 2009, 251쪽), 후술하듯이 설인귀 군대와는 다른 부대로 보인다.

146 이 묘지명은 현재 중국 河南省 洛陽市 關林의 洛陽古代藝術館에 소장되어 있다. 묘지명의 형태와 보다 구체적인 내용에 관해서는 권덕영, 「新羅 관련 唐 金石文의 기초적 검토」, 『한국사연구』 142, 2008, 56쪽 참조.

그림 3-10 대주고곽부군묘지명 탁본

라의 공격을 받고 침몰한 것을 설화적이고 신비적으로 서술한 데 불과하고, 「대주고곽부군묘지명」에서는 망자를 욕되게 하지 않기 위해 단지 풍랑 때문에 배가 침몰한 것으로 서술하지 않았을까 한다. 이처럼 문무왕 11년에 신라가 당나라 운송선을 습격한 사건은 다양한 형태로 전승되었다.

그러면 이 해전은 구체적으로 황해 연안 어디에서 일어났을까? 일찍이 이케우치 히로시池內宏는 문무왕 11년 정월에 당나라 군사가 웅진도독부를 구원하기 위해 신라로 온다는 말을 듣고 대아찬 진공 등이 군사를 이끌고 옹포를 지켰다는 『삼국사기』(권7) 신라본기 기사에 의거하여, 신라의 당 운송선 습격 사건은 금강 하구에서 일어났다고 하였다.[147] 사실 옹포가 정확히 어디인지도 알 수 없거니와, 당시 설인귀의 군대는 옹포를 지키던

147 池內宏, 앞의 책, 1960, 463쪽.

신라 수군과 접전하지 않았음은 물론 신라의 아무런 저항 없이 금강 하구의 기벌포에 다다랐다.

설인귀 군대가 신라 수군의 저항을 받지 않았음은, 그가 문무왕에게 보낸 서신에서 "당의 군사가 쳐들어온다는 소식을 듣고 신라는 낮은 언덕에 군사를 숨기고 강어귀에 무기를 감추어 벌레처럼 숲 사이에 기어 다니고 무성한 언덕을 숨차게 기어올라 후회할 칼날을 몰래 내었다"고 한 점에서 분명히 알 수 있다. 다시 말하면 신라군은 설인귀가 이끈 당나라 군대의 동태를 예의주시했을 뿐 물리적으로 대응하지 않았다. 따라서 671년에 당 운송선을 습격해 침몰시킨 전투는 웅포 혹은 금강 하구와 무관한 지역에서 일어났다고 하겠다.

한나라와 수나라도 마찬가지였지만, 당은 한반도를 침공할 때 대부분 육군과 수군을 동시에 활용한 수륙병진의 전법을 구사하였다. 645년에 당이 고구려를 침공할 때 이적李勣의 육군과 장량張亮의 수군이 동시에 출전하였고, 647년에도 이적과 우진달牛進達이 각각 육군과 수군을 이끌고 고구려를 침공했으며, 661년에는 계필하력의 육군과 소정방의 수군이 짝을 이루어 평양성으로 향하였다. 이처럼 육군과 수군이 짝을 이루어 공격한 것은 육로와 수로를 통한 협공이라는 전술적 측면도 있지만, 보다 중요한 것은 수군의 선박을 이용해 한꺼번에 많은 물자를 옮길 수 있는 이점이 있었기 때문이다. 648년에 당 태종이 고구려 공격을 준비할 때, 고구려 원정을 위한 식량은 마땅히 수로를 통해 선박으로 운반해야 한다는 건의를 받아들였다.[148] 이는 당의 한반도 침략 시 수군의 역할을 단적으로 말해 준다. 결국 당의 육군은 수군의 보급품에 의지해 전투를 치를 수 있었다.

물론 660년에는 당이 수군만으로 백제를 공격하였고, 668년에는 육군

148 『三國史記』 권22, 寶臧王 7년 6월.

만으로 고구려를 공격하였다. 660년의 경우는 당과 백제 사이에 고구려가 엄존한 상태에서 불가피하게 육군을 보낼 수 없었고, 668년에는 동맹군 신라가 당에 보급품을 공급했으므로 수군의 지원 없이도 전투가 가능하였다. 아무튼 당이 한반도를 침략할 때 보급품을 맡은 수군을 동반하는 것이 일반적이었다. 당이 671년에 신라를 침공했을 때도 마찬가지였을 것이다.

『삼국사기』(권7) 신라본기에 의하면, 당은 671년 9월에 고간高侃 등이 번방의 군사 4만 명을 거느리고 평양에 도착해 보루를 높이 쌓고 대방帶方을 침략했다고 한다. 그런데 이때는 종전에 늘 동반하던 수군에 대한 언급이 전혀 없고, 단지 그해 10월 6일에 신라가 당의 운송선 70여 척을 격파한 사실만 기록되어 있다. 이런 점에서 신라가 깨뜨렸다는 당의 운송선은 바로 고간이 이끈 육군에게 군수품을 보급하기 위한 수군이었음을 추정할 수 있다. 그렇다면 당의 수군은 황해를 건너 고간이 주둔하던 평양 혹은 대방으로 향하던 중 신라의 공격을 받고 침몰했을 터이므로, 그들은 평양과 대방의 출입구인 대동강구大同江口에서 격돌했을 가능성이 높다.[149]

이상의 추론에 따른다면, 671년에 조헌을 우두머리로 삼아 낭장 겸이대후와 계림도판관 겸 지자영총관 압운사 곽행절 등이 평양 일대에서 전투를 하고 있던 고간의 4만 육군에게 군량과 무기를 비롯한 보급품을 70여 척의 배에 싣고 황해를 건너 평양 혹은 대방으로 나아가던 중, 10월 6일에 대동강구에서 신라 수군의 공격을 받고 겸이대후를 비롯한 사졸 100여 명이 사로잡히고 곽행절을 비롯한 수많은 군사가 물에 빠져 죽었다고 하겠다. 이것이 대동강구 해전이다.

대동강구 해전 이후 당과 신라는 거기서 멀지 않은 곳에서 또 한 차례의 해전을 치렀다. 675년에 천성에서 벌어진 전투가 그것이다. 『삼국사기』

149 許重權, 「新羅 統一戰爭史의 軍事史的研究」, 한국교원대학교대학원 박사학위논문, 1995, 158쪽.

(권7) 신라본기에 의하면, 문무왕 15년(675) 9월에 설인귀가 숙위학생 풍훈을 향도로 삼아 천성을 공격하자 문훈文訓 등이 이들을 맞아 싸워 당군 1,400명을 죽이고 병선 40척을 빼앗았으며 전마 1,000필을 노획했다고 한다. 671년에 웅진도독부를 구원하기 위해 수군을 이끌고 신라를 공격했다가 성과 없이 되돌아간 설인귀가 이번에는 다시 천성을 공격한 것이다.

천성의 위치에 관해서는 여러 학설이 있다. 이케우치 히로시는 천성을 천강泉岡과 동일시하여 지금의 인천 지역으로 비정하였고, 이병도는 천산泉山·백수성白水城·백수산白水山과 동일한 지명으로 간주하여 예성강 하류로 지목하였다. 그리고 천성을 황해도 배천 혹은 경기도 파주군 교하면의 오도성산성烏島城山城으로 비정하는 견해도 있다.[150] 명확한 자료가 없어 천성의 위치를 단언하기 어려우나, 천성은 한강, 임진강, 예성강이 합류하는 지역을 중심으로 한 경기만 일대에 있었음은 분명해 보인다.

경기만 일대는 당과 신라를 오가는 해로의 요충이었다. 황해 남부 사단항로가 개척되기 이전 당과 신라를 왕래하던 선박들은 모두 경기만을 통과해야만 하였다. 660년에 소정방은 산둥반도에서 황해를 건너 경기만의 덕물도를 거쳐 금강 하구로 향하였고, 가탐賈耽의 『도리기道里記』에서는 등주로부터 먀오다오열도廟島列島와 랴오둥반도 연안을 따라 동쪽으로 나아가 압록강 하구를 지나 장구진을 거쳐 지금의 경기만에 있던 마전도麻田島와 고사도古寺島를[151] 경유하여 당은포에 이른다고 하였다. 이런 점에서

150 천성의 위치에 대한 여러 학설은 서영교, 앞의 책, 2006, 229~233쪽 참조. 서영교는 이 책에서 기존의 제 학설을 비판한 후 천성을 경기도 파주시 交河面의 烏島城山城으로 비정하였다.

151 麻田島와 古寺島의 위치에 대하여 內藤雋輔는 교동도와 강화도로 비정하였고, 정진술은 대청도와 연평도로 추정하였다. 어느 쪽이었든 모두 경기만에 있는 섬들이다.
內藤雋輔, 「朝鮮支那間の航路及び其推移に就いて」, 『內藤博士頌壽紀念史學論叢』, 1927; 『朝鮮史研究』, 東洋史研究會, 1961, 373~374쪽; 정진술, 『한국의 고대 해상교통로』, 한국해양전략연구소, 2009, 249~250쪽.

설인귀가 숙위학생 풍훈을 앞세워 천성을 공격한 것은 나당 항로의 요충지를 확보하여 신라를 압박하려는 목적이었을 가능성이 높다. 아울러 설인귀 선단은 매초성에 주둔하며 신라를 공격하던 이근행의 육군에게 군량과 무기 등을 보급하는 역할도 함께 수행했을 것으로 보인다.[152] 그러나 설인귀의 천성 공격이 실패함에 따라 보급품 조달에 문제가 생겨, 매초성에 주둔하던 당나라 군대는 물러날 수밖에 없었다.

매초성 전투는 나당전쟁의 승패를 가른 분수령이었다. 그런데 신라가 매초성에서 승리를 거둘 수 있었던 것은 그들에게 보급품을 전달하려는 당의 수군이 천성 해전에서 패배했기 때문이다.[153] 이런 점에서 천성 해전의 승리는 신라가 나당전쟁을 승리로 이끄는 데 결정적인 계기가 되었다고 하겠다.

2. 황해 연안의 해적

(1) 해적의 발생과 특성

몇 년 전 소말리아 해적에 납치된 '삼호주얼리호'의 성공적인 구출 작전이 세계적인 뉴스가 된 적 있거니와, 오늘날 세계 각국은 아프리카 소말리아 해역의 해적 문제로 골치를 앓고 있다. 사실 해적 문제는 어제 오늘의 일이 아니다. 기원전 6세기에 그리스 사모스 섬의 왕 폴리크라테스는 해적 활동으로 막대한 부를 쌓았고, 8~10세기경에 바이킹viking은 스칸디나비아반도를 근거지로 영국해협과 유럽 각지를 위협하였다. 그리고 12세기에 슬라브족 해적은 발트해를 석권하였고, 16세기 아프리카 북서쪽의 바르바리 해안에 근거지를 둔 해적들은 서방 기독교인들을 공포로 몰아넣

152 서영교, 앞의 책, 2006, 233~238쪽. 이와 관련하여 이상훈은 675년 천성 전투에서 패한 설인귀 군대는 보급부대가 아니라 전투선단이라 하였다(李相勳, 앞의 책, 2012, 214~216쪽).

153 강봉룡, 「신라의 삼국통일과 그 해양사적 의의」, 『島嶼文化』 25, 2006, 44쪽; 앞의 논문, 2006, 35~36쪽.

었으며, 17세기 카리브해에서는 버커니어buccaneer 해적이 각국 상선을 습격하였다.[154]

동양도 예외가 아니었다. 중국에서는 춘추·전국시대부터 해적들이 연근해에서 소규모로 활동하다가 동진 말에 이르러 손은孫恩과 노순盧循이 대규모의 무장 해적단을 조직해 활동함으로써 중국 해적사의 신기원을 이룩하였다. 그 후 당대에서 청대에 이르기까지 왕영王郢, 진명보陳明甫, 장련張璉, 주옥周玉, 채견蔡牽 등 많은 해적들이 활동하였다.[155] 한편 일본에서는 헤이안平安 시대부터 중세에 걸쳐 해적이 활발하게 활동하다가 도요토미 히데요시豊臣秀吉의 해적정지령海賊停止令에 의하여 소멸되었고,[156] 한국에서는 9세기경 신라인의 해적 활동이 두드러졌다.

이들은 동아시아 해역을 무대로 주로 활동하였는데, 동아시아 해역은 크게 네 구역으로 나누어진다. 중국 대륙과 한반도 사이의 바다인 황해, 한반도와 일본열도로 둘러싸인 동해, 타이완과 난세이제도, 그리고 일본 규슈에 둘러싸인 동중국해, 중국 남쪽과 필리핀 및 인도차이나 반도와 보르네오섬으로 둘러싸인 남중국해가 그것이다. 그 가운데 한·중·일 동아시아 삼국의 역사 전개와 가장 밀접한 공간은 황해였다.

인류는 청동기를 발명한 이후부터 사유재산제에 기반을 둔 계급사회를 만들어 운영해왔다. 계급사회에서는 가진 자와 강한 자가 가진 것이 없고 약한 자를 정치적으로 억압하고 경제적으로 착취하는 현상이 필연적으로 일어날 수밖에 없다. 그렇게 되면 계층 간, 빈부 간의 갈등이 일어나게 된다. 특히 경제적 갈등 과정에서 빈번히 발생하는 것이 절도竊盜와 강도强

154 앵거스 컨스텀 지음, 이종인 옮김, 『해적의 역사』, 가람기획, 2002.

155 松浦章, 『中國の海賊』, 東方書店, 1995; 『中國の海商と海賊』, 山川出版社, 2003; 鄭廣南, 『中國海盜史』, 華東理工大學出版社, 1998.

156 佐伯弘次, 「海賊論」, 『アジアなかの日本史(III)-海上の道』, 東京大學出版會, 1992, 35~59쪽.

盜 행위이다. 절도는 남의 물건을 몰래 훔치는 것이고, 강도는 힘으로 남의 물건을 억지로 빼앗는 도적 행위이다. 해적은 바로 강도의 한 형태로서, 해상 혹은 해안을 대상으로 사람과 재물을 강탈하는 행위 또는 그 집단을 말한다.[157] 따라서 해적은 사유재산제와 계급사회에 기인한 인류 갈등사의 한 단면을 보여주는 역사의 편린片鱗이라 할 수 있다.

한국사에서 사유재산제와 계급사회가 확립된 시기는 고조선시대이다. 따라서 고조선 이후 한반도의 여러 나라에서는 경제적 갈등과 계급 갈등이 일어났고, 그 와중에 각종 도적들이 발생하였다. 실제로 『삼국지』 위서 동이전과 『삼국사기』 등에, 도적 행위에 대한 처벌 규정과 대규모의 도적 사건 또는 중앙정부 차원에서 도적들을 회유하거나 토벌한 기록들이 종종 보인다. 그러한 도적 가운데 해적도 포함되어 있을 터인데, 9세기 이전까지는 해적이 큰 문젯거리가 되지 않았던지 여러 역사서에서 그들을 특별히 취급하지 않았다. 그러나 9세기에 들어와 황해와 남해의 해적들이 신라 백성들을 붙잡아 당나라에 노비로 파는 일이 빈발하자, 해적은 신라와 당의 사회문제로 부각되었다. 이러한 해적에는 몇 가지 특성이 있다.

첫째, 해적은 해양성海洋性과 국제성을 띠고 있는 존재이다. 해적은 바다를 활동 무대로 삼고 있으며, 그들의 약탈 대상지 역시 해상 혹은 해안 지역이었으므로 바다와 불가분의 관계가 있다. 더욱이 그들은 바다에서 배를 타고 이동하기 때문에 움직임이 신속하고 활동 범위가 넓으며, 여러 나라의 국경을 넘나들며 인민과 재화를 탈취하여 교역하던 국제성을 띤

157 현대 국제법에서는 해적을 "公海上에서 국가 또는 정치단체의 명령 내지 위임에 의하지 아니하고, 私的 목적으로 다른 선박의 안전을 위협하는 폭력행위를 일삼는 자"로 규정하였고, 眞榮平房昭는 "해상에서 폭력적 행위에 의하여 교통의 안전을 위협하고 약탈과 寇盜 및 密貿易 등 불법행위를 하는 사적 집단 혹은 해상과 연해안에 출몰하여 재물을 강탈하고 불법적 폭력 활동을 하는 자"를 총칭하여 해적이라 하였다(眞榮平房昭, 「17世紀東アジア史における海賊活動」, 『前近代東アジア史における交易システムの總合的研究』, 2000, 24~25쪽).

도적 집단이었고 아울러 상인 집단이었다.

둘째, 해적은 도적의 속성상 공공의 이익을 추구하는 이념ideology이 없고, 폭력성과 집단성을 띠고 있던 존재이다. 해적은 바다에서 무력으로 타인의 재물을 강탈하는 집단이므로, 그 과정에 폭력과 살상이 수반된다. 특히 해적은 여타의 도적에 비하여 폭력과 살상을 대규모로 자행하였다. 게다가 그들은 어떠한 공리적 이념에 의해서가 아니라 자기 집단의 이익만을 추구하기 위하여 폭력을 행사하였다. 이런 점에서 해적은 이념부재理念不在의 폭력 집단이라 할 수 있다.

해적은 배를 타고 다니며 타인을 공격하고 약탈하는 도적이므로 대규모의 인원과 선박 및 무기를 갖추어야 한다. 특히 배는 몇몇 개인이 운항할 수 있는 기구가 아니라 많은 사람이 조직적으로 협력해야만 운항할 수 있다. 이런 점에서 해적은 소규모 인원과 간단한 무기만으로도 활동이 가능한 산적山賊 혹은 초적草賊과 달리, 보다 대규모적이고 숙련된 인원을 필요로 한다. 뿐만 아니라 해상 및 연안에서의 약탈행위는 소규모 인원으로 소기의 성과를 거둘 수가 없다. 그러므로 해적은 항상 대규모 집단을 형성하여 활동하였다.

셋째, 해적은 국가 혹은 공공단체로부터 그 행위의 정당성을 인정받지 못하는 불법성을 띤 집단이다. 모든 도적의 무리가 마찬가지겠지만, 해적은 국가의 명에 따르지 않고 세금을 납부하지 않으며 폭력으로 공민公民의 재물을 약탈하므로 그들은 국가로부터 공공의 안녕과 질서를 위협하는 불법적인 존재로 간주되었다. 다시 말하면 해적은 국가 혹은 공공질서체계에서 배제된 비합법적 단체라 할 수 있다.[158]

158 여기서 말하는 불법 혹은 합법은 어디까지나 상대적인 개념에 지나지 않는다. 732년에 발해 수군이 등주를 공격했을 때, 당에서는 그들을 '海賊'이라 하였다(『舊唐書』 권199(下), 列傳 渤海靺鞨; 『新唐書』 권219, 列傳 渤海; 『資治通鑑』 권213, 開元 20년 9월). 그러나 발해의 입장에서 보면, 그들은 왕의 명을 받고 당을 공격한 발해의 수군 혹은 그에 준하는 집단이었으

해양성과 국제성, 이념부재의 폭력성과 집단성, 통치 외적인 존재로서의 불법성을 가진 해적이 동아시아 해역에서 활동한 연원은 오래되었겠으나,[159] 황해 일대에서 왕성하게 활동하기 시작한 것은 8세기 말 혹은 9세기 초부터였다. 이 시기에 해적이 성행한 것은 황해 양안의 당과 신라의 정세 변화와 관련이 깊다.

8세기 말 이후 당과 신라는 총체적인 불안 정국에 휩싸여 있었다. 이에 따라 황해 양안에서는 유이민이 대량으로 발생하였고 각지에서 세력가들이 성장하고 있었으며, 해상에는 불법적인 민간무역이 성행하였다. 그런데 자활自活의 길을 찾아 고향을 떠난 유이민들은 생존을 위하여 해외로 가거나 지방의 세력가에 의지하여 그들의 전호佃戶, 노비 또는 도적이 되었다. 이렇게 도적이 된 사람 가운데 일부는 해적 성향을 가진 해상세력가에 투탁投託하여 해적이 되었는데, 그들은 황해와 남해를 왕래하던 수많은 민간무역선을 약탈 대상으로 삼아 9세기에 크게 번성하였다.

(2) 해적의 폭력 활동

안사의 난 이후 동아시아의 정치·사회적 혼란과 활발한 해상무역을 자양분 삼아 발생한 황해 연안의 해적은 8세기 후반 이후 약 150년 동안 동아시아 해역에서 왕성하게 활동하였다. 당시 해적들은 양민을 붙잡아 노비로 팔고, 연해안 마을을 습격해 사람을 죽이고 재물을 약탈하였으며, 심지어 국가의 공물을 탈취하는 등의 폭력행위를 자행하였다. 그러한 불법

므로 결코 불법적인 해적일 수가 없다. 따라서 전형적인 해적은 어떠한 국가 혹은 공공단체로부터 공적인 존재 가치를 인정받지 못하는 불법집단이라 할 수 있다.

159 중국의 해적에 대하여 鄭廣南은 춘추·전국시대에 처음 출현했다 하였고, 寺田四郎는 진, 한대부터라 하였으며, 松浦章는 후한대의 張伯路가 기록상 최초로 확인되는 해적이라 하였다(鄭廣南, 앞의 책, 1998, 45~58쪽; 寺田四郎, 「中國海賊史考(2)」, 『上智經濟論集』 Vol.4-1, 1957, 2쪽; 松浦章, 앞의 책, 1995, 11~12쪽).

적 약탈행위의 주 무대는 황해와 남해 일대였다.

황해에서 해적들이 발호하기 시작한 것은 이정기李正己 가문이 산둥지방을 반독립적으로 통치하던 8세기 후반부터였다. 주로 당과 신라인으로 구성된 해적들은[160] 신라의 양민을 붙잡아 등주와 내주萊州(지금의 산둥성 라이저우시萊州市) 등지로 끌고 가 노비로 매매하였다. 그러한 사실은 당의 평로절도사 설평薛平이 821년 3월에 당 조정에 올린 주청서를 통해 알 수 있는데, 당 조정에서 수차례에 걸쳐 해적 행위를 엄금했음에도 해적들의 활동이 끊이지 않았다.[161]

이러한 황해 해적은 820년대 말까지 여전히 성행하였다. 828년에 장보고가 홍덕왕을 찾아뵙고 중국 도처에 신라인이 붙잡혀 가 노비로 팔리고 있는 상황을 말하고, 청해淸海(지금의 전남 완도)에 진鎭을 설치하여 지킨다면 해적들이 신라 백성을 붙잡아 가지 못할 것이라 하니 왕이 군졸 1만 명을 주어 장보고로 하여금 청해를 지키게 하였다. 여기서 장보고가 내세운 청해진 설치의 일차적 명분은 해적들의 신라인 약매掠賣 방지였다. 그런데 해적 퇴치라는 명분이 설득력을 가질 수 있었던 것은 당시에 해적들의 신라인 약매가 성행하였음을 말해준다.

이처럼 9세기 초 황해 연해안에 해적들이 횡행하자 당은 821년 3월 11일에 해적의 신라인 약매를 금지하는 조칙을 내렸고,[162] 일본에서는 대재부大宰府 관내와 장문국長門國(지금의 야마구치현山口縣 서부 지역)·석견국石見國(지금의 시마네현島根縣 서부 지역)·출운국出雲國(지금의 시마네현 동부

160 山內晋次, 「九世紀東アジアにおける民衆の移動と交流 –寇賊·反亂のおもな素材として」, 『歷史評論』 555, 1996, 63쪽. 한편 玉井是博는 신라인을 납치해 노비로 팔던 황해의 해적을 唐人이라 하였고, 日野開三郎는 신라인이라 하였다(玉井是博, 「唐時代の外國奴–特に新羅奴に就いて」, 『小田先生頌壽記念 朝鮮論集』, 大阪屋號書店, 1934, 711～721쪽; 日野開三郎, 「羅末三國の鼎立と對大陸海上交通貿易(4)」, 『朝鮮學報』 20, 1962, 98쪽).

161 『唐會要』 권86, 奴婢.

162 『唐會要』 권86, 奴婢.

그림 3-11 장도청해진 유적(전남 완도군 완도읍 장좌리)[163]

지역)에 경비를 강화하여 해적의 침입에 대비하였으며,[164] 신라는 완도에 청해진을 설치해 해적을 소탕하였다. 특히 828년에 장보고가 청해진 대사가 되어 해적을 소탕하자 황해를 비롯한 동아시아 해역에서 일시적으로 해적들의 모습이 사라졌다. 그러나 841년에 장보고가 죽고 이어서 851년에 청해진이 혁파되자, 동아시아 해역에 해적들이 다시 출몰하여 약탈과 폭력 행위를 자행하였다.

신라는 진성왕 7년(893)에 병부시랑 김처회金處誨를 당에 보내 정절旌節을 바치게 하였으나 입당 도중에 익사하였다. 이에 혜성군 태수 김준과 부성군 태수 최치원을 각각 고주사와 하정사로 삼아 재차 당에 파견하고자 했으나, 때마침 신라에서 해마다 흉년이 들어 백성들이 기근에 시달렸고 도적들이 창궐하여 나당 간의 길을 막고 있었으므로 그들은 입당하지 못

163 국립문화재연구소, 『將島淸海鎭 遺蹟發掘調査報告書(II)』, 2002, 3쪽.

164 『日本後紀』 권22, 弘仁 3년 정월 甲子.

하였다.[165] 병부시랑 김처회의 익사 사건도 해적의 피습과 관련이 있을 것으로 생각되거니와, 김준과 최치원의 입당을 가로막았던 이른바 '도적盜賊'은 황해 연안에서 활동하던 해적까지 포함하는 말이 아니었을까 한다. 실제 그 시기에 서남해의 압해도押海島(지금의 전남 신안군 압해도)와 갈초도葛草島에는 능창能昌을 비롯한 해적들이 활동하고 있었다.

황해뿐만 아니라 당시 남해에도 해적이 창궐하였다. 『일본후기日本後紀』에 그러한 사실이 생생하게 기록되어 있다. 811년 8월에 일본 대재부가 조정에 올린 공문에 의하면, 신라인 김파형金巴兄, 김승제金乘弟, 김소파金小巴 등 세 사람은 지난해 자신들이 거주하는 현縣의 곡식을 운반하던 도중 바다에서 도적을 만나 함께 타고 있던 나머지 사람들은 모두 죽고 그들만이 겨우 살아남아 다행히 일본 땅에 도착했다고 한다.[166]

또한 『일본후기』(권22) 홍인弘仁 3년 정월 갑자조에 의하면, 811년 12월 6일에 쓰시마 서쪽 바다에 신라 배 세 척이 나타났고 다음 날에 또 20여 척의 배가 나타나 횃불로 서로 연락하였는데, 그 모양으로 보아 그것은 해적선이었다고 한다. 그리고 쓰시마에서 멀리 신라 쪽을 바라보니 매일 밤 여러 곳에서 불빛이 빛났으므로, 일본 조정은 그들이 침략해 올까 염려하여 요충지에 군사와 백성을 배치하여 경계하도록 하였다. 그런 와중에 813년 2월에 신라인 110명이 작은 배 5척에 나누어 타고 소근도小近島(지금의 나가사키현長崎縣 오지카시마小値賀島)에 왔다가 9명은 타살打殺당하고 101명은 일본인에게 붙잡힌 사건이 발생하였다.[167] 신라인이 떼를 지어 일본 연해에 상륙하여 일본인들과 전투를 벌인 점으로 보아, 그들 역시 해적 집단이었을 것으로 생각된다.

165 『三國史記』 권46, 列傳 崔致遠.

166 『日本後紀』 권21, 弘仁 2년 8월 甲戌.

167 『日本紀略』 前篇14, 弘仁 4년 3월 辛未.

그 후에도 남해와 일본 해역에는 해적들의 활동이 끊이지 않았다. 869년 5월 22일 밤에 신라 해적이 두 척의 배를 타고 박다진博多津(지금의 후쿠오카시福岡市 하카타항博多港)에 와서 풍전국豊前國(지금의 후쿠오카현福岡縣 남부와 오이타현大分縣 북부 지역)의 공물을 약탈해갔고,[168] 893년 5월 11일에 신라 해적이 비전국肥前國 송포군松浦郡(지금의 사가현佐賀縣 남쪽과 나가사키현 북쪽 지역)을 습격하려 했으며, 같은 해 윤5월 3일에는 비후국肥後國 포전군飽田郡(지금의 구마모토시熊本市 일대)을 습격하여 민가를 불태운 후 송포군 쪽으로 도망하였다.[169] 당시 규슈지방과 인근 도서를 총괄하던 대재부는 이후에도 연이어 신라 해적의 침입을 중앙에 보고하였다. 즉, 893년 6월 20일에 전령을 보내 신라 해적에 관한 일을 알렸고, 894년 2월 22일에 또다시 신라 해적이 침입했다고 하였으며, 3월 13일에는 신라 해적이 변방의 섬을 습격하여 약탈한 일을 보고하였고, 4월 14일에는 신라 해적이 쓰시마에 내착來着한 사실을 중앙에 알렸다.[170]

그러던 중 894년 9월에 대규모 신라 해적이 쓰시마 일대를 습격하였다. 『일본기략日本紀略』과 『부상략기扶桑略記』에 소개된 내용을 종합하면,[171] 894년 9월 5일경에 신라 해적이 45척의 배를 타고 쓰시마를 습격하였다가 9월 17일에 일본의 문실선우文室善友가 이끄는 군대와 격돌하여 302명이 목숨을 잃고 11척의 배와 활·태도太刀·방패 등 각종 무기를 빼앗기고 10월 6일경에 퇴각하였다. 이때 일본에 사로잡힌 해적 현춘賢春이 진술한 바에 의하면, 당시 신라는 계속된 흉년으로 백성들이 굶주리고 창고가 텅 비

168 『日本三代實錄』 권16, 貞觀 11년 6월 辛丑; 『日本紀略』 前篇17, 貞觀 11년 6월 15일 辛丑.

169 『日本紀略』 前篇20, 寬平 5년 5월 22일 庚申 및 윤5월 3일 庚午.

170 『日本紀略』 前篇20, 寬平 5년 6월 20일 丙辰 및 寬平 6년 2월 22일 乙酉·3월 13일 丙子·4월 14일 丙午.

171 『日本紀略』 前篇20, 寬平 6년 9월 19일·9월 30일·10월 6일; 『扶桑略記』 권22, 寬平 6년 9월 5일.

게 되자 신라왕이 곡식과 비단을 빼앗아오도록 명하였으므로 배를 타고 일본을 습격했다고 한다. 그리고 그들의 근거지에는 2,500명의 인원과 크고 작은 배가 100여 척이 있고,[172] 이번 쓰시마 습격을 인솔한 장군 세 사람 가운데 한 명은 당나라 사람이라 하였다. 현춘이 진술한 내용의 사실 여부를 떠나, 이는 9세기 최대의 해적 사건이었다.

이처럼 9세기 동아시아의 해적은 황해는 물론 남해와 일본 해역의 규슈 서북부 박다진과 서남부의 비전국과 비후국까지 나아가 활동하였다. 뿐만 아니라 그들은 신라와 일본의 공권력에 적극적으로 대항함으로써 양국의 대당 교통을 마비시킬 정도로 맹위를 떨쳤다.[173]

19세기의 영국 작가 로버트 스티븐슨Robert L. Stevenson의 소설 『보물섬』과 미국의 영화제작사 워너브러더스Warner Brothers가 만든 〈바다의 매〉를 비롯한 각종 매체 등에서는 대부분 해적을 낭만과 모험을 즐기는 바다의 영웅으로 묘사하였다. 그래서인지 일반적으로 현대인들은 과거의 해적에 대하여 매우 관대하고 낭만적인 생각을 가지고 있다. 그러나 실제 해적은 소설이나 영화에서와 달리 이념부재의 폭력성과 통치 외적 존재로서의 불법성을 지닌 야만적이고 잔인하며 비참한 생활을 영위하던 바다의 약탈자에 불과하였다. 9세기의 황해와 남해는 바로 그러한 해적이 횡행하던 폭력의 바다였다.

---

172 石井正敏,「寬平六年の遣唐使計劃と新羅の海賊」,『アジア遊學』 26, 2001, 45쪽.
한편 濱田耕策는 『扶桑略記』(권22)에 수록된 賢春의 진술 내용 가운데 "所在大小船百艘 乘人二千五百人"을 894년 9월에 일본을 습격한 신라 해적의 인원과 선박으로 이해하였으나(濱田耕策,「新羅王權と海上勢力-特に張保皐の淸海鎭と海賊に關連して」,『東アジア史における國家と地域』, 刀水書房, 1999, 465쪽), 이것은 일본 습격에 직접 참여한 규모가 아닌 원래 근거지에 있는 해적 집단의 전체 규모로 해석하는 편이 타당하다.

173 鈴木靖民,「遣唐使停止に關する基礎的硏究」,『古代對外關係史の硏究』, 吉川弘文館, 1985, 285~292쪽.

제4장

황해 교역과 교류

제1절 신라 하대의 황해무역

중국 대륙과 한반도로 둘러싸인 황해는 독특한 자연조건과 인문환경이 교묘하게 결합되어 고대 동아시아의 정치·경제·문화 교류의 열린 공간으로 활용되었다. 특히 8, 9세기 동아시아 사회의 변모 과정에서 황해에는 다양한 형태의 교역과 교류가 집약적으로 나타났다. 국가 간의 공식 창구를 통한 공무역公貿易은 말할 것도 없고, 개인들 사이에 상품을 거래하는 사무역私貿易, 해적과 같은 집단이 무력을 이용한 불법적인 약탈무역掠奪貿易 등이 상호 밀접한 관계를 가지면서 황해를 무대로 전개되었다.

그럼에도 종전 우리 학계에서는 황해를 통한 동아시아의 교역과 교류에 크게 주목하지 않았다. 물론 최근에 들어와 동아시아의 역사 발전 과정에서 황해를 위시한 주변 바다가 차지하는 비중이 높다는 인식이 점차 확산되고 있으나,[1] 아직 만족할 만한 수준에 이르지 못하였다. 반면 일본에서는 1970년대에 '동아시아세계론'과 '책봉체제론冊封體制論' 에[2] 대한 논의 과정에서 황해를 포함한 동아시아 해역의 교역과 교류에 대한 연구가 활발하게 일어나, 현재는 괄목할 만한 연구 성과를 축적하였다.

본서는 고대 황해의 역사성을 탐구하기 위한 하나의 시도로서 구상되었다. 황해의 역사성에는 앞 장에서 살펴본 외교와 전쟁을 비롯한 다양한 분야가 포함되는데, 그 가운데 하나가 황해를 매개로 한 동아시아의 경제교역이다. 그래서 이 절에서는 황해를 무대로 전개된 고대 동아시아의 교역, 곧 황해무역黃海貿易의 실상을 탐구하고자 한다. 특히 황해에서 다양한 형태의 교역이 집약적으로 나타난 신라 하대를 중심으로 황해무역의 실상과 무역 주도 계층의 성격을 고찰하고, 아울러 황해무역이 신라사회에 어떤 영향을 끼쳤는지 알아보고자 한다.

1. 황해무역의 제 양상

(1) 교역의 유형 분류

동아시아에서는 일찍부터 황해를 매개로 다양한 형태의 교역이 이루어졌다. 그 중에서 국가 간의 교역인 국제무역(國際貿易, international trade)이 주를 이루었는데, 고대 황해의 국제무역은 주체와 성격에 따라 공무역, 사무역, 약탈무역 등 여러 가지 형태로 나눌 수 있다. 그 가운데 당 중심의 국제질서가 형성된 8, 9세기 동아시아에서 가장 보편적이고 널리 행해지던 것은 공무역이었다.

---

1 윤명철, 『바닷길은 문화의 고속도로였다』, 사계절, 2000; 『한민족의 해양활동과 동아지중해』, 학연문화사, 2002; 『한국해양사』, 학연문화사, 2003; 『해양사연구방법론』, 학연문화사, 2012; 강봉룡, 『한국 해상세력 형성과 변천』, 해상왕장보고기념사업회, 2004; 『바다에 새겨진 한국사』, 한얼미디어, 2005; 권덕영, 『재당 신라인사회 연구』, 일조각, 2005.

2 일본의 '동아시아세계론'과 '책봉체제론'에 관해서는 唐代史硏究會 編, 『隋唐帝國と東アジア世界』, 汲古書院, 1979 참조.

공무역은 국가를 대표하는 관리들에 의해 공식적인 과정을 거쳐 물품을 교환하는 무역이다. 따라서 조공과 회사回賜를 통해 이루어지는 조공무역, 특별히 시장을 개설해 외국 사절에게 교역을 주선하는 관시무역官市貿易, 변경에 임시로 시장을 열어 특정 국가의 물품을 구매하는 호시무역互市貿易 등이 공무역에 해당된다고 할 수 있다. 이 중에서 사절단을 매개로 왕조 사이에 '예물 주고받기' 형식으로 수행되던 조공무역이 공무역의 가장 대표적인 형태이다.

8, 9세기 신라는 다양한 형태의 사절단을 당에 빈번히 파견하였다. 견당사遣唐使라 통칭되는 그들은 당에 들어가 본국 왕을 대신해 당나라 임금에게 조회하고 표문과 공물을 바쳤다. 그것에 대하여 당나라 조정은 견당사가 가지고 온 공물의 종류와 수량을 검열하고 또 그것을 금액으로 산정하여 공물 가격에 상당하는 만큼의 물품을 신라왕에게 주었다.[3] 이것을 회사품이라 하거니와, 당은 신라왕 뿐만 아니라 사절단 개인에게 관등의 높고 낮음에 따라 각기 차등 있게 선물을 내려주었다. 이처럼 공물과 회사품의 교환을 통해 양국 간에 상품교역이 이루어졌는데, 이것이 바로 조공무역이다.

관시무역 역시 대부분 사절단을 통해 이루어졌다. 비록 후대의 일이지만 소식蘇軾의 「논고려매서이해차자論高麗買書利害箚子」에 의하면, 송나라 조정이 고려 사신의 편의를 위해 각종 행포行鋪로 하여금 사신이 머무르는 객관 안에 상품을 진열하여 사신들과 교역하도록 했다고 한다.[4] 송나라 사신이 고려에 왔을 때도 고려 조정은 그들을 위하여 시장을 열어 교역하도록 했다. 이러한 행사는 서긍이 술회하였듯이 예전부터 이루어지던 관습

3 『大唐六典』 권18, 鴻臚寺 典客令; 『舊唐書』 권44, 職官3 鴻臚寺; 石見清裕, 「唐の鴻臚寺と鴻臚客館」, 『古代文化』 42, 1990, 53~54쪽.

4 『東坡全集』 권62, 奏議一十三首.

이었으므로,[5] 신라와 당 사이에도 관시무역이 이루어졌으리라 생각된다.

한편 호시무역은 북방 유목민을 비롯한 주변의 이민족을 회무하기 위하여 당이 변경에 시장을 열어, 그들의 특산물을 다량으로 구매해주던 무역 형태이다.[6] 이는 양국 간에 협의가 이루어진 후에 가능하였는데, 그 중간 역할을 담당했던 사람이 각국의 견당사를 비롯한 관리들이었다. 790년 6월에 회흘回紇 사신 이직가移職伽는 당과의 호시를 통해 말을 팔아 비단 30만 필을 대금으로 받았고,[7] 815년 11월에는 토번吐蕃 사신이 호시를 요청해오자 당이 그것을 허락해 주었다.[8] 신라와 발해도 가끔 호시의 대상이 되었다. 836년 6월에 치청절도사淄靑節度使가 신라인과 발해인이 가지고 온 숙동熟銅을 금단하지 말 것을 요청했다고 하는데,[9] 이는 당과 신라 및 발해 사이에 호시가 이루어졌음을 말해준다.

공무역이 국가와 국가 사이의 교역이라면, 사무역은 개인과 개인 사이에서 영리를 추구하기 위한 교역행위이다. 고대 동아시아 율령체제 아래에서 국제무역은 국가 간의 공식 경로를 통한 공무역만 허용되고 사무역은 법적으로 일절 금지되었다. 『당률소의唐律疏議』(권8) 위금조衛禁條에 의하면, 금錦, 능綾, 나羅, 곡縠, 주紬, 견絹, 사絲, 포布, 진주眞珠, 금金, 은銀, 철鐵과 같이 매매가 금지된 품목은 물론이고 다른 물품도 연변의 관새關塞에서 외국인과 사사로이 교역하는 것을 금하였다. 또 외국인이 당나라 국경을 넘어 들어가 교역하면 내국인이 국경을 넘어가 교역한 죄와 동일하게 처벌하였다.[10] 심지어 외국 사절까지도 규제의 대상이 되었는데, 그들이

5 徐兢, 『宣和奉使高麗圖經』 권3, 貿易.

6 張澤咸, 「唐朝與邊境諸族的互市貿易」, 『魏晉南北朝隋唐史』, 1993-1; 鄭炳俊, 「唐代의 互市와 張保皐의 對唐貿易」, 『中國史硏究』 69, 2010, 215~235쪽.

7 『册府元龜』 권999, 外臣部 請求.

8 『册府元龜』 권999, 外臣部 互市.

9 『唐會要』 권86, 市; 『册府元龜』 권999, 外臣部 互市.

10 『唐律疏議』 권8, 衛禁.

사사로이 시장에서 교역하면 교역한 물품의 양에 따라 남의 물건을 훔친 죄에 준하여 처벌하도록 규정하였다. 그리고 사절단은 왕래 도중에 일반 백성은 물론 특별한 용무가 없이 주州와 현縣의 관인들과 접촉하지 못하도록 하여 사적 교역을 방지하였다.[11]

그럼에도 불구하고 문무왕 때 의상義湘은 상선을 타고 당에 들어갔고[12] 경덕왕 때 장춘長春은 바다에서 배를 타고 다니며 장사했듯이,[13] 비록 활발하지는 못했으나 사무역은 늘 존재하였다. 특히 8세기 후반 이후 황해 양안의 정치적 혼란과 해상 실크로드를 통한 서방 상인들의 동방 진출 등으로 종래 엄격히 통제되었던 사무역이 점차 활기를 띠기 시작하였다. 이렇게 당에서 시작된 사무역 풍조는 신라와 일본에까지 파급되어, 종전 공무역 위주로 행해지던 동아시아 삼국의 교역체제가 점차 붕괴되고 사무역이 성행하게 되었다.

한편 8, 9세기 황해에서는 약탈무역도 성행하였다. 일반적으로 교역에서 재화의 획득과 판매는 국가와 국가, 개인과 개인 또는 개인과 국가 사이의 자유의지에 따른 합법적인 계약에 의하여 이루어진다. 그러나 약탈무역은 자유의지에 따른 계약이 아니라 무력에 의한 강제적이고 불법적인 교역행위라는 점에서 일반적인 교역과 다르다. 다시 말하면 약탈무역은 무력을 동원해 강제적으로 재화를 획득하고 또 그것을 불법적으로 판매하는 교역 형태이다. 이러한 약탈무역은 주로 해적 집단에 의하여 이루어졌다.

신라 하대 황해에서는 많은 해적들이 무력을 동원해 재물을 약탈하고 양민을 납치해 노비로 판매하는 등의 불법행위를 자행하였다. 사실 해적의 약탈행위는 경제적 부를 축적하기 위한 하나의 수단에 불과한데, 부의

11 『唐律疏議』 권8, 衛禁.
12 『宋高僧傳』 권4, 義湘傳.
13 『三國遺事』 권3, 敏藏寺.

축적과 약탈 사이에 매개 역할을 하는 것이 교역행위이다. 다시 말하면 해적은 무력을 통한 약탈자인 동시에 교역자였던 셈이다. 따라서 해적은 일종의 해상무역 상인이었고 그들의 활동 역시 일종의 교역행위였다고 하겠다. 이런 점에서 황해에서 빈번히 발생했던 해적들의 약탈과 매매는 공무역은 물론 일반적인 사무역과 분명히 구분되는 황해무역의 한 부류라 할 수 있다.[14]

(2) 황해무역의 교역품

8, 9세기 동아시아에서는 공무역, 사무역, 약탈무역을 통해 다양한 종류의 물품들이 유통되었을 것이다. 그러나 교역품에 관한 정보가 거의 남아 있지 않아, 어떤 물품이 얼마나 교역되었는지 구체적으로 알 수 없다. 따라서 여기서는 몇몇 기록과 출토 유물을 통해 교역품의 편린片鱗만을 소개할 수밖에 없다.

먼저 살펴볼 것은 공무역을 통한 교역품이다. 신라는 당이 존속하던 290년 동안 일시적인 갈등도 있었으나 전반적으로 친밀한 관계를 유지하였다. 앞 장章에서 나당교섭사를 모색기, 동맹기, 갈등기, 안정기, 소원기로 나누어 살펴보았는데, 8, 9세기는 바로 안정기와 소원기에 해당한다. 안정기에 양국 사절의 왕래가 빈번했음은 물론 소원기에도 빈도가 다소 떨어지기는 했으나 사절 왕래는 꾸준히 이어졌다. 그 과정에서 양국은 조공과 회사라는 정치의례를 통해 공무역을 행하였다. 양국 간의 교역품은 관련

14 윤재운은 고대 무역의 형태를 크게 공무역과 사무역으로 나누고, 사무역을 다시 공무역에 의한 부수적 무역, 지방세력에 의한 무역, 민간무역업자에 의한 무역으로 구분하여 본서에서 말하는 약탈무역을 사무역의 일종으로 파악하였다(윤재운, 『한국 고대무역사 연구』, 경인문화사, 2006, 81~94쪽). 고대의 무역을 교역의 주체에 따라 구분하면 약탈무역은 분명 사무역에 포함된다. 그러나 재화의 획득과 판매 방식이 일반적인 사무역과 판이하다는 점에서 약탈무역을 또 다른 형태의 교역으로 분류할 필요가 있다.

표 4-1 신라의 대당 수출품

시기	목적	품목
723년(성덕왕 22)		금, 은, 우황, 인삼, 美髢, 果下馬, 朝霞紬, 魚牙紬, 鏤鷹鈴, 海豹皮
730년(성덕왕 29)		小馬, 개, 금, 두발, 海豹皮
731년(성덕왕 30)	하정	금, 은, 우황
733년(성덕왕 32)	사은	小馬, 개, 금, 은, 布, 우황, 인삼, 두발, 海豹皮
744년(경덕왕 3)	사은	말
748년(경덕왕 7)		금, 은, 60총포, 魚牙紬, 朝霞紬, 우황, 두발, 인삼
773년(혜공왕 9)	하정	금, 은, 우황, 魚牙紬, 朝霞紬
799년(소성왕 1)	고애	인삼
810년(헌덕왕 2)		금은 불상, 불경, 幡
869년(경문왕 9)	사은	말, 은, 우황, 인삼, 어아금, 조하금, 麩金, 40升白氎布, 30升紵衫段, 두발, 金釵頭五色綦帶 및 班胸, 各種 幍 · 鈴 · 筒, 緋纈皮, 針

표 4-2 신라의 대당 수입품

시기	목적	품목
724년(성덕왕 23)		錦袍, 金帶, 綵素布
731년(성덕왕 30)	하정 회사	綾綵, 帛
733년(성덕왕 32)		흰 앵무새, 紫羅繡袍, 金銀鈿器物, 瑞紋錦, 五色羅綵
786년(원성왕 2)	사은 회사	능채, 羅錦, 銀榼, 銀椀, 錦綵, 綾羅, 繡羅裙衣

자료가 한정되어 자세히 알 수 없으나, 기록에 남아있는 몇몇 수출〔朝貢〕과 수입〔回賜〕 품목을 정리하면 표 4-1, 표 4-2와 같다.[15]

표 4-1과 표 4-2에 의하면 신라의 수출품은 대략 금 · 은 등의 광물류, 포布 · 백帛 등의 직물류, 우황 · 인삼 등의 약재류, 말 · 개 등의 동물류로 이루어져 있었음을 알 수 있다. 반면에 당으로부터의 수입품은 능綾 · 나羅 등의 비단과 각종 세공품이 주요 품목이었다. 그 중에서도 신라의 금 · 은 · 우황 · 인삼과 당의 비단은 양국 공무역의 대표적인 교역품이었다.

15 표 4-1과 표 4-2는 權悳永, 『古代韓中外交史-遣唐使硏究』, 일조각, 1997, 279쪽의 내용을 참고해 재정리한 것이다.

그림 4-1 당삼채 뼈항아리(국립경주박물관 소장)

중국 도자기도 신라에서 즐겨 수입하던 교역품이었다. 1973년에 경북 경주시 조양동에서 출토된 당삼채唐三彩 뼈항아리와 1965년에 경북 의성군에서 수집된 백자는 모두 8세기경의 당나라 제품으로, 공무역을 통해 신라에 전해졌을 개연성이 높다.[16] 뿐만 아니라 국립중앙박물관에 보관되어 있는 동관요銅官窯 수주水注와 1960년에 경주시 배동에서 출토된 동관요 쌍잡이병〔双耳壺〕과 사발〔鉢〕, 황해도 용매도에서 출토된 수주, 충남 부여시 부소산에서 출토된 청자사발〔青瓷鉢〕, 인천 부근에서 출토된 청자 수주 등은 9세기 후반에서 10세기 전기 사이에 중국에서 만들어진 제품인데,[17] 이들 중 일부도 공무역에 의한 교역품일 것으로 생각된다.

공무역은 조공과 회사라는 정치의례의 부산물인 점에서 경제적 이윤을 제일의 목적으로 삼지 않는다. 반면 사무역은 최소 비용으로 최대 이윤을 남긴다는 경제논리에 따른 상업행위이다. 따라서 사무역업자들은 운송비를 최소화하고 이윤을 극대화하기 위해 가능한 고가의 희귀품을 교역품으

16 三上次男,「朝鮮半島出土の唐代陶磁とその史的意義」,『朝鮮學報』87, 1978, 2~36쪽. 특히 이 논문에서 唐三彩의 鍑, 곧 뼈항아리는 경덕왕 14년 이전의 신라 견당사가 귀국할 때 가지고 온 당의 회사품이었을 것으로 추정하였다.

17 三上次男, 앞의 논문, 1978, 2~36쪽.

로 선정했을 것이다. 이런 점에서 『삼국사기』(권33) 잡지(2)에 기재된 각종 외래 사치품은 주로 사무역을 통해 들여온 물품이 아니었을까 한다.

예를 들면, 동남아시아에서 서식하는 비취조翡翠鳥의 털로 짠 목도리, 타슈켄트에서 생산되는 에메랄드로 상감象嵌한 빗과 모자, 열대지방에 사는 바다거북의 껍데기로 만든 빗, 인도와 동남아시아가 원산지로 향기가 있고 단단하여 고급가구의 재료로 쓰이는 자단紫檀과 침향沉香, 양모를 주성분으로 하여 문양을 넣어 짠 페르시아산 카펫carpet 등이 그것이다. 그리고 당나라의 모직으로 짠 대당담大唐毯, 양모羊毛와 잡모雜毛를 섞어 짠 아랍산 직물인 구수毬毽와 탑등毾㲪 같은 외래 직물류와 각종 당나라 도자기도 신라의 사무역 품목에 포함되었음 직하다.[18] 또한 경북 칠곡군 송림사탑과 경북 경주시 불국사 석가탑에서 출토된 유리제품과[19] 석가탑에서 나온 유향乳香 역시 사무역을 통해 수입한 물건으로 보인다.

물론 이것들은 대부분 당에서 만든 것이 아니라 중앙아시아, 아라비아반도, 동남아시아 등지의 제품으로, 주로 서방과 남방 상인들이 당에 가지고 가서 판매한 물건이다. 그럼에도 이것들은 당에서 매매되었기 때문에 일괄 '당물唐物', 곧 당나라 물건이라 할 수 있다. 8, 9세기 동아시아의 민간상인들은 황해를 통해 이러한 '당물'을 대거 신라로 유입하였다. 특히 장보고와 같은 신라 해상무역업자들은 황해를 거쳐 수입한 다양한 '당물'을 일본에까지 판매하였다.

사무역에서의 수출품은 공무역에서와 마찬가지로 금, 은, 인삼, 우황 같은 신라의 특산물이 주를 이루었을 것이다. 최치원이 태위상공太尉相公의 생일 축하선물로 바친 해동약물海東藥物, 해동인형삼海東人形參, 해동실심

18 완도 청해진 유적에서 많은 중국 越州窯 도자기 파편이 출토되었는데(국립문화재연구소, 『將島淸海鎭 遺蹟發掘調査報告書(Ⅰ)』, 2001, 539~551쪽), 이들 도자기 역시 장보고 선단을 비롯한 사무역업자들이 수입한 것으로 생각된다.

19 李仁淑, 『한국의 古代 유리』, 創文, 1993, 83~91쪽.

금海東實心琴과[20] 초주楚州(지금의 장쑤성 화이안시淮安市 추저우구楚州區)의 신라역어 유신언劉愼言이 일본승 원인에게 선물한 신라도新羅刀는[21] 당에서 거래되던 신라 수출품이었을 것으로 생각된다. 그리고 이븐 쿠르다지바Ibn Khurdàdhibah가 『제도로 및 제왕국지』에서 언급한 신라 물품 가운데 주단綢緞, 검劍, 사향麝香, 마안馬鞍, 도기陶器, 범포帆布와 조여괄趙汝适이 『제번지諸蕃志』에서 소개한 인삼, 송자松子, 동경銅磬, 자기瓷器, 초석草席, 서모필鼠毛筆도 신라가 당에 수출한 물품으로 보인다.[22] 아울러 일본 승려 혜운惠運이 대재부 관음사와 축전국筑前國(지금의 후쿠오카현福岡縣 남부 지역) 강사로 있을 때 신라 상인으로부터 구입했다는 동완銅鋺과 첩자疊子 같은 식기류, 「매신라물해買新羅物解」에 보이는 각종 신라 상품, 정창원에 소장된 신라묵新羅墨과 신라금新羅琴 같은 물품은 일본뿐만 아니라 당에도 수출되었음 직하다.

한편 약탈무역의 교역품에 대해서는 구체적으로 추정하기 어렵다. 그런데 약탈무역은 무력을 사용해 강제적으로 재화를 획득하고 판매한다는 특징을 가지고 있으므로 그 교역품은 공무역과 사무역을 아우르는 잡다한 품목이었을 것이다. 그렇지만 약탈무역도 사무역과 마찬가지로 최소 비용으로 최대 이윤을 추구하는 속성을 가지고 있기 때문에 고가의 사치품을 주로 취급하지 않았을까 한다. 특히 8, 9세기 황해에는 해적들에 의한 인신매매가 성행하였으므로 약탈무역에서는 '사람'도 주요한 교역품이었다고 하겠다.[23]

20 崔致遠, 『桂苑筆耕』 권18, 獻生日物狀.

21 圓仁, 『入唐求法巡禮行記』 권4, 會昌 5년 7월 5일.

22 朴南守, 「9세기 신라의 대외 교역물품과 그 성격」, 『史學硏究』 94, 2009, 1~30쪽; 『한국 고대의 동아시아 교역사』, 주류성, 2011, 332~342쪽.

23 신라의 공무역 과정에서도 美女 혹은 奴婢를 당에 보낸 적 있으나, 이는 일상적이고 보편적인 것이 아니라는 점에서 약탈무역에서의 그것과 차이가 있다.

이처럼 공무역뿐만 아니라 사무역과 약탈무역이 동시에 성행한 신라 하대 황해무역은 교역의 형태만큼이나 다양한 품목이 유통되었다. 특히 이 시기에는 조공과 회사라는 정치의례 과정에서 행해지던 방물과 회사품의 상호교환이라는 종전의 정형적인 교역의 틀에서 벗어나 고가의 사치품이 주요 교역품으로 등장하였고, 심지어 '사람'까지도 교역의 대상이 되었다.

2. 황해무역의 주역

(1) 견당사와 재당 신라인

견당사란 당의 주변국에서 당나라 조정에 파견하던 각종 공식 사절단을 말한다. 당이 존속하던 7세기 전반부터 10세기 초 사이에 주변 170여 나라가 당에 사절단을 보내 조공하였는데, 신라는 단일 왕조로서 가장 많은 횟수의 사절단을 당에 파견하였다. 그러한 노력의 결과 신라는 당 중심으로 움직이던 당시의 국제질서 속에서 자국의 보전과 국제적 지위를 확보하였고, 공무역을 위주로 한 경제교역을 수행하였으며, 당의 선진문물을 수입해 본국에 이식함으로써 신라 발전의 기틀을 마련하였다.

견당사절단은 다양한 구성원으로 이루어졌고, 사절단의 종류 또한 다양하였다.[24] 그런데 견당사는 어디까지나 양국 간의 정치 현안을 교섭 또는 해결하는 외교사절이었으므로 그들의 일차적 목적이랄까 명분은 양국 간의 친선과 우의를 다지는 데 있었다. 그러나 그 이면에는 경제적 욕구 역시 강하게 작용하였다. 앞에서 살펴보았듯이, 그들은 조공과 회사의 방식으로 조공무역을 수행하였고, 관시무역을 통해 당의 물품을 구매하였으며, 호시무역을 주선하는 등의 공무역을 담당하였다.

견당사의 교역행위는 공무역에만 그치지 않고 사무역에도 관여하였다.

---

24 견당사절단의 구성과 종류 등에 관해서는 權悳永, 앞의 책, 1997, 120~188쪽 참조.

비록 당에서 사무역을 철저히 금했으나, 가끔 예외적으로 각국의 사절단에게 사사로운 교역을 허용하기도 했다. 713년에 입당한 말갈 왕자가 시장에 가서 교역하기를 청하자 당 조정에서 그것을 허락하였고, 716년에는 해국奚國 사신이 장안長安(지금의 산시성 시안시西安市)의 서시西市에서 물화의 교역을 청하여 허락받은 적이 있었다.[25] 그리고 717년에 일본 견당사는 장안뿐만 아니라 지방의 주와 현의 시장에서까지 외국으로 반출이 금지된 품목을 제외한 물품의 교역을 허락받았다.[26] 신라 견당사도 다른 나라와 마찬가지로 당으로부터 허락을 받고 사사로이 교역했을 것으로 생각된다.

견당사들은 일종의 밀무역도 행하였다. 사절단의 밀무역 관행은 어느 시대 어느 왕조에서나 존재하였다. 남북조시대의 교빙사交聘使들은 상대국에 체류하는 동안 그 나라의 각종 물품을 구입하여 본국으로 가져가는 것이 일반적이었고,[27] 당의 사신은 예전부터 신라에 갈 때면 자금을 가지고 가서 신라 상품을 구입해 와 많은 이윤을 남겼다고 한다.[28] 실제로 838년에 일본의 견당대사 등원상사藤原常嗣가 약품과 향료를 구입하기 위해 감국신監國信 춘도영장春道永藏과 판관 장잠고명長岑高名을 양주(지금의 장쑤성 양저우시揚州市)에 보내 몰래 물건을 구입하려다 발각된 적이 있었다.[29] 비록 구체적인 사례를 찾을 수는 없으나, 신라 견당사 역시 예외가 아니었을 것이다. 이처럼 견당사는 공무역과 사무역에 두루 관여하였으므로 그들을 황해무역의 주역이라 할 수 있다.

---

25 『冊府元龜』 권971, 外臣部 朝貢4; 같은 책 권999, 外臣部 請求 및 互市.

26 『冊府元龜』 권974, 外臣部 褒異1; 東野治之, 「奈良時代遣唐使の文化的役割」, 『佛教美術』 122, 1979, 40쪽.

27 金鍾完, 「南北朝의 交聘關係」, 『東亞史의 比較研究』, 일조각, 1987, 165~166쪽.

28 『舊唐書』 권149, 列傳 歸崇敬; 『冊府元龜』 권654, 奉使部 廉愼.

29 圓仁, 『入唐求法巡禮行記』 권1, 開成 4년 2월 20일.

견당사가 주로 공무역을 전담했다면 재당 신라인은 사무역을 담당하였다. 8, 9세기 당나라 황해 연안과 운하 주변에는 많은 신라인들이 집단적으로 모여 살았다. 당나라 황해 연안은 당의 중심지에서 멀리 떨어져 있었으므로 외래문화와 이민족의 집단 거주에 대한 당의 경계가 느슨한 지역이었다. 뿐만 아니라 지리적으로 신라와 가깝고 수륙 교통이 발달하였다. 그래서 7세기 중엽 이후 많은 신라인들이 경제적 곤란과 골품제의 질곡, 그리고 정치적 망명과 같은 이유로 파상적으로 당에 건너가 황해 연안 일대에 주로 정착하였던 것이다.[30]

당에 건너가 장기간 체류하며 일정한 생업에 종사하던 신라인을 재당 신라인이라 칭하거니와, 그들은 다양한 분야에서 각자의 삶을 영위하였다. 그 중에서 많은 사람들이 해상무역에 종사하였다. 그들은 9세기 전반 황해를 무대로 당·신라·일본의 대외무역을 독점하다시피 하였는데, 장보고를 비롯하여 장영張詠·왕청王請·이소정李少貞·장공정張公靖·김진金珍·김자백金子白·흠량휘欽良暉·왕초王超 등이 바로 그들이다.

특히 재당 신라인들은 황해를 비롯한 동아시아 해역을 무대로 대일對日무역에 매우 적극적이었다. 8세기 후반부터 시작된 재당 신라인들의 대일무역활동은 약 1세기 동안 지속되었다. 그런데 그들의 무역활동은 시기에 따라 약간씩 다른 양상으로 전개되었다. 첫 번째 시기는 8세기 후반부터 장보고가 암살된 841년 말까지 약 60년간으로, 이 기간 동안 재당 신라인들은 대일무역을 독점하였다. 두 번째 시기는 842년부터 860년대 후반까지이다. 이 시기에는 재당 신라인들이 독자적인 상단을 운영하지 못하고, 당나라 상인과 제휴 혹은 연합을 통하여 대일무역을 이어나갔다. 그리고 세 번째 시기는 870년대 이후로, 재당 신라인들은 합법적인 대일무역을

30 權悳永,「在唐 新羅人社會의 形成과 그 實態」,『國史館論叢』 95, 2001, 67~76쪽;『재당 신라인사회 연구』, 일조각, 2005, 47~59쪽.

하지 못하고 당인 자격으로 해상무역을 수행하였다.[31]

재당 신라인의 해상활동 가운데 가장 돋보이는 존재는 장보고였다. 장보고는 십수 년 동안 재당 신라인으로서 당에 거주하였고, 귀국 후에는 재당 신라인과 그 사회조직을 활용하여 동아시아 해상무역을 석권하였다. 라이샤워Edwin O. Reischauer는 9세기에 장보고가 이룩한 해상세력을 해상상업제국maritime commercial empire이라 명명하였거니와,[32] 장보고의 해상상업제국은 그의 정력적인 해상교역활동의 결과이다.

장보고가 해상상업제국을 건설하고 성공적으로 운영할 수 있었던 것은 막강한 군사력, 뛰어난 기술을 가진 선원 집단, 세련된 상인 집단을 한데 어울러 활용했기 때문이었다. 그런데 이러한 인적 자원은 대부분 당나라 황해 연안에 거주하고 있던 재당 신라인들이었다. 즉, 장보고는 820년대 초 당의 번진에서 퇴역한 신라 출신 군인들을 군사적 기반으로 삼았고, 신라 연해안에서 약매掠賣되어 온 신라 양민들과 일부 재당 신라인들을 선원 집단으로 활용하였으며, 종전 황해 연안에서 독자적으로 무역업에 종사하던 재당 신라인들을 상인 집단으로 포섭하였다. 이들이 바로 장보고 해상상업제국의 인적 기반이 되었다.[33]

이러한 인적 자원을 바탕으로 장보고는 청해진을 국제무역센터로 삼고, 당의 사주泗州 연수현漣水縣(지금의 장쑤성 화이안시淮安市 롄수이현漣水縣)과 일본 박다진博多津(지금의 후쿠오카시 하카타항博多港)에 자신의 무역기지를 건설하여 동아시아 삼국의 국제무역을 주도하였다. 그런데 장보고

---

31 권덕영, 「在唐 新羅人의 對日本 貿易活動」, 『韓國古代史研究』 31, 2003, 257~291쪽; 앞의 책, 2005, 194~212쪽.

32 Edwin O. Reischauer, *Ennin's Travels in T'ang China*, New York, The Ronald Press Co., 1955, 294쪽.

33 권덕영, 「張保皐의 商業帝國과 國際貿易」, 『STRATEGY 21』 vol.4-2(통권 8호), 한국해양전략연구소, 2002, 35~41쪽.

선단은 중계무역을 통한 상품유통업과 해운업에 주력하였던 것으로 보인다. 특히 장보고 무역선단은 당 제품뿐만 아니라 서역과 동남아시아, 그리고 서방의 물품 등 다양한 상품을 신라와 일본에 공급하였다. 장보고 선단이 대량으로 유통시킨 고가의 호화 외래품은 830년대 양국 인민들의 생활양식에 변화를 초래하였다. 또한 장보고의 무역선은 당·신라·일본을 왕래하던 승려와 학생들을 실어 나름으로써 동아시아의 인적교류를 촉진시켰고 아울러 문화교류에도 기여하였다. 이런 점에서 재당 신라인들 역시 8, 9세기 황해무역의 주역이었다고 할 수 있다.

(2) 해적과 해상호족

해적과 해상호족 역시 8, 9세기에 황해를 무대로 교역에 종사하였다. 8세기 말 이후 당과 신라의 총체적인 사회불안 속에서 황해를 포함한 동아시아 해역에는 해적이 크게 번성하였다. 황해에서는 해적들이 신라인을 붙잡아가 당에 노비로 판매하는 일이 성행하였고, 남해에서는 신라의 관물官物과 관선官船을 습격하여 사람을 죽이거나 재물을 빼앗았다. 그리고 해적들은 일본 쓰시마와 규슈지방 연해안 일대를 떼지어 돌아다니며 약탈과 살상의 기회를 엿보고 있었다.

한편 이 시기에 황해와 남해 연안에는 해상무역에 종사하는 재지세력들이 속속 등장하였다. 후에 그들은 공리적 명분을 갖춤으로써 역사가들로부터 '해상호족'이라는 이름을 얻었지만, 초기에는 해적과 닮은 점이 많았다.[34] 우선 그들은 모두 바다를 주요 활동 무대로 삼았고, 둘째는 중앙정부의 통제를 받지 않는 독자적 군사력, 곧 사병을 보유하고 그것을 자신의 해상활동에 활용하였으며, 셋째는 모두가 해상무역을 통하여 부富를 축적하

34 권덕영, 「新羅 下代 서·남해 海賊과 張保皐의 해상활동」, 『대외문물교류연구』 창간호, 해상왕장보고연구회, 2002, 25쪽.

였다. 이런 점에서 초기의 해상호족 역시 해적과 마찬가지로 불법不法과 합법合法을 넘나들며 해상무역에 종사했을 가능성이 많다.

사실 8, 9세기 황해 해상무역에서 해적, 해상호족, 민간상인 사이에는 뚜렷한 차이가 없었다. 당시 혼란한 정치·사회적 분위기 속에서 대부분의 해상무역업자들은 자체 방어를 위하여 무장 선단을 꾸려 해상무역에 종사하였는데,[35] 그들은 상황에 따라 불법적인 약탈과 살상을 자행하였다. 신라 해상海商이 불법적으로 남의 물건을 약탈한 사실은 일본 문헌에서 확인된다. 『일본삼대실록日本三代實錄』(권16)에 의하면, 869년에 신라 해적이 박다진에 와서 풍전국豊前國(지금의 후쿠오카현 남부와 오이타현大分縣 북부 지역)이 조정에 바칠 공물을 탈취한 사건이 발생했다고 한다. 이때 일본 조정은 오래 전부터 대재부大宰府에 거주하며 교역에 종사하던 윤청潤淸과 선견宣堅 등의 재일 신라인 30명이 이 사건과 관련이 있다고 판단하여 그들을 모두 투옥했다가, 최종적으로 20명을 무장국武藏國(지금의 도쿄와 사이타마현埼玉縣 및 가나가와현神奈川縣의 동북 지역), 상총국上總國(지금의 지바현千葉縣 중부 지역), 육오국陸奧國(지금의 후쿠시마현, 미야기현宮城縣, 이와테현岩手縣, 아오모리현青森縣과 아키타현秋田縣의 동북 지역)에 분산하여 유배시켰다.

여기서 일본 조정이 윤청 등 신라 상인들에게 혐의점을 둔 것은 그들이 어떤 형태로든 '신라 해적'과 관련이 있었기 때문일 것이다. 그런데 윤청 등은 일본에 귀화하여 대재부에 머물며 무역업에 종사하던 상인이었다. 그러한 사람들이 약탈과 살상만을 일삼는 순수한 해적과 공모하여 일본의 공물을 탈취했다고 보기는 어렵다. 그렇다면 윤청 등이 관련을 맺고 있던 '신라 해적'은 아마 종래 윤청 등을 통하여 일본과 거래하던 신라 상인이

35 李炳魯, 「寬平期(890년대) 日本의 對外關係에 관한 一考察」, 『日本學誌』 16, 1996, 24~25쪽.

었을 가능성이 높다. 다시 말하면 869년에 풍전국의 공물을 탈취한 '신라 해적'은 해적 성향을 띤 해상무역업자였다고 할 수 있다.[36]

일반적으로 정부가 해상 민간무역에 대한 제재와 통제를 강화하면 종전에 합법적으로 무역에 종사하던 상인들은 밀무역과 같은 불법행위나 약탈과 같은 해적행위를 저지르는 경우가 발생한다. 16세기 중엽에 명明이 해금정책海禁政策을 실시하여 해상무역을 엄격히 통제하자, 왕직王直을 비롯한 중국 해상무역업자들이 밀무역과 해적행위를 저지른 것이 대표적인 사례이다.[37]

9세기 신라의 대일무역은 840년대 초까지 신라 상인이 독점하다가 일시적인 당인과의 제휴기를 거쳐 860년대 후반부터 단절기로 이어지는 양상을 띠었다.[38] 대일무역이 단절된 것은 일본의 강압적인 통제 때문이었을 터인데, 신라 상인들은 그러한 통제 정책에 반발하여 불법적인 해적행위를 저질렀음 직하다. 그렇다면 9세기 후반 일본 해역에 빈번하게 출몰하던 신라 해적 역시 순수한 해적이라기보다 일본의 배타적 태도에 대한 신라 해상무역업자들의 반발이랄까 대응의 한 방식이었다고 할 수 있다. 물론 그 속에는 한반도 서해안과 남해안의 많은 호족들도 포함된다.

실제 신라의 호족으로 보이는 세력이 894년 9월에 지금의 쓰시마를 습격하여 해적행위를 저지른 일이 있었다. 사건의 개요는 『부상략기扶桑略記』(권22) 관평寬平 6년 9월 5일조에 자세히 소개되어 있거니와, 쓰시마를

36 사건 다음 해인 870년 2월 12일에 일본 조정이 대재부에 내린 조칙에서 "如聞 新羅商船時時到彼 縱託事買販 來爲侵暴"(『日本三代實錄』 권17, 貞觀 12년 2월 12일 甲午)이라 하여, 대재부 관내에서 폭력을 행사한 주체를 '신라 상선'이라 하였다. 이러한 사실을 통해 풍전국의 공물을 탈취한 '신라 해적'이 신라 海商이었음을 더욱 분명하게 알 수 있다.

37 佐伯弘次, 「海賊論」, 『アジアなかの日本史(III)-海上の道』, 東京大學出版會, 1992, 56쪽; 松浦章, 『中國の海賊』, 東方書店, 1995, 64~66쪽; 『中國の海商と海賊』, 山川出版社, 2003, 50~58쪽.

38 권덕영, 앞의 논문, 2003, 271~289쪽.

습격한 세력은 2,500명의 인원과 100척의 배를 보유하고 있던 집단이었다. 이는 909년에 왕건이 진도와 고이도皐夷島(지금의 전남 신안군 압해읍 고이도)를 함락하고 덕진포德津浦에서 견훤의 주력 수군을 깨뜨렸을 때의 병력 규모와 비슷한 숫자로, 태봉이나 고려의 전체 수군력과 맞먹을 정도이다.[39] 그리고 조직 내부의 대장군, 부장군, 장군 같은 직책은 질서정연하게 짜인 군대 조직을 연상시킨다. 뿐만 아니라 문실선우文室善友가 이끄는 일본 관군과 약 한 달간 공방전을 벌일 정도로 이들은 전투력이 뛰어났다. 이런 점들로 보아 그들은 단순한 해적이 아니라, 한반도 서해안과 남해안 지역에 기반을 두고 있던 해상호족의 군대였을 가능성이 높다.[40]

결국 9세기 한반도 해역의 해상호족은 해적의 속성을 함께 가지고 있었음을 알 수 있다. 비록 그들이 명분상으로는 공리적 이념을 내걸고 합법적 집단임을 천명闡明했을지 모르나, 한편으로는 해상무역 과정에서 불법적 해적행위를 자행함으로써 불법과 합법의 영역을 넘나들었다. 이런 점에서 신라 하대의 해적과 일부 해상호족은 동일한 집단의 다른 모습이었다고 해도 과언이 아니다.

해상호족은 바다를 통한 대외무역에 종사하여 경제력을 쌓은 해상무역업자의 일종이고, 해적 역시 해상무역에 종사하던 또 다른 형태의 해상무역업자였다. 사실 해적의 약탈행위는 부를 축적하기 위한 하나의 수단에 불과한데, 목적인 부의 축적과 수단인 약탈행위 사이에 매개 역할을 하는 것이 바로 상업행위이다. 820년대 황해의 해적들이 신라 양민을 붙잡아 중국에 노비로 판매하는 행위 속에는 약탈과 납치라는 해적행위뿐만 아니라 매매와 교환이라는 상업행위가 아울러 포함되어 있었다.[41] 따라서 해적

39 日野開三郎는 태봉과 고려의 해군력은 전함 100척에 수군 3,000명 정도의 규모였다고 한다(日野開三郎, 「羅末三國の鼎立と對大陸海上交通貿易(4)」, 『朝鮮學報』 20, 1962, 89~90쪽).

40 山内晋次, 「九世紀東アジアにおける民衆の移動と交流-寇賊・反亂のおもな素材として」, 『歴史評論』 555, 1996, 54쪽; 권덕영, 앞의 논문, 2002, 27쪽.

은 약탈자인 동시에 약탈물을 거래하는 상인이었다.

아무튼 이들의 주요 활동무대는 황해를 중심으로 한 동아시아 해역이었다. 그들은 특히 견당사의 왕래가 종전에 비해 뜸해지고 재당 신라인들의 합법적 무역이 주춤하던 9세기 후반에 황해와 남해에서 불법적 약탈과 합법적 교역을 동시에 행하면서 황해무역에 종사하였다. 이런 점에서 그들 역시 황해무역의 주역이었다고 할 수 있다.

3. 황해무역과 사회변동

(1) 골품제의 동요

신라 하대에 활발하게 전개된 황해 해상무역은 신라사회에 여러 가지 변화를 초래하였다. 그 중의 하나가 골품제의 동요이다. 신라는 혈연에 기초한 신분제도인 골품제에 의하여 운영되던 엄격한 계급사회였다. 즉, 골품에 따라 사회적 지위와 정치적 출세가 보장되거나 혹은 제한되었고, 심지어 일상생활까지 골품에 의해 규제되었다. 그에 따라 골품의 높고 낮음은 경제력의 차이를 초래하여, 진골을 비롯한 일부 상위 골품귀족들은 신라의 경제력을 독점하다시피 하였다.

골품귀족들의 경제적 기반으로 우선 녹읍祿邑을 들 수 있다. 신라 녹읍의 성격에 관해서는 다양한 학설이 있으나,[42] 일정한 토지에서 나오는 수확물과 그곳에 거주하는 백성의 노동력을 징발할 수 있는 일종의 식읍食邑과 유사하게 보는 것이 일반적이다. 이러한 녹읍은 삼국통일전쟁 과정에서 크게 확산되어, 진골귀족들은 전국에 걸쳐 녹읍을 소유하게 되었다. 삼

41 濱田耕策, 「新羅海賊の出沒と“侵攻”幻想」, 『日本古代史 ‘爭亂’ の最前線』, 1998, 314쪽 ; 「新羅王權と海上勢力-特に張保皐の淸海鎭と海賊に關連して」, 『東アジア史における國家と地域』, 刀水書房, 1999, 452쪽.

42 신라시대 녹읍의 성격에 관해서는 李喜寬, 『統一新羅 土地制度硏究』, 일조각, 1999, 68~97쪽 참조.

그림 4-2 성주사지(충남 보령시 성주면)

국통일의 원훈이라 할 수 있는 김인문이 웅천주熊川州 서남쪽, 곧 지금의 충남 보령시 성주면의 성주사지 일대에 봉토를 가지고 있었던 것이 단적인 예이다.[43] 비록 녹읍은 신문왕 9년에 일시 폐지되었으나 경덕왕 16년에 부활되어 신라 말까지 귀족들의 경제적 기반으로 활용되었다.

녹읍뿐만 아니라 진골귀족들은 사여賜與, 겸병, 개간, 점탈 등의 방법으로 대토지를 소유하였다. 고구려 멸망 직후 대아찬 이상의 진골귀족들은 왕실 및 관청과 더불어 전국 174개의 목마장을 나누어 받았고,[44] 신라의 제3재상은 한반도 서남쪽 다도해상의 황모도黃茅島에 말 방목장을 소유하고 있었다.[45] 뿐만 아니라 『신당서新唐書』(권220) 신라전에 "재상의 집에는 녹祿이 끊이지 않고 노동奴僮이 3,000명이나 되며, 갑병甲兵과 소·말·돼

43 "有一寺在熊川州坤隅 是吾祖臨海公〔祖諱仁問 唐酬伐獩貊功 封爲臨海郡公〕 受封之所"(「聖住寺朗慧和尙塔碑銘」, 『朝鮮金石總覽(上)』, 朝鮮總督府, 1919, 77쪽).

44 『三國史記』 권6, 文武王 9년.

45 圓仁, 『入唐求法巡禮行記』 권4, 大中 원년 9월 6일.

지의 숫자도 이와 맞먹는다. 가축은 바다 가운데 있는 산에 방목했다가 필요할 때 활을 쏘아서 잡는다"라 하였으며, 「개선사석등기開仙寺石燈記」에서는 35금입택金入宅 중의 하나인 지택池宅의 땅이 개선사 토지 옆에 있다고 하였다.

이처럼 골품귀족들은 전국 각지에 목장을 소유하고 노비와 전호를 거느리고 대토지를 겸병, 운영하였다. 막대한 경제력을 바탕으로 진골귀족과 왕실은 금입택이라는 호화주택과 철에 따라 거처하는 별장인 사절유택四節遊宅을 지어 사치스러운 생활을 영위하였다.[46] 결국 신라 중대 이후 왕경 귀족들은 신라의 경제력을 독점하였고, 나라의 부는 이들이 사는 왕경으로 집중되었다.

그런데 9세기에 들어와 해외 민간무역이 활성화되자 지방에서 상업자본을 기반으로 한 새로운 부유층들이 등장하였다. 이들은 농업에 기반을 둔 골품귀족들과 달리 상업에 기반을 둔 신흥 부유층이었다. 완도의 청해진을 거점으로 해상무역을 통해 막대한 경제력을 쌓은 장보고가 대표적인데, 장보고에 이어 그와 유사한 인물들이 황해와 남해 연안에서 속속 나타났다.

국제무역을 통해 막대한 부를 축적한 신흥 부유층들은 종전 골품귀족들이 위세품威勢品으로 사용하던 외국의 진귀한 물건들을 그들과 똑같이 사용함으로써 골품귀족의 권위에 상처를 입혔다. 뿐만 아니라 신흥 부유층들은 황해무역으로 얻은 경제력과 그것을 바탕으로 한 군사력을 이용하여 골품제에 정면으로 도전하기도 하였다. 장보고가 자신의 딸을 왕실의 차비次妃로 들이려 한 것이 단적인 사례이다. 장보고의 시도는 비록 실패하고 말았지만, 그 후 계속된 해상세력을 포함한 지방호족의 도전으로 마침

46 『三國遺事』 권1, 辰韓 및 又四節遊宅; 李基東, 「新羅金入宅考」, 『震檀學報』 45, 1978; 『新羅骨品制社會와 花郎徒』, 일조각, 1984, 183~208쪽.

내 골품제가 붕괴되었다.

신라 하대의 황해무역은 또 다른 면에서 골품제를 동요시켰다. 종전 공무역에 주로 의존하던 시기에, 외국의 진귀한 물품을 향유할 수 있는 사람은 왕실과 극소수의 귀족계층에 한정되었다. 그러나 민간무역의 활성화로 외래품이 대량으로 쏟아져 들어오자, 이제는 어느 정도의 경제력만 있으면 누구나 쉽게 외래품을 구입해 사용할 수 있게 되었다. 그 결과 신분질서를 무시한 생활 패턴이 나타나고, 그에 따라 신분 간 물품 사용에 대한 규제가 무너져갔다. 이는 신분에 따라 일상생활까지 통제하던 신라 골품제사회의 일종의 위기였다. 그러한 분위기를 감지한 사람이 홍덕왕이다.

홍덕왕은 동왕 9년(834)에 교서敎書를 내려 "사람은 상하가 있고 지위는 존비尊卑가 있어, 그에 따라 호칭이 같지 않고 의복 또한 다르다. 그런데 풍속이 점차 경박해져 백성들은 다투어 사치와 호화로움을 일삼고 오직 외래 물건의 진귀함만을 숭상하며 토산품을 야비野鄙하다고 혐오하니, 신분에 따른 예의가 거의 무시되는 지경에 빠지고 풍속이 쇠퇴하여 없어질 지경에 이르렀다. 이에 옛 법에 따라 엄한 명을 내리니, 고의로 명을 범하는 자가 있으면 진실로 나라의 법에 따라 조치할 것이다"라 하였다.[47] 이어서 진골 이하 각 신분층이 사용할 수 있는 의복, 거기車騎, 기용器用, 옥사屋舍에 대한 내용을 상세히 규정하여 따르도록 하였다.

여기서 주목할 것은 사치풍조의 규제 대상에 진골과 6두품 같은 상위 골품뿐만 아니라 일반 백성들까지 포함되었다는 점이다. 이는 당시 사회에서 4, 5두품을 비롯한 일반 백성들 사이에서도 호화 사치품 사용이 만연했음을 뜻한다. 그런데 일반 백성들이 호화 사치품을 사용할 수 있는 계기를 마련해 준 집단 중의 하나는 당시 황해를 주요 무대로 당, 신라, 일본을 오가며 교역 활동에 종사하던 해상무역업자들이었다.

47 『三國史記』 권33, 雜志2 色服.

결국 신라 하대에 황해를 통한 국제무역은 상업자본가를 탄생시켜 골품제에 도전할 수 있는 경제적 기반을 제공하였고, 이들 해상무역업자들은 해외의 진귀한 물품들을 국내에 대량으로 판매, 유통시킴으로써 골품제에 반하는 생활양식을 만들어내었다. 이런 점에서 황해무역은 신라 골품제를 동요시키는 사회·경제적 요인이 되었다고 할 수 있다.

(2) 지방세력의 등장

신라 하대에 황해를 통한 해상무역의 활성화는 지방세력의 발호를 촉진시켰다. 비교적 초기의 전형적인 사례가 장보고이다. 장보고 이후 황해와 남해 연안에는 유사한 해상세력이 속속 등장하여 독자적인 세력을 키워나갔다.

우선 송악의 왕건王建 가문을 들 수 있다. 왕건 가문이 호족으로 성장하는 과정과 그 활동에 관해서는 이미 잘 알려져 있으므로 여기서 자세히 언급할 필요가 없거니와, 왕건의 선대先代는 예성강 하구의 송악지방을 근거지로 중국과의 해상무역을 통하여 부를 축적하고 그것을 바탕으로 점차 주위의 다른 호족을 포섭하여 패서 지역을 대표하는 대호족으로 성장하였다. 그리고 정주貞州(지금의 황해도 개풍군)의 유천궁, 백주白州(지금의 황해도 연백군 은천면)의 유상희 등도 해상무역을 통해 성장한 패서 지역의 호족이었다.

아산만 일대의 황해 중부 해안에도 왕건 가문과 유사한 해상호족들이 출현하였는데, 혜성군의 복지겸卜智謙 가문과 박술희朴述熙 가문이 그들이다. 혜성군은 지금의 충남 당진시 면천면 일대로, 이곳은 일찍부터 해상교통의 요지였다. 이 지역을 포함한 현재의 충남 내포지방內浦地方은 한사군 가운데 하나인 진번군이 해상루트를 통해 한반도로 진출하는 전진기지로 삼았던 곳으로 추정되고, 낙랑군과 해상으로 밀접하게 교섭했던 황해 항로의 요충이었다.[48] 그리고 삼국시대에 백제는 혜성군 가리저加里渚 동쪽에 수군창水軍倉을 설치하였고, 후에 신라는 혜산槥山 동쪽에 숙관稤館을 지어 나당 간을 왕래하는 사신과 상인들의 숙박과 상거래에 활용하였다. 이로 인하여 그곳을 대진大津이라 불렀다고 한다.[49] 혜성군의 토착 세력들은 이러한 지리적 이점을 활용하여 해상무역으로 부를 축적하고 군사력을 키웠을 것이다.

복지겸의 선조 복학사卜學士는 당에서 혜성군으로 건너와 거주하면서 해적을 소탕하고 백성을 모아 보호했다고 한다.[50] 복학사가 언제 어떤 연유로 혜성군에 와서 살게 되었는지 알 수 없으나, 해적을 소탕했다는 사실만으로도 그는 상당한 군사력을 소유하고 있던 해상세력가였음을 추지할 수 있다. 복지겸은 그러한 해상세력가의 후손으로 후에 고려의 개국공신이 되었다.[51] 박술희도 혜성군 사람으로, 그의 아버지 득의得宜는 대승大丞의 관계官階를 가지고 있었다. 혜성군이 대중국 해상교통로의 요지로 많은 상인과 사신들이 드나드는 곳이었다는 점에서 득의는 혜성군의 유력한 해상호족이었을 것으로 짐작된다.[52]

다음으로 나주(지금의 전남 나주시)의 오다련吳多憐을 들 수 있다. 오다련의 아버지는 부돈富伅이고, 그의 딸은 왕건의 둘째부인인 장화왕후이다. 그런데 부돈은 부자를 의미하는 이름이고,[53] 오다련이 신라 하대 재지세력들이 흔히 자칭하던 사간沙干의 관등을 가지고 있던 연위連位의 딸과 결혼

48 李基東, 「馬韓史 序章」, 『馬韓 · 百濟文化』 12, 1990; 『百濟史硏究』, 일조각, 1996, 64~72쪽.

49 『增補文獻備考』 권35, 輿地考23 關防11 海路3 西海亭館.

50 『新增東國輿地勝覽』 권19, 忠淸道 沔川郡 人物.

51 김갑동, 「羅末麗初의 沔川과 卜智謙」, 『韓國中世史의 諸問題』, 한국중세사학회, 2001, 39~65쪽.

52 姜喜雄, 「高麗 惠宗朝 王位繼承亂의 新解釋」, 『韓國學報』 7, 1977, 75~76쪽; 鄭淸柱, 「王建의 成長과 勢力 形成」, 『全南史學』 7, 1993; 『新羅末高麗初豪族硏究』, 일조각, 1996, 118~119쪽.

53 姜喜雄, 앞의 논문, 1977, 69~70쪽.

그림 4-3 장화왕후 유적비(전남 나주시 송월동)

하였으며, 왕건이 나주를 정벌할 때 오다련의 딸을 부인으로 맞이했다는 사실은 오다련 집안이 나주지방의 호족이었음을 말해준다. 그런데 오씨 가문은 대대로 목포木浦에 살았다 하고,[54] 오씨 가문의 조상이 중국에서 상인으로 발흥하여 해외무역상을 따라 신라에 건너왔다고 하며,[55] 나주의 입지 조건이 해상무역이 발달할 수 있는 지역이므로 오다련 집안은 해상무역으로 경제력을 쌓고 이를 바탕으로 호족으로 성장하였을 것이다.

한편 남해 연안에서 해상무역을 통해 성장한 지방세력으로는 강주康州(지금의 경남 진주시 일대)의 왕봉규王逢規와 김해의 소율희蘇律熙가 있다. 왕봉규는 경명왕 8년(924)에 신라 왕실과 나란히 후당에 사신을 보내 조공하였고, 경애왕 4년(927)에는 후당으로부터 회화대장군懷化大將軍의 관직을 받았으며, 이어서 임언林彦을 재차 후당에 보내 조공하였다.[56] 그런데

54 『高麗史』 권88, 列傳 后妃1.

55 『增補文獻備考』 권49, 帝系考10 氏族4 吳氏.

56 金庠基, 「羅末 地方群雄의 對中通交-특히 王逢規를 主로」, 『黃義敦先生古稀記念 史學論叢』, 동국대학교출판부, 1960, 59~64쪽; 이현모, 「羅末麗初 晉州地域의 豪族과 그 動向」, 『歷史敎

그가 가지고 있던 직함이 시기적으로 천주절도사泉州節度使 → 권지강주사權知康州事 → 지강주사知康州事로 변하였고 독자적으로 후당에 사신을 파견한 점으로 보아, 그는 천주(지금의 경남 의령군)를 기반으로 점차 세력을 넓혀 강주 전역을 장악한 호족이었음이 틀림없다.

여기서 주목할 것은 왕봉규 세력이 해로를 통하여 후당을 왕래했다는 사실이다. 왕봉규가 후당과 교섭한 것은 중국 주변의 여러 왕조가 그랬듯이, 국제적 공인을 통한 국내외의 지위 강화와 교역을 포함한 문물교류가 주목적이었을 것이다. 왕봉규 역시 바다를 통한 국제교류와 경제교역에 의지하여 자신의 세력을 키워나갔으므로, 그를 강주의 해상호족이었다고 해도 좋을 듯하다. 신라 하대에 강주는 일본 사절의 출입과 표류민의 송환을 맡아 처리하는 등[57] 대일 교통의 교두보 역할을 할 정도로 해상교통의 요지였다는 점도 왕봉규의 해상활동 가능성을 짐작케 해준다.

소율희는 897년경에 진례성제군사進禮城諸軍事로서 처음 역사에 모습을 드러내었다. 그 후 소충자蘇忠子와 함께 금관성을 공격하여 빼앗아 김해부 지제군부사가 되어 김해부 전체를 장악하였으나, 10세기 초 견훤과 왕건의 세력 쟁탈전 와중에 겨우 명맥을 유지하다가 경애왕 말년 무렵에 몰락하였다.[58] 그런데 『책부원귀』(권976) 외신부 포이褒異(3)조에, 927년에 금주사마金州司馬 이언모李彦謨가 신라의 등주지후관登州知後官으로 있었던 사실이 기록되어 있다. 당시 금주, 곧 김해는 소율희의 근거지였으므로 이언모는 소율희가 파견한 등주지후관이었던 셈이다. 지후관은 지유후관知留後官의 준말로 외지에 멀리 떨어져 있는 절도부의 업무를 위임받아 대신 수행하던 현지 출장소 관리와 같은 직함이다. 따라서 이언모는 김해부의 업무를 처

育論集』 30, 2003, 125～145쪽.

57 『續日本後紀』 권5, 承和 3년 12월 乙未; 같은 책 권15, 承和 12년 12월 甲戌.

58 崔柄憲, 「新羅末 金海地方의 豪族勢力과 禪宗」, 『韓國史論』 4, 1978, 401～435쪽; 金相潡, 「新羅末 舊加耶圈의 金海 豪族勢力」, 『震檀學報』 82, 1996, 53～81쪽.

리하기 위하여 등주(지금의 산둥성 펑라이시蓬萊市)에 파견된 관리였다고 할 수 있다.[59] 결국 소율희는 삼한시대부터 해상무역 기지로 활용되던 김해의 지리적 이점을 이용해 중국과 교역하던 해상호족이었다고 할 수 있다.

이상에서와 같이 신라 하대에 한반도 서해안과 남해안 곳곳에 호족들이 웅거하고 있었다. 그런데 그들이 자리 잡은 곳은 모두 큰 강의 하구로 바다와 만나는 지점이고, 배후 지역에는 넓은 평야가 펼쳐져 있으며, 해상과 내륙 교통의 요충지라는 지리적 공통점을 가지고 있다. 이러한 지리적 조건을 기반으로 그들은 황해와 남해를 무대로 해상무역에 적극적으로 참여하여 경제력과 군사력을 증강함으로써 독자적인 세력권을 형성할 수 있었다. 결국 신라 하대의 황해무역은 신라 지방세력의 등장과 발전을 촉진시켰다고 하겠다.

제2절 '서학' 활동과 '서화' 구법승

고대 한반도 삼국과 중국의 여러 왕조 간에는 다양한 형태의 교섭과 교류가 이루어졌다. 조공과 책봉을 근간으로 한 정치교섭, 공무역과 사무역에 의한 경제교역, 유학과 구법 활동을 통한 문화교류가 그것이다. 그 중에서 문화교류는 한자, 유교, 불교를 매개로 한 동아시아 문화권을 형성하는 데 결정적으로 기여하였다.

일반적으로 문화 또는 문명은 높은 곳에서 낮은 곳으로 흐른다고 한다.

---

59 日野開三郎는 등주지후관 이언모를 등주 新羅館의 우두머리라 하였고(日野開三郎, 「羅末三國の鼎立と對大陸海上交通貿易(1)」, 『朝鮮學報』 16, 1961, 22쪽), 金庠基는 신라 본국과 이주민 사이의 연락 업무를 맡아 보던 사람이라 하였다(金庠基, 앞의 논문, 1960, 60쪽). 어느 쪽이었든 이언모를 등주에 보내 업무를 맡긴 사람은 당시 김해를 장악하고 있던 소율희였다.

그런데 전근대 중국 대륙은 한반도나 일본열도를 비롯한 주변지역에 비하여 월등히 우수한 문화를 가지고 있었다. 천문학과 각종 과학 기술은 말할 것도 없고, 정치조직과 사회구조를 지탱하고 발전시키는 데 긴요한 유교 이념과 율령제도, 인간의 내면세계를 지배하던 불교와 도교 같은 종교는 중국인이 고안했거나 혹은 외부에서 수입해 발달시킨 뛰어난 문화자산이다. 이처럼 우수한 중국 문화는 끊임없이 주변으로 퍼져나갔는데, 그러한 역할을 담당한 사람이 중국을 왕래하던 사절단과 구법승, 그리고 유학생이었다.

한반도 삼국 역시 중국의 여러 왕조에 사절단, 승려, 유학생을 빈번히 파견해 그들의 우수한 문물과 사상을 도입하였다. 특히 준조공관계準朝貢關係와 비조공관계非朝貢關係의[60] 비중이 높아진 8, 9세기 신라인들은 불교와 유교를 공부하기 위해 끊임없이 중국을 드나들었다. 신라 말의 유학자 최치원은 그러한 활동과 행위를 '서학西學'이라 명명했거니와, 황해를 통해 이루어진 신라의 서학 활동은 신라사뿐만 아니라 한국고대사의 전개에 특기할 만한 일이라 할 수 있다.

모든 언어는 장구한 역사 속에서 생성, 변화, 소멸을 거듭해왔다. 그 과정에서 어떤 언어는 공간적 차이와 시간적 변천에 따라 원래의 뜻과 전혀 다르게 사용되는 경우가 있다. 이러한 현상을 언어학에서는 의미의 전이轉移라 하는데, 여기서 탐구하려는 '서학'이란 용어 역시 마찬가지이다. 그래서 이 절에서는 우선 고대 '서학'의 개념을 살펴보고, 그러한 서학의 틀 속에서 9세기 전후 신라인들의 중국 유학 실태와 역사적 의미를 탐색하고자 한다.[61] 아울러 신라로 돌아오지 않고 이국異國에서 생을 마감한 '서

60 準朝貢關係와 非朝貢關係는 全海宗, 「韓中 朝貢關係 概觀」, 『韓中關係史硏究』, 일조각, 1970, 28~32쪽에서 규정한 개념에 따른 것이다.

61 중국학자 党銀平도 나름대로 서학의 개념과 서학 풍조의 사회적 배경, 그리고 서학의 문화적 역할 등을 언급하였으나(党銀平, 「唐代 신라의 '西學' 풍조가 성행했던 원인과 문화적인 역

화西化' 구법승의[62] 존재와 활동을 고찰하고자 한다.

1. '서학'의 두 가지 개념

(1) 원래의 서학

한국에서는 일반적으로 조선후기에 청나라를 거쳐 전래된 서양의 학술, 종교, 사상 등을 서학이라 일컫는다. 그러나 서학이라는 용어는 '서양西洋'의 문물이 한반도에 전래되기 훨씬 이전인 9세기에 이미 신라에서 사용되었다.

현존하는 자료에 따르면, 신라시대 '서학'이라는 용어를 처음 사용한 사람은 최치원이다. 그는 「성주사낭혜화상탑비명聖住寺朗慧和尙塔碑銘」에서 "다시 생각해 보건대, 서학한 것은 피차가 모두 마찬가지인데 스승이 되는 사람은 누구이고 부림을 받는 사람은 누구인가? 어찌 심학자心學者는 높고 구학자口學者는 수고로움을 당해야 하는 것인가? (중략) 대사께서는 서학하여 동쪽을 또 한번 변화시켰다"고 하여,[63] 하나의 비문에서 두 번이나 서학이라는 말을 사용하였다.

뿐만 아니라 최치원은 「봉암사지증대사탑비명鳳巖寺智證大師塔碑銘」에서 "스님들은 서학하고 나한들은 동쪽에서 노닐었다〔苾芻西學 羅漢東遊〕"라 하였고, 「주청숙위학생환번장奏請宿衛學生還蕃狀」에서 "당나라 조정에

할」, 『국어국문학』 136, 2004, 47~65쪽), 구체성이 없어 아쉬움이 남는다.

62 최치원은 「鳳巖寺智證大師塔碑銘」에서, 신라의 서학 구법승을 고국에 돌아오지 않은 '西化' 구법승과 신라로 돌아온 '東歸' 구법승으로 나누었다. 여기서 최치원이 말한 西化의 '西'는 신라의 서쪽, 곧 중국 당나라를 의미하지만 그것을 광의로 해석하면 중국은 물론 인도까지를 포함한 신라 서쪽의 여러 나라 혹은 지역으로 해석할 수 있다. 따라서 본서에서의 '서화 구법승'은 신라의 서쪽인 중국이나 인도에 유학하였다가 귀국하지 않고 그곳에서 죽은 승려들에 대한 총칭으로 사용하고자 한다.

63 "復惟之 西學也 彼此俱爲之 而爲師者何人 爲役者何人 豈心學者高 口學者勞耶 (중략) 大師西學而東化加一變" (「聖住寺朗慧和尙塔碑銘」, 『譯註 韓國古代金石文』 제3권, 가락국사적개발연구원, 1992, 96~121쪽).

그림 4-4 성주사낭혜화상탑비(충남 보령시 성주면)

주달奏達하거나 사신의 행차를 경건히 맞이함에 있어, 모름지기 서학의 변별에 의지해야 바야흐로 동이의 실정을 제대로 알릴 수 있다〔以此敷奏天朝祇迎星使 須憑西學之辨 方達東夷之情〕"고 하였으며, 「견숙위학생수령등입조장遣宿衛學生首領等入朝狀」에서 "동쪽 사람들이 서학하는 것은 오직 예와 악인데, 여력으로 문장을 공부하여 정음正音으로 언어를 변화시킨다〔臣竊以東人西學 惟禮與樂 至使攻文以餘力 變語以正音〕"라 하였다.

당과 신라에서 수많은 글을 지은 최치원은 그의 저술에서 서쪽〔西〕이라는 말을 즐겨 사용하였다. 그런데 최치원이 사용한 '서西'는 신라의 서쪽에 있는 중국, 그 중에서도 당나라를 의미하는 경우가 대부분이었다. 예를 들면 당나라를 서국西國이라 하였고, 당에서 벼슬살이하는 것을 서환西宦이라 하였으며, 당에서 유학하며 문물을 견문하는 것을 서유西遊라 하였다. 최치원의 글에 나오는 서학의 '서' 역시 당나라를 의미함은 물론이다. 그렇다면 최치원이 사용한 서학은 '신라 사람이 서쪽 당나라에 가서 배운다'라는 의미였다고 할 수 있다.

그러면 최치원은 당에서 무엇을 배우는 것을 서학이라 일컬었을까? 그는 앞에서 소개한 「성주사낭혜화상탑비명」에서, 서학한 것은 피차가 모두 마찬가지인데 낭혜화상은 심학心學, 곧 불교를 공부하여 높게 받들어지고 자신은 구학口學, 곧 유학을 공부하여 비문 짓는 수고로움을 맡게 되었다고 술회하였다. 다시 말하면 낭혜화상은 서쪽으로 가서 불교를 공부하였고, 최치원은 서쪽으로 가서 유학을 공부했다는 것이다. 유학의 경우 「견숙위학생수령등입조장」에서 보다 구체적으로 적시하고 있는데, 그것은 예禮와 악樂, 그리고 문장이었다. 결국 최치원이 말한 서학은 신라 사람이 서쪽 당나라에 건너가 불교와 유교의 예와 악, 그리고 문장을 배우는 것을 표현한 말이라 하겠다.

최치원뿐만 아니라 신라 말 고려 초의 다른 지식인들도 서학이라는 말을 종종 사용하였다. 고려 광종대의 학자 손소孫紹는 「대안사광자대사탑비명大安寺廣慈大師塔碑銘」에서 "대사는 서당西堂의 법화를 전해 받았으나, 서학하는 수고로움을 하지 않았다〔大師傳法化於西堂 卻不勞西學〕"라 하였고, 김정언金廷彦은 「옥룡사통진대사탑비명玉龍寺洞眞大師塔碑銘」과 「고달사원종대사탑비명高達寺元宗大師塔碑銘」에서 "(불법이) 동쪽으로 흘러 들어간다는 말과 서학하여 그것을 구하는 자가 있다〔有東流之說 西學之求者〕"라 운운하였다. 이들이 사용한 서학이라는 용어 역시 최치원의 그것과 동일하였음은 말할 것도 없다. 다만 서학의 주체가 신라인만이 아니라 고려인까지를 포함한다는 점에서 약간의 차이가 있을 뿐이다.

신라와 고려 사람들이 중국에 들어가 불교와 유학을 배운다는 의미의 서학은 고려중기와 후기에도 여전히 같은 뜻으로 사용되었다. 김부식金富軾은 『삼국사기』에서 최치원이 중국에 유학한 것을 서학이라 칭하였고,[64]

64 『三國史記』 권46, 列傳 崔致遠.

일연一然은 『삼국유사』에서 서학이라는 용어를 무려 8차례 사용하였다. 예를 들면 '원광서학圓光西學'이라는 제목으로 원광이 당에 유학한 사실을 소개하였고, 의상이 당에 들어가 구법한 것을 서학입당西學入唐이라 하였으며, 자장慈藏과 원승圓勝이 당에 들어가 불교를 공부한 것 또한 서학이라 표현하였다.[65] 그리고 고려 예종 때 송나라에 들어가 거란대장경을 구입해 돌아온 혜조국사 담진曇眞의 입송入宋을 서학이라 표현하였고,[66] 백제 승려 혜현惠現이 중국에 들어가 공부하지 않았음을 '현불서학現不西學'이라 하였다.[67] 이처럼 일연은 서학을 최치원의 경우와 동일한 의미로 사용하였다. 나아가 일연은 신라인의 입당 구법뿐만 아니라 백제인과 고려인이 중국에 들어가 구법한 것까지를 모두 서학이라 하였다.

결국 신라와 고려의 지식인들이 사용한 '서학'은 신라인과 고려인이 서쪽 중국으로 건너가 당·송의 선진 학술과 사상을 배우고 익히는 행위를 의미한다고 하겠다. 그런데 그들은 서학을 통하여 자국의 문화를 계발해야 하고 또 그렇게 할 수 있다고 여겨, 중국에 들어가 학문하기를 권장하였다. 특히 최치원은 신라인이 불교와 유교를 공부하기 위해서는 반드시 서쪽으로 건너가 배워야 하고, 서학하여 예악과 문장을 배워 언어를 변화시켜야 한다고 하였다. 그리고 서쪽 당나라의 문물을 관광觀光해야 하고 서학의 변별에 의거해야만 바야흐로 동이東夷의 실정을 제대로 당에 알릴 수 있다고 하여 서학의 당위성과 필요성을 역설하였다. 이런 점에서 신라시대의 서학은 당시 유행하던 당나라 유학留學을 통한 중국 학문 배우기, 곧 중국학 학습운동(中國學學習運動, learning Sinology movement)을 함축적으로 표현한 용어였다고 할 수 있다.

---

65 『三國遺事』 권4, 圓光西學; 같은 책 권3, 皇龍寺九層塔 및 皇龍寺丈六; 같은 책 권2, 文虎王法敏; 같은 책 권4, 慈藏定律.

66 『三國遺事』 권3, 前後所將舍利.

67 『三國遺事』 권5, 惠現求靜.

(2) 새로운 서학

조선후기에 들어와 유럽인들의 동방 진출이 활발해짐에 따라 중국과 조선에서는 세계지리에 대한 인식이 확대되고 유럽의 학문과 사상이 소개되었다. 이에 따라 종전 신라인과 고려인들이 당·송의 학술과 사상을 배우고 익히는 행위를 포괄적으로 나타내던 '서학'의 의미에 변화가 일어났다. 즉, 조선후기에 이르러 서학은 이른바 '서양the West'의 학술과 사상을 뜻하는 새로운 용어로 변모하였던 것이다.

오늘날 서양은 유럽과 남북 아메리카 대륙을 통틀어 일컫는 말이다. 그러나 17, 18세기 동아시아에서 인식한 서양의 개념은 오늘날과 달랐다. 동아시아에서 서양이라는 용어는 명나라 초기에 처음 등장하여 정화鄭和의 남해 원정 이후에 일반화되었다.[68] 그러면서도 사용 시기에 따라 서양의 개념이 약간씩 변하였다. 명대에는 남중국해를 중심으로 그 동쪽 바다와 거기에 연접한 지금의 필리핀, 인도네시아 보르네오섬, 타이완 등을 동양이라 하고, 그 서쪽 바다 일대의 인도, 타이, 아라비아반도 등지를 서양이라 하였다. 현대의 개념으로 보면, 동경東經 110°를 기준으로, 그 서쪽 바다와 그에 연접한 지역을 서양으로 인식했던 것이다. 그러면서도 당시 중국인들의 세계지리에 대한 인식 범위가 아라비아반도를 넘지 못했기 때문에 지금의 유럽은 서양의 범주에 포함되지 않았다.

그러나 청대 이후 유럽인의 중국 진출이 보다 적극성을 띠게 됨에 따라 중국인에게 서양의 존재 가치가 점차 커져갔다. 이에 중국인들은 종전 자신들의 인식 밖에 있던 유럽에 주목하기 시작하였다. 특히 명나라 말기 이후 포르투갈, 스페인, 네덜란드의 선교사들이 대거 중국에 들어와 체류하며 서구西歐의 학문과 종교를 소개함으로써, 중국의 지식인들은 서구의 학

68 崔韶子, 「中國에서 본 西洋－傳統時代를 중심으로」, 『東洋史學硏究』 80, 2002, 102～103쪽.

술과 종교뿐만 아니라 그 나라에 대한 지적 호기심을 갖게 되었다. 그 결과 종전에 아라비아반도까지로 인식되던 서양의 범위는 유럽과 영국으로까지 확대되었다. 동시에 인도인과 아라비아인들에 비하여 유럽인들의 활동과 역할이 현저히 커짐에 따라, 18세기가 되면 서양은 오로지 유럽만을 지칭하는 의미로 정착되었다. 이러한 중국인의 서양에 대한 인식 변화에 큰 역할을 한 것은 유럽의 천문, 역법, 종교, 학술 등을 총칭하는 이른바 '서학' 이었다.

서양의 학문과 사상을 의미하는 서학이라는 용어를 처음 사용한 사람은 명말明末 청초淸初 중국에 체류하던 서양 선교사들이었다. 그들은 자신들이 쓴 서양 관련 서적에서 서양에 관한 학문과 사상을 서학이라 하였던 것이다. 1605년 이후 남경천주교회南京天主敎會를 주도한 알폰수스 바뇨니Alphonsus Vagnoni의 『서학치평西學治平』, 『민치서학民治西學』, 『서학제가西學齊家』와 1613년 중국에 입국한 율리우스 알레니Julius Aleni의 『직방외기職方外紀』와 『서학범西學凡』 등이 대표적인 서적이다.[69] 이에 중국 학자들도 그들을 따라 서양의 종교와 과학 기술 등을 서학이라 칭하게 되었다.

전통적으로 중국인들은 중화사상에 입각하여 세계를 자기중심적으로 인식해왔다. 그럼에도 그들은 서양 선교사들이 사용하던 서학의 용어를 아무런 거부감 없이 선뜻 차용借用하였다. 서양 선교사들이 자기중심적 사고방식에 빠져있던 중국 지식인들을 염두에 두고, 서학을 중국의 서쪽 나라에서 전래된 학문이라는 의미로 사용했기 때문이다. 다시 말하면 서학을 서양 중심이 아니라 중국 중심의 방위 개념에서 나온 말로 사용하였다. 그래서 중국인들은 서학이라는 용어를 굳이 배척할 필요성을 느끼지 못하였다. 이처럼 청대의 지식인들이 서양의 학술과 사상을 서학이라 한 데는

69 李元淳, 『朝鮮西學史硏究』, 일지사, 1986, 8~12쪽.

나름대로 타당하고 정합적인 이유가 있었다.

서양 선교사를 통해 중국에 전래, 수용된 서학은 곧바로 조선으로 유입되었다. 조선은 건국 초기부터 중국에 정기적으로 사신을 파견해 양국 간의 우의를 다졌다. 그러던 중 17, 18세기에 중국을 왕래하던 조선의 사절단이 당시 베이징北京 등지에서 체류하던 서양 선교사와 교회당을 방문한 것을 계기로 서양의 학술과 사상을 접하게 되었다. 이에 그들은 서양 선교사들이 번역, 저술한 각종 서양의 과학과 종교에 관한 서적들을 구득求得해 조선에 유포하였다. 조선의 사절단이 가져온 한역서학서漢譯西學書는 종전 중국의 유교사상에 매몰되어 있던 조선의 지식인들에게 큰 충격을 주었다. 그래서 일부 지식인들은 호의적 혹은 비판적 관점에서 서양의 종교와 학문에 관심을 가지고 연구했는데, 그들 역시 서양의 학술과 사상을 서학이라 지칭하였다.

전술하였듯이, 중국인들은 자국 중심의 사고방식에 따라 타당하고 정합적인 논거에 기초하여 서양의 학술과 사상을 서학이라 칭하였다. 그러나 조선의 지식인들은 중국인들이 심사숙고하여 차용했던 서학이라는 용어를 특별한 의식 없이 무비판적으로 습용하였다. 물론 오늘날의 관점에서 보면, 유럽이 조선의 서쪽에 있으므로 유럽의 학문과 사상을 서학이라 해도 틀린 말이 아니다. 그러나 한국에서는 전통적으로 서쪽의 중국으로 가서 학습하는 행위를 서학이라 하였다. 그럼에도 조선후기 지식인들은 유럽 문물의 동진東漸 와중에 종전 우리 중심의 사고방식에서 고안된 원래 서학의 개념을 폐기처분하고, 중국 중심적 사고방식에서 만들어진 새로운 '서학'을 그 자리에 갖다 놓았다.

조선후기에 들어와 서학의 개념이 이처럼 쉽게 바뀔 수 있었던 데는 여러 가지 요인이 있었다. 그 중의 하나가 명과 청의 외국에 대한 폐쇄정책이다. 당은 중국 역사상 유례를 찾아볼 수 없을 정도로 개방적이고 국제적인 나라였다. 그래서 주변국의 많은 사람들이 당에 들어가 비교적 자유로운 경제·문화 활동에 종사하였다. 그 결과 수많은 신라의 유학생과 구법승들이 당에 들어가 공부하였고, 견당사들은 당의 문물과 기예를 습득할 수 있었다. 그러나 명과 청은 해금정책海禁政策을 시행하여 외국인의 출입국과 국내 활동을 엄격히 규제, 간섭하였다.[70] 이에 따라 조선의 학생과 승려들이 명과 청에 들어가 공부하기 어려워진 것은 물론, 사절단의 학문활동 역시 제약받게 됨으로써 신라와 고려시대 서학의 전통은 끊어지고 그것의 개념에 대한 인식도 희미해졌다. 그러던 중 새로운 서양 학문을 접하게 되자, 조선의 지식인들은 중국인을 따라 서양의 학술과 사상을 서학이라 하였던 것이다.

그렇다고 하여 최치원과 일연이 인식했던 '원래의 서학'이 우리의 학문 전통에서 완전히 사라진 것은 아니었다. 조선후기의 실학자 박제가朴齊家는 일찍이 당에서 공부하고 돌아와 신라의 풍속을 혁신하고자 했던 최치원의 뒤를 따르고 싶다고 하였다. 그래서 초나라 진량陳良이 북쪽으로 가서 주공周公과 공자의 도를 배웠다는 고사에 의거하여 조선이 청의 문물과 학술을 배우고 본받는 것을 북학北學이라 하였다.[71] 또한 자신의 연행燕行 과정에서 얻은 지식을 토대로 『북학의北學議』를 저술하여 청나라의 수레, 배, 성, 궁실, 교량, 농법 등을 소개하고, 그것들의 효용성을 역설하며 마땅히 배워 활용해야 한다고 주장하였다. 따라서 박제가가 말한 북학은 청나라 문물을 포함한 중국 문물 전반에 대한 학습운동이라 할 수 있다. 이런 점에서 조선후기의 북학은 '새로운 서학'에 밀려난 '원래의 서학'과 일맥상통하는 개념이라 하겠다.

70 全海宗, 『韓中關係史硏究』, 일조각, 1970, 5~7쪽 및 21~23쪽.

71 朴齊家, 『北學議』 序.

2. 8, 9세기의 서학 활동

(1) 구법승의 서학 활동

영국의 역사학자 네이미어Lewis B. Namier는 어떤 사회나 단체를 이끌어가는 엘리트 집단을 '굽은 발톱을 가진 새'에 비유하였다. 그런데 신라 불교사에서 굽은 발톱을 가진 새는 바로 중국에 건너가 선진 불교를 공부한 구법승들이었다. 그들은 신라 불교의 발전과 변혁의 계기를 마련하였고 더불어 신라 불교계를 선도해 나갔기 때문이다. 다시 말하면 신라의 서학 구법승들은 시종 신라 불교의 중추적인 역할을 담당하였다.

신라에 불교가 공식적으로 수용된 이후 많은 승려들이 중국과 인도에 유학하였다. 진흥왕대 초에 각덕覺德으로부터 시작된 서학 구법은 진평왕대 원광圓光 이후에 더욱 활발하게 전개되어, 안홍安弘·원측圓測·자장·의상 등으로 이어졌다. 일연은 그러한 서학 구법의 실태를 '계종동동繼踵憧憧'이라는 말로 표현했거니와,[72] 앞 사람의 발꿈치를 좇아 부산하게 왕래하던 신라의 서학 구법 행렬은 나라가 망할 때까지 지속되었다. 특히 8, 9세기 당 문화의 만개滿開와 경제적 번영, 그리고 신라인의 당 문화에 대한 욕구가 한데 어우러져 신라에서 서학 풍조가 크게 유행하였다.[73] 이 시기에 이름이 확인되는 구법승은 모두 80여 명에 이르는데,[74] 그들 중에는 2, 3년 동안 단기간 유학한 사람도 있고 혹은 20, 30년 이상 당에 머물다 귀국한 경우도 있었으며, 또는 영영 귀국하지 않고 당에서 일생을 마친 사람도 있었다.

---

72 『三國遺事』 권4, 圓光西學.

73 党銀平은 신라 문화의 상대적 낙후성과 그에 따른 신라 왕실의 적극적인 당 문화 수용 정책, 양국 관계의 친밀성, 당의 대외 개방적 교육 정책 등을 신라에서 서학 풍조가 유행하게 된 원인으로 지적하였다(党銀平, 앞의 논문, 2004, 47~59쪽).

74 黃有福·陳景富, 『中朝佛教文化交流史』, 中國社會科學出版社, 1993, 436~475쪽; 김병곤, 「新羅 下代 求法僧들의 行蹟과 實狀」, 『佛教研究』 24, 한국불교연구원, 2006, 133~143쪽.

표 4-3 신라 하대의 구법승

이름	체류 기간	재당 행적	전거	기타
道義	784~821년경 (약 37년)	오대산 순례, 寶壇寺에서 구족계 수여, 조계 조사당 참배, 洪州 開元寺 地藏 사사, 두타행, 百丈山 懷海 사사, 慧昭 조우	「봉암사지증대사탑비명」, 「쌍계사진감선사탑비명」, 『조당집』 17	金讓恭을 따라 입당
慧昭	804~830년 (26년)	滄州 神鑑으로부터 印契, 嵩山 소림사에서 구족계 받음, 道義 조우, 사방을 유력, 終南山에서 3년간 止觀, 紫閣에서 3년간 고행	「쌍계사진감선사탑비명」	歲貢使를 따라 입당
慧徹	814~839년 (25년)	龔共山 地藏禪師 사사, 사방을 유력, 천태산 國淸寺에 주석, 西州 浮沙寺에서 3년간 대장경 열람	「대안사적인선사탑비명」	秦橋를 거쳐 입당
無染	821~845년[75] (24년)	종남산 至相寺를 거쳐 佛光寺 如滿에게 問法, 麻谷寺 寶徹 사사, 汾水·香山 등지 순례, 선지식 참문, 두타행과 고행, 동방의 대보살로 칭송	「성주사낭혜화상탑비명」, 『조당집』 17	金昕을 따라 입당, 회창폐불로 귀국
玄昱	824~837년 (13년)	太原府의 두 절에 거주, 章敬 懷暉 사사	『조당집』 17	金義琮을 따라 귀국
道允	825~847년 (22년)	南泉 普願 사사	「흥녕사징효대사탑비명」, 『조당집』 17	견당사를 따라 입당
梵日	836~847년 (11년)	선지식 참문, 鹽官 濟安 사사, 藥山 惟儼에게 문법, 장안에서 폐불 사태를 만나 고난, 韶州 조계의 조사탑 참배, 명주 開國寺에서 신라 사미 조우	『조당집』 17, 『삼국유사』 3	김의종을 따라 입당, 회창폐불로 귀국
大通	856~866년 (10년)	宗林을 두루 참배, 仰山 澄虛 사사, 弘忍의 심인을 계승	「월광사원랑선사탑비명」	회역사 陳良을 따라 귀국
順之	858~874년경 (약 16년)	仰山 慧寂 사사, 좌우에서 선종 諮稟	「서운사요오화상탑비명」, 『조당집』 20, 『경덕전등록』 12	견당사를 따라 입당
行寂	870~885년 (15년)	懿宗의 조칙으로 장안 寶堂寺 孔雀王院에 거주, 오대산 순례, 문수보살에 감응, 花嚴寺 거주, 淨衆寺 無相大師 영당 참배, 石霜 慶諸 사사, 衡嶽의 선지식 참문, 조계 혜능 조사탑 참배, 사방을 유력	「태자사낭공대사탑비명」	金緊榮을 따라 입당
麗嚴	890년경~909년(약 19년)	강남에 일시 체류, 洪州府를 거쳐 雲居 道膺 사사	「보리사대경대사탑비명」	
逈微	891~905년 (14년)	홍주 鍾陵縣 雲居 道膺 사사, 潭州 節度使 馬公과 절도부사 金舆의 후대, 담주에 거주	「무위사선각대사탑비명」	崔元을 따라 입당

慶甫	892~921년 (29년)	秦橋를 경유, 撫州 疎山 匡仁 사사, 江西 老善 배알, 사방을 유력	「옥룡사통진대사탑비명」	
璨幽	892~921년 (29년)	舒州 桐城縣 寂住山 投子禪和尙(大同和尙) 사사, 천태산과 강남의 선지식 참문, 성지 순례	「고달사원종대사탑비명」	상선을 타고 입당
慶猷	890년경~908년(약 18년)	雲居 道膺 사사	「오룡사법경대사탑비명」	견당사를 따라 입당
利嚴	896~911년 (15년)	雲居 道膺 사사, 영남과 하북을 돌며 여섯 탑과 참배, 湖外와 江西의 선지식 參謁, 恒山·岱山·衡山·廬山 순례, 제후들에게 獻勅	「광조사진철대사탑비명」	崔藝熙를 따라 입당

귀국하지 않은 구법승에 대해서는 뒤에서 자세히 고찰하겠지만, 당에 유학한 신라 구법승들은 대부분 고국으로 돌아왔다. 당의 제도에 의하면, 신라나 일본 승려가 9년 이상 당에 머물게 되면 당의 승적僧籍에 편입되었다.[76] 따라서 9년 이하의 구법을 단기 구법이라 하고 그 이상의 체류를 장기 구법이라 할 수 있을 듯하다. 그런데 현재 알려진 신라의 구법승들은 대부분 9년 이상 장기간 당에 머물렀다. 물론 837년에 정육貞育·허회虛懷 등과 함께 당에 들어가 중원 일대를 돌아다니며 선지식을 찾아 공부한 후 840년 2월에 귀국한 보조선사 체징體澄 같은 단기 구법승도 있었으나, 대부분이 9년 이상 당에 체류한 장기 구법승이었다. 신라 하대 장기 구법승으로서 행적이 비교적 분명한 승려의 활동을 정리하면 표 4-3과 같다.

표 4-3을 일별하면 알 수 있듯이, 9세기 신라의 서학 구법승들은 당나라 전역을 돌아다니며 스승을 찾아 배우고 성스러운 자취를 순례하였다. 도의는 784년부터 821년까지 무려 37년 동안 당에 머물며 보단사寶壇寺에서 구족계를 받고 홍주洪州(지금의 장시성 난창시南昌市) 개원사의 지장地藏과

75 「聖住寺朗慧和尙塔碑銘」에서는 회창 5년(845)에 無染이 귀국했다 하였고, 『祖堂集』(권17)에서는 회창 6년(846)에 귀국했다고 하여 1년의 차이를 보인다. 여기서는 「聖住寺朗慧和尙塔碑銘」의 서술에 따른다.

76 『新唐書』 권48, 百官3 崇玄署; 『唐會要』 권49, 僧籍.

그림 4-5 천태산 국청사(중국 저장성 타이저우시 톈타이현天台縣)

백장산 회해懷海를 스승으로 삼아 불교를 공부하였다. 그리고 혜소는 804년에 입당하여 창주滄州(지금의 허베이성 창저우시滄州市)의 신감神鑑으로부터 인계印契를 받고 숭산嵩山 소림사에서 구족계를 받은 후 각지를 유력하다가 830년에 신라로 돌아왔다. 또한 혜철은 814년부터 25년간 당에 머물며 공공산龔共山 지장선사를 사사하고 사방을 유력하였으며, 천태산 국청사國淸寺를 거쳐 서주西州(지금의 신장웨이우얼자치구新疆維吾爾自治區 투루판시吐魯番市) 부사사浮沙寺에서 3년 동안 대장경을 열람한 후 귀국하였다.

무염은 종남산 지상사를 거쳐 불광사佛光寺 여만如滿에게 법을 묻고 이어서 마곡사 보철에게 사사한 후 두타행과 고행을 실천하여 동방의 대보살로 칭송받았다. 그리고 범일은 6년간 염관 제안鹽官 齊安에게 사사하고 약산 유엄藥山 惟儼에게 법을 물었으며 소주韶州(지금의 광둥성 사오관시韶關市) 조계의 조사탑을 참배하였다. 행적은 오대산을 순례하고 석상 경저石霜 慶諸 문하에서 불법을 공부하였으며 성도成都(지금의 쓰촨성 청두시成都市)의 무상대사 영정과 소주의 조계 혜능 조사탑을 참배하였다. 또한 이엄은 운거 도응雲居 道膺을 스승으로 모시고 불법을 공부하였고 영남과 하북을 돌며 선지식을 참문하였으며, 항산恒山과 대산岱山 등지를 순례하였다.

이외에도 현욱, 도윤, 대통, 순지, 여엄, 형미, 경보, 찬유, 경유 등은 짧게는 10년 길게는 29년 동안 당에 머물며 스승을 찾아 불교를 공부하고 각지의 성적聖跡을 순례하였다. 그 결과 동쪽 황해 연안은 말할 것도 없고 북쪽으로 오대산과 태원부太原府(지금의 산시성 타이위안시太原市)·창주·진주鎭州(지금의 허베이성 스자좡시石家庄市), 서쪽으로 성도와 장안, 남쪽으로 소주와 건주虔州(지금의 장시성 간저우시贛州市)에 이르기까지 곳곳에 그들의 흔적을 남겼다.[77] 또한 그들이 가르침을 받은 승려는 당대의 고승 대덕을 망라하였다. 백장 회해, 마곡 보철, 남천 보원, 염관 제안, 약산 유엄, 석상 경저, 운거 도응 등은 당시 중국 선불교를 대표하던 승려들이었다. 이처럼 신라 서학 구법승들은 당나라 전역의 고승을 스승으로 삼아 중국의 선진 불교를 공부하였다.

(2) 유학생과 견당사의 서학

신라의 도당 유학생들 역시 당에서 활발한 서학 활동을 펼쳤다. 신라가 처음으로 당에 유학생을 파견한 것은 선덕왕 9년(640)이었다. 626년에 현무문玄武門의 정변으로 왕위에 오른 당 태종은 문치文治로 천하를 안정시키고 다스리겠다는 생각으로, 630년 이후 수차례에 걸쳐 국학과 태학에 행차하고 학사學舍 1,200칸을 증축하여 학생들을 대거 증원하자 주위의 여러 나라에서 자제들을 보내 국학에 입학하기를 청하였다. 이때 신라도 왕실 자제들을 보내 국학에 입학시켰다.[78]

77 서학 구법승을 포함한 9세기 재당 신라인들의 중국 내 거주 현황에 대해서는 권덕영, 앞의 책, 2005, 145쪽 지도 참조.

78 『三國史記』 권5, 善德王 9년 5월.

이후 신라는 꾸준히 학생들을 당에 보내 국자감을 비롯한 당의 교육기관에서 공부하게 했다. 특히 하대에 들어와 신라의 도당 유학 풍조가 최고조에 달하였다. 희강왕 2년(837) 3월에 당의 국학에서 공부하고 있던 신라 학생의 수가 216명이었다는 점에서[79] 그러한 사실을 알 수 있다. 그리고 신라 유학생이 다른 나라에 비해서도 수적으로 단연 많았다. 신라 유학생은 크게 사비 유학생과 국비 유학생으로 나누어지고 재당 수업 연한은 10년이었다. 그 중에서 국비 유학생은 신라와 당 왕실로부터 왕복 교통편과 의복 및 식비 같은 체재비, 그리고 책값 등을 지원받았다.[80] 이러한 조건 하에서 신라 하대 당에 유학한 학생은 수백 명이 넘었을 것으로 생각된다.

서학 구법승들은 입당 초기부터 스승과 성적을 찾아 각 지방을 순례하였으나, 유학생들은 장안과 낙양洛陽(지금의 허난성 뤄양시洛陽市)에 건립된 당나라 교육기관에 정착해 공부하였다. 수학 후 그들은 빈공과賓貢科 합격 여부에 따라 각자의 명암이 엇갈렸다. 빈공과에 합격한 학생은 당의 관리가 되어 그곳에 체류하며 자신의 학문을 더욱 증진시키고 각지를 돌아다니며 당의 문물을 체험할 수 있었으나, 합격하지 못한 사람들은 수업 연한이 끝나면 신라로 돌아와야 했다. 따라서 신라의 도당 유학생은 빈공과 급제자와 그렇지 못한 사람의 두 유형으로 분류할 수 있을 듯하다.

고려시대 최해崔瀣는 당의 빈공과에 합격한 신라 유학생이 모두 58명에 이른다 하였고,[81] 안정복安鼎福은 보다 구체적으로 빈공과 급제자 22명의 명단을 제시하였다.[82] 그리고 이기동李基東은 각종 금석문과 나당 문인들

79 『唐會要』 권36, 附學讀書.

80 嚴耕望, 「新羅留唐學生與僧徒」, 『中韓文化論集』 1, 1955, 67~73쪽; 李基東, 「新羅 下代 賓貢及第者의 出現과 羅唐 文人의 交驩-高麗 中期 小中華 成立의 前史로서」, 『全海宗博士華甲紀念 史學論叢』, 일조각, 1979; 앞의 책, 1984, 280~304쪽; 申瀅植, 「羅末麗初 渡唐留學生研究」, 『古代韓中關係史의 研究』, 삼지원, 1987, 293~311쪽; 金世潤, 「新羅下代 渡唐留學生에 대하여」, 『韓國史研究』 37, 1982, 149~168쪽.

81 『拙藁千百』 권2, 「送奉使李中父還朝序」.

의 시문으로부터 14명의 빈공과 급제자를 더 찾아내어 총 36명의 명단을 확정하고, 그들의 이력과 활동을 상세히 고증하였다.[83]

사실 빈공과 급제자는 전체 유학생 가운데 극히 일부에 지나지 않고, 대부분은 수업을 마치고 신라로 돌아와야만 했다. 문성왕 2년(840)에 수학 연한 10년이 지난 학생 105명이 한꺼번에 강제 귀국당한 것이 대표적인 예이다.[84] 그리고 원성왕 5년(789)에 양근현楊根縣(지금의 경기도 양평군 양평읍) 소수小守로 임명된 자옥子玉,[85] 당나라 문인 고비웅顧非雄의 시에 등장하는 박처사朴處士[86] 등도 빈공과에 급제하지 못한 유학생이었다. 그러나 빈공과 급제자는 말할 것도 없고 급제하지 못한 사람들도 귀국 후에 신라 조정으로부터 우대를 받았다. 앞서 소개한 자옥은 단지 당에 들어가 학생으로서 공부하고 왔다는 사실만으로 양근현 소수에 임명되었다.

그러면 신라 유학생들은 당에서 무엇을 공부했을까? 당의 국자감에는 국자학國子學·태학太學·사문관학四門館學·율학律學·서학書學·산학算學 등 6학이 있어, 신분과 전공에 따라 각기 소속이 달랐다. 즉, 국자학·태학·사문관학은 신분에 따른 구분이고, 율학·서학·산학은 신분과 더불어 전공에 의한 구분이다.

국자학·태학·사문관학 학생들은 모두 『주역』, 『의례』, 『예기』, 『모시毛詩』, 『춘추좌씨전春秋左氏傳』, 『논어』, 『효경』을 비롯하여 『예서隸書』, 『국어國語』, 『설문說文』, 『자림字林』,[87] 『삼창三蒼(倉)』[88] 등의 경전과 역사,

---

82 『東史綱目』 권5(上), 文聖王 辛酉 3년 및 眞聖女王 己酉 3년.

83 李基東, 앞의 논문, 1979 ; 앞의 책, 1984, 280～304쪽.

84 『三國史記』 권11, 文聖王 2년; 『舊唐書』 권199(上), 列傳 新羅.

85 『三國史記』 권10, 元聖王 5년 9월.

86 『文苑英華』 권281, 「送朴處士歸新羅」.

87 남북조시대 송나라 呂忱이 문자의 뜻을 고증, 해석, 주해한 책으로 총 7권으로 구성되어 있다.

88 한나라 초기의 辭典으로, 원래는 『蒼頡篇』, 『爰歷篇』, 『博學篇』 3편으로 되어 있었으나, 魏晉 이후 『蒼頡篇』을 상권, 楊雄의 『訓纂篇』을 중권, 賈訪의 『滂喜篇』을 하권으로 하여 이를 삼창

그리고 문장을 공부하였다. 그러나 그들은 신분에 따라 소속이 나누어졌다. 국자학에는 3품 이상과 국공國公의 자제 및 종2품 이상의 증손들이, 태학에는 5품 이상과 군공·현공의 자제와 종3품의 증손들만 들어갈 수 있었고, 사문관학에는 7품 이상과 후侯·백伯·자子·남男의 자제 및 서인 가운데 뛰어난 사람들이 입학할 수 있었다. 그리고 율학·서학·산학에는 8품 이하와 서인들이 들어갈 수 있었는데, 그들은 각 전공에 따른 관련 과목을 공부하였다.[89]

신라의 유학생들도 그들의 신분과 특기에 따라 각기 소속이 달랐을 것이다. 신라 왕족들이 주를 이루는 숙위학생 같은 경우에는 국자학에 들어가 공부했겠으나, 6두품을 비롯한 많은 유학생들은 태학이나 사문관학에 들어가 공부하였음 직하다.[90] 신라 유학생이 국자학이나 태학 혹은 사문관학 어디에 속하였든 그들은 모두 경전과 문장이 위주가 되는 동일 과목을 공부하였다. 그렇다고 모든 신라 유학생들이 경전과 문장을 공부하지는 않았을 것이다. 분명한 기록은 없으나, 일부 유학생들은 국자감의 율학·서학·산학에 들어가 관련 전문지식을 공부했을 것으로 생각된다.

구법승과 유학생 외에 견당사들의 서학 활동도 눈여겨볼 만하다. 인적교류가 활발하지 않던 시기의 견당사는 나당 간 정치교섭은 물론, 경제교역과 문화교류를 도맡다시피 하였다. 그런데 하대에 들어와 나당 간의 인적교류가 활발해지고 다양해지자, 종전에 견당사들이 맡았던 경제교역과 문화교류를 민간 상인, 구법승, 유학생들이 상당 부분 떠맡게 되었다. 그렇다하더라도 견당사들은 여전히 나당 간 문화교류의 일부를 담당하였다.

이라 하였다.

89 『舊唐書』 권44, 職官3 國子監; 『新唐書』 권48, 百官3 國子監.

90 최치원이 지은 「遣宿衛學生首領等入朝狀」에서 "지금 국자감 안에는 오직 신라의 馬道만이 四門館 北廊에 있고, 굼뜨고 어리석은 여러 번방들은 적적하여 중간에 끊어졌다"라고 한 점으로 보아, 많은 신라의 유학생들이 사문관학에서 공부했음을 알 수 있다.

신라는 하대 155년 동안 53회의 견당사를 파견한 사실이 확인되는데, 이들은 대부분 하정사, 사은사와 같은 정치교섭을 위한 사절단이었다.[91] 그럼에도 그들은 부수적으로 당의 학문과 사상을 배우고 관련 자료를 수입하였다. 원성왕대 말 혹은 애장왕대 초의 견당사로 추정되는 박여언朴如言은 당시의 최신 의학서인 『광리방廣利方』 5권을 베껴 돌아왔고,[92] 또 다른 신라 사신은 장천張薦과 백거이白居易의 시문을 구입해 왔다.[93] 이밖에도 견당사들은 길지 않은 당 체류 기간 동안 각종 학예와 기술을 익혔을 것으로 생각된다. 그들은 당나라 문인들과의 교류를 통하여 당의 문물과 예악을 체득하였고, 일본 견당사의 사례에 비추어 짐작할 수 있듯이,[94] 견당사 구성원들은 각자의 전공 분야에 도움이 되는 당나라 학자를 탐방하고 관련 서적들을 구입해 신라로 돌아왔을 것이다. 아울러 그들은 구법승과 유학생들에게 왕래의 편의와 입국 및 입학 수속을 대행해줌으로써 서학 활동에 간접적으로 참여하였다.

(3) 서학의 역사적 의의

8, 9세기에 많은 사람들에 의해 다양한 방식으로 이루어진 신라의 서학 활동은 한국사의 전개에 지대한 영향을 끼쳤다. 우선 선종불교禪宗佛教의 도입과 전파를 들 수 있다. 신라는 고구려와 백제에 비하여 불교를 늦게 수용하였다. 그럼에도 신라는 상대와 중대에 많은 승려들이 중국에 서학하여 선진 불교를 받아들이고 발전시킴으로써 원효와 의상으로 대표되는

---

91 權悳永, 앞의 책, 1997, 71~86쪽 참조.

92 『劉賓客文集』 권17, 「爲淮南杜相公論新羅請廣利方狀」.

93 『新唐書』 권161, 列傳 張薦; 같은 책 권119, 列傳 白居易;『舊唐書』 권166, 列傳 白居易.

94 일본 承和 遣唐使의 의원으로서 입당한 菅原梶成은 재당 기간 중 당나라 의학자를 찾아가 醫經의 의문점을 해득하였고(『日本文德天皇實錄』 권5, 仁壽 3년 6월 辛酉), 陰陽師로서 입당한 春苑玉成은 그곳에서 『難義』 한 권을 입수하여 귀국 후 陰陽寮 학생들에게 그것을 가르쳤다고 한다(『續日本後紀』 권10, 承和 8년 정월 甲午).

신라 교종불교의 꽃을 피울 수 있었다.

그런데 신라 하대에 이르러 종전의 교종이 쇠퇴하고 선종이 흥륭하였다. 교종이 쇠퇴하고 선종이 흥한 데는 여러 가지 요인과 복잡다단한 과정이 있었겠으나, 서학 구법승의 선종 수입과 전파 활동을 간과할 수 없다. 특히 당에서 서학하고 돌아온 하대의 구법승들은 곳곳에 자리를 잡고 선문禪門을 개창하였다. 신라 말 고려 초에 확립된 구산선문九山禪門의 개창조들을 살펴보면, 희양산문曦陽山門을 제외한 나머지 여덟 선문을 연 사람은 모두 서학 구법승이었다.[95] 개창조뿐만 아니라 그들의 뒤를 이어 불교계를 주도했던 사람들 역시 대부분 당나라에 유학하고 돌아온 서학 구법승이었다. 이런 점에서 신라 하대의 서학 활동은 한국 선종불교의 기반을 마련했다고 하겠다.

신라의 서학 활동은 한국 유학사에서도 중요한 의미를 가진다. 한국에 유교가 들어오기 시작한 것은 삼국이 정립되기 이전이었으나, 유교가 본격적으로 수용된 것은 삼국시대부터였다. 그럼에도 삼국시대에는 아직 유교가 정치이념과 생활규범으로서 독자적인 위치를 정립하지 못한 상태에 있었다. 그러나 신라 중대와 하대를 거치면서 한국의 유교는 점차 하나의 체계를 갖춘 사상으로 독자적 지위를 확보하게 되었다.[96]

한국사에서 유학이 나름의 지위를 확보할 수 있었던 데는 서학의 역할이 컸다. 선덕왕 때부터 파견하기 시작한 도당渡唐 유학생과 견당사들은 당에서 유학을 배우고 유교 관련 서적들을 적극적으로 수입, 보급하였다. 특히 하대에 이르러 많은 신라인들이 당나라 국자감에 입학하여 유학과 문장을 익히고 돌아왔다. 그들은 장기간 국자감에 머물며 중국 유학의 진

95 신라 말 고려 초 九山禪門의 개창 문제에 관해서는 조범환, 『羅末麗初 禪宗山門 開創 研究』, 경인문화사, 2008 참조.

96 李基白, 「新羅 骨品體制下의 儒教的 政治理念」, 『新羅時代의 國家佛教와 儒教』, 韓國研究院, 1978, 153~154쪽.

수眞髓를 공부하였고, 당시 유행하던 사장학詞章學을 습득하여 신라에 이식하였다. 그 결과 신라 하대에 유학은 정치이념과 생활윤리로 활용되었고, 또 학문적으로도 체계화되었다. 하대의 대표적인 유학자 최치원이 한국 유교의 비조鼻祖로 추앙받고 있는 것도 그러한 이유 때문이다. 아무튼 신라 하대의 서학은 신라 유학을 한 단계 끌어올렸다고 할 수 있다.

8, 9세기 신라의 서학 활동은 한국사에서 고대의 종말과 중세의 개막[97]과도 관련이 깊다. 신라 하대에 널리 퍼진 선종은 종래의 교종에 비해 개인주의적이고 사회 개혁적이며 민중 지향적인 성향이 강하였다. 이는 중앙정부의 거추장스러운 간섭을 배제하면서 지방에 웅거하여 민중들을 포섭함으로써 독자적인 세력을 구축하려는 지방호족의 의식구조와 부합하였다.[98] 그 결과 신라 말 고려 초의 많은 선승들은 지방호족들과 제휴하며 선문을 개창하여 세력을 키워나갔고, 고대사회를 무너뜨린 지방호족들도 독자적인 세력을 형성하는 데 선종을 사상적 근거로 삼고 이를 활용하였다.[99] 이런 점에서 신라 하대의 서학 활동과 중세사회의 도래는 상호 밀접한 관련이 있다고 하겠다.

서학 활동은 또 다른 측면에서 중세의 개막을 앞당겼다. 신라 하대에 많은 사람이 당에 들어가 선진 학술과 사상을 익히고 제도와 문물을 견문하고 돌아왔다. 그런데 당시의 최고 지식인이라 할 수 있는 도당 유학생과 서학 구법승들은 자신들의 학문과 재당 경험을 바탕으로, 골품제에 얽매인 신라사회를 다양한 방식으로 개혁하고자 하였다. 최치원은 시무時務 10

97 한국사에서 古代의 종말과 中世의 개막을 어느 시기로 볼 것인가에 대해서는 학설이 분분하다. 본서에서는 학계의 일반적인 견해를 받아들여 신라의 衰亡과 고려의 건국을 고대와 중세의 분기점으로 삼는다. 이 점에 관해서는 盧泰敦, 「古·中世 分期 設定을 둘러싼 諸論議」, 『講座 韓國古代史』 1, 가락국사적개발연구원, 2003, 47~92쪽 참조.

98 金杜珍, 「朗慧와 그의 禪思想」, 『歷史學報』 57, 1973, 44~46쪽.

99 崔柄憲, 「羅末麗初 禪宗의 社會的 性格」, 『史學硏究』 25, 1975, 9~13쪽.

여조를 통하여 신라사회의 변화를 꾀하였고, 최승우崔承祐와 최언위崔彦撝는 각각 견훤과 왕건에게 의탁하여 보다 적극적으로 골품제사회 타도에 앞장섰다. 그리고 서학 구법승 역시 지방호족들의 정치자문역으로서 중세사회 건설에 참여하였다. 그 결과 10세기 초 그들이 희구하던 새로운 시대가 도래하게 되었다.

이밖에도 신라 하대의 서학은 의학, 천문, 산학, 문물제도 등 여러 부문에서 신라를 포함한 한국사의 발전에 많은 영향을 끼쳤을 것으로 생각된다. 그렇다고 하여 신라의 서학 활동이 긍정적인 측면만을 가지고 있었던 것은 아니다. 모든 것이 그렇듯이 밝은 빛이 있으면 어두운 그림자가 생기기 마련이다. 서학 역시 어두운 면이 없지 않았다. 그 중의 하나가 신라인의 자존의식自尊意識을 약화시켰다는 점이다.

8, 9세기에 신라인이 자존의식을 상실한 징후는 정치, 경제, 문화 등 다방면에서 나타났다. 하대에 만들어진 각종 금석문에 의하면, 신라는 자신을 당나라의 번, 번국, 제후諸侯 또는 '제후지외수자諸侯之外守者'로 자처하였다. 그리고 당을 성당聖唐, 제당帝唐, 황당皇唐이라 한 데 비하여 신라를 해외海外, 해우海隅라 하였고, 당나라 말을 화언華言이라 하면서 신라 말은 방언方言 혹은 향언鄕言이라 하여 당을 높이고 신라를 비하하였다. 뿐만 아니라 당의 임금을 칭할 때는 천자天子, 대제大帝, 황제皇帝, 성제聖帝라 하였으나, 신라 임금에 대해서는 군君이나 왕王 또는 고작해야 대왕大王이라 칭하는 정도였다. 이처럼 신라 하대에는 지나치리만큼 당 중심의 국제질서에 충실하였고, 자국에 대한 폄하의식이 널리 퍼져 있었다.

자국을 폄하하는 사회풍조는 물질문화에도 그대로 투영되어, 외래품은 진귀하다고 여겨 숭상하고 토산품은 비야鄙野하다고 하여 혐오하였다.[100] 물론 여기서 말하는 외래품이 모두 당나라 제품을 의미하지는 않지만, 대

100 『三國史記』 권33, 雜志2 色服.

부분 당을 통하여 수입되었으므로 일괄 '당물唐物'이라 할 수 있다. 신라 하대의 외래품, 곧 당물에 대한 선호 풍조는 당시 신라사회 전반에 퍼져있던 당에 대한 동경심과 자국 비하의식卑下意識에 따른 백성들의 자연스러운 소유 욕구의 표출이라 하겠다.

이처럼 신라 하대에 당 중심의 국제질서에 충실히 순응하고 당의 문화와 물질에 몰입한 데는 장기간 평화가 지속됨에 따른 사회기강의 해이解弛, 계속된 왕위쟁탈전으로 인한 신라 왕권의 위약성危弱性, 당 문화의 만개와 신라 지식인들의 무비판적인 당 문화 수용 등을 이유로 들 수 있다.[101] 그 중에서도 신라 최고의 지식계층으로 서학의 주역이었던 유학생, 구법승, 견당사를 통한 당 문화의 수입과 전파는 당에 대한 존숭의식尊崇意識을 높이는 데 크게 작용하였다. 신라 하대의 자존의식 약화는 고려와 조선시대 일부 지식인들의 맹목적 존화주의 혹은 사대사상으로 이어졌다.

3. 신라의 '서화' 구법승

(1) 서화 구법승의 두 부류

① 천축天竺 순례승

당나라 고승 의정義淨이 찬술한 『대당서역구법고승전大唐西域求法高僧傳』에는 8세기 이전에 서역을 순례한 60여 명의 승려가 입전되어 있다. 그 가운데 신라 승려 7명의 전기가 들어있어 이채롭다. 의정이 소개한 신라 승려 가운데 우선 들 수 있는 사람은 아리야발마阿離耶跋摩이다. 아리야발마의 입당 시기는 알 수 없으나, 그는 당 태종(627~649) 때 장안을 떠나 인도에 가서 정법을 추구하고 불교의 성적을 순례하였다. 그는 당시 인도 불교교학의 중심이었던 나란타사那爛陀寺에 머물며 불교의 율律과 논論을 익히고 여러 불경을 간추려 베꼈다. 후에 고국으로 돌아갈 마음이 있었으나

101 權悳永, 「羅唐交涉史의 明暗」, 『淸溪史學』 16·17합집, 2002, 636~641쪽.

뜻을 이루지 못하고, 그 절에서 70세의 나이로 죽었다.

혜업慧業 역시 아리야발마와 비슷한 시기에 천축으로 갔다. 그는 당 태종 때 인도로 가서 보리사菩提寺에 머물며 성스러운 불교 유적을 순례하고 나란타사에서 오랫동안 강의를 듣고 불서를 읽었다. 특히 그는 나란타사에서 양나라 진체眞諦가 번역한 『양론梁論』과 범본 경론들을 필사하였다. 의정이 나란타사를 찾아갔을 때 혜업은 이미 죽고 없었으나, 그가 베껴 만든 한역 『양론』과 범어 필사본들이 그곳에 보관되어 있었다고 한다.[102]

현각玄恪도 당 태종 때 서역으로 간 신라 구법승이다. 그는 정관 10년(636)경에 당나라 승려 현조玄照 일행과 함께 난주蘭州(지금의 간쑤성甘肅省 란저우시蘭州市)를 출발하여 타클라마칸사막과 파미르고원을 넘어 저란타국闍蘭陀國(지금의 인도 펀자브주 북부의 잘란다르Jalandhar 지역)을 거쳐 대각사大覺寺에 이르렀다. 현각은 거기서 불사리를 친견함으로써 예경禮敬의 소원을 풀었으나, 병에 걸려 40세의 나이에 죽고 말았다.

신라승 현각은 대각사에서 죽었으나 함께 간 현조는 나란타사와 신자사信者寺에 머물며 수행한 후 당으로 돌아갔다. 당으로 귀환한 현조는 낙양에서 여러 승려들과 불법을 논하고 자신이 가지고 온 범본 불경을 한역할 예정이었으나, 665년에 당 고종의 명을 받고 다시 천축으로 갔다. 이때 현조의 시자로 따라간 사람이 신라승 혜륜慧輪이다.

혜륜은 현조 일행과 함께 박갈라국縛渴羅國(지금의 아프가니스탄 북부의 발흐Balkh), 가필시국迦畢試國(지금의 아프가니스탄 동북부의 카불Kabul강 유역), 신도국信度國(지금의 파키스탄 남부의 인더스강 중·하류 지역)을 거쳐 나다국羅荼國(지금의 인도 구자라트주 마히Mahi강 유역)에 도착해 왕의 존경과 예우를 받으며 4년 동안 머물다가 부다가야로 가서 금강좌를 참배하고 신

102 義淨, 『大唐西域求法高僧傳』上, 新羅慧業法師.
본서에서는 王邦維 校注, 『大唐西域求法高僧傳』(中華書局, 1988)을 이용하였다.

자사에 도착해 머물렀다. 당으로 돌아가려던 현조가 이 절에서 죽자, 혜륜은 10년 동안 그곳에 머물다 동쪽의 건타라산다建陀羅山茶로 옮겨가 거주하였다. 의정이 귀국길에 오른 685년경에 혜륜은 여전히 이 절에 살았는데, 당시 나이는 40세에 가까웠다. 그는 범어를 잘했고 구사론俱舍論에도 조예가 깊었다고 한다. 의정이 당으로 귀국한 후 혜륜의 행적은 분명하지 않다. 다만 그가 시종한 현조가 죽은 후 일행들이 뿔뿔이 흩어졌고, 반야발마般若跋摩라는 범명梵名까지 가지고 있었던 점으로 보아 혜륜은 당나라 혹은 신라로 돌아오지 않고 그곳에서 입적하지 않았을까 한다.

이외에도 이름을 알 수 없는 신라 승려 두 사람이 장안을 출발하여 중국 남해를 통해 배를 타고 파로사국婆魯師國(지금의 인도네시아 수마트라 서북부의 브루어Breueh섬)에 갔다가 모두 병에 걸려 죽었고,[103] 신라승 구본求本 역시 돌아오지 못하였다.[104] 그리고 오진悟眞은 건중 2년(781)에 혜일惠日과 함께 장안 청룡사 혜과惠(慧)果 아래에서 밀교를 공부한 후 정원 5년(789)에 중천축국에 가서 『대비로자나경大毘盧遮那經』 등의 범경을 구해 당으로 돌아오던 도중 토번에서 죽었다.[105]

일찍이 일연은 서역을 순례한 신라 구법승들의 행적을 간추려 소개한 후 "얼마나 많은 이가 저 달을 따라 외로운 배로 떠나갔던가? 그러나 구름 따라 돌아온 이는 볼 수 없구나"라 노래하였고,[106] 의정은 "싹이 터 핀 꽃송이 열이라 많다 하지만 맺은 열매는 하나도 없는 듯하네. (중략) 떠나간 이 반백半百이 넘지만 돌아온 이 몇몇인가"라고 한탄하였다.[107] 이렇듯 그들은 대부분 돌아오지 못하고 이국에서 생을 마감하였다. 간혹 인도 구법

103 義淨, 『大唐西域求法高僧傳』上, 新羅復有二人.

104 『三國遺事』 권4, 歸竺諸師.

105 「大唐青龍寺三朝供奉大德行狀」, 『大正新修大藏經』 권50, 295쪽.

106 『三國遺事』 권4, 歸竺諸師.

107 義淨, 『大唐西域求法高僧傳』 序.

을 마치고 당으로 무사히 귀환한 신라 승려도 있었다. 현태玄太, 혜초慧超, 원표元表가 바로 그들이다.

현태는 두 번에 걸쳐 인도를 여행하였다. 그는 영휘(650~655) 연간에 티베트와 네팔을 경유해 부다가야의 보리수를 예배하고 불교의 경론을 자세히 살핀 후 당으로 돌아오는 길에 토욕혼土谷渾에서 인도로 가는 도희법사道希法師를 만났다. 이에 그는 다시 발길을 인도로 돌렸다. 그의 두 번째 인도행은 도희법사의 길 안내자로 참여한 듯하므로,[108] 도희법사가 신자사에서 죽기 전까지 부다가야, 구시국俱尸國(지금의 인도 우타르프라데시주 데오리아 지방의 카시아Kasia) 등지의 성적을 함께 순례하고 여러 율장律藏과 성명학聲明學을 공부했을 것이다. 그 후 언제인가 당으로 돌아왔다.

혜초 역시 천축을 두루 여행하고 무사히 귀환하였다. 그의 천축 구법 행로는 『왕오천축국전往五天竺國傳』을 통해 어느 정도 유추할 수 있다. 그는 8세기 초반에 당에서 남쪽 바닷길을 이용하여 동인도 연안에 상륙한 후 육로로 인도 전역을 여행한 다음, 개원 15년(727)에 당나라 안서도호부가 있던 구자국龜玆國(지금의 중국 신장웨이우얼자치구 쿠처현庫車縣)을 거쳐 장안으로 돌아왔다. 『왕오천축국전』 전체 3권 가운데 앞부분과 뒷부분이 결락되어 출발부터 중천축 구시나국拘尸那國까지의 여정과 구자국에서 장안까지의 행로는 알 수 없으나, 잔본에는 중천축을 비롯하여 남천축, 서천축, 북천축, 그리고 페르시아 지역까지 여행한 내용이 자세히 기록되어 있다.[109]

이처럼 현태와 혜초는 천축 순례를 마치고 무사히 생환했으나, 신라로 귀국하지 않고 당에서 입적하였다. 일연은 『삼국유사』(권4) 귀축제사조歸竺諸師條에서 "다시 신라나 당나라에 돌아온 이가 없었는데, 현태법사만이

108 金相鉉, 「7世紀의 新羅西域求法高僧考」, 『東國史學』 35·36 합집, 2001, 25쪽.

109 高柄翊, 「慧超의 印度巡禮」, 『東아시아文化史論考』, 서울대학교출판부, 1997, 3~62쪽; 정수일 역주, 『혜초의 왕오천축국전』, 학고재, 2004; 정병삼, 「혜초가 본 인도와 중앙아시아」, 『東國史學』 49, 2010, 37~68쪽.

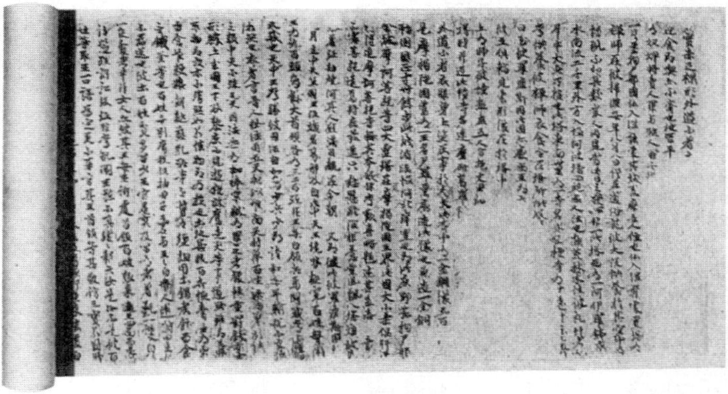

그림 4-6 『왕오천축국전』(일부)

당나라에 돌아왔다. 그러나 역시 어디서 죽었는지 모른다"라 하였고, 각훈覺訓은 『해동고승전海東高僧傳』(권2) 현태전玄太傳에서 "후에 (현태가) 중국으로 돌아와 법의 교화를 널리 펴니 숨은 공적이 이에 드러났다"고 하였다. 물론 여기서 현태가 중국에서 죽었음을 분명하게 말하지 않았으나, 문맥으로 보아 일연과 각훈 모두 현태가 인도에서 돌아와 중국에서 교화를 펴다가 그곳에서 죽었던 것으로 이해한 듯하다. 한편 혜초는 인도에서 돌아온 이후 50년 이상 당에서 활동하였으므로 신라로 돌아왔을 가능성이 거의 없다.[110]

② 재당在唐 구법승

신라의 천축 구법승들은 십중팔구 고국으로 돌아오지 못하고 인도나 중국에서 죽었다. 반면 중국에서 구법한 신라승들은 대부분 본국으로 돌아왔다. 그들은 대개 자발적으로 신라로 돌아왔으나, 일부는 자신의 의지와

110 玄遊와 元表도 서역 혹은 천축을 여행하였으나, 현유는 고구려인이고 원표는 서역 구법 후 신라로 돌아왔으므로 여기서는 논외로 한다. 한편 李能和는 백제 성왕 때 謙益이 인도에 가서 阿曇藏과 五部의 律文을 가지고 왔다고 했으나(李能和, 『朝鮮佛敎通史』上, 寶蓮閣 影印本, 1972, 33쪽), 그는 백제인이었을 뿐더러 전거가 분명치 않기 때문에 역시 제외한다.

무관하게 귀국하기도 하였다.

자의든 타의든 중국에서 구법을 마치고 돌아온 승려들은 신라에서 대대적인 환영을 받았다. 그 중에는 왕공귀족과 일반 백성들의 환대와 존경을 받으며 '중생의 아버지가 되고 왕의 스승'이 된 승려도 적지 않았다. 이런 점에서 당시 서학 구법은 자신의 신앙 혹은 학문적 성취뿐만 아니라 사회적 존경을 아울러 획득할 수 있는 좋은 수단이었던 셈이다. 그럼에도 불구하고 끝까지 귀국을 마다하고 중국에 남아 생을 마친 승려도 있었다. 원측, 신방神昉, 지장地藏, 무루無漏, 무상無相, 혜각惠覺, 도육道育, 영조靈照 등이 그들이다.

원측은 627년에 당에 들어가 주로 낙양과 장안 일대에서 유식학唯識學을 공부하고 역경 사업에 참여하다가 696년 7월에 낙양 불수기사佛授記寺에서 84세의 나이로 입적하였다. 이에 그를 용문 향산사香山寺 북쪽 골짜기에서 화장하고 백탑白塔을 세웠다. 그러나 장안 서명사西明寺의 제자들이 스승을 경모할 대상이 없음을 아쉽게 여겨, 서명사 주지 자선慈善과 천복사薦福寺의 신라승 승장勝莊 등이 향산사에서 유골 일부를 가져와 원측이 생전에 오가던 종남산 풍덕사豊德寺 동쪽 고개 위에 묘를 만들고 탑을 세워 사리 49과를 안치하였다. 그 후 1115년에 용흥사 인왕원의 광월법사廣越法師가 홍교사 현장의 탑 왼쪽에 새로 원측의 묘탑을 세우고 풍덕사의 사리를 모두 옮겨 그곳에 봉안하였다.[111]

현장의 제자로서 당의 각종 역경 사업에 참여했던 신방 역시 당에서 죽었다. 사실 신방의 행적이 뚜렷하지 않아, 지금까지 대부분의 연구자들은 막연히 당에서 죽었을 것이라 추측해왔다. 그런데 송나라 진사陳思가 편찬

111 宋復,「大周西明寺故大德圓測法師佛舍利塔銘幷序」; 李能和,『朝鮮佛教通史』下, 寶蓮閣 影印本, 1972, 164~166쪽. 본서에서 인용한「大周西明寺故大德圓測法師佛舍利塔銘幷序」도 李能和의 앞의 책(1972)에 의거하였다.

그림 4-7 흥교사 원측의 묘탑(중국 산시성 시안시 창안구長安區)

한 『보각총편寶刻叢編』에, 당의 무삼사武三思가 증성證聖 원년(695) 5월에 찬술한 「당자은사신방법사탑명唐慈恩寺神昉法師塔銘」이 『금석록金石錄』에 전해진다고 하였다.[112] 그렇다면 장안에 신방의 부도탑이 있었던 셈이다. 후술하듯이 신방은 자은사에서 역경 사업에 종사한 적이 있다. 따라서 무삼사가 말한 '자은사 신방법사'는 신라 승려 신방이 분명하고, 신방은 695년 이전으로부터 멀지 않은 시기에 당에서 죽었다고 하겠다.

지장은 지주池州(지금의 안후이성 츠저우시池州市) 구화산 화성사에 머물며 오랫동안 수행, 교화하다가 784년 혹은 803년에 그곳에서 죽었다. 이에 화성사 남대南臺에 부도를 세우고 비관경費冠卿이 탑비문을 적었다. 관련

112 『寶刻叢編』 권7, 陝西永興軍路1 京兆府(上) 長安縣.

기록에 의하면, 그의 시신은 3년 후까지 얼굴이 생시와 같았고 골절 움직임이 마치 금 사슬 흔들리는 듯했다고 한다.[113] 지장과 비슷한 시기에 활동했던 무루는 하란산賀蘭山 백초곡白草谷에 머물던 중 숙종의 초빙을 받고 궁궐에 들어가 758년에 거기서 입적하였다. 이에 숙종은 무루의 영구를 옛날 그가 살던 곳으로 호송하고 탑과 소상塑像을 만들어 세웠다고 한다.

무상은 728년에 입당하여 사천성 성도의 정중사에 오래 주석하며 중생을 교화하다가 762년 그곳에서 입적하였다.[114] 그리고 혜각은 성덕왕 때 입당하여 형주邢州(지금의 허베이성 싱타이시邢台市) 개원사를 거쳐 774년에 지금의 허베이성 사허시沙河市의 칠천사漆泉寺에서 죽었는데, 그는 최치원이 「봉암사지증대사탑비명」에서 말한 '상산 혜각常山 慧覺'과 동일인으로 보인다.[115] 또한 도육은 892년에 천태산에 들어가 평전사平田寺에 오랫동안 거주하다가 939년에 그곳 승당에서 입적하였다.[116] 도육이 죽은 후 절의 승려들이 그의 시신을 불사르자 사리가 이루 헤아릴 수 없을 정도로 많이 나왔다고 한다. 영조는 947년에 78세로 용화사龍華寺에서 죽었는데, 대자산大慈山에 그의 부도탑이 세워졌다.

이외에도 많은 신라 구법승들이 귀국하지 않고 당에서 생을 마쳤을 것으로 생각된다. 적산 법화원의 신라 승려들이 대표적이다. 적산 법화원은 장보고가 창건한 사찰로, 일본 승려 원인圓仁이 이곳에 머물던 841년 당시

---

113 『宋高僧傳』 권20, 地藏傳; 『全唐文』 권 694, 費冠卿, 九華山化城寺記.

114 『宋高僧傳』(권19) 無相傳에는 756년 5월 19일에 죽었다고 하였으나, 여기서는 『歷代法寶記』에 따라 무상의 입적 연대를 762년으로 간주한다. 이 점에 관해서는 鄭性本, 「淨衆無相禪師硏究」, 『新羅禪宗의 硏究』, 민족사, 1995, 89쪽 참조.

115 樓正豪, 「새로 發見된 新羅 入唐求法僧 惠覺禪師의 碑銘」, 고려대학교대학원 석사학위논문, 2010, 32~33쪽; 『史叢』 73, 2011, 31~33쪽.
일찍이 閔泳珪는 적산 법화원의 선종 승려 惠覺을 '常山 慧覺'과 동일인으로 추정하였으나(閔泳珪, 「圓仁入唐求法巡禮行記二則」, 『四川講壇』, 又半, 1994, 87~89쪽), 최근 중국에서 신라 惠覺禪師의 碑銘이 발견됨으로써 그의 주장은 설득력을 잃게 되었다.

116 『宋高僧傳』 권23, 道育傳.

이 절에는 24명의 신라 승려가 거주하고 있었다. 그런데 회창폐불 와중에 법화원이 훼철되고 또 그곳의 승려들도 강제로 환속되어 뿔뿔이 흩어졌다. 이에 법화원의 승려 중 일부는 고국으로 돌아왔겠으나, 신혜信惠를 비롯한 일부 승려는 당에 남아 그곳에서 생을 마치지 않았을까 한다. 그리고 원안圓安, 승장勝莊, 지인智仁, 현초玄超 등도 끝내 신라로 돌아오지 않았을 것으로 보인다.[117]

(2) 서화 구법승의 재당 활동

① 유식승 원측과 신방

원측이 당에 들어간 것은 그의 나이 15세 때인 627년이었다. 입당 후 그는 장안에서 법상法常과 승변僧辨으로부터 섭대승론攝大乘論을 배웠다. 법상과 승변은 당시 섭대승론에 정통한 고승이었다. 승변이 홍복사弘福寺에서 강석을 열자 국내외의 승려들이 뒤섞여 만 리를 멀다 않고 모여들었고, 법상에게서 강설을 들은 사람은 수천 명이었는데 동쪽과 서쪽의 번국에서 온 사람들이 이루 다 기록할 수 없을 정도로 많았다고 한다.[118] 원측은 이러한 분위기 속에서 본격적으로 중국 불교를 접하게 되었다.

원측이 법상과 승변 문하에서 섭대승론을 익히고 있을 즈음, 현장玄奘도 이들의 강석에 참여하였다. 현장은 622년에 구족계를 받고 스승을 찾아 형주荊州(지금의 후베이성 징저우시荊州市), 상주相州(지금의 허난성 안양시安陽市), 조주趙州(지금의 저장성 사오싱시紹興市) 등지를 돌아다니다가 마지막

---

117 呂聖九, 「新羅 中代의 入唐求法僧」, 국민대학교대학원 박사학위논문, 1997, 191쪽; 김상현, 「7·8세기 海東求法僧들의 중국에서의 活動과 意義」, 『佛教研究』 23, 한국불교연구원, 2005, 66쪽; 「신라 法相宗의 성립과 順璟」, 『新羅의 思想과 文化』, 일지사, 1999, 305~307쪽; 천징푸, 「한국 승려의 長安에서의 활동」, 『佛教研究』 23, 한국불교연구원, 2005, 127~128쪽.

118 『續高僧傳』 권15, 僧辯傳; 같은 책 권15, 法常傳.

으로 장안에 들러 법상과 승변에게서 섭대승론을 강청하였다.[119] 그때가 현장이 인도로 떠나기 직전이었다. 그렇다면 원측과 현장은 법상과 승변의 강석에서 서로 만났을 가능성이 높다.[120] 아무튼 원측은 그 후 당 조정으로부터 정식 출가를 승인받고 장안 원법사元法寺에 머물며 비담毘曇·성실成實·구사俱舍·바사론婆娑論 등을 열람하였다.

현장이 17년간의 인도 구법을 마치고 645년에 돌아오자 원측은 그로부터 『유가론』, 『성유식론』과 함께 이미 번역된 대소승경론을 받아 열람하였다. 그 후 원측은 서명사에 머물며 『성유식론소成唯識論疏』, 『해심밀경소解深密經疏』, 『인왕경소仁王經疏』, 『금강반야경소金剛般若經疏』, 『관소연론소觀所緣論疏』, 『반야심경소般若心經疏』, 『무량의경소無量義經疏』 등을 저술하였다. 원측이 서명사에서 저술에 몰두하던 시기에 이른바 신유식론강의 도청 사건이 일어났다.[121] 사건의 전말은 잘 알려져 있기 때문에 여기서 굳이 소개할 필요가 없다. 다만 이 사건을 통해 원측이 현장의 유식사상을 누구보다 먼저 이해하고 그것을 강론, 저술함으로써 당나라 불교계에서 경계와 질시의 대상이 되었음을 알 수 있다.

자은파로부터 질시와 배척을 받던 원측은 한때 서명사를 떠나 종남산 운제사雲際寺와 거기서 약 30리 떨어진 절에서 8년 동안 조용히 살면서 뜻을 가다듬었다.[122] 그러나 서명사 승려들이 돌아오기를 간청하였으므로

---

119 『續高僧傳』 권4, 玄奘傳.

120 「大周西明寺故大德圓測法師佛舍利塔銘幷序」에서, 현장이 인도에서 돌아와 원측과 만난 상황을 "奘公一見 契合莫逆"이라 하였는데, 이는 일찍이 원측과 현장이 만난 적이 있음을 암시하는 표현이 아닌가 한다.

121 『宋高僧傳』(권4) 窺基傳에 의하면, 규기가 25세 되던 해에 원측의 도청 사건이 일어났다고 한다. 그런데 규기는 631년에 태어났으므로 그가 25세 되던 해는 656년이다. 따라서 이 사건은 대략 650년대 후반에 일어났다고 하겠다.

122 「大周西明寺故大德圓測法師佛舍利塔銘幷序」에 의하면, 옛날 원측이 오가며 머물던 종남산 豊德寺의 동쪽 고개 위에 그의 뼈를 묻고 묘 위에 탑을 세웠다고 한다. 이런 점으로 보아 그가 서명사에서 물러나 8년 동안 머물렀던 절은 종남산 운제사와 풍덕사였음을 추지할 수 있다.

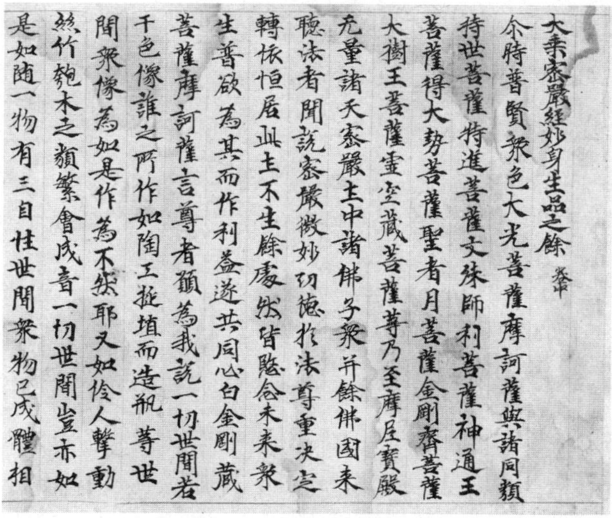

大乘密嚴經妙身生品之餘 卷中
尒時普賢衆色大光菩薩摩訶薩與諸同類
持世菩薩持進菩薩文殊師利菩薩神通王
菩薩得大勢菩薩聖者月菩薩金剛齊菩薩
大樹王菩薩虛空藏菩薩等乃至摩尼寶嚴
无量諸天密嚴土中諸佛子衆并餘佛國來
聽法者聞說密嚴微妙功德於法尊重決定
轉依恒居此土不生餘處然皆愍念未來衆
生普欲為其而作利益遂共同心白金剛藏
菩薩摩訶薩言尊者願為我說一切世間若
干色像誰之所作如陶工埏埴而造瓶等世
間衆像為如是作為不然耶又如伶人擊動
絲竹匏木之類繁會成音一切世間豈亦如
是如隨一物有三自性世間衆物已成體相

그림 4-8 둔황 사경 『밀엄경』(일부)

다시 서명사로 돌아가 성유식론을 강설하였다. 마침 679년경에 중천축국의 승려 지파가라地婆訶羅가 장안에 들어와 고종의 명으로 역경 사업을 시작했는데, 원측은 그 일에 참여하여 서명사에서 『밀엄경密嚴經』을 번역하였다.[123]

지파가라의 번역 사업은 측천무후 치세 중에도 계속되어, 수공(685~688) 말년에는 장안의 서태원사西太原寺와 광복사廣福寺, 낙양의 동태원사東太原寺에서 『대승현식경大乘顯識經』과 『대승오온론大乘五蘊論』 등 18권을 번역하였다. 이때 원측은 증의證義로 참여하였다.[124] 그리고 비슷한 시기에 원측은 서명사 승려 순정順貞과 함께 불타파리佛陀波利가 가져온 『불정존승다라니경佛頂尊勝陀羅尼經』을 번역하였다.[125]

123 『宋高僧傳』 권2, 日照傳.
124 『宋高僧傳』 권2, 日照傳.
125 『貞元新定釋敎目錄』 권12, 佛陀波利; 『大正新修大藏經』 권55, 865쪽.

원측은 측천무후로부터 대단한 존숭을 받았다. 최치원의 「고번경증의대덕원측화상휘일문故飜經證義大德圓測和尙諱日文」에 의하면, 측천무후는 원측을 부처와 같이 존경했고 인도 승려들을 인견할 때마다 원측을 불러 그들과 토론하게 했는데, 그때마다 원측은 자료에 의거하여 유창하게 법문을 펼쳤다. 그리고 원측은 6개 국어에 능통했고 신유식사상을 비롯한 불교에 두루 박통했다고 한다.

원측은 보리류지菩提流志의 역경 사업에도 참여하였다. 장수 2년(693)에 보리류지가 장안에 이르러 불수기사에서 『보우경寶雨經』을 번역할 때 원측은 신영神英 등과 함께 증의로 참여하였다.[126] 당시 불수기사에서는 『보우경』 10권을 포함하여 『육자신주경六字神呪經』, 『호명법문신주경護命法門神呪經』 등 총 22권을 번역하였는데, 원측은 이 번역 작업에도 참여했을 것이다.[127]

뿐만 아니라 원측은 말년에 실차난타實叉難陀가 주관한 『신화엄경新華嚴經』 번역에도 참여하였다. 685년에 우전국于闐國(지금의 신장웨이우얼자치구 허톈현和田縣) 사람인 실차난타가 낙양의 대편공사大遍空寺와 불수기사에서 화엄경을 새로 번역하자, 원측은 측천무후의 명을 받고 의정, 홍경弘景, 신영, 법보法寶, 현수賢首 등과 함께 증의로 그 일에 종사하였다. 그러나 원측은 『신화엄경』 번역 작업이 끝나기 전인 696년 7월에 불수기사에서 입적하였다.

신방도 유식학의 대가였고 당의 역경 사업에서 중요한 역할을 담당하였다. 신라 황룡사 승려였던 신방이[128] 언제 어떤 경로로 당에 들어갔는지 알

---

126 『開元釋教錄』 권9, 菩提流志; 『大正新修大藏經』 권55, 570쪽.

127 南武熙, 「圓測의 生涯와 唯識思想 硏究」, 국민대학교대학원 박사학위논문, 2005, 94쪽; 「원측의 저술활동과 역경참여」, 『역사와 현실』 54, 2004, 248쪽; 『신라 원측의 유식사상 연구』, 민족사, 2009, 139~140쪽.

128 李萬, 「法相關係 論疏와 新羅人의 撰述書: 散逸本을 中心으로」, 『佛敎學報』 27, 1990, 181쪽;

수 없으나, 현장이 홍복사에서 역경 작업을 시작한 645년 무렵 장안 법해사法海寺에 머물고 있다가 증의로 뽑혀 역장에 들어갔다.[129] 그 후 신방은 줄곧 현장의 역경 작업에 동참하였다. 특히 현장이 영휘 원년(650)에 자은사 번경원에서 『본사경本事經』 7권을 번역하고 661년에 옥화사 팔주정에서 『연기경緣起經』을 번역할 때, 신방은 매번 필수筆受의 직무를 맡았다.[130]

현장으로부터 대승보살계를 받았다는 의미로 대승방大乘昉이라 불리던 신방은 현장의 뛰어난 네 명의 제자 가운데 한 사람이었고, 『십륜경초十輪經抄』와 『성유식론기成唯識論記』를 비롯한 다수의 저술을 남긴 유식학승이었다. 또한 신방은 당시 실력자인 무삼사가 그의 탑비명을 찬술할 정도로 당시 집권 세력으로부터 추앙받았다.[131]

② 지장과 밀교승 무루, 혜초

현재 중국의 4대 불교 성지 가운데 하나인 구화산九華山에서 지장보살의 화신으로 추앙받고 있는 지장은 신라 왕족 출신이다. 『송고승전宋高僧傳』(권20) 지장전과 비관경費冠卿의 「구화산화성사기九華山化城寺記」에 의하면, 그는 언제인가 당에 들어가 각지를 순례하던 중 지주池州 구화산에 이르러 백토에 쌀을 섞어 먹으면서 고행하였는데, 지덕至德(756~758) 초에 제갈절諸葛節을 비롯한 마을 사람들이 지장의 수행에 감화되어 재물을 희사해 옛날 승단僧檀이 살던 땅을 매입해 절을 지어 주었다고 한다. 그 후 건중建中(780~783) 초에 이 지방을 다스리던 장암張巖이 지장을 흠앙하여

「新羅 神昉의 唯識思想」, 『韓國佛教學』 35, 2003, 32쪽.

129 『開元釋教錄』 권8, 釋玄奘; 『大唐大慈恩寺三藏法師傳』 권6; 『大正新修大藏經』 권50, 253쪽.

130 『開元釋教錄』 권8, 釋玄奘; 『貞元新定釋教目錄』 권11; 『大正新修大藏經』 권55, 856쪽.

131 무삼사는 측천무후의 조카로 무주혁명 직후 梁王에 봉해지고 정무를 총괄하는 天官尙書에 임명되었으며, 그가 신방의 탑비명을 지었던 695년에는 병무를 맡은 夏官尙書로서 감수국사를 겸하고 있었다(『舊唐書』 권183, 列傳 武三思; 『新唐書』 권206, 列傳 武三思).

그림 4-9 구화산 지장보살상(중국 안후이성 츠저우시 칭양현青陽縣)

후하게 희사하였고, 또 조정에 주청하여 절의 편액을 받도록 해주었다. 이에 주위의 관리와 부호, 그리고 백성들이 지장에게 귀의했다고 한다.

그는 구화산에서 4부경을 수지手持, 독송하였다. 그가 독송한 4부경이 구체적으로 어떤 경전인지 분명하지 않으나, 법화경 및 화엄경과 관련된 경전이 아닐까 한다.[132] 그는 구화산에 들어간 이후 줄곧 그곳에 머무르며 고행과 수행, 그리고 중생 교화에 힘을 쏟았다. 지장이 구화산에서 중생을

132 呂聖九, 「入唐求法僧 地藏의 行迹과 思想」, 『白山學報』 52, 1999, 470~474쪽.
한편 金煐泰는 지장이 독송한 4부경을 『華嚴經』, 『寶積經』, 『般若經』, 『涅槃經』이라 하였고, 黃有福과 陳景富는 『無量壽經』, 『觀無量壽經』, 『阿彌陀經』, 『鼓音聲陀羅尼經』이라 하였다(金煐泰, 「唐 九華山 新羅 地藏禪師 고찰」, 『韓國佛敎學』 23, 1997, 41쪽; 黃有福·陳景富, 앞의 책, 1993, 328쪽).

교화한다는 사실이 신라에 알려지자 신라에서 많은 구법승들이 구화산을 찾아갔다. 비록 후대의 자료이지만 『구화산기유九華山紀游』와 『청양현지靑陽縣志』에 따르면, 신라에서 사람을 보내 지장의 귀국을 종용했다고 한다. 그러나 지장은 끝내 신라에 돌아가지 않고 794년에 구화산에서 입적하였다.

무루도 신라 왕족 출신이었다. 『송고승전』(권21)을 비롯한 그의 전기에 의하면, 무루는 신라왕의 셋째 아들로 태어났으나 왕위에 뜻이 없어 일찍이 출가하여 당에 들어갔다고 한다.[133] 입당 후 그는 인도를 순례할 마음으로 타클라마칸사막과 우전국을 지나 파미르고원까지 나아가 그곳의 큰 절에 이르렀으나, 절에서 만난 이승異僧의 권유로 인도행을 포기하고 당으로 되돌아가 지금의 닝샤후이족자치구寧夏回族自治區에 있는 하란산賀蘭山 백초곡에 머물며 보승불寶勝佛을 칭념하고 두타행을 행하며 수행에 정진하였다.

마침 그 무렵 안록산이 난을 일으켜 장안을 함락하자 현종은 성도로 피신하고, 후에 숙종이 된 그의 아들 이형李亨은 영무靈武(지금의 닝샤후이족자치구 링우시靈武市)에서 진압군을 지휘하고 있었다. 이때 이형은 부처의 도움으로 난을 진압하고자 100명의 승려를 행궁으로 초빙해 아침저녁으로 불경을 독송하도록 했는데, 무루도 거기에 참여하여 불공不空 등과 함께 기복을 청하였다. 그 후 당이 장안을 수복하고 환도하자 무루는 숙종을 따라 장안에 들어갔다. 무루는 궁궐 생활을 마치 새장 속에 갇힌 새처럼 답답하게 여겨 예전에 자신이 살던 백초곡으로 돌아가기를 몇 차례 청하

133 정성본은 無漏와 無相을 동일인으로 파악하였다(鄭性本, 앞의 논문, 1995, 85쪽). 그러나 贊寧이 『宋高僧傳』에서 무상과 무루의 전기를 따로 설정하였고, 무루의 입적 연대는 『佛祖歷代通載』에서 말하는 758년일 가능성이 많으며, 안사의 난이 일어났을 때 무상과 달리 무루는 靈武에서 현종의 아들인 李亨을 알현했다는 점에서 무루와 무상은 동일인일 수 없다.

였으나, 끝내 허락받지 못하고 758년에 우합문右閤門에서 죽었다.[134]

무루의 신앙과 사상 경향은 자세히 알려져 있지 않다. 그런데 그는 늘 보승불을 칭념하였고, 숙종의 행궁에서 밀교승 불공과 교유했다는 점에서 밀교 계통의 승려였음을 추지할 수 있다. 특히 불공이 번역한 『불설구발염구아귀다라니경佛說救拔焰口餓鬼陀羅尼經』에 보승불이 네 본존불 가운데 하나로 등장한다는 점에서 그가 밀교 승려였음을 더욱 확신할 수 있다.[135]

혜초 역시 밀교를 공부한 승려이다. 혜초의 속연과 입당 시기 등에 관해서는 알 수 없으나, 인도 순례 후 당에서의 행적은 몇몇 단편적인 기록을 통하여 대강 유추할 수 있다. 인도 여행을 마치고 727년에 당의 안서도호부가 있던 구자국을 거쳐 장안에 돌아온 혜초는 733년에 장안 천복사에서 금강지金剛智로부터 「대승유가금강오정오지천비천수천발천불석가만수실리보살비밀보리삼마지법大乘瑜伽金剛五頂五智千臂千手千鉢千佛釋迦曼殊室利菩薩秘密菩提三摩地法」을 전수받고, 이후 8년 동안 금강지를 스승으로 모셨다. 혜초가 천복사에 머물고 있던 740년 5월에 금강지가 현종의 명으로 『대승유가금강성해만수실리천비천발대교왕경大乘瑜伽金剛性海曼殊室利千臂千鉢大教王經』을 번역했는데, 그때 금강지가 범어 원본을 구연口演하고 혜초가 그것을 필수해 7개월 만에 작업을 마쳤다.[136]

741년에 금강지가 죽자 그는 금강지의 법통을 이은 불공의 문하에 들어가 교법을 전수받았다. 그러한 사실은 혜초가 대력 9년(774)에 대흥선사에서 불공으로부터 다시 일깨움을 받아 자신이 필수한 「유가심지비밀법문瑜伽心地秘密法門」을 결택決擇했다는 점에서 알 수 있다.[137] 그리고 불공이 지

134 『宋高僧傳』(권21) 無漏傳에는 上元 3년(762)에 입적했다고 하였으나, 『佛祖歷代通載』에서 말하는 至德 3년(758)이 정확하다. 이 점에 관해서는 呂聖九, 「入唐求法僧 無漏의 生涯와 思想」, 『先史와 古代』 10, 1998, 170쪽 참조.

135 呂聖九, 앞의 논문, 1998, 171~177쪽.

136 「大乘瑜伽金剛性海曼殊室利千臂千鉢大教王經序」, 『大正新修大藏經』 권20, 724쪽.

그림 4-10 혜초기념비(중국 산시성 시안시 저우즈현周至縣)

은 「청어흥선사당원양도량각치지송승제請於興善寺當院兩道場各置持誦僧制」에서 제자 21명의 이름을 열거하며 흥선사 관정도량과 대성문수각에서의 염송念誦과 전독轉讀을 당부했는데, 그 중에 두 번째로 거론된 사람이 혜초였다.[138] 뿐만 아니라 불공은 죽기 직전인 774년 5월 7일에 자신의 사후 법을 이을 증득證得 제자 6명에게 뒷일을 당부했는데, 그 속에 신라승 혜초가 포함되어 있었다.[139]

그 무렵 혜초가 칙명으로 주옥현盩屋縣(지금의 산시성 시안시 저우즈현周至

137 「大乘瑜伽金剛性海曼殊室利千臂千鉢大教王經序」, 『大正新修大藏經』 권20, 724쪽. 한편 金煐泰는 불공이 대력 9년 6월 15일에 입적하였으므로 혜초가 대력 9년 10월에 불공으로부터 일깨움을 받을 수 없다고 하여, 대력 9년은 대력 원년의 잘못이 아닌가 하였다(金煐泰, 「新羅僧 慧超에 대하여」, 『伽山學報』 3, 1994, 19쪽).

138 『代宗朝贈司空大辨正廣智三藏和上表制集』 권4; 『大正新修大藏經』 권52, 845쪽.

139 『代宗朝贈司空大辨正廣智三藏和上表制集』 권3, 三藏和上遺書; 『大正新修大藏經』 권52, 844쪽.

縣) 옥녀담玉女潭에서 기우제를 지내자 비가 흡족히 내렸으므로 그것을 경하하는 내용의 「하옥녀담기우표賀玉女潭祈雨表」를 지어 대종에게 바쳤다.[140] 이때 자신을 '내도량사문혜초內道場沙門惠超'라 하였다. 여기서의 혜초惠超는 신라승 혜초慧超가 분명하므로 당시 혜초는 내도량內道場에 들어가 머물렀음을 알 수 있다.

그로부터 6년 후인 건중 원년(780) 4월에 혜초는 오대산 건원보리사乾元菩提寺로 들어갔다. 거기서 혜초는 자신이 필수한 한역본 「대승유가금강성해만수실리천비천발대교왕경」을 다시 필사하고 경전의 서문과 비의秘義를 약술하고 서문을 지었다. 그것이 현존하는 「대승유가금강성해만수실리천비천발대교왕경서大乘瑜伽金剛性海曼殊室利千臂千鉢大敎王經序」이다. 그 후의 행적은 알 수 없으나, 혜초는 아마 오대산 건원보리사에서 입적하지 않았을까 한다.[141]

③ 선종승 무상, 영조, 혜각

무상에 관한 자료는 20세기 초 둔황에서 발견된 『역대법보기歷代法寶記』, 신청神淸의 『북산록北山錄』과 그에 대한 혜보慧寶의 주기, 종밀宗密의 『원각경대소초圓覺經大疏抄』, 찬녕贊寧의 『송고승전』, 이상은李商隱의 「당재주혜의정사남선원사증당비명唐梓州慧義精舍南禪院四證堂碑銘」 등이 있다. 이들 자료에 의하면, 무상은 신라에서 출가하여 계를 받은 후 성덕왕 27년(728)에 입당하여[142] 현종을 배알하고 장안의 선정사禪定寺에 배속되어 머물렀다. 그 후 장안을 떠나 스승을 찾아 유력하다가 검남도劍南道 자

140 『代宗朝贈司空大辨正廣智三藏和上表制集』 권5, 賀玉女潭祈雨表; 『大正新修大藏經』 권52, 855쪽.

141 정수일, 앞의 책, 2004, 33쪽.

142 冉雲華, 「東海大師無相傳硏究」, 『敦煌學』 4, 1979, 49쪽.

주資州(지금의 쓰촨성 쯔양시資陽市) 덕순사德純寺에 이르러 지선智詵의 제자 처적處寂 문하에 들어가 무상이라는 법호를 받고 2년 동안 머문 후 지금의 쓰촨성 관현灌縣에 있는 천곡산天谷山에 거주하였다. 처적은 입적할 즈음에 옥황王鍠을 무상에게 보내 가사신의袈裟信衣를 전하였는데, 그때가 732～734년경이었다.

처적으로부터 신의信衣를 받은 무상은 계속 천곡산에서 초의절식하며 선정을 닦은 후 시가로 내려와 두타행을 실천하였다. 그때 익주장사益州長史 장구겸경章仇兼瓊이 선법을 청하였으므로 정천사淨泉寺, 곧 정중사에 머물며 20여 년 동안 중생을 교화하였다. 장구겸경은 개원 27년(739)을 전후해 익주장사와 검남절도사劍南節度使가 되어 안융성安戎城과 유주維州(지금의 쓰촨성 마오웬치앙족자치현茂汶羌族自治縣)를 침입한 토번군을 격퇴하는 등 8년간 촉지방을 다스렸다.[143] 그렇다면 무상은 739년경부터 정중사에 주석했을 것으로 판단할 수 있다.[144] 정중사에 머물며 교화를 펴던 무상은 보응寶應 원년(762) 5월 17일에 그곳에서 입적하였다.[145] 무상이 죽은 후 그의 사리탑을 동해대사탑東海大師塔이라 하고, 자주자사 한굉韓汯이 탑비의 비문을 찬술하였다.

무상은 728년에 입당한 후 35년 동안 당에 머물며 독자적인 선사상과 특이한 두타행으로 쓰촨지방에 선종의 기반을 확립하였다. 나아가 그의 사상은 티베트 불교에도 영향을 끼쳤다. 그의 제자로는 정중 신회淨衆 神會를 비롯하여 마조 도일馬祖 道一, 보당 무주保唐 無住, 신청神淸, 융선사融

143 『舊唐書』 권196(上), 列傳 吐蕃; 같은 책 권9, 開元 27년; 『四川通志』 권6, 名宦.

144 『宋高僧傳』(권19) 無相傳에는 현종이 안사의 난을 피하여 蜀에 와 있을 때 성도 현령 楊翌이 淨衆寺, 大慈寺, 菩提寺, 寧國寺 등을 지어 무상에게 거주하도록 했다고 하여, 현종이 성도로 몽진한 756년 7월 이후 멀지 않은 시기에 무상이 정중사에 주석한 것으로 서술하였다. 그러나 이는 장구겸경이 蜀에서 활동한 시기와 일치하지 않을뿐더러 성도 현령 양익이 무상을 시험했다는 설화가 현실성이 없으므로 선뜻 받아들이기 어렵다.

145 『歷代法寶記』, 劍南城都府 淨泉寺無相禪師; 『大正新修大藏經』 권51, 185쪽.

禪師, 왕두타王頭陀 등이 있었다.[146]

무상이 쓰촨성 일대에서 활동한 반면, 영조는 저장성浙江省에서 주로 활동하였다. 경문왕 10년경 신라에서 태어난 영조는 언제인가 남중국으로 건너가 불법을 구하다가 설봉 의존雪峰 義存을 찾아 선법의 대의를 묻고 수도하였으며, 의존 아래에서 도를 깨우쳐 법을 전해 받아 청원 행사淸原 行思의 7세손이 되었다. 당시 그는 언제나 누더기 한 벌을 걸치고 대중을 위한 여러 가지 일을 사양하지 않았기 때문에 사람들은 그를 조포납照布衲, 곧 누더기 스님이라 불렀다.[147]

의존의 법맥을 이은 영조는 처음에 제운산齊雲山에 머물렀으므로 제운화상이라고도 하였다.[148] 후에 그는 경청원鏡淸院에 주석하였는데, 호주湖州(지금의 저장성 후저우시湖州市) 태수太守 전공錢公이 보자원報慈院을 창건하여 그를 모셨으므로 그곳으로 거처를 옮겼다. 전공은 다시 용화사龍華寺를 창건해 영조에게 주지직을 맡겼는데, 이때 오월왕吳越王은 그를 내도량으로 초빙해 공양을 올리고 설법을 청하였고, 사방에서 그의 설법을 듣기 위해 문도들이 몰렸다. 그는 용화사에서 선법을 전하다가 947년 78세로 입적하였다.[149]

한편 혜각은 성이 김씨로 일찍이 출가하여 유가 사상을 공부하다 당으로 건너가 형주 개원사에서 머물렀다. 얼마 후 그는 낙양 하택사荷澤寺로 가서 신회神會 아래에서 남종선을 익혀 깨달음을 얻고 만년에 지금의 허베이성 사허시 류스강향劉石崗鄉 스좡촌寺庄村 동북쪽 광양산廣陽山 기슭의

146 鄭性本, 앞의 논문, 1995, 117~139쪽.

147 『景德傳燈錄』 권18, 杭州 龍華寺 眞覺大師靈照傳.

148 『祖堂集』 권11, 齊雲和尙靈照. 한편 영조가 주석하던 齊雲寺는 지금의 저장성 金華市 동남쪽에 있는 齊雲岡의 남쪽 기슭에 있었다고 한다(曺永祿, 「唐末五代 閩越 雪峯門徒의 吳越 進出과 '東國僧' 靈照」, 『歷史學報』 162, 1999, 69쪽; 『동아시아 불교교류사연구』, 동국대학교 출판부, 2011, 101쪽).

149 『景德傳燈錄』 권18, 杭州龍華寺眞覺大師靈照傳.

칠천사漆泉寺로 들어가 머물다가 774년 3월에 입적하였다.[150]

이처럼 신라의 서화 구법승들은 역경, 저술, 강론, 교화, 봉사를 통해 중국 불교, 나아가 동아시아 불교 발전에 크게 기여하였다. 그럼에도 불구하고 그들은 끝내 고국에 돌아오지 않았다. 이들이 귀국하지 않은 데는 신라 불교계의 특수성과 생활환경을 비롯한 다양한 이유가 있었겠으나, 무엇보다도 신라의 폐쇄적 신분제도인 골품제와 왕실의 치열한 정쟁이 그들의 귀국을 가로막지 않았을까 한다.[151]

제3절 회창폐불과 신라 불교

중국 불교사에는 '삼무일종三武一宗의 법난'이라 일컫는 네 차례의 대대적인 불교 탄압 사건이 있었다. 북위 태무제太武帝, 북주 무제武帝, 당 무종, 후주 세종世宗의 불교 탄압이 그것이다. 그 중에서 당 무종 회창會昌(841~846) 연간에 일어난 폐불廢佛은 중국 불교사상 유례를 찾아볼 수 없을 정도로 엄격하고 철저하게 시행되었다. 그 결과 당시 번영을 구가하던 불교계는 치명적인 타격을 입어, 중국 불교의 존립 기반까지 흔들리게 되었다.

이러한 회창폐불의 원인에 대해서는 다양한 견해가 있다. 당시 불교계의 타락을 정화하려는 당 왕실의 개혁 의지와 도교의 배불론排佛論이 결합하여 일어났다는 종교적 측면, 사원이 소유하고 있던 막대한 물적·인적 자원을 빼앗아 국가 재정에 충당하려는 경제적 이유, 중국 전통의 유교적

150 樓正豪, 앞의 논문, 2011, 21~31쪽.

151 6두품 출신인 원측은 골품제의 桎梏 때문에 돌아오지 않았고, 무상·무루·지장은 진골귀족들 사이에 벌어지던 政爭의 공포 때문에 귀국을 포기하였다. 이 점에 관해서는 권덕영, 「신라 '西化' 구법승과 그 사회」, 『정신문화연구』 30-2(통권 107), 2007, 336~344쪽 참조.

예론에 입각하여 불교를 비윤리적인 오랑캐 종교라 배척하려는 사회·사상적 요인, 무종의 숙부 이침李忱 일파의 제위帝位 찬탈을 미연에 방지하기 위해 폐불정책을 폈다는 정치적 이유 등이 그것이다.[152]

그러나 회창폐불은 어느 한 가지 이유가 아니라 정치, 경제, 사회, 종교, 사상 등 여러 요인이 복합적으로 작용하여 일어났거니와, 이 사건은 중국 불교사의 흐름을 바꾸어 놓았다. 즉, 회창폐불 이후 화엄·법상·천태 등의 교학불교가 위축되고 대신 선종과 정토교 같은 실천적이고 대중적인 불교가 교선敎線의 중심에 위치하게 되었다.[153] 또한 회창폐불 와중에 많은 외국승들이 대거 본국으로 추방됨으로써 신라와 일본을 비롯한 주변 국가의 불교에도 지대한 영향을 끼쳤다. 이런 점에서 회창폐불은 중국 불교를 넘어 동아시아 불교 전개와도 밀접하게 연관된 사건이라 할 수 있다.

여기서는 앞선 연구자들이 밝힌 회창폐불의 실상을 참고하여, 당 무종이 단행한 승니僧尼 환속과 사원 훼철의 실상, 그리고 외국승들의 동향을 종합적으로 살펴보고자 한다. 특히 폐불의 소용돌이 속에서 신라 서학 구법승들의 동향이 어떠했는지 고찰함으로써, 회창폐불이 신라 불교에 어떤

152 岡田正之, 「慈覺大師の入唐行記に就いて(2)」, 『東洋學報』 12-2, 1922, 1~41쪽; 龜川正信, 「會昌の廢佛に就いて-特に原因の考察」, 『支那佛教史學』 6-1, 1942, 47~68쪽; 道端良秀, 『唐代佛教史の研究』, 法藏館, 1957, 161~177쪽; 窪德忠, 「慈覺大師のみた會昌の廢佛-地方への徹底について」, 『慈覺大師研究』, 早稲田大學出版部, 1964, 157~170쪽; 小野勝年, 『入唐求法巡禮行記の研究』 4, 鈴木學術財團, 1969, 544~563쪽; 鎌田武雄, 『中國佛教史』, 岩波書店, 1979, 211~213쪽; 金文經, 『唐代의 社會와 宗教』, 숭실대학교출판부, 1984, 221~259쪽; 于輔仁, 「唐武宗廢佛原因新探」, 『魏晉南北朝隋唐史』, 1992-1, 65~72쪽.
이 가운데 岡田正之는 회창폐불의 원인을 전적으로 도교와 불교의 충돌로 보았고, 金文經은 종교적인 이유도 있지만 보다 세속적인 동기로서 경제적 측면을 강조하였다. 그리고 鎌田武雄는 회창폐불의 가장 큰 원인을 국가의 경제적 문제라 하였고, 于輔仁은 정치적 관점에서 그 원인을 찾았다. 한편 龜川正信는 경제적인 문제가 발단이 되어 도교와의 갈등으로 격화되고 유교적 윤리관으로 扮飾되었다고 하였다.

153 西尾賢隆, 「會昌廢佛と金粟如來」, 『森三樹三郎博士頌壽記念 東洋學論集』, 朋友書店, 1979, 625~626쪽.

영향을 끼쳤는지에 대한 해답의 실마리를 찾아보고자 한다.

1. 회창폐불의 전개

(1) 승니의 환속

중국 불교사의 흐름을 바꾸어 놓았던 당 무종대의 회창폐불은 승니의 환속에서부터 시작되었다. 무종대에 승니에 대한 규제가 처음으로 가시화된 것은 회창 2년(842) 3월이었다. 이때 문하시랑 동평장사 이덕유李德裕의 주청에 의하여, 인보조직隣保組織에 속하지 않은 무명無名의 승려를 절에서 쫓아내고 승니가 동자나 사미를 두는 것을 금지시킨 것이 그것이다.[154]

이어서 같은 해 10월 9일에 한층 엄한 환속령이 내려졌다. 당시 장안에서 폐불의 실상을 직접 목도했던 일본승 원인의 『입당구법순례행기』(권3)에 실린 칙문에 의하면, 전국의 모든 승니 중에서 팔을 자르거나 손가락을 태워 자신의 신체를 공양한 자, 주술과 금기를 닦는 자, 군대에서 도망했거나 군역을 피하기 위하여 승려가 된 자, 몸에 형벌을 받은 흔적이 있는 전과자나 무뢰한, 일찍이 불음不淫의 계율을 범했거나 처를 거느리고 있는 자, 계율을 닦지 않는 자를 모두 강제로 환속시키도록 하였다. 뿐만 아니라 승니로서 돈이나 곡식, 토지, 장원을 가지고 있으면 그것을 모두 관에서 몰수하였는데, 만약 재물이 아까워 환속하기를 원하면 그렇게 하되 조용조租庸調의 조세를 부담하는 일반 양민으로 삼도록 하였다.

사실 이런 부류의 승니에 대한 환속 조처는 무종 이전에 이미 몇 차례 시행되었다. 현종 개원 2년(714)에 요역을 피하기 위하여 승려가 된 사람들이 곳곳에 가득 차 있다는 상서령 요숭姚崇의 상소에 따라, 조칙으로 승니를 조사하여 사사로이 출가한 위람승僞濫僧 2만여 명을 환속시킨 것이 대

154 圓仁, 『入唐求法巡禮行記』 권3, 會昌 2년 3월 3일.

표적인 사례이다.[155] 그러므로 회창 2년 3월과 10월의 승니 환속령은 파격적인 불교억압책이라기 보다 종래의 정책을 답습한 불교정화책이라 해도 좋을 듯하다.

그럼에도 이러한 조치는 당시 권력을 장악하고 있던 환관 관군용사觀軍容使 구사량仇士良의 반대에 부딪혀 곧바로 시행되지 못하고 100일간의 유예기간을 두었다. 유예기간이 끝난 회창 3년 정월 18일경에 장안의 좌·우공덕사左右功德使에서 보고한 바에 따르면, 좌가左街에서 1,232명, 우가右街에서 2,259명의 승니가 환속하여 본적지로 돌아가 양세호兩稅戶에 충당되었다.[156] 이 조처는 장안뿐만 아니라 중서문하성 주관으로 전국의 주州와 부府에서 동일한 원칙하에 시행되었으므로 전국에서 환속된 승니는 수천 혹은 수만 명에 이르렀을 것이다.

또한 이때 승니가 소유할 수 있는 노비의 수를 제한하였는데, 비구는 남자 종 1명, 비구니는 여자 종 2명만을 데리고 있을 수 있고 그 나머지는 모두 본가로 돌아가게 하였다. 만약 본가가 없으면 관에서 매매하고, 노비 중에서 무예나 의술, 기타 기술을 가진 사람은 승니가 데리고 있지 못하도록 하였다. 아울러 사사로이 머리를 깎고 출가하는 것을 엄격히 규제하여 금지시켰다.

회창 3년 정월 18일에 위람승을 모두 환속시킨 데 이어 2월 1일에는 환속승들에 대한 추가 통제 조치를 취하였다. 장안의 경우 공덕사에서 각 절에 첩문을 돌려, 이미 환속한 승니를 함부로 절에 들이거나 거주하지 못하도록 하였다. 아울러 보외保外의 승니를 재차 추방하여 도성이나 진鎭에 머

155 『舊唐書』 권8, 開元 2년 정월.
이때 환속당한 승니의 수는 기록에 따라 다소 차이가 있다. 『舊唐書』(권96) 姚崇傳과 『資治通鑑』(권211) 開元 2년 정월 병인조에는 1만 2,000명이라 하였고, 『唐會要』(권47) 議釋教(上)에는 3만 명이라 하였다.

156 圓仁, 『入唐求法巡禮行記』, 권3, 會昌 3년 정월 18일.

무는 것을 금하였다. 당시 장안 자성사資聖寺에 임시로 머물고 있던 원인은, 자신의 방에 제자승 유정惟正과 유효惟曉, 행자 정웅만丁雄萬을 제외한 보외의 승니와 객승이 없으며 만약 그러한 승니 등을 은닉하고 있는 사실이 밝혀지면 중벌을 받겠다는 서약서를 공덕사에 제출하기도 하였다.[157]

그러던 중 승니의 환속과 박해를 더욱 촉진시킨 사건이 일어났다. 회창 3년 9월에 노주潞州(지금의 산시성 장츠시長治市) 소의절도사昭義節度使 유종간劉從諫의 조카 유진劉稹이 반란을 일으키자,[158] 장안에 있던 소의절도사 유후관 강손畺孫이 체포령을 피하여 머리를 깎고 승려가 되어 성 안의 절에 숨었다는 소문이 있었다. 이로 인하여 무종은 전국의 승려 중에서 공안公案에 이름이 없는 자를 모두 환속시켜 본관으로 돌려보내도록 하였다. 또 최근에 승려가 된 자로서 그 유래가 불분명한 사람을 모두 붙잡아 처형했는데, 장안에서만 300명이 타살되었다고 한다. 유진의 반란이 진압되지 않고 있던 회창 4년 3월에는 한층 강화된 승니 통제령을 내렸다. 오대산과 종남산 등 영지靈地의 순례를 금지하고 공험公驗, 곧 여행허가증이 없이 왕래하는 승니를 붙잡아 처형하였으며, 오전에만 승니의 외출을 허용하였고 승니가 다른 절에서 숙박하는 것을 금지하였다.

회창 4년 7월에 또 한 차례의 승니 환속령을 내려, 200칸 미만 되는 산곡의 난야蘭若, 보통원普通院, 소불당小佛堂, 의정義井, 촌읍의 재당齋堂 등 국가에서 공인하지 않은 유사사찰을 훼철하고 그곳에 거주하던 승니를 모두 환속시켜 각종 역을 부담하는 양민에 충당하라고 하였다. 뿐만 아니라 그

157 圓仁, 『入唐求法巡禮行記』, 권4, 會昌 3년 7월 2일.

158 圓仁은 『入唐求法巡禮行記』(권4) 會昌 3년 9월 13일조에서 "河北道潞府節度使劉從簡叛" 운운하여, 이때 劉從簡(簡은 諫의 오기)이 반란을 일으켰다고 하였다. 그러나 『舊唐書』(권161)와 『新唐書』(권214) 劉從諫傳에 의하면, 유종간은 그해 4월에 41세의 나이로 이미 죽었다. 따라서 이때 반란을 일으킨 사람은 『舊唐書』(권18 上)와 『資治通鑑』(권248)에서 여러 차례 언급한 그의 조카 유진이었다고 하겠다.

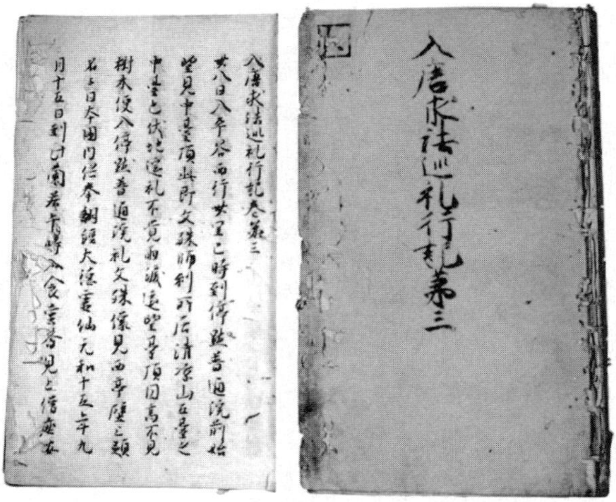

그림 4-11 『입당구법순례행기』(일부)

해 9월에는 전국의 소규모 사원을 폐쇄하고 그곳에 머물고 있던 승니 중 계율을 지키지 않거나 나이가 어린 자는 모두 환속시켜 본적지로 돌려보내고, 연로하고 계율을 지키는 승니만을 뽑아 큰 사원으로 옮겼다. 무종은 회창 2년 3월부터 실시한 수차례의 승니 사태沙汰에도 만족하지 않고, 유진의 반란을 평정한 직후인 회창 4년 9월에 "소의절도사의 반란은 이미 평정되었으나 아직 제거하지 못한 것은 전국의 사원이다. 아울러 승니를 환속시키는 일도 아직 끝내지 못했다. 경들은 아는가 모르는가"라 하며[159] 장차 단행할 무자비한 불교 탄압을 예고하였다.

여러 차례에 걸친 승니의 환속 결과, 회창 5년 초에는 장안 큰 사원의 방이 반 이상 빌 정도였다. 그럼에도 그때까지 불법적으로 승니가 된 사도승私度僧과 위람승 및 계율을 지키지 않는 사이비 승려들이 도처에 산재해 있었던 듯하다. 회창 5년 정월 3일에 반포한 「가존호후교천사문加尊號後郊

159 圓仁, 『入唐求法巡禮行記』 권4, 會昌 4년 9월.

天赦文」에서,[160] 이미 폐쇄된 소사小寺에는 비록 적은 수이지만 승니가 남아있고 절동도浙東道와 절서도浙西道 같이 궁벽한 지방에서는 칙령을 엄격히 시행하지 않아 아직도 상당수의 위람승이 남아있는데, 이들 중 비록 보내保內의 승려라 할지라도 연소자와 계율을 지키지 않는 자를 골라 사태시키도록 하라고 한 점에서 알 수 있다.

무종의 무분별한 승니 사태를 부추긴 것은 도사 조귀진趙歸眞을 비롯한 일단의 도교 신봉자들이었다. 즉위 당시부터 도교를 신봉했던 무종은 해를 거듭할수록 더욱 도교에 깊이 빠져들어, 불로장생과 신선을 희구하여 높이 150척에 이르는 선대仙台를 쌓고 도사들의 배불론과 참위설에 귀를 기울였다.[161] 그 결과 회창 5년에 접어들면서 무종의 폐불정책은 종전과 달리 비이성적이고 무차별적인 방식으로 전개되었다.

우선 회창 5년(845) 3월 3일에 조칙을 내려, 사원이 장원을 가지는 것을 허락하지 않고 절이 소유하고 있는 노비 수와 재산 정도를 조사하여 모두 관에서 몰수하였다. 뿐만 아니라 전국 모든 사찰의 승니 중에서 40세 이하인 사람을 모두 환속시켜 본적지로 돌려보냈다. 며칠 후에 다시 조칙을 내려, 50세 이하인 사람들도 모두 환속시켜 본적지로 돌려보냈다. 이어서 50세 이상인 사람이라 할지라도 사부祠部의 도첩이 없거나, 도첩이 있더라도 해당 관청에서 엄격히 조사하여 기재한 내용에 조금이라도 이상이 있는 승니와 도첩장度牒狀 자체에 조그만 흠이 있는 승니들도 환속 대상에 포함시켰다. 게다가 도첩에 아무런 이상이 없는 경우에도 관에서 임의로 군적에 편입시켰다고 한다.[162]

수행 정도와 도첩이 있고 없음을 막론하고 나이를 기준으로 단계적으로

160 『全唐文』 권78, 武宗3.
161 圓仁, 『入唐求法巡禮行記』 권4, 會昌 4년 9월 및 會昌 5년 3월 3일.
162 圓仁, 『入唐求法巡禮行記』 권4, 會昌 5년 3월 3일.

승니를 도태시킨 회창 5년 3월의 칙령은 4월 1일부터 장안과 낙양을 비롯하여 전국의 주와 부에서 실행에 옮겨졌다. 도성에서는 좌·우공덕사가 일을 맡아 처리하였고, 지방은 중서문하성이 주관하였다. 장안의 경우, 40세 이하의 승니는 4월 15일에 환속이 끝났고, 16일부터 50세 이하 승니의 환속이 시작되어 5월 10일에 마무리되었다. 그리고 5월 11일부터 50세 이상인 자로서 사부의 도첩이 없는 승니의 환속이 시작되어 늦어도 그달 29일에 완전히 종결되었던 것으로 보인다.[163] 만약 칙령을 어기고 환속하지 않은 승니가 있으면 사형에 처하겠다는 후속 조치가 뒤따랐다. 이로써 회창 2년 3월부터 시작된 승니 환속은 일단락되었다.

승니 환속 작업이 끝나자, 이어서 전국에 존속시킬 사원 수와 승니의 정원을 규정하였다. 『구당서』(권18) 무종본기와 『자치통감』(권248) 회창 5년 7월조에 의하면, 상도上都와 동도東都, 곧 장안과 낙양에는 좌가와 우가에 각각 2개의 절을 존속시키고 각 사원에 머물 수 있는 승니를 30명으로 제한하였다. 그리고 지방의 경우는 절도사와 관찰사의 치소와 전국의 주에 각각 1개의 절을 남겨두되, 주의 크기에 따라 상주上州에는 20명, 중주中州에는 10명, 하주下州에는 5명의 승니만 머물 수 있도록 하였다. 이에 따라 그때까지 환속당하지 않고 남아있던 나머지 승려들은 이때 모두 환속되었다. 더하여 그해 8월에 재차 조칙을 내려 각 사원의 승니 정원을 감축하였다. 동도의 각 사원은 30명에서 20명으로 줄이고, 종래 20명이었던 상주는 그 수를 반으로 감소시켰으며, 10명이었던 중주는 7명으로 줄이고, 5명이었던 하주는 1명의 승려도 두지 못하게 하였다.[164]

『자치통감』(권248) 회창 5년 7월조의 고이考異에 인용된 『실록實錄』에 의거하여, 당시 환속당하지 않은 승니의 수를 계산해보면 1,000명 미만에

163 圓仁, 『入唐求法巡禮行記』 권4, 會昌 5년 6월 23일.

164 『資治通鑑』 권248, 會昌 5년 8월 壬午.

불과하였다. 반면 회창 연간에 환속한 승니는 모두 26만 500명이었다. 따라서 회창 2년 3월 이후 3년 5개월 동안 전체 승니의 99.6% 가량이 법적으로 환속된 셈이다.[165] 결국 회창 5년 7, 8월에 이르면 중국의 불교는 승니의 수적인 면에서 겨우 명맥만 유지하는 상태가 되고 말았다.

(2) 사원과 불상의 파괴

무종의 폐불정책은 승니의 환속뿐만 아니라 그들이 생활하던 사원을 허물었고, 부처의 가르침이 담긴 경론을 불태웠으며, 경배의 대상인 불상을 파괴하였다. 무종의 사원폐쇄령은 국가에서 공인하지 않은 소규모 유사사찰의 훼철에서부터 시작되었다. 소의절도사 유후관 강손 문제로 승니에 대한 단속과 억압을 강화하던 회창 4년 7월에 전국에 산재하던 소규모의 불당, 난야, 보통원, 의정, 재당 등을[166] 폐쇄하고 그곳에 거주하던 승니를 모두 환속시켰다. 당시 장안 도성 안에는 크고 화려한 불당이 300여 개가 있었는데, 이때 대부분 없어졌으며 전국에 걸쳐 폐쇄된 사원의 수는 이루 헤아릴 수 없었다.

당시 유사사찰은 위람승들이 모여 대중을 미혹하거나 붕당朋黨을 결성하여 반란에 가담하는 등 사회적 병폐의 온상이 되는 경우가 많았다. 일찍이 개원 15년(727)에 전국의 소불당을 파각破却시켰고, 태화太和 4년(830)에 사부에서 전국의 불당, 난야, 보통원, 의정 등을 전부 주·현州縣의 사원

165 鈴木哲雄는 무종의 무단적인 승니 환속 조치에도 불구하고 많은 승려들은 깊은 산속에 은거하거나 在家에서 수행을 계속했다고 한다(鈴木哲雄, 「會昌の廢佛と禪宗」, 『印度學佛教學研究』 30-2, 1982, 776~780쪽).

166 蘭若는 수도를 위하여 한적한 곳에 세운 규모가 작은 암자이고, 普通院은 名刹과 靈地 주변에 설치된 승니들의 숙박 시설이다. 그리고 義井은 승니 또는 신자들이 공익을 위하여 만든 井戶이고, 齋堂은 신자들이 모여 재계를 행하던 곳이다. 난야를 제외한 보통원, 의정, 재당을 사원의 범주에 넣을 수 있을지 의문이다. 그러나 이러한 시설의 운영 주체가 승니이고 그곳에서는 예외 없이 불상을 모셔놓고 경배하였기 때문에 본서에서는 편의상 이것들을 '유사사찰'이라 통칭한다.

에 병합하여 관리해야 한다고 주청한 것도 그 때문이었다. 따라서 무종의 사원폐쇄령에서 1차적 대상이 유사사찰이었음은 당연하다고 하겠다.

회창 4년(844) 10월에 다시 조칙을 내려, 전국의 소규모 사찰을 부수어 그곳에 있던 불상은 근처의 큰 절로 옮기고 종鐘은 도관道觀으로 보내게 하였다. 이 조칙에 의하여 장안에서 30여 개의 소사가 훼철되었다고 한다. 사원의 강제 철거뿐만 아니라 승니의 수가 줄어들고 사원경제가 위축되어 더 이상 유지할 수 없는 사원이 생겨났다. 이러한 경우에는 승니를 한 곳에 모아 거주시키고 승니가 없는 사원은 방치하였다. 아울러 사원의 창건은 말할 것도 없고 수리조차 금지시켰다.

회창 5년에 접어들자 종전 사이비 승니와 우범자의 소굴이 되어왔던 유사사찰의 폐쇄를 넘어 무분별하게 사원을 파괴하였다. 회창 5년 3월에 사원의 장원 설치를 금하고 노비와 재물을 몰수하는 것은 물론 나이를 기준으로 무차별적으로 승니를 환속시키자, 사람들은 "절의 노비와 철물鐵物을 몰수하는 것은 사원을 없애려는 조짐이다"라 하였다. 소문대로 그해 4월에 사원폐쇄령이 반포되었다.[167] 곧이어 7월에 무종은 재차 사원폐쇄령을 내려 장안과 낙양의 좌가와 우가에 각각 2곳, 절도사와 관찰사의 치소 및 각 주에 가장 훌륭한 사원 1곳만을 남기고 나머지는 모두 폐쇄하도록 하였다.[168] 장안의 경우 좌가에는 대자은사와 천복사薦福寺, 우가에는 서명사와 장엄사莊嚴寺만 남게 되었다. 이때 장안의 명찰인 장경사章敬寺, 청룡사靑龍寺, 안국사安國寺 등은 몰수되어 궁중의 내원이 되었다.[169]

폐사의 실태는 지방에서도 마찬가지였다. 회창 5년 6월 22일에 사주泗州(지금의 장쑤성 쑤첸시 쓰양현泗陽縣)에 도착한 일본승 원인은 그의 구법일

167 『唐會要』 권48, 寺.

168 『舊唐書』 권18(上), 會昌 5년 7월 庚子; 『資治通鑑』 권248, 會昌 5년 7월.

169 圓仁, 『入唐求法巡禮行記』 권4, 會昌 5년 6월 23일.

그림 4-12 대자은사 대안탑(중국 산시성 시안시西安市)

기에 "보광왕사普光王寺는 노비와 재물이 몰수되고 승니가 환속당하여 절 안이 적막하고 사람의 왕래가 없으며, 주사州司에서 조칙에 의거해 장차 이 절을 헐려고 한다"라 적고 있다. 또한 그는 양주와 등주에서도 사원의 훼철 실태를 목도하고 '폐불의 철저함이 장안과 마찬가지이다'라고 술회하였다.

신라인 장보고가 세운 등주 문등현(지금의 산둥성 원덩시文登市)의 적산 법화원도 예외는 아니었다. 회창 5년 8월 27일 문등현 청녕향清寧鄕 장영張詠의 집에 도착해 머물던 원인 일행은 귀국선을 타기 전까지 일찍이 기숙寄宿한 적 있는 법화원에 머물고자 했으나, 그 절은 이미 칙령에 의하여 폐쇄되어 거처할 방이 없었으므로 부득이 절의 장사莊舍에 거처할 수밖에 없었다. 이러한 사실은 등주에 있던 법화원도 회창폐불 와중에 훼철되었음을 말해준다.[170]

170 법화원이 정확히 언제 훼철되었는지는 분명하지 않다. 회창 연간의 사원 철폐는 회창 4년 7

이밖에도 영우靈佑가 주석하던 담주潭州(지금의 후난성 창사시長沙市) 대위산大潙山 동경사同慶寺는 무종의 칙령에 의하여 훼철되어 빈 절이 되었고,[171] 조과 도림鳥窠 道林과 그의 제자 회통會通이 머물던 항주杭州(지금의 저장성 항저우시杭州市) 초현사招賢寺도 무종 때 헐렸다고 한다.[172] 비록 황허강 이북의 진주, 유주幽州(지금의 베이징시北京市 일대), 위주魏州(지금의 허베이성 한단시邯鄲市 웨이현魏縣), 노주潞州 관내의 사원은 비교적 온전하였으나, 그 외의 지역에서는 규정된 극히 소수의 사원을 제외하고 모두 훼철되었다.[173] 이때 철거된 사원의 재목은 관청과 역사驛舍를 수리하는 데 쓰이기도 했는데, 회창 연간에 철폐된 사원의 수는 대사大寺가 4,600여 개였고 난야와 초제招提가 40,000여 개에 이르렀다.[174]

무종의 폐불정책은 승니의 환속과 사원의 폐쇄뿐만 아니라 경전과 불상의 파괴에까지 미쳤다. 회창 3년 6월에 태자첨사 위종경韋宗卿이 『열반경소涅槃經疏』 20권을 지어 바치자, 무종이 그것을 읽어보고는 태워 없앴을 뿐만 아니라 중서문하성에 명하여 위종경의 집을 수색케 하여 그 초본까지 찾아 소각시키고 위종경을 성도부윤成都府尹으로 좌천시킨 사건이 있었다. 이 사건은 불경과 불상 파괴를 초래한 계기가 되어, 며칠 후 대궐 안에 있던 불경을 태워 없애고, 불경과 보살상 및 천왕상 등을 땅에 묻도록

월의 小佛堂과 유사사찰의 철폐, 같은 해 10월의 소규모 사원의 훼철, 회창 5년 4월의 대대적인 사원 폐쇄, 같은 해 7월의 전국 사찰에 대한 최종적인 정리로 진행되었다. 법화원의 규모와 국가로부터의 사액 여부 등에 관해서는 알 수 없지만, 그곳에 상주하던 승려가 20여 명 정도 된 점으로 보아 큰 사원이라고는 할 수 없다. 그러므로 법화원은 아마 회창 4년 7월 혹은 10월의 칙령에 의하여 훼철되지 않았을까 한다.

171 鄭愚, 「潭州大潙山同慶寺大圓禪師碑銘并序」, 『全唐文』 권820.

172 『景德傳燈錄』 권4, 招賢會通傳.

173 회창 연간에 훼철된 전국의 사원, 묘탑, 석경 등에 관해서는 西尾賢隆, 「圓仁の見聞した會昌廢佛(下)」, 『花園大學硏究紀要』 11, 1980, 104~107쪽 참조.

174 『舊唐書』 권18(上), 會昌 5년 8월; 『資治通鑑』 권248, 會昌 5년 7월 壬午; 『全唐文』 권76, 「毁佛寺勒僧尼還俗制」.

하는 조칙을 내렸다.[175] 회창 4년 3월에 이르러서는 누대에 걸쳐 불상을 안치하고 고승을 뽑아 독경·기도하던 장생전長生殿의 내도량 행사를 중지시키고 불경을 소각시켰으며 불상을 파괴하였다. 또 조칙을 내려 전국에 산재한 석당石幢과 승니의 묘탑墓塔을 철거하도록 하였다.

승니의 환속과 사원의 정리가 종결되어 가던 회창 5년 6월경부터 불경과 불상의 파괴가 본격적으로 이루어졌다. 『입당구법순례행기』(권4) 회창 5년 6월 28일조에 의하면, 이즈음 전국의 동불銅佛과 철불鐵佛을 모두 부수어 그 무게를 달아 염철사鹽鐵使에 위임하여 관장하도록 하되, 그 내용을 상세히 적어 보고하라는 칙령이 있었다고 한다. 그리고 같은 해 7월과 8월에는 전국 폐사의 구리로 만든 불상과 종은 염철사에서 녹여 돈을 주조하고 철로 된 불상은 해당 주에서 녹여 농기구를 만들도록 하였으며, 금이나 은·놋쇠 등으로 된 불상은 녹여서 탁지부度支部에 넘겨주도록 하였다. 특히 금동불상은 도금한 금을 긁어내어 무게를 달아 바치도록 하였다. 뿐만 아니라 민간에서 소유하고 있던 금·은·구리·철로 된 불상은 조칙 반포 후 한 달 이내에 관에 납부하되, 만약 이 칙령을 어기면 염철사에서 금동령禁銅令을 위반한 죄와 동일하게 처분하겠다고 하였다.[176] 원인이 귀국 도중에 불상 파괴의 실상을 보고 "불상 위에 입힌 금을 긁어내고 구리와 쇠로 된 불상을 깨뜨려 그 무게를 다니, 이 통한스러움을 어찌할까? 전국의 동·철불과 금으로 만든 불상은 어찌 한도가 있겠는가? 그것이 칙령에 의하여 모두 깨뜨려 없어져 진물塵物이 되어버렸다" 고 통탄하였다.[177]

당시 조칙에는 불상의 파괴와 수거뿐만 아니라 불경 소지를 금하는 내

한편 『金石萃編』(권114)에 실린 「修方山証明功德記」에서는 "洎乎會昌五年 毁去佛△天下大同 凡有額寺五千餘所 蘭若三萬餘所"라 하여 약간의 차이를 보인다.

175 圓仁, 『入唐求法巡禮行記』 권4, 會昌 3년 6월 13일.

176 『舊唐書』 권18, 會昌 5년 7월 庚子; 『唐會要』 권49, 雜錄.

177 圓仁, 『入唐求法巡禮行記』 권4, 會昌 5년 8월 16일.

용도 포함되었던 것으로 보인다. 원인이 장안에서 가지고 왔던 불상, 경전, 공덕정功德幀, 승복 등을 회창 5년 7월 5일에 초주의 신라역어 유신언에게 맡겨둔 이유는 그것을 소지하는 행위가 조칙을 어기는 죄에 해당되기 때문이었다. 초주를 떠나 8월 16일 등주에 도착한 원인이 그곳의 폐불 실태를 보고 "금경훼상禁經毁像" 운운한 것도 불경을 소지하거나 유포하는 것을 당시 법으로 금지하고 있었음을 암시해 준다.[178]

무종의 불교 탄압은 시간이 갈수록 더욱 심해져 그해 9월에는 환속승들이 가지고 있던 승복, 절에서 쓰던 기이한 물건, 은그릇, 솥, 기타 승니에 관련되는 모든 것을 관에서 몰수하거나 소각하도록 하였다. 이처럼 살벌한 분위기 때문이었는지, 유신언은 원인이 초주를 떠나기 전에 맡겨두었던 불경과 번개幡蓋 등을 이때 모두 소각하고 일부 문서들만 겨우 남겨놓았다.

회창 2년 3월부터 3, 4년간 계속된 무종의 불교 탄압으로 승니는 거의 환속되었고 전국의 크고 작은 사원은 대부분 훼철되었다. 또한 불경과 승복 등은 소각되었으며, 불상 가운데 금을 입힌 것은 금을 긁어내고 구리와 쇠로 된 것은 녹여서 동전과 농기구를 만들었다. 아울러 전국의 절에서 소유하고 있던 노비, 재물, 토지를 관에서 모두 몰수함으로써 당시 불교는 폐허 상태가 되었다.

2. 신라 구법승의 동향

(1) 외국승의 추방

일반적으로 당의 문화를 국제적인 문화라 일컫는다. 이는 당의 적극적

178 大中(847~859) 연간에 진사로 급제하여 호부랑중을 역임한 李節의 「餞潭州疏言禪師詣太原求藏經詩序」(『全唐文』 권788)에서, 회창 말기에 불상과 불경을 모두 없앴기 때문에 宣宗代에 불교를 다시 허용했으나 불경을 구할 길이 없다고 한 점을 통해서도 회창폐불 때 불경 소각령이 내려진 사실을 알 수 있다.

인 개방정책으로 많은 외국인들이 당에 모인 결과이다. 중국은 전통적으로 번국인蕃國人이 중국에 찾아오는 것을 왕화王化의 표징으로 여기고, 조공사절은 물론 구법승과 유학생 등을 적극적으로 유치하였다. 그래서 당대에는 주변국의 사절뿐만 아니라 수많은 승려, 학생, 상인들이 당으로 몰려들었다.

당 왕조는 별도의 규정을 마련하여 이들 외국인들을 통제하였으나, 대체로 자유롭고 안전한 정치·경제·문화 활동을 보장해 주었다.[179] 그러나 당의 국내외 상황이 어지러울 때 외국인들은 뜻하지 않은 수난을 당하기도 하였다. 황소의 난이 일어났을 때 광주廣州(지금의 광둥성 광저우시廣州市)에서 10만 명의 외국인이 살해되었고, 회창 연간에는 무종의 폐불정책으로 많은 외국 구법승들이 고초를 겪고 마침내 본국으로 추방되었다.

회창폐불의 전개 과정은 앞에서 살펴보았거니와, 사실 폐불 초기에는 외국승들의 고난이 그렇게 크지 않았다. 회창 2년 3월에 최초로 승니 환속령을 내렸을 때 환속의 대상은 보외保外의 무명승이었다. 당대의 보는 상호 감찰과 연대 책임을 갖는 인보조직으로, 초기에는 일정 지역을 단위로 보가 조직되었으나 후에는 직업군職業群으로서 승니 사회에도 보가 조직되었다.[180] 승니 집단에서 보의 구성원은 국가가 정식으로 출가를 허락한 승니에 한정되었으므로, 회창 2년 3월의 칙령에서 말한 '보외의 무명승'은 사사로이 출가한 승려와 외국에서 온 구법승들이 해당된다고 하겠다.

그러나 당은 외국승들에게 비교적 관대하여, 그들에 대해서는 이 칙령의 예외로 인정하였다. 회창 2년 3월 5일에 공덕사 순원巡院이 홍선사, 청룡사, 자성사에 보낸 첩문에 의하면, 외국승들은 관군용사의 처분에 따라

---

179 中田薰, 「唐代法に於ける外國人の地位」, 『法制史論集』 3-下, 岩波書店, 1953, 1379쪽; 권덕영, 앞의 책, 2005, 77～79쪽.

180 小野勝年, 『入唐求法巡禮行記の硏究』 3, 鈴木學術財團, 1969, 423쪽.

표 4-4 당대 장안성의 사찰

좌가[東街]	우가[西街]	황궁
【홍녕방】大中報聖寺, 清禪寺【영가방】無量壽寺【홍경방】禪林寺【장락방】大安國寺【대녕방】興唐寺【승업방】勝業寺, 修慈尼寺, 甘露尼寺【익선방】保壽寺【광택방】光宅寺 【영홍방】荷恩寺【숭인방】寶刹寺, 資聖寺【도정방】寶應寺【상락방】趙景公寺, 雲花寺【신창방】青龍寺【안읍방】玄法寺【선평방】宣慈寺, 法雲尼寺【청룡방】普耀寺, 日嚴寺【곡지방】建福寺, 靜覺寺【평강방】菩提寺, 陽化寺【선양방】淨域寺, 奉慈寺【소국방】崇濟寺【진창방】大慈恩寺, 楚國寺, 淨住寺【숭의방】招福寺【영락방】永壽寺, 資敬尼寺【장안방】崇敬尼寺【개화방】大薦福寺, 法壽尼寺【안인방】薦福寺浮圖院【정선방】大興善寺【개명방】光明寺	【통화방】淨影寺【풍락방】法界尼寺, 大開業寺【안업방】資善尼寺, 濟度尼寺【태평방】溫國寺, 定水寺, 法壽寺【통의방】興聖尼寺【홍화방】空觀寺【숭덕방】崇聖寺, 證果尼寺, 報恩寺【풍안방】宣化尼寺【수덕방】興福寺【반정방】龍興寺, 建法尼寺, 證空尼寺, 顯聖大王寺【포정방】善果寺, 鎭護大波若寺, 法海寺, 濟法寺, 明覺尼寺【연수방】懿德寺【광덕방】勝光寺, 慈悲寺, 光德寺【연강방】西明寺, 靜法寺【숭현방】海覺寺, 大覺寺, 明法尼寺, 崇業尼寺【연복방】紀國寺, 新都寺【영안방】永壽寺【돈의방】福田寺, 法覺尼寺【안정방】千福寺, 福林寺【휴상방】崇福寺, 萬善尼寺, 昭成尼寺【금성방】開善尼寺, 會昌寺【예천방】妙勝尼寺, 醴泉寺【회원방】大雲經寺, 功德尼寺【장수방】永泰寺, 大法寺, 崇義寺【가회방】褒義寺, 靈安寺【영평방】宣化尼寺【보녕방】靈化寺【의녕방】化度寺, 積善尼寺【거덕방】先天寺, 普集寺, 奉恩寺【군현방】直心尼寺, 眞化尼寺【회덕방】羅漢寺, 辨才寺, 慧日寺, 宏光寺【숭화방】經行寺, 靜樂尼寺【영양방】大莊嚴寺, 大總持寺	【태극궁】佛光寺【동궁】佛堂院【대명궁】昭德寺, 護國天王寺, 鶴林寺, 德業寺

절에서 쫓겨나지 않아도 되었으니 안심하라고 하였다.[181] 당시의 관군용사는 금위군인 신책군神策軍을 장악하고 있던 환관 구사량이었는데,[182] 그는 장안 좌가의 승니와 사원 업무를 총괄하는 좌공덕사를 겸하고 있었다.[183] 따라서 앞의 첩문에서 '관군용사의 처분'이라 한 것은 바로 좌공덕

181 圓仁, 『入唐求法巡禮行記』 권3, 會昌 2년 3월 8일.

182 『新唐書』(권207) 仇士良傳에는 회창 3년에 구사량이 관군용사가 되어 좌·우신책군을 통솔했다 하였고, 『資治通鑑』(권246)에서는 회창 원년 8월에 관군용사에 임명되었다고 한다. 한편 『入唐求法巡禮行記』(권3)에서는 회창 2년 2월 1일에 구사량이 관군용사에 임명되었다고 하여 차이를 보인다.

사 구사량이 장안 좌가의 사원에 내린 처분이었다고 할 수 있다. 이런 점에서 좌가의 다른 사원에도 구사량의 동일한 공문이 발송되었을 것이다. 뿐만 아니라 장안의 우가와 지방의 사원에도 같은 내용의 첩문이 보내졌을 것으로 생각된다.

닷새 후인 회창 2년 3월 10일에 외국승 처리에 대한 보다 구체적인 내용의 첩문이 내려졌다. 일본승 원인이 머물던 자성사의 경우, 공덕사 순원에서 자성사에 공문을 보내 원인과 그의 제자 유정, 유효, 행자 정웅만 등을 마음대로 떠나보내지 말고 앞서 보낸 첩문에 따라 맡아서 관리하라고 하였다.[184] 각 사원에 머물고 있던 외국승의 이름을 일일이 명시하여 그들에 대한 관리, 감독을 당부한 이러한 첩문은 자성사뿐만 아니라 전국의 모든 사찰에 보내졌을 것이다. 결국 외국승은 보외의 승려였음에도 불구하고 회창 2년 3월 5일과 10일의 예외 조치로 인하여 환속당하여 절에서 쫓겨나는 것을 일단 면하였다.

대신 외국승들은 자신의 신상에 대하여 자세한 조사를 받아야만 했다. 회창 2년 5월 25일에 원인은 공덕사 순원으로부터 국적과 입당 목적, 도성에 도착한 날짜, 현재 거주하는 사원의 이름, 나이, 전공 분야 등을 자세히 적어 보고하라는 공문을 받았다. 이에 다음 날 원인은 자신과 제자승 두 명의 나이, 전공 분야, 입당 목적, 장안에 들어오기까지의 경과 등을 적어 보고하였다.[185] 물론 이러한 조사는 원인에게만 한정된 것이 아니라, 첩문의 제목에서 암시하는 것처럼 전국의 모든 외국승을 대상으로 시행했을 것으로 보인다.[186]

---

183 공덕사 순원으로부터 공문을 받았다는 앞의 세 절은 모두 장안 좌가에 소재하는 사찰이었다. 홍선사는 靖善坊에, 청룡사는 新昌坊에, 자성사는 崇仁坊에 있었다(『唐會要』 권48, 寺).

184 圓仁, 『入唐求法巡禮行記』 권3, 會昌 2년 3월 미상.

185 圓仁, 『入唐求法巡禮行記』 권3, 會昌 2년 5월 26일.

186 당은 1년마다 정기적으로 외국승에 대한 신상을 조사하였다. 원인의 경우, 처음 조사를 받은

회창 2년 10월의 사도승 및 위람승과 재물이 아까워 환속하기를 원하는 승니에 대한 환속령, 회창 3년 9월의 소의절도사 유후관 강손의 잠적 사건으로 촉발된 승니 탄압, 회창 4년 7월과 9월의 소불당과 유사사찰 훼철에 따른 승니 환속 조처 등 계속된 대규모의 승니 사태 속에서도 외국승들은 환속의 수난을 당하지 않았다. 그것은 독실한 불교신자로서 당시 권력을 장악하고 있던 구사량의 배려 때문이었다. 그는 폐불 와중에도 장안 좌가의 몇몇 절에 머물던 남천축국, 북천축국, 사자국師子國(지금의 스리랑카), 일본국, 구자국, 신라국의 승려 21명을 관군용사의 관아로 불러 함께 차를 마시며 위로하였다.[187]

회창 5년 4월 이전까지 외국승들이 환속의 대상에서 제외되자, 당나라 승려 중에는 환속을 피하기 위해 외국승을 사칭하는 경우도 있었다. 회창 5년 5월 16일에 원인과 함께 본국으로 추방되던 사람 가운데 한 명은 나이가 20세로 장안에 부모형제가 있는 당나라 사람이었다. 그는 어려서 출가하여 천복사에서 신라 승려를 스승으로 모시고 있었는데, 승니 사태沙汰에 직면하자 신라 승려의 이름을 승접承接함으로써 환속당하지 않고 절에 남을 수 있었다. 그러나 회창 5년 4월에 외국승들까지 환속시켜 본국으로 추방하자, 그는 본의 아니게 신라로 쫓겨가다가 도중에 도망하였다.[188]

회창 5년에 이르면 무종의 폐불정책은 더욱 엄해져 승니 자격의 합당 여부와 수행 정도의 고하를 막론하고 나이를 기준으로 승니를 순차적으로 도태시켜 나갔다. 외국승들은 이때의 승니 사태에서도 일단 제외되었다. 그러나 곧이어 외국승 중에서 사부의 도첩이 없는 자는 모두 환속시켜 돌

지 1년이 지난 회창 3년 5월 25일에 지난해의 조사 항목과 거의 같은 내용을 조사하였으므로 원인은 다음 날 지시대로 서식을 갖추어 보고했다는 점에서(圓仁, 『入唐求法巡禮行記』 권3, 會昌 3년 5월 26일) 그러한 사실을 유추할 수 있다.

187 圓仁, 『入唐求法巡禮行記』 권3, 會昌 3년 1월 28일.

188 圓仁, 『入唐求法巡禮行記』 권4, 會昌 5년 5월 16일.

려보내되, 만약 이 칙령을 따르지 않는 자가 있으면 조칙을 어긴 죄로 처리하겠다고 하였다.

이 칙령에 의하여 장안 홍선사에 머물던 북천축국 승려 난타難陀, 청룡사에 있던 남천축국 보월寶月과 제자 4명, 자성사에 있던 일본승 원인과 제자 1명, 그리고 많은 신라 승려들이 환속의 대상에 포함되었다. 이때의 외국승 환속 추방령은 장안에만 국한된 것이 아니라 전국에서 동일하게 시행되었다. 일본 구법승 혜악惠萼의 제자는 외국승에 대한 환속 추방령이 반포되었을 때 장안에 있지 않았음에도 회창 5년 7월에 이미 환속하여 초주에 머물고 있었던 점에서[189] 그러한 사실을 유추할 수 있다. 혜악이 승화 14년(847) 7월에 일본으로 돌아갔던 것도[190] 회창 5년(845) 4월의 조칙에 의하여 환속, 추방되었기 때문이었을 것으로 보인다.

『신당서』(권48) 백관지百官志 숭현서조崇玄署條와 『당회요』(권49) 승적조僧籍條에, 신라와 일본 승려로서 당에 들어와 학문한 지 9년이 되어도 돌아가지 않은 자는 승적에 편입시킨다고 하였다. 이 규정은 신라승과 일본승뿐만 아니라 여타의 외국승들에게도 동일하게 적용되었을 것으로 여겨진다. 승적에 편입되는 것은 곧 도첩의 획득을 의미하므로, 외국승은 최소한 9년 이상 당에 체류해야만 사부로부터 도첩을 발급 받을 수 있었던 셈이다. 그러므로 회창 5년의 외국승 환속령은 입당한 지 9년 미만 되는 외국승들이 1차 대상이었으며, 9년 이상이 되었더라도 사정이 있어 당의 승적에 오르지 못한 외국승도 그 대상에 포함되었을 것이다. 설사 사부의 도첩을 가지고 있어 회창 5년 4월의 환속령에서 무사했다 할지라도, 그해 7월의 최종적인 승니정원령僧尼定員令에 의하여 환속되어 추방되기는 마찬가지였다. 승복 대신 속인의 옷을 입고 환속과 귀국 절차를 마친 원인은 그때

189 圓仁, 『入唐求法巡禮行記』 권4, 會昌 5년 7월 5일.

190 『續日本後紀』 권17, 承和 14년 7월 辛未.

의 심정을 '일비일희一悲一喜'라는 말로 표현하였다.[191]

한편 추방되는 외국승들은 해당 관청에서 지정한 행선지를 이탈하거나 임의로 변경할 수 없었다.[192] 뿐만 아니라 외국승을 추방할 때는 관할 지역 관청에서 길 안내와 감시를 맡은 사람을 파견하여 동행하도록 하였다. 이처럼 회창폐불의 마지막 단계에서 외국승들도 환속되어 본국으로 추방되었으며, 엄격한 감시와 통제 아래에서 정해진 노선을 따라 본국으로 돌아갔다.

(2) 신라승의 귀국

후한 명제明帝 때 중국에 유입된 불교는 당대에 이르러 만개하였다. 그래서 신라를 비롯한 일본, 발해 등 여러 나라 승려들이 당에 들어가 불교를 공부하였다. 그 중에서도 신라 승려의 수가 가장 많았던 것으로 보인다.[193] 일찍이 수나라 때 주변 각국에서 온 구법승들을 동번승東蕃僧 혹은 삼한승三韓僧이라 통칭할 정도로 한반도 삼국의 구법승 비중이 높았는데,[194] 그러한 전통은 삼국을 통일한 신라로 이어져 회창 연간에도 마찬가지였다.

앞에서 소개하였듯이, 회창 3년 1월에 구사량이 청룡사를 비롯한 장안 좌가의 4개 절에 머물고 있던 외국승을 자신의 관아로 초청했는데, 이때

191 圓仁, 『入唐求法巡禮行記』 권4, 會昌 5년 5월 14일.

192 원인의 경우, 회창 5년 7월 3일 우여곡절 끝에 초주 山陽縣에 이르러 그곳에서 배를 타고 귀국하고자 하는 청원을 현의 관청에 올렸으나 縣司가 칙령에 의거하여 허락하지 않았고, 같은 해 7월 15일 海州에 도착하여 초주에서와 같은 요청을 하였으나 해주자사 역시 칙령에 의하여 해주에 임의로 머무르게 할 수 없다며 거절하였다. 이는 칙령에 의하여 京兆府로부터 발급받은 첩문에 초주와 해주는 통과 지역으로 지정되어 있었으므로 그곳에서의 체류가 허용되지 않았던 것이다.

193 嚴耕望, 앞의 논문, 1955, 67~98쪽; 西尾賢隆, 「圓仁の見聞した會昌廢佛」, 『鷹陵史學』 5, 1979, 96~97쪽.

194 山崎宏, 『支那中世佛教の展開』, 清水書店, 1942, 871쪽; 『隋唐佛教史の研究』, 法藏館, 1967, 149쪽.

모인 승려는 모두 21명이었다. 그 중에서 절반에 가까운 10명이 신라 승려였다. 물론 이는 장안에 소재한 4개 절을 대상으로 살펴본 사례에 불과하지만,[195] 이 사실만으로도 당시 당에 머물던 외국승 중에서 신라승이 차지하는 비중을 충분히 짐작할 수 있다. 장안 좌가의 4개 사원에 10명의 신라승이 있었던 점으로 미루어, 전국 4,600여 개의 대사大寺와 40,000여 개의 난야에 거주하던 신라승들을 합하면 수백 명이 되었을지도 모른다.

그러나 현재 우리가 알고 있는 무종대의 신라 구법승은 몇 명에 불과하다. 그 중의 한 사람이 낭혜화상 무염無染이다. 무염은 무열왕의 8대손으로 일찍이 입당을 시도했으나 황해를 건너던 도중에 폭풍을 만나 서학 구법행에 실패하였다. 그 후 헌덕왕 14년(822)에 하정사 김흔金昕의 배에 편승하여 마침내 당에 들어갔다. 최치원이 찬술한 「성주사낭혜화상탑비명」에 의하면, 무염은 여만과 보철을 스승으로 모시고 불교를 공부한 후 각지의 성적을 순례하고 병자와 불쌍한 사람 돌보는 것을 일로 삼다가 회창 5년(845)에 '당제唐帝의 명'으로 귀국했다고 한다.[196] 그런데 회창 5년 당시의 당나라 황제는 무종이었으므로, 최치원이 말한 '당제의 명'은 앞에서 살펴본 회창 5년 4월에 내려진 외국승에 대한 환속과 추방령이었다고 하겠다. 결국 낭혜화상 무염은 무종의 폐불정책으로 20여 년 동안의 중국 생활을 접고 본국으로 돌아왔다.

도윤道允도 회창폐불의 수난을 당하고 귀국한 신라승이다. 도윤은 속성이 박씨로 한주漢州 휴암군鵂巖郡 사람이다. 나이 18세에 귀신사鬼神寺에 가서 화엄학을 배웠으나 '원돈圓頓의 가르침이 어찌 심인의 이치와 같겠

195 盛唐시대 장안에는 僧寺가 64개, 尼寺가 27개 있었는데, 후에 다소 증가하여 총 110여 개가 있었다고 한다(小野勝年, 「日本の求法僧たち見た中國の佛寺」, 『龍谷史壇』 79, 1981, 2쪽).

196 『祖堂集』(권17) 嵩巖山聖住寺故兩朝國師傳에서는 회창 6년에 무염이 신라에 돌아왔다고 하여 차이를 보인다.

는가' 라 하고는 운수행각雲水行脚의 길을 나섰다. 825년에 견당사를 따라 입당하여 남악 회양南岳 懷讓의 법손인 남천 보원 아래에서 수학하였다. 그 후 그는 대중 원년(847) 4월에 귀국하였다. 그러므로 도윤 역시 당나라에 체류할 때 폐불 사태를 직접 겪었음이 틀림없다. 도윤이 대중 원년에 신라로 돌아오지 않을 수 없었던 것도 낭혜화상 무염과 마찬가지로 회창 5년 4월의 외국승에 대한 환속과 추방령 때문이었을 것이다.

굴산선문을 개창한 범일梵日 역시 도윤과 유사한 경험을 하였다. 범일은 836년에 하정사 겸 숙위 김의종을 따라 당에 들어가 명주明州(지금의 저장성 닝보시寧波市) 개국사開國寺에 일시 머물다가 선지식을 찾아 두루 유력하던 중, 항주의 염관 제안을 참문하고 평상심이 곧 도道라는 그의 말에 크게 깨닫고 6년 동안 그를 스승으로 모셨다. 회창 3년경에 그곳을 떠나[197] 유엄唯儼이 주석하던 낭주朗州(지금의 후난성 창더시常德市) 약산藥山으로 갔다. 얼마 후 각지를 순례할 마음이 생겨 장안으로 갔는데, 그곳에서 그는 무종의 폐불 사태에 직면하였다.[198] 『조당집祖堂集』(권17) 명주굴산고통효대사전溟州崛山故通曉大師傳에 의하면, 회창 4년에 승니 환속과 사원철폐령이 내려지자 사방으로 이리저리 다녀보아도 몸 숨길 곳이 없었다고 한다. 범일이 장안에서 겪은 폐불령은 전국 산곡의 난야, 소불당, 보통원, 소규모 사원을 철폐하고 그곳에 머무르는 승니를 환속시키라는 그해 7월과 9월의 칙령이었던 듯하다.

---

197 『祖堂集』(권17) 溟州崛山故通曉大師傳에 의하면, 범일은 6년 동안 齊安의 문하에 있었다고 하므로 그가 입당한 836년으로부터 계산하면 842년까지이다. 그런데 『宋高僧傳』(권30) 齊安傳에 의하면, 제안은 회창 2년(842) 12월에 입적했다고 한다. 그렇다면 범일이 제안 문하에서 떠난 것은 그의 스승이 회창 2년 12월에 입적했기 때문이었을 것이고, 그가 藥山에 간 시기는 회창 3년경이 되는 셈이다.

198 金杜珍은 범일이 '당 무종의 大法難을 만나 비로소 藥山의 문하를 떠났다' 고 하였으나(金杜珍, 「新羅 下代 崛山門의 形成과 그 思想」, 『省谷論叢』 17, 1986, 320쪽), 『祖堂集』(권17)에서는 "欲恣遊方遠投帝里 值會昌四年 沙汰僧流毁坼佛宇" 라 하여 회창 4년 승니 沙汰令이 내려지기 이전에 이미 약산을 떠나 장안에서 폐불 사태를 만난 것으로 되어 있다.

그림 4-13 영은사 범일국사 진영(월정사 성보박물관 소장)

외국승은 이때 내려진 칙령의 규제 대상에 해당되지 않았으므로 범일은 이 칙령으로 환속당하지는 않았을 것이다. 그러나 이전에 수차례 보외 승려의 장안 출입을 금하고 객승의 유숙과 승니의 오후 출행 금지령이 내려져 있었으므로 그는 기탁할 곳을 찾기 어려웠던 듯하다. 그래서 범일은 상산商山에 들어가, 떨어진 과일과 흐르는 물로 연명하며 반년 동안 혼자서 선정을 닦았다. 후에 그는 소주에 가서 조계 혜능慧能의 조사탑에 참배하고 대중 원년(847) 8월에 신라로 돌아왔다.[199] 이처럼 범일 역시 회창 4년부터 수난을 당하다가 회창 5년 4월의 칙령에 의하여 환속, 추방되었다고 하겠다.

199 『祖堂集』(권17) 溟州崛山故通曉大師傳에는 '會昌 6년 정묘 8월에 신라로 돌아왔다' 고 한다. 그러나 회창 6년은 丙寅이고 丁卯는 다음 해인 大中 원년이다. 따라서 본서에서는 干支를 기준으로 하여 범일의 귀국을 대중 원년(847)으로 간주하였다.

원랑선사 대통大通의 사형인 자인선사慈忍禪師도 당에서 무종의 폐불 사태를 만나 귀국한 승려로 보인다. 김영金穎이 찬술한 「월광사원랑선사탑비명」에 의하면, 원랑선사는 회창 을축년, 곧 회창 5년 봄에 성린대덕聖鱗大德에게 가서 구족계를 받고 단엄사丹嚴寺에 머물러 수행하였는데, 이때 자인선사가 당에서 귀국하였으므로 대통이 때때로 그를 찾아가 많은 격려를 받았다고 한다. 그렇다면 자인선사는 회창 5년으로부터 멀지 않은 시기, 아마 회창 6년 혹은 대중 원년경에 당에서 돌아오지 않았을까 한다. 회창 6년과 대중 원년은 당 무종의 폐불로 당에서 구법하던 신라 승려들이 대거 귀국하던 때이다. 이러한 시기에 자인선사가 신라에 돌아왔다는 것은 자인선사 역시 회창 5년 4월의 외국승 환속령에 의하여 추방되었음을 암시한다.

이상에서 소개한 네 명 외에도 무종의 폐불정책에 의하여 환속, 추방된 신라 승려들이 많았다. 원인의 견문에 의하면, 회창 5년 4월에 자신과 그의 제자뿐만 아니라 천축국 승려 난타와 보월, 그리고 많은 신라승들이 사부의 도첩을 가지고 있지 않았기 때문에 환속의 대상에 포함되었다고 한다. 이 신라승들은 모두 환속당한 것은 물론 대부분 귀국했을 것이다.

실제 『입당구법순례행기』(권4) 회창 5년 7월 15일조에 신라승의 귀국 사례가 보인다. 이 날 해주海州(지금의 장쑤성 롄윈강시連雲港市)에 도착한 원인은 그곳에 머물러 있다가 배를 타고 일본으로 돌아가기를 청하자 현의 장관이, 최근에 경조부京兆府(지금의 산시성 시안시西安市)에서 온 신라승도 이곳에 잠시 머무르고자 하였으나 허락하지 않고 떠나보냈다고 하며 원인의 청을 거절하였다. 현의 장관이 말한 경조부에서 온 신라승은 바로 장안의 어느 절에 있다가 외국승 추방령으로 본국으로 돌아가던 신라 승려였음이 틀림없다.

적산 법화원의 신라승들도 무종의 폐불을 피할 수 없었다. 전술하였듯이, 법화원은 회창 4년 7월 혹은 9월의 폐사령에 의하여 훼철되었고, 이어서 회창 5년 4월의 조칙에 의하여 외국승들이 환속, 추방되었다. 그 결과 법화원에 머물던 20여 명의 신라승들은 수행의 장場을 잃었을 뿐만 아니라 추방령까지 내려짐으로써 대부분 환속하여 귀국했을 것이다. 물론 그 중에는 환속한 후 당에 그대로 머무르는 경우도 있었다.

법화원 승려 신혜가 대표적이다. 신라 출신인 신혜는 815년에 일본에 건너가 대재부에 체류하던 중 824년에 장 대사張大使의 배를 타고 당으로 들어가 법화원의 승려가 되었다.[200] 원인이 개성開成 4년(839) 6월부터 이듬해 2월까지 적산 법화원에 기숙할 때 신혜를 알게 되었는데, 회창 5년(845) 9월 22일 일본으로 돌아가던 도중에 법화원 장사莊舍에서 다시 그를 만났다. 이때 신혜도 원인과 마찬가지로 환속하였으나, 귀국하지 않고 그곳에 머물고 있었다.

무종의 불교 탄압에도 불구하고 당을 떠나지 않은 또 다른 신라승으로는 범일이 명주 개국사에서 만난 사미沙彌가 있다. 신라의 명주 익령현翼嶺縣(지금의 강원도 양양군 양양읍)이 고향인 이 사미는 범일에게 '후일 스님께서 본국에 돌아가시게 되면 저의 집을 지어 주십시오'라 하여, 범일이 이를 수락하였다. 그 후 신라에 돌아온 범일은 858년에 전날의 약속을 지키기 위해 익령현 사미의 집을 찾아가니, 그곳에는 한 여자가 8살 된 아들을 데리고 살고 있었다고 한다.[201] 비록 이 설화는 정취보살正趣菩薩 신앙과 관련한 종교적 색채가 가미되었으나, 범일이 당에서 신라 출신의 사미를 만난 후 귀국하여 그의 고향을 방문한 것은 역사적 사실로 볼 수 있을 듯하다. 그렇다면 개국사의 신라 사미는 무종의 불교 탄압이 끝난 후에도

---

200 圓仁, 『入唐求法巡禮行記』 권4, 會昌 5년 9월 22일. 한편 여기서 말하는 장 대사가 재당 신라인 張詠을 지칭하는지 아니면 張保皐를 가리키는지에 대해서는 의견이 분분하나, 장영을 지칭하는 것으로 판단된다. 이 점에 관해서는 권덕영, 앞의 책, 2005, 122~124쪽 참조.

201 『三國遺事』 권3, 洛山二大聖 觀音 正趣 調信.

신라에 돌아오지 않았다고 하겠다.

이처럼 회창 연간에 당에 머물던 신라 구법승들 가운데 일부는 귀국하지 않고 당에 남았으나, 대부분은 회창 5년 4월의 외국승 환속 추방령에 의하여 승복을 벗고 신라로 돌아왔다. 당 무종의 폐불을 피해 많은 신라 구법승들이 본국에 돌아옴으로써 신라 불교는 새로운 국면을 맞게 되었다. 신라 하대 구산선문 가운데 성주산문, 사자산문, 굴산산문 등 3곳이 이때 귀국한 무염, 도윤, 범일에 의하여 각각 개창되었다. 뿐만 아니라 회창 폐불 직후인 850년대를 전후하여 신라에서는 선종의 세력 기반이 되는 사찰이 크게 확산되었고, 이때부터 선종이 번영하게 되었다. 이러한 사실들은 당 무종의 폐불에 의한 신라 구법승들의 집단 귀국과 무관하지 않을 것이다.

제5장

황해 디아스포라

제1절 삼국인의 이산과 이주

7세기는 동아시아사에서 격변의 시대였다. 중국에서는 수가 수백 년 동안 지속되던 남북조의 분열을 가까스로 수습하였으나 3대 38년 만에 망하고 당이 중원의 패권을 차지하여 새로운 동아시아 국제질서를 형성해 나갔고, 일본에서는 관위제官位制와 헌법을 제정하고 대화개신大化改新을 단행하여 율령국가 체제를 이룩하였다. 그리고 한반도에서는 정변이 빈발하고 삼국 간의 싸움이 격화되는 와중에 신라가 당과 연합하여 한반도를 평정하였다. 곧이어 고구려의 옛 땅에 발해가 건국되어 남쪽의 신라와 북쪽의 발해가 병립하는 이른바 남북국시대를 맞이하게 되었다.

7세기 격동의 소용돌이가 한차례 휩쓸고 지나간 이후, 한반도 삼국의 많은 사람들이 자의 또는 타의로 당나라에 이주移住하였다. 전쟁의 후유증으로 당에 강제로 끌려간 고구려와 백제 유민은 말할 것도 없고, 신라인 역시 여러 가지 국내외 사정으로 자국을 떠나 파상적으로 당에 들어가 생활하였다. 일반적으로 고국을 떠나 다른 나라에서 생을 영위하던 사람을 디아스포라Diaspora라 한다.[1] 그런데 고구려·백제의 망국 유민과 신라인들은 황해를 징검다리 삼아 당으로 이주했다는 점에서 그들을 일괄 '황해 디아스포라'라 해도 틀린 말이 아닐 듯싶다.

황해를 건너 당에 이주한 사람들은 그곳에서 각기 다양한 삶을 살아갔다. 나라 잃은 백성으로 당에 강제로 끌려간 고구려인과 백제인들은 물론, 자의적으로 이주한 신라인들은 당의 이민족 지배정책에 따라 각지에 흩어져 거주하다가 점차 중국화되어 갔다. 이 절에서는 7세기 중엽을 전후한 시기에 중국으로 건너간 고구려·백제 유민과 나당교섭기에 당으로 이주한 신라인들의 실상을 살펴보고자 한다.

1. 고구려와 백제 유민의 중국 이주

한반도 삼국의 백성들이 중국으로 들어가 산 연원은 오래되었다. 특히 고구려는 중국과 국경을 접해 있었고, 게다가 중국의 침략을 자주 받았으므로 고구려 주민의 중국 이주가 빈번하게 일어났다. 동천왕 20년(246)에 유주자사 관구검毌丘儉이 고구려를 침략하여 많은 고구려인을 붙잡아 중국 내지로 옮겼고,[2] 비록 이주 시기는 알 수 없으나 398년 당시 산둥지방에 고구려인이 집단적으로 거주하고 있었다.[3] 그리고 수와의 몇 차례 전쟁 과정에서 포로를 포함한 다수의 고구려인들이 중국으로 사천되었을 것이다.

1 디아스포라Diaspora는 고대 그리스어의 'dia너머'와 'speiro씨뿌리다'의 합성어로, 해외 팽창과 식민화를 통한 해외 이주 혹은 외세에 의한 강제 이주를 뜻하다. 우리말로 대개 '離散'으로 번역되는 이 말은 최근에 이르러, 외국에 살면서도 집단적인 정체성을 유지하는 사람들이 자신들을 규정하는 중립적인 용어로 많이 쓰인다고 한다(주경철, 『대항해시대』, 서울대학교출판문화원, 2008, 114쪽; 『문명과 바다』, 산처럼, 2009, 46쪽).

2 『三國志』 권28, 毌丘儉傳; 『晉書』 권56, 列傳 江統.

3 『魏書』 권2, 天興 원년 정월 辛酉.

그러나 고구려인이 보다 대규모적이고 체계적으로 중국에 이주한 것은 고구려 멸망을 전후한 7세기 중엽이었다. 당시 고구려인의 중국 이주는 당의 계속적인 고구려 공격에 수반하여 대략 세 차례에 걸쳐 이루어졌다.

첫 번째는 645년에 당 태종이 고구려에 쳐들어왔다가 안시성安市城에서 패하여 퇴각할 때 요동성, 개모성, 백암성의 백성 7만 명과 안시성을 구하러 왔다가 항복한 북부 욕살 고연수高延壽 및 서부 욕살 고혜진高惠眞을 비롯한 고구려 관리 3,500명을 붙잡아 당나라 내지로 이주시킨 것이다.[4] 이들은 당나라 각지에 분산·안치되었을 터인데, 당에 투항한 고혜진을 비롯한 일부 관리들은 장안(지금의 산시성 시안시西安市)으로 들어가 당 조정에서 복무하였다.[5]

두 번째는 668년 9월에 나당연합군이 고구려를 멸망시킨 직후, 항복한 보장왕과 고관들을 비롯해 끝까지 항거하다가 포로로 잡힌 연(천)남건淵(泉)男建 등 고구려 집권세력을 당으로 끌고갔다. 곧이어 당에 반발하는 세력을 제거하기 위하여 고구려 유민 2만 8,200호를 강제로 끌고가, 이듬해에 창장강長江과 화이수이강淮水 이남 지역, 산남도山南道, 병주幷州(지금의 산시성 타이위안시太原市)와 양주涼州(지금의 간쑤성 우웨이시武威市) 서쪽의 여러 지방으로 이주시켰다.[6] 이때의 이주 대상은 고구려 수도인 평양 일대

---

4 『資治通鑑』 권198, 貞觀 19년 10월; 『冊府元龜』 권117, 帝王部 親征2 貞觀 19년; 『三國史記』 권21, 寶臧王 4년.

5 고연수는 항복 직후 鴻臚卿의 관직을 받았으나 얼마 후 근심으로 죽었다. 그러나 사농경의 관직을 받았던 고혜진은 태종을 따라 장안에 들어갔고, 그와 함께 항복했던 고구려 酋長 3,000여 명 역시 당으로 들어가 관리가 되었다(『新唐書』 권220, 列傳 高麗).

6 『舊唐書』(권5) 總章 2년 5월조에는 2만 8,200호라 하였고, 『資治通鑑』(권201) 總章 2년 4월조에는 3만 8,200호라 하였으며, 『三國史記』(권22) 고구려본기의 總章 2년 기사에서는 3만 8,300호라 하여 서로 차이를 보인다. 본서에서는 편의상 편찬 시기가 가장 빠른 『舊唐書』의 기사에 따른다. 한편 고구려 유민의 동향에 관해서는 盧泰敦, 「高句麗 遺民史 硏究-遼東·唐內地 및 突厥方面의 集團을 중심으로」, 『韓沽劤博士停年紀念 史學論叢』, 지식산업사, 1981, 81~101쪽; 金賢淑, 「中國所在 高句麗 遺民의 동향」, 『韓國古代史硏究』 23, 2001, 63~106쪽; 「고

의 부호세력과 지방호족들이었다.

한편 당은 고구려 부흥운동과 신라의 공세로 평양에 설치했던 안동도호부를 더 이상 유지할 수 없게 되자, 676년에 안동도호부를 랴오둥지방으로 옮겼다. 동시에 랴오둥지방을 안정시켜 피폐해진 이 지역을 충실히 하기 위해 고구려의 마지막 왕인 보장왕 고장高臧을 요동도독 조선군왕에 봉하고 그를 현지에 보내 유민을 안집하도록 하였다. 이때 고구려 멸망 이듬해에 당나라 내지로 옮겼던 고구려 유민을 랴오둥지방으로 귀환시켰다. 그러나 고장이 요동도독이 된 지 얼마 후에 속말말갈과 반란을 도모하다가 발각됨에 따라 당은 고장을 공주邛州(지금의 쓰촨성 충라이시邛崍市)로 귀양보내고 그의 지배하에 있던 고구려 유민들을 다시 당나라 내지로 이주시켰다. 그때의 이주 대상은 고구려 멸망 직후에 당으로 끌려간 부강한 민호로서, 676년에 고장의 요동도독 임명과 동시에 랴오둥지방으로 귀환했던 고구려 유민들이었다. 이것이 세 번째 고구려인의 중국 이주이다.

고구려 멸망을 전후한 시기에 세 차례에 걸쳐 단행된 강제 이주를 통하여 수많은 고구려인이 중국으로 건너갔다. 이 가운데 668년과 669년에 이루어진 두 번째 이주는 규모가 가장 컸을 뿐만 아니라 인적 구성면에서도 고구려의 핵심 인물들이었다. 전술하였듯이, 당은 고구려를 멸망시킨 후 2만 8,200호의 고구려 부호들을 중국으로 끌고갔다. 그런데 한 호당 인구를 5명으로 잡는다면, 이때 당으로 강제 이주한 고구려인은 약 14만 1,000명에 이른다. 이는 645년에 당으로 끌려간 고구려인의 두 배에 해당하거니와, 여기에 멸망 직후 이적李勣이 포로로 붙잡아간 보장왕과 고관들을 포함하면 그 규모는 더욱 커진다. 게다가 이들은 왕실과 대신을 비롯한 집권층과 수도를 중심으로 한 각지의 부호층이었으므로 당시 고구려를 이끄는

구려 붕괴 후 그 유민의 거취문제」, 『韓國古代史硏究』 33, 2004, 75~96쪽; 정병준, 「고구려 유민 연구」, 『중국 학계의 북방민족·국가 연구』, 동북아역사재단, 2008, 69~108쪽 참조.

핵심 집단이었다고 할 수 있다.

그런데 이들 이주민들은 대부분 황해를 통해 중국으로 들어갔다. 고구려 수도 평양에서 당으로 가는 길은 여러 갈래가 있을 수 있다. 그 중에서도 대동강을 따라 내려와 황해를 가로지르거나 아니면 황해 연안을 따라 북상하여 압록강 하구와 랴오둥반도를 거쳐 산둥반도에 이르는 길이 평양과 중국을 잇는 가장 신속하고 편리한 루트였다. 당시 중국과 한반도를 왕래하던 사절과 상인들은 주로 이 바닷길을 이용했는데, 668년에 고구려가 멸망한 직후 이적도 이 바닷길을 통하여 보장왕을 비롯한 고구려 포로들을 당으로 수송했을 것이다. 이듬해 평양 일대를 중심으로 한 고구려 부호 십수만 명을 당으로 이주시킬 때도 동일한 황해 바닷길을 이용했음직하다.

한편 비슷한 시기에 백제 유민들도 대거 당으로 이주하였다. 660년에 나당연합군이 백제를 멸망시킨 후 소정방은 의자왕과 왕자, 대신 등을 포함한 1만 2,000여 명을 당나라로 붙잡아갔다.[7] 고구려의 경우와 마찬가지로 그들 가운데 왕족과 대신을 비롯한 일부 귀족들은 장안 혹은 낙양(지금의 허난성 뤄양시洛陽市)으로 끌려가 관리나 무장이 되어 당 조정에 복무하였으나, 대부분의 일반 백성들은 지방 곳곳에 분산 배치되어 이름 없는 당의 신민으로 살아갔다. 그런데 이들 역시 황해 중부 횡단항로 혹은 황해 북부 연안항로를 이용해 당으로 이주했음은 말할 것도 없다.

이처럼 고구려와 백제가 멸망한 직후에 두 나라의 유민 십수만 명이 황해를 경유해 당으로 이주하였다. 그들은 당나라 각지에 안치되었는데, 이주 지역을 살펴보면 크게 세 지역으로 나눌 수 있다.

첫 번째는 중원의 장안과 낙양 지역이다. 당대의 장안과 낙양은 각각 황도皇都와 동도東都로 불리는 정치, 경제, 문화의 중심지였다. 당은 주변의

7 『三國史記』 권5, 太宗武烈王 7년; 같은 책 권28, 義慈王 20년.

그림 5-1 천남생묘지명 탁본

이민족을 토벌하면 그들의 왕을 비롯한 지배계층을 장안과 낙양으로 데려가 당의 관작을 주고 회유하는 것이 일반적이었다. 고구려와 백제의 경우도 예외가 아니어서, 고구려 보장왕과 백제 의자왕을 비롯한 왕실 구성원, 연(천)남생淵(泉)男生과 예식진禰寔進 같이 투항한 귀족들을 대부분 장안과 낙양에 안치하였다.[8]

두 번째는 장안의 서북쪽 변경 지역이다. 당은 고구려를 멸망시킨 직후에 반당反唐세력을 제거하기 위하여 왕실과 귀족가문을 비롯한 평양 일대의 부호세력 십수만 명을 당으로 이주시켰다. 이 가운데 2만 8,200호를 다음 해에 동남 연해지역과 서북 변경 지역으로 재차 이주시켰다. 그 후 676년에 그들은 보장왕을 따라 랴오둥지방으로 귀환했으나 보장왕이 반란을

8 장안과 낙양에 안치된 고구려와 백제 유민의 실상은 이 지역에서 출토된 그들의 묘지명을 통해 알 수 있다. 특히 최근에 중국 陝西省 西安市 長安區 郭杜鎭에서 발견된 禰氏 일족 묘지명은 당에 투항한 백제 유민의 생활상을 구체적으로 보여준다(張福有·趙振華,「洛陽, 西安出土北魏與唐高句麗墓志及泉氏墓地」,『東北史地』2005-4, 2~19쪽; 董延壽·趙振華,「洛陽, 魯山, 西安出土的唐代百濟人墓志探索」,『東北史地』, 2007-2, 2~12쪽; 張全民,「新出唐百濟移民禰氏家族墓志考略」,『唐史論叢』14, 2012, 52~68쪽; 권덕영,「백제 유민 禰氏 一族 묘지명에 대한 斷想」,『史學研究』105, 2012, 1~35쪽; 金榮官,「中國 發見 百濟 遺民 禰氏 家族 墓誌銘 檢討」,『新羅史學報』24, 2012, 89~158쪽).

도모하였으므로 다시 농우도隴右道로 옮겨졌다.

당대의 농우도는 지금의 신장웨이우얼자치구新疆維吾爾自治區를 비롯해 칭하이성淸海省과 간쑤성甘肅省을 아우르는 넓은 지역으로, 669년에 고구려 유민이 안치되었던 당의 서북 변경 지역에 해당한다.[9] 당이 이들을 서북 변경 지역에 안치한 것은 공한지 개발과 국토의 균형 발전을 위한 측면도 없지 않았겠으나, 보다 근본적인 목적은 변경을 방어하는 군사로 활용하기 위함이었다.

『대당육전』에 의하면 진주秦州(지금의 간쑤성 톈수이시天水市 친안현秦安縣), 성주成州(지금의 간쑤성 룽난시隴南市 리현禮縣), 민주岷州(지금의 간쑤성 딩시시定西市 민현岷縣), 위주渭州(지금의 간쑤성 딩시시 룽시현隴西縣), 하주河州(지금의 간쑤성 린샤시臨夏市), 난주蘭州(지금의 간쑤성 란저우시蘭州市) 등의 6주에 고려병高麗兵이 있다 하였고,[10] 『신당서』에 따르면 고선지의 아버지 고사계高舍雞는 하서군河西軍, 곧 하서절도부의 군장으로 있다가 후에 안서사진安西四鎭으로 옮겨갔다고 한다.[11] 그런데 진주·성주 등의 6주와 하서절도부가 있던 양주는 모두 농우도 동부 지역으로, 고구려 멸망 후 고구려 유민이 강제로 이주한 지역과 일치한다. 그리고 이 지역은 토번을 비롯한 서북방 이민족을 방어하는 최전방이었다. 이러한 사실은 당이 고구려 유민을 시종 서북 변경 지역에 안치하여 토번 등의 침입을 막는 데 이

9 『舊唐書』(권5)와 『資治通鑑』(권201)에 의하면, 總章 2년(669)에 山南道와 장안 서쪽〔京西〕, 그리고 幷州와 凉州 서쪽의 공한지에 고구려 유민을 안치시켰다고 한다. 당대의 농우도는 '京西' 지역에 해당하거니와, 산남도는 終南山과 太華山 남쪽을 관할하는 광역 행정구역이고 병주는 지금의 山西省 太原市 일대이다. 그리고 양주는 하서회랑 중간에 위치한 지금의 甘肅省 武威市 일대이다.

10 『大唐六典』 권5, 尙書 兵部; 『舊唐書』 권43, 職官2 兵部郎中.
한편 여기에서 말하는 '高麗兵'은 민병 성격을 가진 州兵으로서의 團結兵 범주에 속하는 군사 조직으로 보인다(정병준, 「唐朝의 高句麗人 軍事集團」, 『동북아역사논총』 24, 2009, 197~204쪽).

11 『新唐書』 권135, 列傳 高仙芝.

용하였음을 말해준다.

세 번째는 화이수이강과 창장강 이남의 동남쪽 연해지역과 산둥지방이다. 고구려와 백제 유민이 화이수이강과 창장강 지역으로 이주한 것은 앞에서 소개한 자료를 통해 알 수 있거니와, 백제 유민의 일부는 산둥반도의 서주徐州(지금의 장쑤성 쉬저우시徐州市)와 연주兗州(지금의 산둥성 옌저우시兗州市)로 이주하였다.[12] 이들이 정착한 지금의 산둥성, 장쑤성, 저장성, 안후이성의 동부 지역에는 후에 재당 신라인사회가 활발하게 형성되었다.

이 지역들 외에도 고구려 유민은 랴오둥지방에 집단적으로 이주하였다. 그러나 이들은 해로가 아닌 육로를 통해 이주했을 가능성이 크므로 '황해 디아스포라'를 주제로 한 이 장에서는 다루지 않겠다. 아무튼 7세기 중엽에 수많은 고구려와 백제 유민들은 당의 심장부라 할 수 있는 장안과 낙양, 장안 서북쪽의 변경 지역, 동남쪽 연해지역 등 곳곳에 이주해 살아갔다.

2. 신라인의 중국 이주

고구려인과 백제인은 주로 멸망을 전후한 시기에 강제적으로 당에 이주한 반면, 신라인의 경우는 보다 다양한 방식으로 당에 이주하였다. 이들의 이주 형태를 유형별로 구분해 보면 대략 6가지로 나눌 수 있다.

첫째, 신라의 정치·사회적 모순에 대한 불만과 국내에서의 정치적 알력으로 당에 들어가 정착한 경우이다. 신라는 골품에 따라 개인의 사회적 지위와 정치적 출세가 보장되거나 제한되었고, 심지어 일상생활까지 규제되는 엄격한 혈연 중심의 계급사회였다. 이러한 사회에서는 골품 사이의 갈등이 필연적으로 일어날 수밖에 없다. 신라인들은 그러한 계층 갈등의 해소 수단으로 종종 당나라로 이주하였다.

골품제의 모순으로 비교적 이른 시기에 당으로 이주한 사람으로는 설계

12 『資治通鑑』 권202, 儀鳳 원년 2월.

두薛罽頭가 있다. 『삼국사기』에 의하면, 설계두는 골품을 따져 인재를 등용하는 신라사회에 불만을 품고 진평왕 43년(621)에 당에 들어가 좌무위과의左武衛果毅가 되어 당 태종의 고구려 정벌에 참전하여 전사했다고 한다.[13] 설계두는 성이 설씨인 점에서 6두품 신분으로 생각된다. 그렇다면 그는 진골 중심의 신라사회에서 자신의 신분적 한계를 극복하기 위하여 당에 이주했다고 하겠다.

설계두가 골품제의 질곡桎梏 때문에 당에 들어갔다면 김인문은 신라 내부의 정치적 알력으로 당나라에 정착하였다. 김인문은 급박하게 돌아가던 7세기 중엽 동아시아의 국제정세 속에서 밖으로 신라의 대당외교를 주도하였고 안으로 고구려와 백제 토벌의 선봉으로 활약하였다. 그러나 김인문은 고구려와 백제의 옛 땅을 직접 지배하려는 당의 정책을 지지함으로써 문무왕과의 관계가 악화되어, 668년에 입당한 이래 생전에 고국으로 돌아오지 못하고 당에서 생을 마감하였다.

둘째, 황해를 무대로 국제무역에 종사하던 상인들이 당에 정착한 경우이다. 당은 전통적으로 사사로이 외국인과 교역하는 것을 엄격히 금하였다.[14] 그러나 8세기 후반 이후 황해 양안의 정치적 혼란과 서방 상인들의 활발한 동방 진출 등으로 종래 엄격히 통제되었던 사무역이 점차 활기를 띠기 시작하였다. 그러한 분위기 속에서 신라인들이 대거 사무역에 참여하였다.

한편 당은 10년 동안 조세를 면제해주는 조건으로 이민족의 귀화를 장려하였고, 귀화한 사람은 당나라 백성과 마찬가지로 토지와 노비를 합법적으로 소유할 수 있게 하였으며, 또 그들에게 자유로운 정치·경제·사회 활동을 보장해주었다. 그 결과 사방으로부터 많은 이민족들이 당으로 이

13 『三國史記』 권47, 列傳 薛罽頭.

14 『唐律疏議』 권8, 衛禁.

주하였다. 동아시아 삼국을 대상으로 국제무역을 하던 신라인들도 예외가 아니었다.

등주 문등현(지금의 산둥성 원덩시文登市)에 거주하던 장영張詠이 대표적이다. 장영이 언제 당으로 이주했는지 알 수 없으나, 824년에 이미 등주(지금의 산둥성 펑라이시蓬萊市)에 터전을 잡고 대일무역에 종사하였고, 그의 아우 장종언張從彦과 모친이 초주楚州(지금의 장쑤성 화이안시淮安市 추저우구楚州區)에 거주하고 있었다.[15] 이런 점으로 보아, 늦어도 9세기 초에 장영 일가는 당나라로 이주해 국제무역에 종사했다고 할 수 있다. 장영 외에도 이소정李少貞, 왕청王請, 장공정張公靖, 김자백金子白, 흠량휘欽良暉, 김진金珍, 왕초王超, 김문습金文習, 김청金淸 등의 많은 신라 출신 상인들이 당으로 이주해 무역업에 종사하였다.[16]

셋째, 불교나 유교를 공부하기 위하여 당에 들어갔다가 정착한 경우이다. 신라는 진흥왕 때부터 중국 왕조에 지속적으로 구법승을 파견하였다. 특히 진평왕 때 원광圓光이 중국에 건너가 유학한 이후에 서학 구법이 더욱 활발하게 전개되어, 수많은 승려들이 당에 들어가 공부하였다. 그런데 그들 중의 상당수는 고국에 돌아오지 않고 평생을 당에서 보냈거나 또는 장기간 체류하였다. 원측·신방·지장·무루·무상·혜각·도육·영조 등은 평생을 당에서 보냈고, 도의·혜소·무염·도윤·경보·찬유 등은 십여 년 이상 당에 장기간 체류하다가 신라로 돌아왔다.

한편 신라는 선덕왕 9년(640)에 처음으로 당에 유학생을 파견한 이래 꾸준히 학생들을 보내 국자감을 비롯한 교육기관에서 공부하도록 하였다. 특히 하대에 들어와 도당 유학 풍조가 크게 유행하여, 희강왕 2년(837) 3월

15 圓仁, 『入唐求法巡禮行記』 권4, 會昌 5년 9월 22일 및 大中 원년 6월 10일.

16 권덕영, 「在唐 新羅人의 綜合的 考察-9세기를 중심으로」, 『역사와 경계』 48, 2003, 26~31쪽; 『재당 신라인사회 연구』, 일조각, 2005, 142~148쪽.

그림 5-2 김가기 기념 도관(금선관金仙觀, 중국 산시성 시안시 창안구長安區)

에는 당의 국학에서 공부하던 신라 학생의 수가 216명에 이를 정도였다.[17] 이들 유학생 가운데 김가기金可記는 당의 빈공과에 급제한 뒤 잠시 신라에 돌아왔다가 다시 입당하여 종남산에 숨어 일생을 마쳤고, 고비웅顧非熊의 시에 등장하는 박처사朴處士는 어린 나이에 당에 유학하여 그곳에서 세월을 보내다 늙어서 귀국하였다. 그리고 최치원 같은 사람은 빈공과에 합격한 후 당의 관리가 되어 그곳에 머물다 돌아왔다. 이외에도 상당수의 유학생들이 신라로 돌아오지 않고 당에 남았을 것으로 생각된다.

넷째, 신라에서 경제적 어려움을 견디지 못하고 당으로 이주한 경우이다. 근대 한민족의 해외 이주에 관한 연구에 따르면, 한민족의 해외 이주는 국내에서의 경제적 어려움이 주요 원인이었다고 한다.[18] 신라인의 당나라 이주도 예외가 아니어서, 국내에 흉년과 기근이 들면 많은 사람들이 살

17 『唐會要』 권36, 附學讀書.

18 崔協·李光奎, 『多民族國家의 民族問題와 韓人社會』, 집문당, 1998, 71～208쪽 참조.

길을 찾아 해외로 이주하였다. 헌덕왕 8년(816)에 흉년이 들자 170명의 신라인이 중국 절동지방浙東地方으로 건너가 먹을 것을 구하였고,[19] 비슷한 시기에 수백 명이 일본으로 건너간 것도[20] 당시 신라를 엄습했던 흉년과 기근 때문이었다. 경제적 사정으로 인한 신라인의 당나라 이주는 비단 헌덕왕대 뿐만 아니라 그 이전의 여러 차례 기근 때도 마찬가지였을 것이다.

다섯째, 비록 많은 수는 아니지만 타의에 의해 강제로 당에 이주한 경우도 있었다. 해적에게 나포되어 당나라로 끌려간 신라인들이 바로 그들이다. 8세기 중엽에 일어난 안사의 난 이후 당의 지방 통제력은 급격히 약화되었다. 그 결과 황해를 포함한 동아시아 해역에는 해적들이 횡행하였는데, 그들은 자주 신라 연해안을 습격하여 신라인을 붙잡아가 당에 노비로 판매하였다.[21] 해적의 신라인 약매掠賣는 후에 나당 간의 외교문제로 비화되어, 당제의 칙령에 의하여 모두 양민으로 풀려났다. 비록 양인 신분이 되기는 했으나 그들의 귀국은 쉽지 않아, 많은 신라인들이 당나라 황해 연안 지역을 떠돌아 다녔다.[22] 그들 가운데 일부는 신라로 돌아왔겠으나, 다수는 자의반 타의반으로 그곳에 남았을 것이다.[23]

여섯째, 견당사로 당에 들어갔다가 돌아오지 않고 정착한 경우이다. 앞

19 『三國史記』 권10, 憲德王 8년 정월.

20 佐伯有淸, 「9世紀の日本と朝鮮-來日新羅人の動向をめぐって」, 『歷史學研究』 287, 1965, 8쪽; 「朝鮮系氏族とその後裔たち」, 『古代史の謎を探る』, 讀書新聞社, 1973, 197~198쪽; 奥村佳紀, 「新羅人の來航について」, 『駒澤史學』 18, 1971, 117~123쪽.

21 玉井是博, 「唐時代の外國奴-特に新羅奴に就いて」, 『小田先生頌壽記念 朝鮮論集』, 大阪屋號書店, 1934, 695~722쪽.

22 신라 견당사 金柱弼이 823년에 당 穆宗에게 올린 서장에서 "有老弱者 栖栖無家 多寄傍海村鄕 願歸無路 伏乞 牒諸道傍海州縣 每有船次 便賜任歸 不令州縣制約"(『唐會要』 권86, 奴婢)이라 하여, 노비로 잡혀온 신라인들이 본국으로 돌아가고자 하였으나 배편을 마련하지 못하거나 당나라 군현의 제약 때문에 귀국하지 못하고 황해 연안에 기거하고 있었음을 말하고 있다.

23 당시 신라인의 노비 매매가 특히 심했던 곳은 登州와 萊州 등의 산둥반도 연해안 지역이었다. 그 지역에는 언어와 풍속이 같은 신라인들이 곳곳에 촌락을 형성해 살고 있었으므로, 귀국하지 못한 신라인은 자연스럽게 그곳에 안착하여 그들과 합류했을 것으로 생각된다.

에서 소개한 김인문이 대표적인데, 백제 멸망 직후에 입당한 것으로 추정되는 설영충薛永沖도 이 경우에 해당한다.[24] 관도현공館陶縣公 곽진郭震에게 시집간 설영충의 딸 설씨 부인의 묘지명에 의하면, 설영충은 당 고종 때 김인문을 따라 당에 들어갔다가 좌무위장군左武衛將軍의 관직을 받고 그곳에 머무르다 설씨 부인이 15세였을 때 죽었다고 한다.[25] 그리고 확언할 수는 없으나, 성덕왕 34년(735)에 패강 지역에 신라군의 주둔을 요청하는 표문을 가지고 생애 두 번째로 입당한 김사란金思蘭 역시 귀국하지 않고 당에 정착해 살았던 것으로 추정된다.[26]

이처럼 신라인들은 골품제의 질곡, 정치적 알력, 경제적 어려움, 학문적 욕구, 피랍과 귀화 등의 여러 가지 이유로 당에 들어가 정착하여 디아스포라로 살아갔다. 그 중에서 경제적 어려움 때문에 당으로 이주한 신라인이 가장 많았을 것으로 생각된다.

제2절 비운의 디아스포라 김인문

김인문은 우리 역사에서 비교적 널리 알려진 인물이다. 무열왕의 아들이고 문무왕의 아우였던 그는 급박하게 돌아가던 7세기 중엽의 중요한 고비 때마다 외교사절 혹은 무장武將으로 활약하였다. 특히 김인문은 신라가 삼국통일의 위업을 달성하는 데 지대한 공헌을 하였다. 그럼에도 그는 늘 김춘추와 김유신의 그늘에 가려 별로 주목받지 못하였다. 심지어 김인문

24 盧重國, 「新羅時代 姓氏의 分枝化와 食邑制의 實施-薛瑤墓誌銘을 중심으로」, 『韓國古代史研究』 15, 1999, 194~197쪽.

25 陳子昂, 「館陶郭公姬薛氏墓誌銘」, 『陳拾遺集』 권6; 『文苑英華』 권964; 『全唐文』 권216.

26 李泳鎬, 「재당 신라인 金氏墓誌銘 검토」, 『新羅史學報』 17, 2009, 337~349쪽.

은 살아서 뿐만 아니라 죽은 후에도 역사의 뒤편에 밀려나 있다는 느낌을 지울 수 없다.

사실 김인문에 관한 자료는 비교적 많이 남아있다. 『삼국사기』(권44) 김인문전에는 출생부터 죽음까지 전 생애를 연대기적으로 자세히 정리해놓았고, 『삼국유사』에는 삼국통일전쟁과 구법승 의상義湘의 활동과 관련하여 김인문의 행적을 곳곳에 소개하였다. 뿐만 아니라 그의 묘비로 추정되는 비석의 잔편殘片, 최치원이 찬술한 「성주사낭혜화상탑비명」, 하수량賀遂亮이 지은 「대당평백제국비명大唐平百濟國碑銘」, 당나라 만년궁에 세워진 「만년궁명萬年宮銘」 음기에도 간략하게나마 김인문이 거론되고 있다.

이처럼 다양한 자료와 역사적 중요성에도 불구하고 지금까지 김인문에 대한 연구는 활발하지 못하였다.[27] 그 이유는 여러 가지가 있겠으나, 김인문이 고구려 멸망 후 추방당하다시피 당나라에 건너가 생의 후반부를 이국에서 보내야만 했던 데도 일정 부분 관련이 있지 않을까 한다.

일찍이 필자는 김인문을 '비운의 견당사'라 칭한 적 있다. 화려하고 성공적인 대당 외교활동에도 불구하고 그는 나당 간의 정치적 갈등 와중에 끝내 살아서 고국에 돌아오지 못하고 당에서 일생을 마쳐야 했기 때문이다. 이 절에서는 '재당 디아스포라' 김인문의 국내외 활동과 정치 노선을 둘러싼 갈등, 그리고 사후 그의 후손들을 종합적으로 살펴보고자 한다.

27 김인문에 초점을 맞춘 연구는 다음의 논문 정도 밖에 없다.
姜鎬姸, 「金仁問에 대하여」, 『韓國史論叢』 3, 1978, 105~115쪽; 張炅龍, 「삼국통일의 초석을 다진 김인문」, 『軍史』 12, 1986, 187~205쪽; 權悳永, 「悲運의 新羅 遣唐使들-金仁問을 중심으로」, 『新羅의 對外關係史 硏究』, 신라문화제학술발표회논문집 15, 1994, 229~248쪽; 「金仁問小傳」, 『文化史學』 21, 2004, 417~439쪽; 金壽泰, 「羅唐關係의 變化와 金仁問」, 『白山學報』 52, 1999, 659~682쪽.

1. 대당외교와 국내 활동

(1) 대당외교의 주역

김인문이 역사 무대에 처음 등장한 것은 그의 나이 23세 때인 진덕왕 5년(651)이었다. 7세기 중엽 신라의 대당외교는 김춘추 가문에 의하여 주도되었다. 선덕왕 11년에 일어난 대야성大耶城(지금의 경남 합천군 합천읍) 전투의 패배를 설욕하고 의자왕이 즉위한 후 더욱 맹위를 떨치던 백제의 침략을 막기 위하여, 진덕왕 원년(647)에 김춘추는 아들 문왕文王과 함께 당에 들어가 당 태종과 나당 군사동맹을 체결하고 문왕을 숙위로 남겨둔 채 다음 해에 귀국하였다.

김춘추가 귀국한 2년 후 그의 맏아들 법민法敏이 당에 건너가 문왕을 대신해 숙위하고, 진덕왕이 손수 수를 놓아 지었다는 「오언태평송五言太平頌」을 당에 전하였다.[28] 이러한 외교적 기반 위에서 진덕왕 5년(651)에 김인문을 당에 파견하였는데, 이것이 그의 첫 번째 입당이었다. 김인문이 입당하자 당 고종은 이를 가상히 여겨 그에게 좌령군위장군左領軍衛將軍의 관직을 내려주었다. 김인문은 당에 머물러 숙위하다가 653년에 귀국하였다.[29]

김인문이 두 번째로 입당한 것은 당에서 귀국한 그해 11월이었다. 『삼국사기』(권5)와 『삼국사절요』(권9)에 의하면, 무열왕 3년(656) 5월경에 김인문이 당에서 돌아왔다고 한다.[30] 앞에서 언급했듯이 김인문은 653년에 귀국했는데, 3년 후에 다시 귀국했다는 것은 그 사이에 김인문이 재차 입당하였음을 의미한다. 더욱이 무열왕 2년(655) 3월에 법민을 태자로 봉하

---

28 『三國史記』 권5, 眞德王 4년 6월; 『舊唐書』 권199(上), 列傳 新羅; 『新唐書』 권220, 列傳 新羅; 『唐會要』 권95, 新羅; 『文苑英華』 권167, 帝德; 『册府元龜』 권962, 外臣部 才智.

29 『三國史記』 권44, 列傳 金仁問.

30 『三國史記』(권5)의 이 기사는 무열왕 3년 7월조 이전에 수록되어 있으므로 김인문은 656년 7월 이전에 돌아왔음을 알 수 있다. 한편 『三國史節要』(권9)에는 무열왕 3년 5월에 김인문이 당으로부터 돌아왔다고 한다. 그렇다면 『三國史記』로부터 추정한 '7월 이전'은 곧 5월인 셈이다.

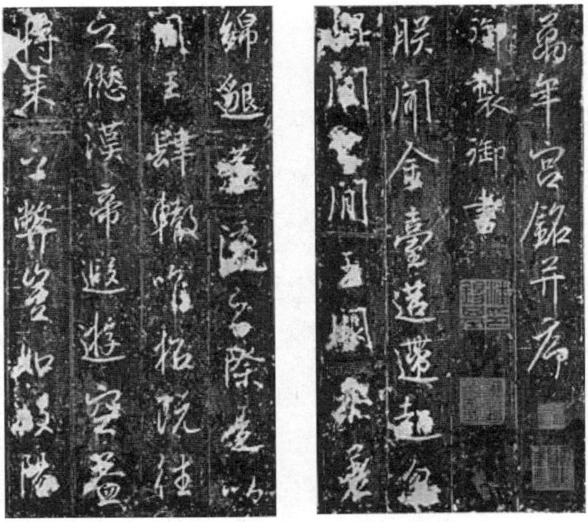

그림 5-3 「만년궁명」 탁본(일부)

고 아들 문왕, 노차老且, 인태仁泰, 지경智鏡, 개원愷元의 관등을 모두 승진시켰을 때, 유독 김인문은 빠져 있었다.[31] 김인문이 무열왕의 적자였음에도 관등 승진자 명단에서 빠진 이유는 당시 김인문이 국내에 없었기 때문일 것이다. 따라서 김인문의 두 번째 입당은 653년에서 655년 3월 사이였음을 알 수 있다. 그런데 그 사이에 신라는 653년 11월과 655년 정월 두 차례의 견당사를 파견하였다.[32]

한편 당 고종이 영휘 5년(654) 3월에 만년궁을 순유했을 때 그곳에 「만년궁명」이라는 기념비를 건립하였다. 현재 중국 산시성 바오지시寶鷄市 린요우현麟游縣 만년궁 터에 남아 있는 이 비석의 뒷면에 고종과 동행한 신료 가운데 3품 이상 관리 48명의 관직과 이름이 새겨져 있는데, 그 중에 '좌령군장군 김인문左領軍將軍金仁問'이 들어있다.[33] 그렇다면 김인문은

31 『三國史記』 5, 太宗武烈王 2년 3월.

32 權悳永, 『古代韓中外交史-遣唐使硏究』, 일조각, 1997, 33~42쪽 참조.

654년 3월 당시 당나라에 머물고 있었던 셈이다. 이상의 논의를 종합하면, 『삼국사기』(권5)에서 '진덕왕 7년(653) 11월에 입당하여 금총포金總布를 바쳤다'는 견당사가 바로 김인문이었다고 하겠다.

656년 5월에 당에서 귀국한 김인문은 무열왕 6년(659) 4월에 세 번째로 입당하였다.[34] 신라는 이미 여러 차례 백제의 침공을 받았으므로 당의 힘을 빌려 그것을 설욕하고자 하였다. 그런데 마침 백제는 의자왕이 정치를 전횡하고 사치와 환락에 빠져, 지배층이 분열되고 민심이 흉흉하였다. 백제의 정세를 간파한 무열왕은 이때를 백제 정벌의 호기로 여겨 659년에 김인문을 당에 보내 군사를 요청하였다. 김인문을 통해 백제의 정치상황을 전해 들은 당 고종은 소정방을 신구도행군대총관神丘道行軍大摠管으로 삼고 김인문을 신구도부대총관神丘道副大摠管으로 삼아, 13만 명의 군사를 주어 백제를 공격하도록 하였다.

660년 7월에 나당연합군이 사비성을 함락하고 웅진성에 피신해 있던 의자왕으로부터 항복을 받은 후, 소정방은 의자왕과 왕자, 대신 등을 포로로 잡아 당으로 돌아갔다. 이때 김인문은 사찬 유돈儒敦, 대나마 중지中知 등과 함께 소정방을 따라 당에 들어갔다. 이것이 김인문의 네 번째 입당이었다. 당은 같은 해 11월 1일에 낙양의 측천문則天門에서 의자왕을 비롯한 백제의 포로들을 당제에게 바치는 헌상식을 열었다.[35] 김인문은 연합국인 신라의 대표로서 그 자리에 참석하였을 것이다. 당에 머물던 김인문은 이듬해 6월에 신라군을 징발하여 당의 고구려 원정을 도우라는 고종의 명을

---

33 毛鳳枝, 『關中金石文字存逸攷』 권10, 萬年宮銘; 岑仲勉, 「證史補遺」, 『金石論叢』, 中華書局, 2004, 266~267쪽; 拜根興, 「中國 소재 韓國古代史 관련 金石文資料의 現況과 展望」, 『新羅金石文의 現況과 課題』, 신라문화제학술발표회논문집 23, 2002, 195쪽; 「唐朝與新羅往來研究二題-以西安周邊所在的石刻碑志爲中心」, 『當代韓國』 2011-3, 39~45쪽; 권덕영, 「新羅 관련 唐 金石文의 기초적 검토」, 『한국사연구』 142, 2008, 47~48쪽.

34 權悳永, 앞의 논문, 1994, 238~239쪽.

35 『舊唐書』 권4, 顯慶 원년 11월 戊戌; 『資治通鑑』 권200, 顯慶 원년 11월 戊戌.

신라에 전하기 위해 귀국하였다.

662년 7월에 김인문은 생애 다섯 번째로 당에 들어갔다. 신라에서는 661년 6월에 무열왕이 죽고 문무왕이 즉위하였다. 당은 조문 겸 책봉사를 신라에 보내, 다음 해 정월에 문무왕을 개부의동삼사 상주국 낙랑군왕 신라왕開府儀同三司上柱國樂浪郡王新羅王으로 책봉하였다. 당의 책봉을 받은 문무왕은 그해 7월에 동생 김인문을 당에 보내 방물을 바쳤던 것이다. 책봉에 대한 사은사로 입당한 김인문은 당에 오래 머무르지 않고 곧 돌아온 것으로 보인다. 그는 이듬해(663) 7월에 왜와 백제 연합군을 토벌할 때 장군으로 참전했기 때문이다.[36]

문무왕 5년(665) 8월에 당나라 장수 유인궤는 문무왕과 부여융을 불러 취리산就利山에서 맹약을 주선하고 곧이어 신라·백제·왜·탐라의 사신을 데리고 당으로 돌아갔는데, 그때 김인문이 함께 입당하였다. 이것이 김인문의 여섯 번째 입당이다. 당에 들어간 김인문은 다음 해 정월에 당 고종을 시종하여 태산의 봉선의식封禪儀式에 참여하였다. 그 공으로 그는 고종으로부터 우효위대장군右驍衛大將軍의 관직과 식읍 400호를 받았다고 한다.

당에 머물고 있던 김인문은 문무왕 8년(668)에 당군과 연합할 신라 군사를 징발하기 위해 대총관 유인궤에 앞서 귀국하였다가, 같은 해 6월 12일 당항진에 도착한 유인궤의 군사를 맞이하였다. 그리고 김인문은 대당大幢 총관으로 신라 군사를 이끌고 당군과 합세하여 9월 21일에 평양성을 함락하였다. 이에 이적은 고구려 보장왕과 왕자 복남福男, 덕남德男, 그리고 대신들을 포로로 잡아 본국으로 돌아갔는데, 이때 김인문은 조주助州, 인태仁泰, 의복義福, 수세藪世, 천광天光, 흥원興元 등과 함께 이적을 따라 당에 들어갔다. 이것이 그의 마지막 7번째 입당이었다.

36 『三國史記』 권42, 列傳 金庾信.

고구려 멸망 이후 한반도 영유권을 둘러싸고 나당관계는 급속히 냉각되었다. 특히 문무왕이 백제의 옛 땅을 점령하고 고구려 유민을 받아들여 여러 차례 당에 대항하였으므로 674년에 당 고종이 문무왕의 신라왕 직위를 박탈하고 대신 당에 머물고 있던 김인문을 신라왕으로 삼아 유인궤가 이끄는 신라 정벌군과 함께 귀국시켰다.[37] 이에 신라는 당나라 군사를 막는 한편 사신을 보내 사죄하였으므로 당 고종은 문무왕의 관작을 회복시켜주었다. 이에 따라 김인문은 중도에 당으로 돌아가지 않을 수 없었다. 그 후 그는 영영 신라에 돌아오지 못하고 그곳에서 죽었다.

이처럼 김인문은 급변하던 7세기 중엽의 동아시아 국제정세 속에서 신라의 대당외교를 주도해 나갔다. 한반도 동남쪽에 치우쳐 있던 신라가 7세기 중엽에 이르러 삼국의 패자가 될 수 있었던 데는 거대 제국 당의 도움이 절대적이었다. 그러한 당의 도움을 이끌어내는 데 결정적인 역할을 한 사람이 바로 김인문이었다. 그는 7차례에 걸쳐 당에 들어갔고, 약 3년 6개월을 신라와 당을 오가는 노상路上에서 보냈으며, 반평생이 넘는 35년 동안 당에 머물렀다.[38] 김인문이 역사에 처음 등장한 23세부터 66세에 죽을 때까지를 본격적인 사회활동기로 간주한다면, 이 기간 동안 그가 신라에 머문 시기는 고작 6, 7년 정도에 지나지 않고 나머지는 모두 나당 간의 노상과 당나라에서 보낸 셈이 된다. 이렇게 볼 때 대당외교는 김인문 필생의 과업이었다고 할 수 있다.

(2) 국내 정치 활동

앞에서 살펴보았듯이, 김인문은 전 생애를 대당외교에 헌신하였다. 그

---

37 『三國史記』 권7, 文武王 14년; 같은 책 권44, 列傳 金仁問; 『唐會要』 권95, 新羅; 『册府元龜』 권986, 外臣部 征討5.

38 權悳永, 앞의 논문, 1994, 240~241쪽.

러면서도 틈틈이 국내에서 도독 혹은 장군으로 활동하였다. 현존하는 기록에 따르면, 신라에서 그가 처음으로 맡은 관직은 압독주押督州(지금의 경북 경산시) 군주軍主였다. 656년에 김인문이 두 번째 견당사의 임무를 성공적으로 마치고 돌아오자, 무열왕은 그의 공적을 인정하여 김인문을 압독주 총관, 곧 군주에 임명하였다.[39] 이에 그는 장산성獐山城을 쌓아 요새를 설치하니 왕이 그 공을 포상하여 식읍 300호를 주었다고 한다.[40]

장산성 축조에 얼마의 기간이 걸렸는지 알 수 없으나 김인문묘비에서 "천△의 치첩雉堞을 쌓으니 높은 담들이 비단 물결치는 듯하였다〔千△之雉堞 高墉似錦越〕" 고 한 점으로 보아, 장산성은 상당히 높고 튼튼하게, 그리고 기다랗게 축조되었음을 추지할 수 있다.[41] 그렇다면 장산성 축조 공사는 단시일 내에 끝나지 않았을 터이므로, 김인문은 당에서 귀국한 656년 5월 이후부터 세 번째로 입당한 659년 4월까지 약 3년 동안 압독주 군주를 역임하지 않았을까 한다.[42]

압독주 군주로 있던 김인문은 659년 4월에 당나라에 들어가 군사를 청해 당군과 함께 돌아와 백제를 멸망시켰다. 그 후 660년 7월에 소정방과 함께 다시 당에 들어간 김인문은 다음 해 6월에 귀국하여, 7월에 대장군 김유신 휘하에서 진주眞珠·흠돌欽突과 함께 대당 장군이 되어 당의 고구려 원정을 돕기 위하여 평양성으로 떠났다. 김인문 일행은 북쪽으로 나아

39 『三國史記』(권44) 金仁問傳에서는 그가 압독주 군주에 임명된 시기를 첫 번째 견당사의 임무를 마치고 돌아온 653년이라 하였다. 그러나 「萬年宮銘」 음기와 『三國史記』(권5) 太宗武烈王 3년조를 살펴보면, 그 시기가 656년이었음을 알 수 있다.

40 『三國史記』 권44, 列傳 金仁問; 「金仁問碑」, 『譯註 韓國古代金石文』 제2권, 가락국사적개발연구원, 1992, 136쪽.

41 대구대학교박물관과 金若洙는 경북 경산시 용성면 곡란리에 소재하는 龍山城을 장산성으로 비정하였다. 현재 용산성은 높이가 1.5~2m, 성의 총 둘레는 1.481km, 성내 면적은 140,435km²이다(대구대학교박물관, 『慶山龍山城地表調査報告書』, 1993; 金若洙, 「慶山地域의 山城址와 장산성의 위치에 대하여」, 『鄕土史硏究』 9, 1997, 40~42쪽).

42 대구대학교박물관, 앞의 책, 1993, 23쪽.

그림 5-4 장산성 북문(경북 경산시 용성면)

가던 도중 9월 27일에 옹산성甕山城에 웅거하고 있던 백제 부흥군을 크게 깨뜨린 후 다음 해 정월에 평양성을 공격하던 당의 소정방 군사에게 군량을 전달하였다. 그리고 평양에서 돌아오던 길에 고구려군을 맞아 싸워 1만여 명을 죽이고 소형 아달혜阿達兮 등 5,000명을 사로잡았으며 병기 1만여 개를 획득하였다.[43] 이러한 공로로 김인문은 본피궁本彼宮에 소속되어 있던 재화와 전장田莊, 그리고 노비의 반을 상으로 받았다.[44]

한편 백제 멸망 후 백제의 옛 장수 복신福信과 승려 도침道琛이 일본에 머물고 있던 왕자 부여풍扶餘豊을 맞이하여 왕으로 삼고, 두솔성·임존성·주류성을 근거지로 백제 부흥운동을 펼쳤다. 신라는 문무왕 3년(663) 5월부터 유인궤·손인사孫仁師가 이끄는 당군과 합세하여 이들을 공격하였는데, 이때 당에서 막 돌아온 김인문이 김유신·천존·죽지 등과 함께 이

43 『三國史記』 권6, 文武王 2년; 같은 책 권44, 列傳 金仁問.
44 『三國史記』 권6, 文武王 2년.

전투에 장군으로 참여하였다. 이 싸움에서 나당연합군은 백제를 구원하러 온 왜의 병선 1,000여 척을 백강구白江口에서 불태우고 주류성과 두솔성을 함락함으로써 백제 부흥운동을 와해시켰다.[45]

왕경으로 돌아온 김인문은 곧이어 당의 위압적인 요구에 못 이겨 664년 2월에 이찬 천존과 함께 웅진(지금의 충남 공주시)으로 가서 당의 칙사 유인원, 웅진도독 부여융과 함께 웅령熊嶺에 제단을 쌓고 맹약을 맺었다.[46] 그리고 웅진에서 돌아온 김인문은 7월에 품일·군관·문영 등과 함께 일선주와 한산주의 군사를 이끌고 웅진도독부 군사와 함께 고구려 돌사성突沙城을 공격하였다.[47] 그런데 665년 8월에 당이 재차 신라와 웅진도독부의 맹약을 요구함에 따라, 문무왕이 취리산에 나아가 부여융·유인궤 등과 함께 다시 맹약을 맺고 영토를 획정하였다. 웅령에서 맺은 1차 맹약 때 신라 대표로 참여했던 김인문은 취리산 맹약에도 참석했던 것으로 보인다.[48]

그 후 김인문은 문무왕 8년(668)에 나당연합군이 고구려를 공격할 때 신라의 대당 총관으로 참전하여 고구려를 멸망시켰다. 이에 당의 장수 이적은 고구려 보장왕과 왕자 및 대신들을 포로로 잡아 당으로 돌아갔는데, 이때 김인문도 함께 입당하였다. 이후 그는 신라에 돌아오지 않았으므로 668년 고구려 토벌에 참전한 것이 김인문이 신라에 남긴 마지막 행적이라 할 수 있다.

대부분의 생애를 당에서 보낸 김인문은 신라에 머무르던 6, 7년 동안 압독주 군주로서 장산성을 쌓았고, 총관 혹은 장군으로 백제와 고구려 정벌에 직접 참여하였다. 백제를 정벌할 때 신구도부대총관으로서 당과 신라의 수군을 인솔하였고, 고구려를 정벌할 때는 신라의 대당 총관으로 신라

45 『三國史記』 권6, 文武王 3년; 같은 책 권7, 文武王 11년 7월.

46 『三國史記』 권6, 文武王 4년 2월; 같은 책 권7, 文武王 11년 7월.

47 『三國史記』 권6, 文武王 4년 7월.

48 權悳永, 앞의 책, 1997, 37쪽.

군을 이끌고 평양으로 진격해 고구려를 멸망시켰다. 뿐만 아니라 그는 백제 부흥군을 토벌하였고, 평양을 공격하던 당나라 군대에 군량을 수송하였다. 이처럼 김인문은 7세기 중엽 삼국의 패권을 둘러싸고 일어난 크고 작은 전투에 참여하여 대부분을 승리로 이끌었고 신라의 대당외교를 주도하였다.

2. 외교노선 갈등과 망명

(1) 역적과 충신

문무왕 11년(671) 7월에 설인귀가 문무왕에게 보낸 장문의 서신이 『삼국사기』(권7)에 실려있다. 이 서신의 앞부분에 "형은 역적逆賊의 우두머리가 되고 아우는 충성스러운 신하가 되어, 꽃과 꽃받침의 그늘이 크게 벌어지고 서로 그리워하는 달빛만 헛되이 비치고 있습니다. 피차의 관계를 생각하니 진실로 탄식의 읊조림을 더할 뿐입니다"라는 구절이 있다. 그리고 설인귀는 이 서신 후반부에서 무력으로 당에 대항하는 문무왕에게 "오호라! 전에는 충성스럽고 의롭더니 지금은 역신逆臣이 되었구나"라며 개탄하였다.[49] 여기서 설인귀는 신라 문무왕을 '역적의 우두머리' 혹은 '역신'이라 지칭하였다.

한편 이 서신에서 꽃과 꽃받침으로 비유되는 형과 동생이 사이가 벌어져 서로 그리워하면서도 만나지 못하는 것을 탄식하였는데, 이 구절은 형과 동생이 지리적으로 서로 떨어져 있음을 암시한다. 그런데 당시 문무왕의 아우로서 멀리 떨어져 있던 사람은 668년에 입당하여 당에 머물고 있던 김인문밖에 없다. 따라서 여기서 말하는 아우는 곧 김인문을 지칭하고, 설인귀가 문무왕과 대비시켜 '충성스러운 신하'라 한 사람은 김인문이었

49 "兄爲逆首 弟作忠臣 遠分花化蕚之陰 空照相思之月 興言彼此 良增歎詠 (중략) 嗚呼 昔爲忠義 今乃逆臣"(『三國史記』 권7, 文武王 11년 7월).

다고 하겠다.[50]

그러면 설인귀가 말한 역적은 무엇이고 충신은 무엇을 뜻하는가? 역적은 임금의 뜻을 거역하고 왕조를 뒤엎기 위하여 반란을 도모하는 사람이고, 충신은 임금의 뜻을 충실히 따르고 임금과 왕조를 위하여 충성을 바치는 사람을 뜻한다. 다시 말하면 역적과 충신은 특정 임금과 왕조를 기준으로, 그에 반항하는가 아니면 순종하는가에 따라 구분되는 용어이다. 따라서 역적 혹은 충신은 임금과 왕조의 존재를 전제로 해야만 비로소 그 의미를 가지는 용어라 할 수 있다. 설인귀가 염두에 두고 있던 임금과 왕조는 당나라 임금과 당나라 왕조였음은 말할 것도 없다. 그러한 생각은 설인귀가 당나라 사람이었기 때문만은 아니었다.

수를 이어 중원을 장악한 당은 7세기 중엽에 이르러 사방을 아우르고 대제국을 건설하여 동아시아 세계의 중심에 위치하였다. 이에 주변 각국에서는 견당사를 보내 조공하고 당의 책봉을 받았는데, 신라도 예외가 아니었다. 조공과 책봉으로 맺어진 나당관계에서, 신라는 형식상으로나마 스스로를 당의 신하로 자처하였다. 예를 들면, 문무왕의 「답설인귀서」 첫머리에 "선왕先王께서 정관 22년에 입조하여 태종문황제太宗文皇帝를 직접 만나 은혜로운 칙명을 받았다"고 하였다든지, 후반부에서 "그쪽(웅진도독부)과 우리는 모두 황제의 신하이니 이치로 보아 마땅히 함께 흉악한 적을 토벌해야 할 것이다"라는 표현은[51] 신라가 스스로 당의 신하국임을 말하는 것이다.

실제로 문무왕은 「답설인귀서」에서 당에 대하여 "끝내 반역할 마음은 없었다〔終無反叛之心〕"라든지 혹은 "우리는 충성을 다한 것에 대한 은택을 입을 것이다〔必當國蒙盡忠之恩〕"라고 하는 등 반역과 충성이라는 말을 당

50 權悳永, 앞의 논문, 1994, 244~245쪽.

51 『三國史記』 권7, 文武王 11년 7월.

왕조에 대하여 사용하고 있다. 그러므로 설인귀는 문무왕이 당나라 임금의 뜻을 거스르고 군사를 동원하여 대항했기 때문에 역적이라 하였고, 김인문은 당나라 임금의 뜻에 순종했기 때문에 충신이라 하였던 것이다.

그렇다면 문무왕이 거역했다는 당 왕조의 뜻은 무엇이었을까? 진덕왕 원년(647)에 김춘추는 아들 문왕을 데리고 당에 들어가 당 태종과 군사 동맹을 체결하였다. 두 사람이 맺은 나당 군사동맹의 내용은, 신라와 당이 힘을 합하여 백제와 고구려를 평정한 후 평양 이남의 백제 땅은 신라가 갖고 그 이북의 고구려 땅은 당나라가 갖기로 한다는 것이었다.[52] 이러한 약속하에서 신라는 당과 힘을 합하여 660년과 668년에 각각 백제와 고구려를 멸망시켰다. 그런데 당이 태도를 바꿔 삼국에 도호부 혹은 도독부를 설치해 한반도를 기미주羈縻州로 삼아 직접 지배하고자 하였다. 이에 문무왕은 김춘추와 당 태종 사이에 맺은 약속을 상기시키며, 당의 한반도 지배를 거부하고 당의 침략행위에 대항하였다. 그래서 당의 조종을 받고 있던 웅진도독부를 공격하고, 고구려 유민을 받아들여 당군에 대항하였다. 그것이 이른바 나당전쟁이다.

당시의 국제질서 속에서 문무왕의 이러한 행위는 당에 대한 명백한 도전이고 반역이었다. 다시 말하면 문무왕은 당이 백제를 복구하여 신라를 견제하려는 '한반도 분할 정책'을 반대하고 나당동맹의 약속대로 백제의 옛 땅을 신라에 통합하려 했으므로, 당의 입장에서 보면 문무왕은 당 조정에 대한 반역자였던 셈이다. 한편 설인귀는 김인문을 문무왕과 대비시켜 충신이라 하였는데, 김인문은 문무왕과 달리 당의 한반도 분할 통치를 그대로 받아들였기 때문일 것이다.

52 김춘추가 입당하여 당 태종을 만났을 때, 태종이 김춘추에게 "朕今伐高麗 非有他故 憐你新羅 攝乎兩國 每被侵陵 靡有寧歲 山川土地 非我所貪 玉帛子女 是我所有 我平定兩國 平壤已南百濟 土地 並乞你永爲安逸"(『三國史記』 권7, 文武王 11년 7월)이라 하였다.

이상의 논의를 통하여 671년 당시 김인문의 정치노선이랄까 정치적 입장을 읽을 수 있다. 즉, 김인문은 문무왕의 반당反唐 정책에 동조하지 않고 당의 한반도 분할 지배에 찬동하고 있었다고 하겠다. 그 결과 김인문은 당으로부터 충신으로 지칭되기에 이르렀다.

(2) 꿈의 좌절

설인귀가 김인문을 충신이라 했듯이, 김인문은 백제를 다시 세워 신라를 견제하려는 당의 한반도 정책에 동조하던 친당적 인물이었다. 물론 이러한 생각과 다른 견해도 있다. 예를 들어 김수태는 『삼국유사』(권2) 문호왕법민조文虎王法敏條의 김인문 투옥 기사와 『삼국사기』(권44) 김인문전의 일부 기사에 의거하여, 김인문은 신라 문무왕의 반당 행위로 당나라 감옥에 갇힌 신세가 되었음에도 의상을 통하여 당의 침공 사실을 신라 조정에 미리 알렸고, 문무왕을 대신하여 자신이 신라왕으로 임명되자 간곡하게 사양하였으므로 그는 친당적인 인물일 수 없다고 하였다.[53]

그러나 『삼국유사』(권4) 의상전교조義湘傳敎條에서는 문호왕법민조와 달리, 의상에게 당의 신라 침공 사실을 알린 사람을 김흠순이라 하였다. 더욱이 문호왕법민조의 해당 기사는 "다음 해에 고종이 사신을 보내 인문 등을 불러 꾸짖기를〔明年 高宗使召仁問等 讓之〕" 운운하였는데, 여기서의 다음 해〔明年〕는 669년으로[54] 이때 각간 김흠순과 파진찬 김양도가 당에 들어가 사죄한 적이 있다.[55] 또한 문호왕법민조의 앞 기사에 이어 '당 고종이 강수强首가 지은 신라의 표문을 읽고 김인문을 석방하여 돌려보냈는데 그는 돌아오는 길에 해상에서 죽었다'고 한다. 이는 668년 이후 줄곧 당에

53 金壽泰, 앞의 논문, 1999, 661~674쪽.

54 김수태는 明年을 670년이라 하였으나(김수태, 앞의 논문, 1999, 662쪽), 이 문장은 앞에 거론된 총장 원년(668) 다음에 이어지는 내용이므로 명년을 669년으로 보는 것이 타당하다.

55 『三國史記』 권6, 文武王 9년 5월.

체류하다가 694년 그곳에서 죽은 김인문의 행적과 판이하다. 오히려 이 기사는 669년에 사죄사 김흠순과 함께 당에 갔다가 억류되어 옥사한 김양도金良圖의 행적과 흡사하다. 따라서 『삼국유사』 문호왕법민조의 김인문 투옥 기사는 김흠순과 김양도에 관한 사실이 김인문으로 가탁假託, 와전된 것이라 할 수 있다.

뿐만 아니라 674년에 당이 김인문을 신라왕으로 삼아 본국으로 보내려 하자 그가 간곡히 사양했기 때문에 그가 반당적反唐的 인물이었다는 김수태의 견해 역시 납득하기 어렵다. 김인문이 신라왕의 관작을 선뜻 받아들였든 아니면 간곡하게 사양하다가 어쩔 수 없이 받아들였든, 결과적으로 그는 문무왕을 대신해 신라왕이 되는 것을 허락하였다. 이는 문무왕의 충순忠純한 신하로서 어울리지 않는 행동이다. 뿐만 아니라 김인문이 문무왕의 대당외교노선과 다를 바가 없었다면, 당은 김인문이 아닌 다른 사람으로 문무왕을 대신하게 했을 것이다. 그러나 당은 김인문으로 문무왕을 교체하려고 하였다. 김인문이야말로 당의 한반도 분할 통치 정책을 받아들일 수 있는 적임자였기 때문이다. 이러한 사실은 김인문이 문무왕과 정치노선이 다른 친당적 인물이었음을 말해준다.[56]

그러면 왜 김인문은 문무왕과 달리 당의 정책을 추종하였을까? 당의 회유와 압박 등 여러 가지 원인이 있었겠으나, 신라 왕권에 대한 야심이 가장 큰 이유가 아니었을까 한다. 전후 7차례에 걸쳐 당을 왕래했던 김인문은 누구보다도 당시의 국제정세와 당의 군사력을 잘 파악하고 있었을 것이다. 그런데 신라 문무왕은 막강한 당에 맞서 전쟁을 벌였다. 당시 국력으로 보아 나당 간의 전쟁에서 신라의 패배는 자명한 일이었다. 나당전쟁에서 문무왕이 패하면 당에 대항한 문무왕의 왕위는 온전할 리가 없었다. 김

56 金貞淑도 당이 김인문을 신라왕으로 임명했다는 사실에 주목하여 친당적 인물로 파악하였다 (金貞淑, 「金周元世系의 成立과 그 變遷」, 『白山學報』 28, 1984, 153쪽).

인문은 그러한 예를 고구려 보장왕과 백제 의자왕에서 보아왔다. 비록 그 이전의 정치노선은 알 수 없으나, 고구려 멸망 후 나당전쟁이 본격화되자 김인문은 신라의 패배와 뒤이은 문무왕의 퇴위를 예상하고 적극적인 친당파가 되었음 직하다.

김인문의 불순한 의도는 당 왕조의 절대적인 신임이랄까 후원에만 전적으로 의지한 것은 아니었다. 당시 신라 국내에도 당의 정책을 추종하는 세력이 존재하였다. 문무왕 13년(673)에 모반하여 당에 붙으려고 한 아찬 대토大吐,[57] 동왕 8, 9년경에 웅진도독부의 백제 여자와 결혼하여 한성주漢城州를 장악하려고 한 한성 도독 박도유朴都儒,[58] 문무왕 10년에 백제의 어느 지역을 탈취하여 신라를 배반하려다가 죽음을 당한 한성주 총관 수세藪世[59] 등이 그들이다. 대토는 말할 것도 없고 박도유는 당의 꼭두각시 정권인 웅진도독부와 결탁하여 신라를 배반하려 했고, 수세 역시 문무왕에 반기를 들려고 한 것은 곧 그들이 친당파 인물이었음을 시사해준다. 특히 수세는 668년에 김인문과 함께 당에 다녀온 인물이라는 점에서 친당파였을 혐의가 더욱 짙게 느껴진다. 이러한 국내외의 여건을 충분히 고려하여 김인문은 왕권에 대한 야심을 갖게 되었던 것이다.

674년에 이르러 김인문의 야심은 현실로 나타나는 듯하였다. 당시 화전和戰 양면책을 구사하며 백제와 고구려의 옛 땅을 점거해 나가던 문무왕은 나라 안 곳곳에 성을 증축하고 대아찬 철천徹川에게 병선 100척을 주어 서쪽 바다를 지키게 하는 등 당의 침공에 대비하였다.[60] 뿐만 아니라 고구려

57 『三國史記』 권7, 文武王 13년 7월.

58 『三國史記』 권7, 文武王 11년, 7월.

59 『三國史記』(권6) 文武王 10년 12월조에 실려 있는 수세의 모반 기사는 "漢城州摠管藪世 取百濟△△△△△△國 適彼事覺 遣大阿湌眞珠誅之"라 하여 중간에 여섯 글자가 빠져 있다. 그럼에도 전후 문맥으로 보아 藪世가 백제 사람 혹은 땅을 탈취한 후에 신라를 배반하려 한 사실을 유추할 수 있다.

60 『三國史記』 권7, 文武王 13년 9월.

유민을 계속 받아들이고 백제의 옛 땅을 점거해 나갔다. 그러자 당 고종은 674년에 문무왕의 관작을 깎고, 당에 머물고 있던 김인문을 신라왕으로 임명하여 유인궤·이필·이근행 등이 이끄는 당나라 군사와 함께 신라로 보내 문무왕을 대신하도록 하였다.

김인문이 신라왕에 임명되어 신라로 향하고 있는 상황에 직면한 문무왕은 당에 사죄사를 보내 공물을 바치고 자신의 잘못을 인정하였다. 이에 당시 토번 방어에 골몰하던 당은 유인궤가 이끄는 주력부대를 되돌리고,[61] 문무왕의 관작을 다시 인정해주었다. 왕위에 대한 꿈을 안고 신라로 향하던 김인문 역시 당으로 되돌아가지 않을 수 없었다. 그 후 그는 끝내 살아서 신라에 돌아올 수 없었다.

3. 죽음과 그의 후손들

(1) 묘지 비정 문제

김인문은 문무왕 8년(668)에 이적을 따라 입당한 후 신라에 돌아오지 않고 줄곧 당에 머물렀다. 비록 도중에 신라왕으로 임명되어 한 차례 귀국을 시도하였으나, 사정이 여의치 않아 당으로 되돌아갔다. 당에 머물던 김인문은 679년에 당으로부터 진군대장군 행우무위위대장군鎭軍大將軍行右武威衛大將軍의 관작을 받았고, 690년에는 보국대장군 상주국 임해군개국공 좌우림군장군輔國大將軍上柱國臨海郡開國公左羽林軍將軍이 되었다. 그러다가 694년 4월 29일에 66세의 나이로 당나라 장안에서 병으로 죽었다.[62]

당의 제도에 의하면, 외국에서 온 사절단 가운데 대사·부사와 같은 고급 관인이 당나라 땅에서 사망하면 상사喪事에 소요되는 각종 물품을 지급

---

61 나당전쟁기 吐蕃의 움직임을 위시한 당시의 국제정세에 관해서는 徐榮教, 「羅唐戰爭의 開始와 그 背景-國際情勢 변화와 관련하여」, 『歷史學報』 173, 2002, 1~27쪽; 『羅唐戰爭史 研究』, 아세아문화사, 2006, 67~97쪽 참조.

62 『三國史記』 권44, 列傳 金仁問.

하고, 죽은 사람의 유해를 본국으로 가져가기를 원할 때는 수레를 내어 주검을 국경까지 보내주었다.[63] 김인문도 사절단의 우두머리로서 입당했다가 그곳에 체류하던 중 사망하였으므로 이 규정에 해당하였다. 특히 김인문은 생전에 문무왕과의 정치적 갈등으로 본의 아니게 신라에 돌아갈 수 없었으므로, 죽어서나마 고국에 돌아가기를 바랐을 것이다. 이에 당은 조산대부 행사례시대의서령朝散大夫行司禮寺大醫署令 육원경陸元景과 조산랑 직사례시朝散郎直司禮寺 모某에게 명하여 김인문의 유해를 호송하여 신라로 보내주었다.[64]

김인문이 죽을 즈음, 나당관계는 종전에 비하여 다소 개선되었다. 681년 7월에 문무왕이 죽고 신문왕이 즉위하자 당은 사신을 보내 신문왕을 책봉하였고,[65] 686년 2월에는 신라가 견당사를 보내 『예기』와 문장에 관한 서적과 원측圓測의 방환을 요청하였다.[66] 이에 당은 비록 원측의 방환 요청은 받아들이지 않았지만, 길흉요례吉凶要禮와 『문관사림文館詞林』 가운데 중요 부분을 가려 뽑아 50권의 책으로 만들어 신라에 보냈다. 이처럼 문무왕 15년 이후 단절되다시피 하였던 나당 간의 교섭은 신문왕의 즉위를 계기로 화해 분위기가 조성되고 있었다. 그러한 시기에 김인문이 당에서 죽고 또 유해가 송환되어 왔던 것이다. 당으로부터 김인문의 유해를 넘겨받은 효소왕은 그에게 태대각간太大角干을 추증하고, 담당 관서에 명하여 그를 왕경의 서쪽 언덕에 장사지냈다. 그때가 효소왕 4년(695) 10월 27

63 『大唐六典』 권18, 鴻臚寺 典客署.
한편 이 규정에 의하면, 외국사절로서 대사·부사가 아닌 하급 관원이 죽었을 경우에는 그 사실을 황제에게까지 아뢰지 않고 소가 끄는 수레를 이용하여 그 시신을 묘소까지 실어주는 데 그쳤다.

64 『三國史記』 권44, 列傳 金仁問.

65 『三國史記』 권8, 神文王 원년; 『舊唐書』 권5, 開耀 원년 10월; 『唐會要』 권95, 新羅; 『冊府元龜』 권964, 外臣部 封冊2; 『資治通鑑』 권202, 開耀 원년 10월.

66 『三國史記』 권8, 神文王 6년 2월; 『舊唐書』 권199(上), 列傳 新羅; 『唐會要』 권36, 蕃夷請經史; 『冊府元龜』 권999, 外臣部 請求.

그림 5-5 김인문묘(경북 경주시 서악동)

일이었다.

그러면 김인문의 묘는 구체적으로 어디에 있을까? 『삼국사기』(권44) 김인문전에 의하면, 그는 '왕경의 서쪽 언덕〔京西原〕'에 묻혔다고만 하고 그것의 정확한 위치를 밝히지 않았다. 그런데 1931년에 일본인 아리미쓰 교이치有光教一가 경주 서악서원西岳書院 구내 영귀루永歸樓 북쪽 축대에서 김인문의 묘비로 보이는 비편 하나를 발견함으로써, 『삼국사기』에서의 '서원西原'이 바로 서악서원 부근이었음을 알 수 있게 되었다.[67]

한편 서악서원에서 약 200m 떨어진 곳에 이른바 '각간묘角干墓'라 불리던 고분과 비신이 없어진 귀부龜趺가 한 점 남아있다.[68] 서악서원에서 발견된 김인문묘비의 비편을 기준으로 그것의 폭과 두께를 실측하여 각간묘 옆에 있는 귀부의 비혈碑穴 크기와 비교해본 결과 양자가 거의 일치한다는

67 藤田亮策, 「新羅金仁問墓碑の發見」, 『青丘學叢』 7, 1932, 157~159쪽; 末松保和, 「近時發見の新羅金石文」, 『新羅史の諸問題』, 東洋文庫, 1954, 496~497쪽.

68 현재 이 무덤의 정식 명칭은 角干墓가 아니라 金仁問墓이다. 이 무덤은 1982년에 경상북도 기념물 제32호로 지정, 보존되고 있다.

사실을 알게 되었다. 이에 따라 김인문의 묘비는 원래 각간묘 귀부에 세워져 있었는데, 뒷날 어떤 연유로 파손되어 그 일부가 지금의 서악서원으로 옮겨진 것이 아닐까 하여 각간묘를 김인문의 묘로 추정하게 되었다.

이러한 추정에 대하여 이병도李丙燾는 김인문묘비가 각간묘의 비석받침 홈〔碑座穴〕에 들어맞는다고 해서 반드시 서로 관련성이 있다고 속단할 수 없다 하였다. 그 근거로서 김인문묘비와 비슷한 시기에 만들어진 문무왕릉비의 크기와 두께로 보아 그것 역시 각간묘 귀부에 파인 홈에 들어맞으며, 김인문묘비는 사천왕사지에 남아 있는 동서 양쪽의 비석받침 홈에 끼워도 들어맞는다고 하였다. 더욱이 김인문묘비 잔편이 각간묘와 약 200m 떨어진 서악서원에서 발견되었다는 점을 이해할 수 없다고 하였다. 결론적으로 이병도는 이른바 각간묘는 김인문의 묘가 아니라 김유신의 묘이고, 김인문의 묘는 원래 서악서원 자리에 있었는데 세월이 흐름에 따라 봉분이 없어져 거의 평지에 가깝게 됨으로써 그 자리에 서원이 들어서게 되었다고 추단하였다.[69]

이병도의 이러한 주장에 대하여 박일훈朴日勳과 김상기金庠基가 그것의 잘못을 비판하였다.[70] 특히 김상기는 이병도의 주장을 6개 항목으로 나누어 조목조목 비판하고, 이른바 각간묘는 김인문의 묘임에 틀림없다고 하였다. 사실 이병도의 주장은 서술 논리와 사료 해석에 문제가 없지 않으므로 오늘날 학계에서는 대부분 현재의 각간묘를 김인문의 묘로 인정하고 있다.[71] 필자 역시 이른바 '각간묘'를 김인문의 묘로 보고자 한다.

---

69 李丙燾, 「金庾信墓考」, 『金載元博士回甲紀念論叢』, 을유문화사, 1969; 『韓國古代史硏究』, 박영사, 1976, 719~731쪽.

70 朴日勳, 「金庾信墓와 金仁問墓」, 『考古美術』 100, 1968, 484~486쪽; 金庠基, 「金庾信墓의 異說에 對하여」, 『考古美術』 101, 1969, 1~11쪽.

71 최근 文暻鉉은 서악서원 뒤편 약 50m 지점에 있는 허물어진 고분을 김인문묘로 추정하고 이른바 '각간묘'를 김유신묘라 하였다(文暻鉉, 「金庾信墓考」, 『新羅史學報』 17, 2009, 379~380쪽).

김인문의 묘와 관련하여 한 가지 추정을 더한다면, 그의 묘는 화장묘火葬墓가 아니었을까 한다. 전술하였듯이, 김인문은 694년 4월 29일에 당나라 장안에서 죽었다. 그런데 그가 신라에 송환되어 경주 '서원'에 묻힌 것은 그보다 1년 5개월이 지난 695년 10월 27일이었으므로, 그 사이 그의 주검은 온전하게 보존되지 못했을 것이다. 고대 중국에서는 원칙적으로 화장을 금지하였으나, 변방의 소수민족과 먼 객지에서 사망한 관리의 경우에는 고향으로 귀장歸葬하기 위하여 부득이 화장을 허용했다고 한다.[72] 김인문은 당나라 장안에서 죽어 1년 5개월 만에 신라로 돌아왔으므로, 그의 주검 역시 화장되었음 직하다. 따라서 현재 경주시 서악동에 있는 김인문 묘는 화장묘일 가능성이 높다. 어쨌든 김인문은 668년 이후 생전에 고향으로 돌아오지 못하고 당에서 죽은 후, 주검만이 겨우 자신의 아버지 태종무열왕의 능묘 근처에 묻힌 비운의 디아스포라였다.

(2) 김인문의 후손

김인문은 23세 때 처음으로 당에 들어간 이래 총 7차례에 걸쳐 입당하여 7세기 중엽 신라의 대당외교를 전담하다시피 하였다. 『삼국사기』(권44) 김인문전의 말미에, 김인문은 22년 동안 당 조정에서 숙위했다고 하였으나 숙위 이외의 기간까지 합하면 무려 35년을 당에 머물렀다. 특히 668년에 입당하여 694년에 죽을 때까지 27년간 그는 한 차례도 신라에 돌아오지 않았다. 이처럼 김인문은 신라에 머문 기간이 짧았고 또 한때는 문무왕과 정치적 갈등 관계에 있었다는 점에서, 국내에 있던 그의 자손들은 어떠하였을까 궁금하다.

김인문의 후손에 관해서는 최치원이 찬술한 「성주사낭혜화상탑비명」을

---

72 姜仁求, 「中國地域 火葬墓 研究」, 『震檀學報』 46·47 합집, 1979, 86~87쪽; 『韓半島의 古墳』, 아르케, 2000, 47쪽.

주목할 필요가 있다. 이 비문에 의하면, 회창폐불의 법난法難을 피해 845년에 쫓기듯이 귀국한 낭혜화상 무염이 종신토록 거처할 장소를 찾고 있을 때, 당시 벼슬에서 물러나 산중에 은거하고 있던 김흔金昕이 자신의 선조인 임해공臨海公, 곧 김인문의 봉지였던 웅천주 서남쪽의 땅을 희사하여 낭혜화상을 머물게 했다고 한다. 여기서 김흔이 김인문을 '오조吾祖'라 한 점으로 보아 그는 김인문의 자손임을 알 수 있다.

그런데 낭혜화상탑비문에 사용된 '조祖'는 직계조直系祖의 의미가 아닐 뿐더러 각종 강릉 김씨 족보에서 김흔을 무열왕의 셋째 아들인 문왕의 자손이라 했으므로, 김흔은 김인문의 직계자손일 수 없다는 견해도 있다.[73] 극히 후대에 만들어진 강릉 김씨 족보에 근거하여 김흔의 가계를 따지는 것은 무의미한 작업이거니와, 이 비문에 보이는 '조'의 용례를 종합적으로 살펴보면 모두 당해인의 직계조상에 한정해 사용하였음을 확인할 수 있다. 예를 들어 비문 14행에 나오는 '팔대조八代祖'와 51행의 '선조先祖'의 '조祖'는 무염의 8대조인 무열왕을 지칭하고, 25행에 나오는 '조'는 무염과 김흔의 공동 조상인 용수龍樹를 뜻한다. 이런 맥락에서 김흔이 김인문을 '오조'라 한 것은 김인문이 자신의 직계선조였음을 뜻한다고 하겠다. 따라서 김흔은 문왕의 후손이 아니라 김인문의 후손이라 할 수 있다.

김흔은 파진찬 장여璋如의 아들로, 830년대 말 신무왕 즉위를 둘러싸고 정치적으로 대립하였던 김양金陽의 종형從兄이다.[74] 그렇다면 김양도 김인문의 후손이었던 셈이다. 『삼국사기』(권44) 김양전에 의하면, 김양은 태종 무열왕의 9세손으로 아버지는 파진찬 정여貞茹이고 할아버지는 소판 종기宗基이며, 증조부는 이찬 주원周元이었다고 한다. 한편 김주원의 아버지는

73 金貞淑, 앞의 논문, 1984, 149~194쪽; 申瀅植, 「新羅 中代 專制王權의 展開過程」, 『統一新羅史研究』, 삼지원, 1990, 121쪽.

74 『三國史記』 권44, 列傳 金陽 附 金昕.

유정惟正이었고, 그의 아들로는 종기 이외에 헌창憲昌이 있었으며, 헌창의 아들로는 범문梵文이 있었다. 이상에서 김인문의 증손에 해당하는 김유정에서부터 7세손 김양과 김흔까지의 후손을 대략 확인할 수 있다. 그러나 김인문의 아들과 손자에 관해서는 기록이 전혀 남아있지 않다.

김인문의 증손인 김유정은 경덕왕 3년(744) 정월에 이찬으로 중시가 되었다가 다음 해 5월에 그만두었고,[75] 김유정의 아들 주원은 혜공왕 13년(777)에 이찬으로 시중이 되었다가 선덕왕 원년(780)에 관직에서 물러났다. 785년에 선덕왕이 죽자 귀족회의에서 김주원을 다음 왕으로 추대하였으나 김경신金敬信이 중간에 가로챔으로써 김주원은 왕위 계승에서 밀려나 명주로 물러났다. 김주원의 아들 헌창은 애장왕 8년(807)에 시중이 되었고 헌덕왕대에 무진주武珍州(지금의 광주광역시) 도독과 시중을 재차 역임하였으며, 청주菁州(지금의 경남 진주시) 도독을 거쳐 웅진 도독으로 있던 822년 3월에 아버지 김주원이 왕위에 오르지 못한 것을 이유로 반란을 일으켰으나 실패하고 자신은 웅진성에서 자살하였다.[76] 그리고 김헌창의 아들 범문은 헌덕왕 17년(825) 정월에 고달산의 도적 수신壽神과 함께 다시 반란을 일으켰으나 실패하였다.[77]

한편 김헌창의 형으로 보이는 종기와[78] 그의 자손들은 헌창과 달리 신라 왕실에 충실히 복무하였는데, 종기는 원성왕 6년(790)에 시중이 되었다가 다음 해 10월에 그만두었다. 그리고 김종기의 아들인 장여는 헌덕왕 때 시중을 역임하고 관등은 파진찬에 이르렀으며, 김장여의 아들 김흔은 헌덕

75 李基白은 혜공왕비 新寶王后의 아버지인 維誠 혹은 魏正을 유정과 동일인으로 보았다(李基白, 「新羅 執事部의 成立」, 『震檀學報』 25·26·27 합집, 1964; 『新羅政治社會史研究』, 일조각, 1974, 168쪽).

76 『三國史記』 권10, 憲德王 14년 3월.

77 『三國史記』 권10, 憲德王 17년 정월.

78 金昌謙, 「新羅 元聖王의 卽位와 金周元系의 動向」, 『阜村申延澈教授停年退任紀念 史學論叢』, 일월서각, 1995, 465쪽.

왕 때 두 차례 견당사로서 당에 다녀온 후 남원(지금의 전북 남원시) 태수와 강주康州(지금의 경남 진주시) 대도독을 역임하고 이찬 겸 상국으로 승진하였다. 그러나 839년 윤정월에 청해진 군사를 이끌고 서울로 쳐들어온 김우징과 김양의 군사를 막다가 패하여 모든 벼슬을 버리고 소백산에 들어가 은거하다 문성왕 11년(849) 8월에 47세의 나이로 죽었다.[79]

김종기의 또다른 아들인 정여는[80] 관등이 파진찬에 이르렀고, 김정여의 아들 김양은 홍덕왕 때 고성군(지금의 경남 고성군) 태수, 중원(지금의 충북 충주시) 대윤大尹, 무주 도독 등을 역임하였다. 836년에 홍덕왕이 죽은 후 왕실에서는 김균정金均貞과 김제릉金悌隆이 왕위를 다투었는데 김양은 김균정 편에 서서 분투하였으나 이기지 못하고, 청해진에 의탁하여 김균정의 아들 김우징과 더불어 청해진 군사를 빌려 민애왕을 제거하고 김우징을 신문왕으로 즉위시켰다. 그러한 공으로 김양은 소판 겸 창부령이 되었고 이어서 이찬으로 시중과 병부령이 되었다. 문성왕 19년(857) 8월에 김양이 50세의 나이로 죽자, 문성왕은 그에게 서발한의 관등을 추증하고 예를 갖추어 태종무열왕릉에 배장하였다.[81]

이처럼 김인문의 후손은 신라 중대와 하대에 걸쳐 매우 번성하였다. 비록 그의 아들과 손자는 확인할 수 없으나, 그의 증손 김유정부터 김인문의 후손은 신라 왕정에 적극적으로 참여하였다. 그런데 김주원 이후 그들의 활동을 살펴보면 대체로 세 가지 유형으로 나눌 수 있다.[82] 첫 번째의 김종기 계열은 하대 진골 연합정권에 적극적으로 협조하였고, 두 번째의 김헌

79 『三國史記』 권44, 列傳 金陽 附 金昕.

80 이기백은 璋如와 貞茹를 동일인물로 간주하였다(李基白, 「新羅 下代의 執事省」, 『新羅政治社會史研究』, 일조각, 1974, 185쪽). 그러나 이 점에 대하여 김정숙이 상세히 비판하였으므로 여기서는 재론하지 않는다(김정숙, 앞의 논문, 1984, 161쪽).

81 『三國史記』 권44, 列傳 金陽 .

82 金周元 직계 후손의 활동 양상에 대한 기존의 여러 분류 방식에 관해서는 金昌謙, 앞의 논문, 1995, 464쪽 참조.

창 계열은 반란을 통하여 왕권에 도전하였으며, 명주지방으로 물러난 세 번째 계열은 중앙정치에 방관적이거나 소극적으로 참여하였다.[83] 이들 가운데 두 번째 유형에 속하는 김주원, 김헌창, 김범문이 왕권에 도전한 것은 일찍이 김인문이 품었던 꿈과 좌절이 되풀이되는 듯하여 흥미롭다.

제3절 중국 산둥성 무염원과 김청

중국 산둥성 원덩시文登市와 옌타이시烟台市 무핑구牟平區 경계의 곤유산崑嵛山 남쪽 기슭에 무염사無染寺라는 절이 있다. 당나라 때 무염원無染院이라 불리던 이 사찰이 한국에 널리 알려진 것은 약 20년 전의 일이다. 지난 1988년에 열린 서울 올림픽과 1992년에 체결된 한중수교는 한국과 중국의 정치·경제·문화 교류에 획기적인 계기가 되었다. 역사를 포함한 한중 학술교류도 예외가 아니었다. 중국 학자들은 종래 역사의 변방으로 취급하던 한중교류사에 관심을 기울이기 시작하였고, 한국 학자들은 중국 현지답사를 통하여 새로운 자료를 수집, 정리하였다. 그 중에서도 고대 한중교류에 대한 자료 발굴과 정리가 왕성하게 이루어졌다. 무염원은 바로 그러한 과정에서 주목받게 된 사찰이다.

무염원에 대한 관심은 중국에서부터 시작되었다. 1989년에 지린성吉林省 사회과학원의 류용쯔劉永智와 산둥성 펑라이시蓬萊市 문화국의 위안샤오춘袁曉春이 『등주부지登州府志』에 전재된 「당무염원비唐無染院碑」에서

83 이들은 후에 강릉 김씨 혹은 강릉 왕씨로 발전하여 고려 문벌사회에서 벌족으로 성장하였다. 이 점에 관해서는 朴龍雲, 「高麗前期 文官과 武班의 身分問題-高麗 貴族家門 硏究(3)」, 『韓國史硏究』 21·22 합집, 1978, 48~49쪽 참조.

신라 출신 김청金淸이 무염원 창건에 깊이 관여한 사실을 처음으로 소개하였다.[84] 그 후 한국의 김문경金文經은 무염원지를 찾아가 현장을 직접 조사하고, 더불어 『모평현지牟平縣志』에 보다 정확한 무염원비문이 수록된 사실을 확인, 소개하였다.[85]

고대 한중교류사에 대한 모처럼의 호재를 얻은 관련 연구자들은 이 절의 명칭이 낭혜화상 무염無染과 동일하다는 점에 주목하여, 무염이 신라로 돌아간 후 그를 기리기 위해 신라인 김청이 무염원을 건립한 것으로 이해하였다.[86] 그러나 낭혜화상 무염의 행적을 면밀히 살펴보면, 낭혜화상과 무염원 사이에 아무런 연관성이 없다는 사실을 알 수 있다.[87] 그럼에도 보잘것없는 이 사찰에 새삼 관심을 두는 것은 무염원이 재당 신라 상인 김청과 관련되어 있기 때문이다. 그래서 이 절에서는 김청과 무염원과의 관계를 통해 당에 거주하던 신라 디아스포라의 존재 양태를 살펴보고자 한다.

1. 무염원의 현황과 자료

(1) 무염원지의 현황

무염원지는 산둥성 원덩시 제스진界石鎭 곤유산 임장林場 무염사풍경구 내에 자리 잡고 있다.[88] 현재 무염원지에는 최근 콘크리트 건물을 개조해 만든 조그만 불당과 청나라 광서光緖 13년(1887)에 세워진 「중수무염선원

84 劉永智, 「山東省文登市崑嵛山无染寺(院)系新羅人金淸資助所建造」, 『中朝關系史硏究』, 中州古籍出版社, 1994, 206~208쪽.

85 金文經, 「山東 역사기행(2)」, 동아일보 1990년 3월 15일 12면; 「張保皐, 해상왕국 사람들」, 『張保皐 해양경영사연구』, 이진, 1993, 106~107쪽.

86 金文經, 앞의 논문, 1993, 106~107쪽.

87 권덕영, 「中國 山東省 無染院(址)에 관한 몇가지 問題」, 『新羅文化』 28, 2006, 148~154쪽; 朴現圭, 「山東 無染院과 신라 자료 검토」, 『新羅史學報』 11, 2007, 220~229쪽.

88 文登市에서 309번 국도를 따라 서남쪽으로 약 20km 정도를 가다가 赤金泊 부근에서 오른쪽 省道로 접어들어 북쪽으로 葛家鎭과 晒字村을 지나면 楚峴 삼거리가 나온다. 거기서 왼쪽으로 난 좁은 도로를 따라 4km 정도 들어가면 무염원지에 도달할 수 있다.

기重修無染禪院記」라는 석비가 있을 뿐 특별한 유적은 남아있지 않다.

필자가 처음 무염원지를 찾아간 것은 2004년 8월이었다. 중국 산둥대학이 주최한 "덩저우항과 한중교류 국제학술토론회登州港與中韓交流國際學術討論會"에 참석하기 위해 산둥성 펑라이시를 방문한 필자는 세미나 마지막 날인 8월 23일에 산둥대학 대학원생 차은화車垠和와 함께 무염원지를 답사하였다. 평소 무염원과 낭혜화상 무염과의 관련성에 의구심을 가지고 있던 필자는 우선 무염원지에 현존하는 「중수무염선원기」의 내용을 확인해보고 싶었다. 사찰 중수비는 그 사찰의 창건을 비롯한 절의 역사를 개략적으로나마 소개하는 것이 일반적이다. 「중수무염선원기」에도 무염원의 창건 내력과 변천 과정 등이 기록되어 있을 터이므로, 이 비문은 무염원과 낭혜화상 무염과의 관련성에 어떤 단서를 제공해주리라 생각했기 때문이다.

일찍이 이 비문을 조사한 김문경은 "비문의 판독이 매우 곤란하다"고 하였으므로,[89] 내심 큰 기대는 하지 않았다. 그러나 현지의 비문은 육안으로도 대부분 판독할 수 있을 정도로 글씨가 온전하게 남아있어, 비문을 탁본하고 카메라로 정밀하게 촬영하였다. 귀국 후에 탁본과 촬영한 필름을 이용하여 판독문을 작성하고 비문을 해독해보았으나, 낭혜화상 무염과 관련된 내용은 전혀 없었다.

필자는 2005년 1월 말에 재차 무염원지를 방문하여 지난번 답사 때 둘러보지 못한 사찰 경내를 비교적 자세히 살펴보았다. 특히 이번 조사에서는 「중수무염선원기」 내용의 사실 여부와 「당무염원비」의 실물 혹은 탁본의 존재 여부를 확인하고자 하였다. 우선 무염사풍경구 관리소장 리밍李明의 안내로, 절 뒤쪽의 계곡 약 1km 상류 지점의 암벽에서 「중수무염선원기」에서 언급한 '제나라 왕후 무염無鹽의 무덤이라 전하는 석감石龕'과 유사

89 김문경, 앞의 논문, 1993, 106쪽.

한 유적을 확인하였다. 그러나 「당무염원비」에 대해서는 무염사풍경구 관리소뿐만 아니라 원덩시 박물관과 문물국에서도 그 존재를 알지 못하였다.

2006년 7월 하순에 세 번째로 무염원지를 찾아갔다. 「당무염원비」의 존재 가능성에 대한 미련을 버리지 못하고 있던 필자는 무염원지 구석구석을 조사하였다. 그러나 온전한 비석은커녕 그것의 파편 한 점 발견할 수 없었다. 다만 절터 아래쪽에 건축 용재로 사용하기 위하여 인위적으로 절단한 비석의 대좌臺座와 개석蓋石이 흩어져 있고, 그와 유사한 석재가 건물의 주춧돌로 사용되었다는 사실을 확인하였다.

한편 무염원지에서 북쪽으로 약 1km 정도 떨어진 곤유산 기슭의 성모궁聖母宮 뜰에서 가로 70cm, 세로 50cm 크기로 절단된 비편을 발견하였다. 이 비석은 원래 무염원지에 있었으나 2005년에 이곳으로 옮겼다고 한다. 윗부분이 깨어져 나갔고 결락과 마모가 심하여 이 비석의 내용을 정확히 파악할 수 없으나, 비문 끝부분에 "궁복만서어발宮卜萬書於跋"이라 한 점으로 보아 이 비석은 후술할 「무염원증수비기無染院增修碑記」의 잔편이 아닐까 짐작된다.

이처럼 무염원지에는 이렇다 할 유적과 유물이 거의 남아있지 않다. 그러나 이 사찰은 19세기 말까지만 해도 장륙상을 모신 불전과 승방, 산문 등을 갖추고 있었다. 그러던 것이 1940년대 중국의 항일전쟁 와중에 선방의 승려들은 뿔뿔이 흩어지고, 사찰 건물은 병공창兵工廠으로 사용되었다. 그 후 1960년대 초에 중소 분쟁으로 양국 간 전운이 감돌자 중국은 소련과의 전쟁에 대비하여 무염원의 원래 건물을 완전히 뜯어내고 그 자리에 군영을 건설하였다.[90]

지금 무염원지에 있는 네 동棟의 건물이 바로 1960년대에 지은 군영의

90 文登市 編, 『崑嵛山文集』, 1992, 143~144쪽.

그림 5-6 무염원지 입구(중국 산둥성 원덩시 제스진界石鎭)

일부이다. 장방형으로 된 이 건물들은 모두 시멘트와 석재를 섞어 두껍고 단단하게 벽을 쌓고, 벽 중간 중간에 유리 창문을 설치하여 통풍과 채광, 그리고 외부 조망이 편리하도록 건축되었다. 건물 벽의 두께가 40cm가 넘을 만큼 튼튼하게 쌓은 모양새는 이곳이 군영으로 사용되었음을 말해주고 있다.[91] 아무튼 무염원은 20세기의 몇 차례 수난으로 절의 옛 건물들은 모두 무너져 없어졌고 그에 따라 사찰의 흔적까지도 사라지게 되었다.

(2) 관련 자료의 검토

현재 전하는 무염원 관련 자료는 크게 금석문과 문헌자료로 나눌 수 있다. 금석문으로 우선 들 수 있는 것은 「한영강석각漢永康石刻」이다. 무염원 경내 향로 모양의 돌에 새겨진 이 석각은 총 9행 75자가 적혀 있었는데,

91 현재는 비록 군대가 철수하였으나, 무염원지 주변에는 1960년대에 지은 병영과 각종 군사시설이 곳곳에 남아있다. 그 중에서 일부 온전한 건물은 곤유산 관리사무실과 林場에 근무하는 노동자와 그 가족들의 주택으로 사용되고 있다. 無染寺 불당도 그러한 건물 중의 하나이다.

1960년대에 중국 정부가 이곳에 군영을 건설하는 과정에 망실되었다고 한다.[92] 그러나 다행히 『등주부지』와 『모평현지』에 그 전문이 소개되어 있다. 이 기록에 의하면, 제나라와 노나라 왕이 산지를 희사하여 영강 3년(169)에 무염원을 창건하였고,[93] 동쪽으로 숭석구崇石口 육도원六度院, 서쪽으로 채문구寨門口 금령원金鈴院, 남쪽으로 용문구龍門口, 북쪽으로 대비정大悲頂을 사방 경계로 삼았다고 한다.

다음으로는 「당무염원비」가 있다. 당나라 광화光化 4년(901)에 세워진 이 비석은 최근 중국 국가도서관에서 원탁본이 발견되어 내용의 전모를 파악할 수 있게 되었다.[94] 그리고 비록 불완전하지만 『등주부지』와 『모평현지』에도 비문이 전재되어 있다.

「당무염원비」는 앞면과 뒷면 모두에 글자를 새긴 양면비였을 것으로 추정된다.[95] 앞면에는 주로 무염원의 창건 과정을 서술하였고, 뒷면에는 공덕자의 명단을 적어놓았다. 우선 앞면 1행에 "대당등주모평현곤유산무염선원大唐登州牟平縣崑崙山無染禪院(이하 결락)"이라 하여 비문의 표제를 적고, 2행부터 불법이 중국에 전해져 성행하게 된 과정을 서술한 후 무염원의 창건 경위를 장황하게 기술하였다.

그 내용을 정리하면 상공相公 왕王 모, 등주상시登州常侍 제갈諸葛 모, 현

92 文登市 編, 앞의 책, 1992, 43쪽.

93 永康은 167년 1월부터 그해 12월까지 1년 동안 사용된 후한 桓帝 말기의 연호이다. 따라서 엄밀히 말하면 영강 3년은 존재하지 않는다. 여기서는 편의상 영강이 3년까지 이어진다는 가정하에서 영강 3년을 169년으로 간주하였다.
한편 영강 연간은 중국에 불교가 전래된 지 겨우 100여 년이 지난 때로, 이 시기에 이미 洛陽에서 수천 리 떨어진 산둥성의 곤유산에 사찰이 세워졌을지 의문이다. 그리고 「한영강석각」의 글자 모양과 내용으로 보아 후한 때가 아닌 훨씬 후대에 새긴 것으로 보이므로(『牟平縣志』 권9, 文獻志3 金石 石刻), 이 석각의 내용을 그대로 믿기 어렵다.

94 朴現圭, 「원탁본 唐无染禪院碑 고찰」, 『新羅史學報』 12, 2008, 327~338쪽.

95 朴現圭는 앞면과 뒷면 뿐만 아니라 측면에도 글자를 새겼을 것으로 추정하였으나(朴現圭, 앞의 논문, 2008, 333~334쪽) 확실하지 않다.

대부縣大夫 유劉 모, 장인판관掌印判官 장張 모가 이 지역을 다스리고 있을 때,[96] 법주화상 거홍巨弘과 제자 도명道明 등이 곤유산에 무염원을 세웠는데, 이때 송장宋璋이 토지 10경頃을 희사하고 계림인 김청이 돈을 내어 석탑을 건립하였으며, 해통解通 등 50명이 재물을 희사하여 불상을 만들어 안치했다고 한다. 그리고 마지막 행에 광화 4년에 무염원비를 건립하고 공전孔詮이 비문을 새겼다고 명시하였다.

뒷면에는 무염원을 중창할 때 참여한 공덕자와 승려들의 명단을 나열하였다. 그 속에는 후에 오월국의 왕이 된 전류錢鏐를 비롯하여 무염원비 건립 당시 저장浙江지방의 고위직으로 활동하던 전진錢鎭, 진언陳言, 황성黃晟, 종유鐘宥와 무염원 일대를 관할하던 모평현령 유고劉郜, 문등현령 하후융夏侯融 등의 이름이 보인다. 그리고 100명이 넘는 승려 명단과 앞에서 언급한 송장, 김청, 해통 등 50명을 비롯하여 산지를 희사해 사찰의 경계로 삼도록 한 궁초宮超와 장선張宣 등의 공덕자 이름과 역할이 기록되어 있다.[97]

다음으로 들 수 있는 자료는 「중수무염선원기」이다. 앞의 두 금석문과 달리 이 자료는 현재 무염원지 뜰에 건재하는데, 화강암을 다듬어 만든 사각형의 대좌 위에 가로 63cm, 세로 160cm 크기의 비신을 얹고 세 마리 용을 조각한 개석을 올려놓은 형태이다. 비신에는 앞면과 뒷면에 글자가 새겨져 있다. 전체 12행 310글자가 적힌 앞면에는 비문의 제목, 무염원 창건 내력, 중수 과정, 비석 건립에 관한 사항이 수록되어 있고, 뒷면에는 당시 무염원에 거주하던 승려들의 이름과 비석 건립에 관여한 장인匠人의 명단, 그리고 무염원의 사방 경계가 새겨져 있다.

96 『登州府志』에서는 비문 중의 '相公王'을 당시 평로절도사였던 王師範이라 하였다. 그리고 '縣大夫劉'와 '掌印判官張'은 각각 시주 명단에 들어있는 牟平縣令將仕郞前守鄆州盧縣令劉郜와 文林郞守牟平縣主簿張襲을 지칭하는 듯하다.

97 『牟平縣志』 권9, 文獻志 金石.

비문 첫머리에 "중수무염선원기重修無染禪院記"라는 제목을 적고, 이어서 무염원의 내력을 기록하였다. 비문에 소개된 무염원의 내력을 정리하면, 이 절은 후한 영강 연간에 창건되었는데 절이 마을과 멀리 떨어진 곤유산 남쪽 심산계곡에 있어 육근六根을 청정하게 하여 해탈할 수 있는 곳이기 때문에 이름을 무염이라 했다고 하고, 혹은 절 안의 석감 아래쪽에 공동空洞이 있는데 전하는 말로는 그것이 제나라 왕후 무염의 무덤이라 한 것에 기인하여 절 이름을 무염원이라 했다고 한다. 그 후 19세기 중반쯤에 문등현 출신의 승려 상훈祥勳이 이곳에 거주하며 주위 사람들로부터 돈을 모아 무너지고 피폐한 절을 중수하였다. 그런데 1887년에 마침 이 절에 놀러왔던 이광여李光餘 일행이 상훈의 법질法姪 등결澄潔로부터 그러한 이야기를 듣고 중수 사실을 후세에 길이 전하고자 이광여가 직접 비문을 짓고 써서 같은 해 8월에 비석을 세웠다고 한다.

한편 무염원에 관한 문헌자료로는 『등주부지』와 『모평현지』에 수록된 몇몇 단편적인 기록을 들 수 있다. 우선 『등주부지』(권15) 사관寺觀 영해주조寧海州條에, 무염원은 무염산無染山에 있는데 한나라 영강 2년에 제나라와 노나라 두 왕이 산을 희사하여 절로 삼았고, 당나라 광화 3년에 오월왕 전류와 그의 아우 전진이 중건하였으며, 청나라 도광道光(1821~1850) 연간에 증수增修했다고 한다. 여기서 말하는 무염산은 곤유산 중봉中峰 가운데 가장 높은 봉우리인 대백정大白頂(일명 대비정大悲頂)에서 남쪽으로 뻗어 내린 산이다.[98] 그리고 도광 연간에 증수했다는 것은 앞서 살펴본 상훈의 무염원 중수 사실을 지칭하는 듯한데, 『등주부지』(권66) 금석金石 영해주조에서 궁복만이 찬술했다는 「무염원증수비기」가 바로 이때 작성된 비문이었을 것으로 보인다. 그러나 그 내용은 전혀 알려져 있지 않다.

98 『登州府志』 권3, 山川 大崑嵛山.

『모평현지』의 무염원 관련 기록도 『등주부지』와 크게 다르지 않다. 다만 무염원은 한나라 영강 연간이 아니라, 「당무염원비」가 세워진 당나라 때에 창건되었다고 한 점에서 약간의 차이가 있다.[99] 아무튼 『등주부지』와 『모평현지』에 전하는 무염원에 관한 내용은 대부분 앞서 살펴본 금석문 자료를 통하여 이미 확인한 사실이다. 다만 무염원이 자리 잡고 있는 산이 무염산이고, 궁복만이 찬술한 「무염원중수비기」가 있었다는 사실 등은 금석문 자료에서 확인할 수 없었던 새로운 정보라 하겠다.[100]

2. 신라인 김청과 신라원

(1) 김청의 무염원 공덕

전술하였듯이, 재당 신라인 김청은 무염원 창건에 깊이 관여하였다. 그러면 김청은 어떤 사람이었을까? 김청에 관한 정보는 「당무염원비」의 "계림김청압아鷄林金淸押衙 가별부상家別搏桑 신래청사身來靑社 화유은수貨游鄞水 심향금전心向金田 사청부捨靑鳧 택영장지공擇郢匠之工 착백석鑿白石 수축건지탑竪竺乾之塔"이라는 구절이 전부이다. 이 문장을 해석하면, 계림인 김청 압아押衙가 동쪽 해뜨는 곳〔搏桑〕의[101] 집을 이별하고 제나라 땅〔靑社〕에 와서 은수鄞水지방을 돌아다니며 재산을 모았는데, 불교에 마음이 향하여 돈〔靑鳧〕을 희사하여 뛰어난 장인〔郢匠〕을 골라 흰 돌을 쪼아 불탑을 세웠다는 내용이다. 비록 짧은 문장이지만 이 글에서 김청에 대한 몇 가지 사실을 알 수 있다.

99 『牟平縣志』 권1, 地理志 古蹟 無染院.

100 朴現圭는 同治 3년(1864)에 舒孔安·王厚階 등이 편찬한 『重修寧海州志』(권3) 金石考에도 무염원비를 비롯한 무염원 관련 기록이 있다고 한다(朴現圭, 앞의 논문, 2008, 329~330쪽).

101 搏桑은 扶桑과 같은 말로, 동쪽 해뜨는 곳, 곧 신라 또는 일본을 의미한다. 여기서는 문맥으로 보아 신라를 뜻한다. 그런데 山崎覺士는 搏桑을 일본으로 이해하여 "신라 출신의 金淸이라는 남자가 日本에 집을 가지고" 운운하였다(山崎覺士, 「唐末五代における杭州と兩浙地方」, 『中國史硏究』 40, 2006, 147쪽). 그러나 전후 문맥상 이러한 해석은 잘못이다.

첫째, 김청은 본래 신라 사람이었는데 언제인가 고국을 떠나 제나라 땅, 곧 산둥지방으로 건너왔다. 둘째, 그는 운수가 흐르는 저장지방을 돌아다니며 장사를 하여 많은 재산을 모았다. 셋째, 그 과정은 알 수 없으나 김청은 당의 절도사 혹은 관찰사 휘하의 관직인 압아의 직책을 가지고 있었다. 넷째, 독실한 불교 신자인 김청은 자신이 처음으로 당에 발을 들여놓은 산둥지방의 무염원 건립에 동참하여 거금을 내어 그곳에 불탑을 조성하였다.

당은 매우 개방적이고 국제적인 나라였으므로 많은 이민족들이 당에 들어가 비교적 자유롭게 정치·경제·문화 활동에 종사하였다. 그 중에서도 신라인의 이주와 활동이 단연 돋보였다. 8세기 후반 이후 신라에서는 흉년과 기근이 주기적으로 발생하였고 왕위쟁탈전과 반란이 빈발하여, 본국을 떠나 당에 이주하는 사람들이 속출하였다. 그들은 지리적으로 신라와 가깝고 바다와 운하를 통한 생업 유지가 비교적 용이한 당나라 황해 연안에 주로 정착하였다.[102] 김청 역시 9세기 후반경 신라의 그러한 사회분위기 속에서 본국을 떠나 산둥지방으로 이주하여 생활하다 무염원 건립에 관여하였던 것이다.

그런데 「당무염원비」를 보면, 김청 외에도 송장은 10경의 땅을 절의 부지로 희사하였고, 해통 등 50명은 재물을 내어 불상을 만들어 바쳤다. 뿐만 아니라 전류·진언·황성 등 저장지방의 고위관리와 문등현·모평현(지금의 산둥성 옌타이시 무핑구牟平區)의 현지 관리들도 시주로 동참하였다. 그 중에서 김청은 무염원 창건을 주도한 대시주였다.

무염원 창건에서 김청의 존재를 특별히 주목한 사람은 『등주부지』 편찬자들이었다. 이 책의 편찬자는 「당무염원비」의 전문을 소개한 다음, 이 비

102 신라인의 당나라 이주와 재당 신라인사회의 형성 과정에 관해서는 權悳永, 「在唐 新羅人社會의 形成과 그 實態」, 『國史館論叢』 95, 2001; 앞의 책, 2005, 45~88쪽 참조.

문에 대한 해설을 덧붙여 "무염원비는 광화 4년 2월 18일 경자庚子에 씌어졌고, 절은 계림의 김청이 재물을 희사하여 조성한 것이다. 비문 중의 상공相公 왕王은 당시 평로절도사平盧節度使였던 왕사범王師範이다. 김청은 번인蕃人으로서 중국에 들어와 벼슬하여 압아가 되어 재물을 내놓은 것이다"라 운운하였다. 이처럼 광서 7년(1881)에 편찬된 『등주부지』에서 김청을 무염원 건립의 최대 시주로 인식하였다. 『등주부지』는 현존하지 않는 「무염원중수비기」를 비롯한 다양한 자료들을 두루 참고했을 터이므로, 김청을 무염원 창건의 대시주라 한 기록을 가볍게 넘길 수 없다.

실제 「당무염원비」를 통해서도 김청이 무염원 건립을 주도했다는 사실을 유추할 수 있다. 앞에서 소개하였듯이, 이 비문의 음기에 사찰 건립에 관여한 공덕시주 수십 명의 명단이 열거되어 있다. 그 가운데 첫 번째에서 다섯 번째까지의 인물은 양절정난안국공신 진해진동양군절도사 검교태사겸 중서령 팽성군왕兩浙定亂安國功臣鎮海鎮東兩軍節度使檢校太師兼中書令彭城郡王으로 당시 저장지방의 실질적인 통치자였고 후에 오월국의 왕이 된 전류와 그 휘하 사람들이다. 그들이 공덕시주로서 어떤 역할을 했는지 구체적으로 알 수 없으나, 시주 명단의 첫머리에 언급되었다는 점에서 무염원 창건에 물심양면으로 조력했음이 틀림없다.

산둥성의 무염원은 저장지방에서 수천 리 떨어진 한적한 사찰에 불과하다. 그럼에도 저장지방 전역을 호령하던 전류 등이 무염원의 시주가 되었다. 그것은 누군가의 주선과 권유가 있었기 때문에 가능했을 터인데, 이들에게 무염원 건립에 동참하도록 주선한 사람은 바로 재당 신라인 김청이었을 것으로 생각된다.

「당무염원비」에서 언급하였듯이, 김청은 은수지방을 돌아다니며 재산을 모았다. 은수는 남쪽의 봉화강奉化江과 서쪽의 자계강慈谿江, 곧 요강姚江이 합류하여 지금의 저장성 닝보시寧波市를 거쳐 황해로 들어가는 용장

그림 5-7 신라초(중국 저장성 저우산시舟山市 푸퉈구普陀區)

강甬江 상류 지역을 말한다.[103] 당대 명주(지금의 저장성 닝보시)를 중심으로 한 이 지역은 남해무역과 북해무역의 결절점結節点으로 신라·일본·발해 같은 동쪽 사람들과 페르시아·아라비아 등의 서방 상인들이 빈번히 출입하던 국제적인 상업지구였다.[104] 특히 8, 9세기 해상무역에 종사하던 많은 신라인들은 명주를 그들의 활동무대로 삼았는데, 명주 부근의 불긍거관음원不肯去觀音院·신라초新羅礁·신라오新羅嶴·신라서新羅嶼·신라산新羅山과 같은 유적들이 그러한 사실을 잘 말해준다.[105] 김청은 바로 이러한 환경 속에서 은수지방에서 무역에 종사하여 막대한 재산을 모았던 것이다.

은수지방에서 김청의 상업활동은 당연히 그 지역을 관할하던 진해진동양군절도사 전류錢鏐의 감독과 통제를 받지 않을 수 없었다. 그 과정에서

103 『浙江通志』 권13, 山川5 寧波府; 『大淸一統志』 권224, 寧波府 山川.

104 斯波義信, 「港市論-寧波港と日中海事史」, 『アジアのなかの日本史(III)-海上の道』, 東京大學出版會, 1992, 1~22쪽; 山崎覺士, 앞의 논문, 2006, 146~147쪽.

105 저장지방의 재당 신라인 관련 유적에 관해서는 권덕영, 「강소성·절강성 지방의 신라유적과 그 사회」, 『중국 동남연해지역의 신라유적 조사』, 해상왕장보고기념사업회, 2004, 311~373쪽 참조.

김청은 해상무역을 통해 해양국가 건설을 지향하던 전류를[106] 비롯한 유주자사濰州刺史 전진,[107] 절서진해군절도수사浙西鎭海軍節度隨使 진언, 절강동도동서도지휘사 겸 명주자사浙江東道東西都指揮使兼明州刺史 황성, 절강동도동서도지휘부사浙江東道東西都指揮副使 종유 등과 친분을 맺고 교류했음 직하다. 김청이 가지고 있던 압아라는 관직도 어쩌면 절도사 전류로부터 받은 것이었을지 모르겠다.[108] 아무튼 김청은 이러한 친분을 이용하여 산둥성 무염원 건립에 그들을 후원자로 영입할 수 있었다. 결국 김청은 자신이 무염원 건립에 거액을 희사했을 뿐 아니라 저장지방의 실력자들을 공덕시주로 끌어들였다. 이런 점에서 『등주부지』 편찬자가 김청을 무염원 건립의 중심 인물로 인식한 것은 충분히 납득할만하다.

김청이 무염원 건립을 주도한 데는 나름대로 목적이 있었을 것이다. 먼저 산둥지방의 재당 신라인들을 결집하는 정신적 구심체로 활용하기 위함이었을 것으로 보인다. 잘 알려져 있듯이, 산둥지방 곳곳에 모여 살던 신라인들은 장보고가 세운 적산 법화원을 비롯한 이른바 '신라원新羅院'을 중심으로 교민들끼리 유대를 강화하고 자신의 정체성을 확인하였으며 생활정보를 교환하였다. 그러나 회창폐불 와중에 이 사찰들이 훼철됨으로써 산둥지방 신라인사회의 결속력이 느슨해져 마침내 와해되어 갔다.[109] 이에 산둥지방에 생활근거지를 두고 있던 김청은 종래의 법화원을 대신할 새로운 사찰 건립의 필요성을 절감하고 무염원을 건립하지 않았

106 山崎覺士, 「未完の海上國家-吳越國の試み」, 『古代文化』 54, 2002, 73~84쪽.

107 濰州는 지금의 산둥성 濰坊市 일대이므로 관할 구역 측면에서 유주자사 錢鏔은 저장지방의 관리들과 다른 부류라 할 수 있다. 그러나 전진은 錢鏐의 아우였으므로 그들과 같은 범주에 넣어도 무방할 듯하다.

108 渡辺孝는 안사의 난 이후, 특히 9세기 후반에 각지의 절도사들이 압아의 관직을 실질적인 직무가 없는 명예직 혹은 加受職으로 남발했다고 한다(渡辺孝, 「唐·五代の藩鎭における押衙について(上)」, 『社會文化史學』 28, 1991, 42~48쪽).

109 권덕영, 「在唐 新羅人社會와 赤山 法花院」, 『史學研究』 62, 2001; 앞의 책, 2005, 102~111쪽.

을까 한다.[110]

둘째로는 재당 신라 구법승을 비롯한 여행객들에게 수행과 거처의 편의를 제공하기 위해서였을 것으로 생각된다. 무염원이 자리 잡고 있는 곤유산은 일찍부터 도교와 불교가 번성한 명산으로 알려졌고, 산둥반도 황해 연안에서 등주·장안·낙양·오대산을 왕래할 때 일반적으로 거쳐 가는 곳이다. 일본 승려 원인 일행이 적산 법화원에서 문등현과 모평현을 거쳐 오대산과 장안으로 갔듯이 많은 사람들이 문등과 모평을 거쳐 등주와 장안 등지를 오갔을 것이다. 무염원은 바로 이들에게 숙박과 수도의 장소로 제공되었음 직하다. 결국 김청은 재당 신라인들의 결집과 신라 여행객들에게 편의를 제공하기 위하여 곤유산 기슭에 무염원 창건을 주도했다고 하겠다.

(2) 재당 신라인과 신라원

김청과 무염원의 관계에서 알 수 있듯이, 당나라에는 신라인이 건립해 운영하던 사찰이 곳곳에 존재하였다. 그러한 사찰을 일반적으로 신라원이라 하는데, 신라원이라는 용어를 처음 사용한 사람은 일본 승려 원인圓仁이다. 그는 약 9년 반 동안의 재당 구법 활동을 일기 형식으로 정리한 『입당구법순례행기』에서 신라원이라는 용어를 모두 8차례 사용하였다. 그 용례를 살펴보면, 6회는 적산 법화원을 일컬어 신라원이라 했고, 나머지 2회는 각각 용흥사龍興寺와 예천사醴泉寺에 딸린 어느 사원을 신라원이라 하였다.

적산 법화원은 신라인 장보고가 등주 문등현 적산 기슭에 건립한 사찰로, 장영을 비롯한 신라인들이 운영하였고 정기적인 강경법회를 통하여 재당 신라인의 결집과 교화를 담당하였다. 원인은 그의 저술에서 법화원을

110 劉永智, 앞의 논문, 1994, 207쪽; 李宗勳, 「中國 山東半島에서의 張保皐와 新羅人들」, 『張保皐 해양경영사연구』, 이진, 1993, 142쪽.

그림 5-8 적산 법화원(중국 산둥성 룽청시榮成市 스다오진石島鎭)

누차에 걸쳐 신라원이라 칭했으므로, 신라원은 건립과 운영 주체가 신라인이고 참여 대상 역시 신라인이 주를 이루던 사찰이라 정의할 수 있다.[111]

그렇다면 적산 남쪽 천문산天門山에 있던 천문원天門院도 신라원이라 할 수 있다. 원인이 가끔 왕래하며 유숙했던 진장촌眞莊村 천문원에는 일찍이 일본을 다녀온 적 있는 법공法空이 주석하고 있었다.[112] 그런데 법공은 법화원의 신라 승려들과 함께 비밀리에 원인의 불법 체류 공작을 추진하였다. 따라서 그는 신라인이었을 가능성이 높다. 게다가 진장촌은 신라인이 집단적으로 거주하던 이른바 신라촌新羅村이었으므로[113] 그곳에 자리 잡은 천문원 역시 신라인이 건립하고 운영하였을 것이다.

다음으로 청주青州 용흥사와 장산현長山縣 예천사에도 신라원이 있었다.

111 陳尙勝, 「唐代的新羅僑民社區」, 『歷史硏究』, 1996-1, 163쪽.

112 圓仁, 『入唐求法巡禮行記』 권2, 開成 4년 7월 14일.

113 金文經, 「在唐 新羅人의 集落과 그 構造-入唐求法巡禮行記를 중심으로」, 『李弘植博士回甲紀念 韓國史學論叢』, 신구문화사, 1969, 115쪽; 권덕영, 앞의 책, 2005, 64~65쪽.

적산 법화원을 떠나 오대산 순례 길에 나선 원인 일행은 840년 3월 24일부터 며칠 동안 용흥사 신라원에서 숙박하였다.[114] 신라원은 용흥사 경내 혹은 바깥에 있었는지 알 수 없으나, 원인이 두 절을 쉽게 오가며 당의 관리와 승려들을 만났던 점으로 보아, 서로 매우 가까운 거리에 있었던 것이 분명하다. 용흥사는 현재 산둥성 칭저우시青州市 서북쪽에 있는 칭저우박물관 남쪽과 연접해 있었는데, 1996년 발굴 당시 그곳에서 400여 점의 각종 불상이 출토되었다.[115] 비록 용흥사 신라원의 정확한 위치는 알 수 없으나, 840년대의 신라원은 50여 명의 승려를 초청해 식사 대접을 할 정도의 재력과 규모를 가지고 있었다.[116]

한편 예천사에도 신라원이 있어, 원인 일행이 하룻밤을 묵었다고 한다.[117] 예천사는 기행승奇行僧으로 잘 알려진 지공화상誌公和尙 보지寶誌가 주석하던 곳으로, 오늘날 산둥성 장추시章丘市와 저우핑현鄒平縣의 경계를 이루는 장백산長白山 횡당령黌堂嶺 북쪽에 그 터가 남아있다. 그러나 역시 신라원의 흔적은 찾을 수 없다.

사실 원인 일행이 용흥사와 예천사의 신라원에 숙박했던 것은 그에게 오대산 순례를 권하고 또 오대산까지의 노정을 자세히 일러준 법화원 승려 성림聖琳과 양현諒賢의[118] 소개와 주선 때문이었을 것이다. 어쨌든 이 사찰들은 모두 당대의 명찰인 용흥사와 예천사 경내의 지근거리에 있었고, 산둥지방과 장안 혹은 오대산을 오가는 길목에 자리 잡고 있었다. 따라서 이들 신라원은 신라 구법승들이 용흥사와 예천사의 고승 대덕으로부터 강설을 들으며 머무르던 거처로서, 그리고 장안과 오대산을 여행하던

114 圓仁, 『入唐求法巡禮行記』, 권2, 開成 5년 3월 24일~4월 2일.
115 王瑞霞, 「龍興寺佛教造像」, 『青州博物館』, 2003, 147~162쪽.
116 圓仁, 『入唐求法巡禮行記』, 권2, 開成 5년 3월 28일.
117 圓仁, 『入唐求法巡禮行記』, 권2, 開成 5년 4월 6일.
118 圓仁, 『入唐求法巡禮行記』, 권 2, 開成 4년 7월 23일 및 開成 4년 9월 1일.

신라인들에게 숙식을 제공하던 휴식처로서의 역할을 했다고 하겠다.

신라인들이 많이 모여 살던 산둥지방에 신라원이 많은 것은 당연하겠지만, 그 밖의 다른 지역에도 신라원이 존재하였다. 우선 신라승 오공悟空이 천태산 국청사 앞에 세운 신라원新羅園을 들 수 있다.[119] 국청사는 오늘날 저장성 타이저우시台州市 톈타이현天台縣 북쪽 약 4km 지점에 있는 천태산 불롱봉佛隴峰 남쪽 기슭에 있는 사찰로, 수 양제가 지의智顗의 옛 거처에 창건한 천태종의 총본산이다. 그래서 수·당대에 수많은 국내외 승려들이 국청사를 찾아가 공부하였는데, 혜철慧徹·찬유璨幽·현휘玄暉 등의 신라승과 최징最澄·원재圓載·원진圓珍 등의 일본승도 국청사를 방문해 구법하였다. 특히 원진은 약 2년 9개월 동안 국청사에 머물다가 귀국할 즈음, 국청사 구내에 지관당止觀堂을 건립하여 후속하는 일본 구법승들의 거처와 수학의 편의를 제공하고자 하였다.[120] 오공이 국청사 앞에 세운 신라원도 이와 유사한 기능을 했을 것이다. 아울러 신라원은 부근의 임해현(지금의 저장성 린하이시臨海市)과 황암현(지금의 저장성 타이저우시 황옌구黃岩區) 등지에 살던 재당 신라인의[121] 교화와 결집을 도모하는 역할도 수행했을 것으로 생각된다.[122]

---

119 『赤城志』 권28, 寺觀門2 寺院 黃巖 國淸寺; 『浙江通志』 권232, 寺觀7 天台縣 國淸寺.
한편 고대 인도의 須達長者가 祇陀太子 소유의 園林을 구매하여 석가모니의 설법과 수도를 위해 건립한 승방을 祇園이라 한 것에 기인하여, 新羅園의 '園'은 절을 뜻하는 '院'과 서로 통하는 말로 종종 사용되었다.

120 원진은 자신의 스승 最澄이 천태산 禪林寺에 건립한 승원이 회창폐불 와중에 훼철되었기 때문에 그 유지를 이어 국청사에 止觀堂을 건립하였다. 그러한 사실은 원진이 작성한 「圓珍奏狀」(『平安遺文』 권9, 문서번호 4492호)과 「圓珍牒」(『平安遺文』 권1, 문서번호 124호)을 비롯한 여러 문서와 그의 제자들이 편찬한 원진의 傳記 및 年譜 등에 두루 소개되어 있다. 그리고 861년에 당의 鄕貢進士 沈懽(灌)이 찬술한 「天台國淸寺日本國大德僧院記」에도 그러한 사실이 자세히 기록되어 있다.

121 임해현과 황암현의 재당 신라인 유적에 관해서는 권덕영, 앞의 논문, 2004, 323~345쪽 참조.

122 『赤城志』(권28) 寺院 黃巖縣條에서, 황암현 동남쪽 300리 지점의 東鎭山에 있다고 한 悟空院을 국청사 앞에 신라원을 세운 신라승 오공의 이름과 동일시하여 동진산 오공원을 신라원

장안 용흥사龍興寺 정토원淨土院도 신라인이 운영하던 신라원이었다. 일본 승려 원진은 855년 5월 하순 장안에 도착하여 동향의 승려 원각圓覺의 주선으로 6개월가량 정토원의 운거화상雲居和尙 승방에 머물렀다. 정토원은 용흥사 북쪽 회랑에 연접하여 고원庫院의 북쪽에 있던 조그만 승원이었는데, 원주院主인 운거화상은 신라인으로 마음과 행동이 청직淸直하고 도심이 견고했다고 한다.[123] 신라 승려가 원주로서 절을 관리하며 일본 승려들을 받아들여 장기간 숙식을 제공했다면, 이는 정토원이 신라인에 의하여 운영되던 승원이었음을 의미한다. 원진은 정토원에 머무는 동안 청룡사靑龍寺 법전法全을 비롯한 장안의 고승을 찾아가 불법을 배우고, 관련 서적을 수집하였으며 성적과 명찰을 순례하였다.[124] 장안에 온 신라 승려들도 원진과 마찬가지로 용흥사 정토원에 머물며 스승을 찾고 불적을 탐방했을 것이다.

이외에도 금주金州(지금의 산시성 안캉시安康市) 서쪽 교외에 신라사가 있었다.[125] 그곳에는 원래 혜능으로부터 법을 이어받아 마조 도일에게 전한 회양선사懷讓禪師의 암자가 있었다.[126] 그런데 신라의 선종은 대부분 마조 도일 계통을 이어받았으므로 회양선사는 신라 승려들에게 존숭의 대상이었다. 아마 그러한 연유로 신라인이 회양선사의 유지遺址에 신라사를 세워

으로 보는 견해도 있다(김문경, 「해상활동」, 『한국사』 9, 국사편찬위원회, 1998, 325쪽; 『入唐求法巡禮行記를 통해 본 新羅人들의 活動』, 해양수산부, 2000, 20~21쪽). 그러나 중국의 각종 지리지에 의하면 전국 곳곳에 悟空山, 悟空寺 등이 있는데, 이는 8세기 후반에 약 35년 동안 서역을 순례한 후 장안 章敬寺에 주석한 悟空禪師(『宋高僧傳』 권3, 悟空傳)와 시호가 오공인 鹽官 齊安禪師(『宋高僧傳』 권11, 齊安傳)와 주로 관련 있는 명칭으로 보인다. 따라서 동진산 오공원을 신라원으로 파악하는 것은 무리한 추론이라 생각된다.

123 "其後 載珍到街西龍興寺 相看雲居院主 此新羅和尙 心行淸直 道心堅固"(圓珍, 『行歷抄』).

124 원진의 장안 생활을 포함한 그의 행적에 관해서는 권덕영, 「圓珍의 入唐 求法活動과 在唐 新羅人」, 『梨花史學硏究』 30, 2003, 705~717쪽 참조.

125 李啓良, 「唐代金州新羅寺」, 『新羅史學報』 3, 2005, 47~64쪽.

126 『明一統志』 권34, 漢中府 寺觀; 『大淸一統志』 권188, 興安府 寺觀.

신라 구법승들의 수도처로 삼지 않았을까 한다. 당나라 때 신라사에 신라 승려가 거주했다는 기록은[127] 그러한 사실을 말해준다. 따라서 신라사 역시 신라승들의 구법 편의를 위하여 건립한 신라원의 일종이었다고 하겠다.

이처럼 재당 신라인들은 당나라 곳곳에 사원을 건립하여 신라 여행객들에게 편의를 제공하고, 승려들의 구법 활동을 도왔으며, 주변 지역에 거주하는 신라 교민들을 교화하고 결집시켰다. 신라인 김청이 건립을 주도한 곤유산 무염원도 그러한 역할을 충실히 수행했음 직하다. 특히 무염원은 적산 법화원을 비롯한 신라원들이 훼철된 이후 점차 이완되어 가던 산둥지방 재당 신라인사회의 결속을 다지는 구심체가 되었을 것으로 생각된다.

127 『濡水集』 권13, 五言律詩 新羅寺.

제6장 신라의 바다

제1절 군자의 나라, 신라

일찍이 공자는 자아실현을 위해 도덕적 수양과 실천에 힘쓰고 조화로운 인간관계와 공동체의 건강성을 실현하며, 나아가 자연과 하나가 되고자 하는 사람을 군자君子라 정의하였다. 또한 『예기禮記』에서는 많은 지식을 갖고 있음에도 겸손하고, 선한 행동에 힘쓰면서 게으르지 않은 사람을 군자라 하였다. 이런 점에서 군자는 동양 유교문화권에서 추구하는 이상적인 인간형이라 할 수 있다.

중국에서는 전통적으로 동방에 군자가 사는 나라가 있다고 여겨, 그곳 사람들은 서로 양보하고 다투지 않으며 천성이 유순하고 인자하며 의리가 있다고 생각하였다. 중국에서 언제 어떤 연유로 군자국을 상정했는지 정확히 알 수 없으나, 이미 선진시대부터 막연하게나마 중원의 동쪽에 그러한 나라가 있다고 믿었다. 그 후 통일왕조 진·한과 남북조시대를 거치면서 중화 중심의 국제질서가 확립되고 중국과 주변국 사이에 교류가 활발해짐에 따라 종전에 막연하게 인식해오던 군자국을 특정 나라와 결부시켜 이해했는데, 그것의 최종 귀착지는 바로 신라였다.

중국인이 신라를 군자국으로 인식했다는 것은 널리 알려진 사실이다. 그럼에도 전근대는 물론 오늘날까지도 신라가 군자국으로 지목되기까지의 과정과 배경, 그리고 그 이유에 대하여 구체적으로 고찰하는 데 다소 소홀하였다.[1] 사실 이러한 문제는 신라의 황해교섭이라는 거시적인 틀 속에서 접근하지 않으면 해답을 찾기 어렵다. 앞에서 살펴보았듯이, 신라는 황해교섭을 통해 정치안정과 경제발전, 그리고 문화적 번영을 이룩하였다. 신라가 군자의 나라가 될 수 있었던 것도 황해교섭의 산물이 아닐까 한다.

그러한 생각을 염두에 두고, 이 절에서는 중국 상고시대에 만들어진 상상 속의 군자국이 점차 현실 속에서 구체화되어가는 과정과 신라에 대한 군자국 인식이 단순한 이념적인 수사修辭가 아니라 명실상부한 실체라는 사실을 각종 문헌을 통해 논증할 것이다. 아울러 신라인들이 가지고 있던 군자국의 자부심과 그것이 고려와 조선시대에 어떤 형태로 변형되었는지도 아울러 추적하고자 한다.

1. '군자국' 이미지의 형성

(1) 상상 속의 군자국

중국인들은 진秦나라 이전 상고시대부터 자신의 동쪽에 군자국이 있다고 생각하였다. 그러한 사실은 고대의 몇몇 문헌에서 발견되는데, 가장 이

1 李基東,「新羅 下代 賓貢及第者의 出現과 羅唐 文人의 交驩-高麗 中期 小中華 成立의 前史로서」,『全海宗博士華甲紀念 史學論叢』, 일조각, 1979;『新羅 骨品制社會와 花郎徒』, 일조각, 1984, 280~304쪽; 하일식,「당 중심의 세계질서와 신라인의 자기인식」,『역사와 현실』 37, 2000, 74~97쪽; 全德在,「新羅의 對外認識과 天下觀」,『역사문화연구』 20, 2004, 203~248쪽.

그림 6-1 『삼재도회三才圖會』 중의 군자국 도상

른 시기의 것은 『산해경山海經』의 기록이다. 『산해경』 해외동경편海外東經篇에 "군자국은 (사비시奢比尸) 북쪽에 있다. 그들은 의관을 차려입고 칼을 차며, 짐승을 기르고 큰 호랑이 두 마리를 옆에 거느린다. 그곳 사람들은 사양하기를 좋아하고 서로 다투지 않는다. 훈화초薰華草라는 식물이 있는데 그것은 아침에 피어 저녁에 죽는다"라 하였다. 그리고 같은 책 대황동경편大荒東經篇에 "동구산東口山이 있고 또 군자의 나라가 있는데, 그 나라 사람들은 의관을 차려입고 칼을 찬다" 고 기록하였다.

사실 『산해경』의 저자와 편찬 시기는 명확하지 않다. 전근대의 학자들은 대부분 하夏나라를 건국한 우禹와 그의 신하 백익伯益이 쓴 책으로 인식하였다. 그러나 근대에 와서 그것은 우임금이나 백익이 일괄 저술한 것이 아니라, 춘추·전국시대부터 한대에 걸쳐 조금씩 내용을 더해 만든 인문지리서인 동시에 설화·신화집이며 박물지로 인식되고 있다. 다시 말하면 『산해경』은 춘추·전국시대 이래 장기간에 걸쳐 여러 사람들에 의하여 편찬되었는데, 그것의 주요 부분은 선진시대에 정리되었거나 선진시대부터 전해오던 이야기를 후대에 정리한 것이다.[2] 따라서 앞에서 소개한 군자국에 관한 이야기는 선진시대 중국인의 의식이라 하겠다.

중원의 동쪽에 군자국이 있다는 이야기는 『회남자淮南子』에도 수록되어 있다. 『회남자』는 전한 때 회남왕淮南王이었던 유안劉安이 전국의 빈객과 방술사方術士들을 불러 모아 편찬한 일종의 백과사전으로, 전체 21권으로 구성되었다. 그 가운데 제4권에 "무릇 해외에는 36개 나라가 있다. (중략) 동남쪽에서 동북쪽에 이르기까지 대인국大人國, 군자국君子國, 흑치민黑齒民, 현고민玄股民, 모민毛民, 노민勞民이 있다"고 하여 군자국을 언급하였다.

『회남자』 다음으로 군자국을 언급한 문헌은 『박물지博物志』이다. 『박물지』는 서진西晉의 장화張華가 저술한 작품으로, 전체 10권을 39가지 주제로 분류하여 산천과 지리, 기이한 동식물, 각국의 풍속, 의학, 신선과 방술, 신화와 전설, 인물 전기, 음악과 복식 등 다양한 내용들을 수록하였다.[3] 그 가운데 제2권 외국조外國條에 군자국에 관한 이야기가 들어있다. 즉, "군자국 사람은 의관을 차려입고 칼을 차며 양쪽에 얼룩무늬 호랑이를 거느린다. 백성들은 야생 누에실로 짠 옷을 입고 예의와 양보를 좋아하며 다투지 않는다. 땅은 천 리인데 훈화초가 많이 자란다. 백성들은 풍병風病에 많이 걸렸으므로 인구가 늘지 않는다. 사양하기를 좋아했기 때문에 군자국이 되었다"라 하였다.

당나라 구양순이 편찬한 『예문유취藝文類聚』(권89)에 인용된 「외국도外國圖」와 「현중기玄中記」에서도 군자국을 언급하였다. 「외국도」와 「현중기」는 누가, 언제, 어떤 내용을 가지고 만든 문헌인지 구체적으로 알 수 없

2 陳連山, 「論山海經學術史研究的意義」, 『中國語文學誌』 18, 2005, 1~13쪽.

3 『博物志』의 편찬과 체제 등에 관해서는 王媛, 「博物志的成書体例與流傳」, 『中國典籍與文化』 2006-4, 58~67쪽 참조.

으나, 북위의 지리학자 역도원酈道元이 『수경주水經注』에서 이것들을 인용한 점으로 보아,[4] 최소한 북위 이전의 자료인 것만은 분명하다. 그런데 이들 두 기록에 의하면, 군자국은 낭아琅琊에서 3만 리 떨어진 곳에 있고 땅이 천 리인데 그 곳에는 목근화木槿花가 많아 사람들이 그것을 먹는다고 하였다.

이상에서 소개한 『회남자』와 『박물지』를 비롯한 「외국도」와 「현중기」의 군자국에 대한 기록은 『산해경』의 내용에서 크게 벗어나지 않는다. 『회남자』에서 중원의 동쪽에 대인국과 짝을 이루어 군자국이 있다고 한 것은 『산해경』의 내용을 축약한 것이고, 『박물지』, 「외국도」, 「현중기」의 이야기는 『산해경』의 기록을 바탕으로 약간의 보충 설명을 덧붙인 것에 불과하다. 따라서 『회남자』 이하 여러 문헌에 기록된 동방 군자국에 관한 내용은 모두 『산해경』에서 비롯되었다고 하겠다.

『산해경』을 일별하면 쉽게 알 수 있듯이, 거기에 수록된 내용은 대부분 엄격한 사실에 근거해 검증한 것이 아니라 막연하게 전해오거나 지어낸 갖가지의 기담과 황당무계한 이야기들이다. 예를 들면 군자국의 남쪽에 산다는 사비시는 그 생김새가 짐승의 몸에 사람 얼굴을 하였으며 커다란 귀 양쪽에 뱀을 귀걸이처럼 걸고 다닌다 하였고, 역시 남쪽에 있는 조양곡朝陽谷의 수신水神인 천오天吳는 8개의 사람 얼굴과 8개의 다리, 그리고 8개의 꼬리를 가졌다고 하였다. 이외에도 『산해경』에는 신화와 전설 같은 허망虛妄한 판타지 유형의 기담이 수없이 실려있다. 그래서인지 일찍이 사마천司馬遷은 『사기』에서 『산해경』을 도저히 합리적으로 설명할 수 없는 책이라 했거니와,[5] 그러한 생각은 현대에도 마찬가지이다. 이런 점에서

4 「外國圖」는 『水經注』 제1권 河水條에 인용되었고, 「玄中記」는 『水經注』 서문과 제35권 江水條에 인용되었다.

5 "至禹本紀 山海經所有怪物 余不敢言之也"(『史記』 권123, 大宛列傳).

『산해경』과 그것을 이어받은 『회남자』와 『박물지』 등에 등장하는 군자국은 고대 중국인이 상상 속에서 그려낸 이야기라 할 수 있다.[6]

그러면 고대 중국인들은 왜 자신들이 사는 동쪽 지방에 사양하기를 좋아하고 예의를 갖추어 살아가는 군자국이 있다고 생각했을까? 이 점에 대하여 이토 세이지伊藤清司는 갑골문의 형태를 고찰하여 다음과 같은 흥미로운 학설을 제기하였다. 선진시대 이래 중국에서는 중원의 동쪽에 거주하는 종족을 이夷라 하였는데, 은대 갑골문에서 '이夷'는 이𡰥의 이체자인 시尸와 대大를 합친 모양으로 씌어졌다. 그래서 고대 중국인들은 이夷 대신 시尸 혹은 이𡰥를 사용하는 경우가 빈번하였다. 은나라 금문金文에서 동이東夷와 남이南夷를 동시東尸와 남시南尸로 표기하였고, 고문 『효경』과 돈황본 『서경』에서도 이夷 대신 시尸를 사용하였다. 그리고 『한서』(권1) 고제기高帝記에서 사마이司馬夷를 司馬𡰥로 표기하였다.

한편 『설문해자』 인조仁條에 "고문에서 인仁은 간혹 시尸의 의미를 따른다〔古文仁或從尸〕"라 하였다. 그렇다면 이夷, 이𡰥, 인仁은 고문에서 글자 모양이 유사할 뿐더러 의미 역시 상통했다고 하겠다. 이처럼 이夷와 인仁이 같다는 인식에 따른다면, 결국 이방夷方은 어질고 착한 지역인 인방仁方이 되고, 나아가 그곳에는 예의를 존중하는 나라가 있을 것이라 생각했을 법하다. 그런 까닭에 상고시대의 중국인들은 동이에 군자가 사는 나라가 있을 것으로 여겼던 것이다.[7]

중국 상고시대 동이의 군자국 인식은 음양오행설과도 관련이 있다. 음양오행설은 우주와 인간의 모든 현상은 음과 양이 확장하고 소멸함에 따라 결정된다는 음양설과 목木, 화火, 토土, 금金, 수水 5가지가 음양의 원리

---

6 羅家湘은 군자국을 언급한 중국의 여러 문헌을 찾아 정리하여 神話性을 가진 기록과 歷史性을 가진 기록으로 나누었다. 그 중에서 『山海經』, 『淮南子』, 『博物志』의 관련 기록은 신화성을 가진 것이라 하였다(羅家湘, 「東北亞的君子國」, 『古代文學與文化研究』 2008-3, 4쪽).

7 伊藤清司, 「蓬萊島と東海の君子國」, 『東アジアの古代文化』 1, 1974, 111~116쪽.

에 따라 진행함으로써 우주만물이 생성하고 소멸한다는 오행설을 합쳐 부르는 동양의 우주론이다. 이 가운데 오행설은 전국시대 제나라 추연鄒衍이 체계화한 것으로, 그는 중국 역대 왕조의 흥망성쇠를 오행상승의 관점에서 설명하였다. 그 후 한나라 때 이르러 오행설은 더욱 발전하여 오행을 우주 조화의 측면에서 해석하고 나아가 그것을 일상적인 인사人事에까지 적용하였다. 그래서 목木은 동쪽에서 육성育成의 덕을 맡으며 계절은 봄이고, 화火는 남쪽에서 변화變化의 덕을 맡고 계절은 여름이며, 토土는 중앙에서 생성生成의 덕을 맡으며 4계절을 주재하고, 금金은 서쪽에서 형벌과 금령禁令의 덕을 맡고 계절은 가을이며, 수水는 북쪽에서 만물을 맡아 기르는 임양任養의 덕을 맡고 계절은 겨울이라 하였다.

뿐만 아니라 오행설에서는 5가지 우주만물의 생성 요소를 각각 인간의 신체기관과 행위 및 감정과도 결부시켜 이해하였다. 그 중에서 만물의 육성을 맡은 목木은 인·의·예·지·신의 오행 가운데 인에 배당하고, 희喜·노怒·애哀·낙樂·원怨의 오정五情 가운데 희에 배당하였다. 그렇다면 목에 해당하는 동방은 즐거움이 넘치는 인자로운 지방이 되고, 그러한 인방에는 당연히 예의를 존중하는 사람이 살았을 터이므로 자연스럽게 중원의 동쪽에 군자국을 상정하게 되었을 것이다.

『산해경』에서 비롯된 동방 군자국 인식을 중국인에게 더욱 확고하게 심어준 사람은 공자였다. 『논어』 자한편子罕篇에 '세상에 도가 행해지지 않았으므로 공자가 뗏목을 타고 바다를 건너 구이九夷에 가서 살고싶다고 하자, 제자가 그곳은 누추할 것이라 하니 공자가 거기에 군자가 살고있으니 어찌 누추하겠는가'라 했다고 한다. 공자가 말한 구이가 구체적으로 어느 지역인지 단언할 수 없으나 중원의 동쪽 지방이었음은 분명하다. 그런데 공자는 거기에 군자가 살고있다고 하였다. 이런 점으로 보아 공자 역시 『산해경』의 군자국 설화를 염두에 두고 동방에 군자가 사는 나라가 있을

것으로 여겼음이 틀림없다.[8]

동방 군자국에 대한 공자의 말은 후대 지식인들에게 심대한 영향을 끼쳤다. 앞에서 소개한 『회남자』와 『박물지』 같은 백과전서류도 공자의 영향을 일부 받았을 것으로 생각되거니와, 이후 학자들은 공자의 그러한 생각을 받아들여 동방에 군자가 사는 나라가 있다는 인식을 보다 확산시켜 나갔다. 더욱이 『논어』 옹야편雍也篇에서 "어진 사람은 오래 산다〔仁者壽〕"는 공자의 말을 종래 갑골문과 오행설에서의 '이夷는 곧 인仁'이라는 인식과 결부시켜, 동이에는 죽지 않고 영생하는 이른바 군자불사국君子不死國이 있다는 생각으로까지 발전하였다. 후한의 허신許愼이 『설문해자』 강조羌條에서 "동이의 습속은 어질다. 어진 자는 장수하는데 거기에 군자가 죽지 않고 오래도록 사는 나라가 있다〔夷俗仁 仁者壽 有君子不死之國〕"고 한 것이 대표적인 사례이다.

사실 바다 건너 동쪽에 영원히 죽지 않고 사는 군자국이 있다는 생각은 한나라 때 비로소 나타난 현상이 아닐 것이다. 진시황제는 천하를 통일한 후 몇 차례 산둥반도 연해안을 방문하여 불로장생약을 구하기 위해 서불徐市 일행을 동쪽 바다로 보냈고,[9] 한 무제 역시 산둥반도의 동해안을 순행하며 수천 명의 사람을 보내 동쪽 바다 한가운데 있다는 신선의 섬을 찾도록 하였다. 진시황제와 한 무제의 그러한 행위는 중국의 전통적인 도교의 신선사상에 의거한 바가 컸겠으나, 『산해경』과 오행설, 그리고 공자의 말을 확대 해석한 동방의 군자불사국 인식과도 전혀 무관하지 않을 듯싶다. 어찌되었든 그들은 동방에 있다는 봉래산蓬萊山과 군자불사국을 찾기 위해 부단히 노력했으나 끝내 발견하지 못하였다. 신선이 산다는 봉래산은

8 양회석, 「군자국: 고대 한반도의 형상과 그 원형적 의미-중국 문헌을 중심으로」, 『中國人文科學』 43, 2009, 506~508쪽.

9 『史記』 권6, 秦始皇本紀 28년. 한편 徐市 전설에 대한 한국·중국·일본의 연구 현황은 이윤선·한은선, 「한국 徐福傳說의 현황과 관광자원화 방향」, 『島嶼文化』 30, 2007, 133~148쪽 참조.

물론, 죽지 않고 오래 산다는 군자국은 상상 속의 나라였기 때문이다.

(2) 신라 군자국 이미지

『산해경』에서 비롯된 상상의 나라 군자국은 세월이 지남에 따라 점차 현실 속의 나라로 구체화되어갔다. 전술하였듯이, 고대 중국인들은 다소 막연하게 중원의 동쪽에 군자국이 있다고 생각하였다. 『산해경』에서는 바다 밖 동쪽 어딘가에 군자국을 상정하였고, 『회남자』에서는 해외의 동남쪽과 동북쪽 사이에 군자국이 있다고 하였다. 그리고 공자는 바다에 뗏목을 띄워 군자가 사는 동방의 구이에 가서 살고싶다고 하였다.

여기서 말하는 바다 밖의 동쪽 혹은 구이가 구체적으로 오늘날 어느 지방을 가리키는지 분명하지 않다. 그런데 동이족의 형성과 분포에 관한 연구에 의하면, 동이는 원래 중국의 서북부에 거주하다가 동쪽으로 이동하여 한 갈래는 산둥반도 쪽으로 들어가 우이嵎夷 · 내이萊夷 · 회이淮夷 · 서이徐夷 등으로 불렸고, 다른 한 갈래는 다시 동진하여 보하이만渤海灣을 따라 랴오둥지방과 한반도까지 들어오게 되었다고 한다.[10] 또는 한대 이전에는 산둥지방의 토착주민과 선상先商문화 주인공을 동이로 지칭하였으나, 전국시대 말부터 동이가 독자성을 상실함에 따라 한대부터는 동북아시아의 만주와 한반도 일대의 주민을 동이라 칭했다고 한다.[11] 구이에 대해서도 여러 가지 해석이 있으나,[12] 대체로 주나라부터 진나라 때까지 산둥반도와 화이수이강淮水 유역에 거주하던 동이 계통의 이민족을 구이라 불렀다.[13]

10 金庠基, 「東夷와 淮夷 · 徐戎에 對하여」, 『東方學誌』 1, 1954, 1～31쪽; 『東方學誌』 2, 1955, 1～35쪽.

11 李成珪, 「先秦 文獻에 보이는 '東夷'의 성격」, 『韓國古代史論叢』 1, 1991, 97～143쪽.

12 『爾雅』 釋地에서는 玄菟, 樂浪, 高麗, 滿飾, 鳧更, 索家, 東屠, 倭人, 天鄙를 구이라 하였고, 『後漢書』(권85) 東夷列傳에서는 畎夷, 于夷, 方夷, 黃夷, 白夷, 赤夷, 玄夷, 風夷, 陽夷를 구이라 하였다.

13 國史編纂委員會, 『中國正史朝鮮傳 譯註』 2, 1987, 117쪽.

이러한 견해에 따르면 고대 중국인들은 지금의 산둥반도를 비롯한 중국 황해 연안과 보하이만 일대, 그리고 만주와 한반도 어느 곳에 군자국이 있다고 여긴 셈이다.

종전에 중원의 동쪽이라는 애매모호한 지역에 존재하는 것으로 전승되던 상상 속의 군자국은 『후한서』가 편찬된 남북조시대가 되면 지역적 범위가 축소되어, 당시의 '동이東夷' 지역에 군자국이 있다고 생각하기에 이르렀다. 『후한서』는 남송의 범엽范曄이 편찬한 후한 14대 196년의 역사를 정리한 정사正史로, 그 속에 동이열전이 들어있다. 범엽은 동이열전 서문에서, 동이는 천성이 유순하여 도리로써 다스리기 쉬워 '군자불사지국君子不死之國'에 이르게 되었는데 공자는 그런 구이에 가서 살고싶어 했다고 서술하였다. 그리고 동이는 고깔〔弁〕 모양의 모자를 쓰고 비단 옷을 입으며 예법에 맞는 조두俎豆를 사용한다고 하였다.

이처럼 『후한서』(권85) 동이열전에서는 동이가 바로 공자가 살고싶어 했던 군자의 나라라 전제하고, 동이 각국의 습속과 문화, 그리고 역사를 소개하였다. 그런데 『후한서』 동이열전에는 부여, 읍루, 고구려, 동옥저, 북옥저, 예, 삼한, 왜가 수록되어 있다. 이런 점에서 범엽은 당시 이들 나라들이 자리 잡고 있던 지금의 만주와 한반도, 그리고 일본 지역을 군자국이 있는 곳으로 인식했다고 하겠다.[14] 물론 『후한서』가 당시 중국인의 보편적인 생각을 대변하는지 단언할 수 없다. 그러나 이 책이 후한의 역사를 대표하는 정사라는 점에서, 남북조시대의 중국인들은 『후한서』에서 말한 '동이' 지역에 군자국이 있는 것으로 인식했다고 해도 크게 어긋나지 않을 것이다.

14 『三國志』(권30) 魏書 東夷傳 서문에 "雖夷狄之邦 而俎豆之象存 中國失禮 求之四夷"라 하여 군자국을 연상시키는 구절이 있다. 그러나 여기서는 동이를 '君子國'이라 명시하지 않았으므로, 『三國志』가 편찬된 3세기 중엽에 이미 만주, 한반도, 일본 지역을 군자국으로 지목했다고 하기에는 주저되는 바가 없지 않다.

사실 『후한서』 동이열전의 군자국에 대한 서술은 기자동래설箕子東來說을 염두에 둔 것이다.[15] 그렇다면 범엽은 광역의 '동이' 지역 중에서 고조선의 옛 영역이 곧 군자가 사는 땅이라는 생각을 가지고 있었을 가능성도 있다. 그럼에도 『후한서』에서는 동이 여러 나라 가운데 어느 종족 혹은 나라를 명시적으로 지목하여 군자국이라 칭하지 않았다. 그러던 것이 8세기 중엽에 이르면 특정 국가를 군자국으로 구체화했는데, 바로 신라를 동방의 군자국으로 지목하였다.[16]

737년에 성덕왕이 죽고 효성왕이 즉위하자 당은 좌찬선대부 형숙邢璹을 홍려소경으로 삼아 신라에 파견해 성덕왕의 죽음을 조문하고 효성왕을 책봉하였다. 이때 당 현종은 형숙을 신라로 보내면서 "신라는 군자의 나라로 불리며 자못 『시경』과 『서경』 등의 학문을 알아서 중화와 유사하다. 그대는 독실한 유학자로서 학술과 강론에 능하기 때문에 이번에 사신으로 선발해 보내는 것이니, 그 나라에 가서 경전의 뜻을 널리 펴 대국大國에서 유교가 성盛하다는 사실을 알게 하라"고 하였다.[17]

당 현종이 신라를 군자국으로 인식한 사실은 그 후에도 나타난다. 755년에 안록산이 반란을 일으켜 장안(지금의 산시성 시안시西安市)으로 쳐들어오자 현종은 촉지방, 곧 지금의 쓰촨성 청두成都로 피난하였다. 신라 경덕왕은 그 소식을 듣고 쓰촨지방까지 사신을 보내 현종을 배알하게 했는데, 이때 현종이 그 정성을 가상히 여겨 시를 지어 경덕왕에게 보냈다. 현

15 범엽은 『後漢書』(권85) 東夷列傳 마지막에 붙인 사론에서 '옛날 기자가 조선에 피난하여 그곳 사람들을 교화한 결과 동이 전체가 유순하고 근실해져 다른 지방의 풍속과 다르게 되었으므로 진실로 政教가 창달되면 도의가 있게 마련이다'라 하였다.

16 『三國史記』(권 41) 김유신전에 의하면, 당 태종이 김춘추에게 신라를 군자의 나라라 했다고 한다. 그러나 이때는 신라가 당의 正朔과 章服을 수용하기 이전에 해당하기 때문에 기록 자체를 그대로 믿기 어렵다(全德在, 2004, 앞 논문, 221쪽). 그렇다면 여기서 당 태종이 신라를 군자국이라 했다는 것은 김유신전 찬술의 기본 자료가 된 『김유신행록』의 저자 金長清이 살던 8세기 후반의 표현이 아닐까 한다(하일식, 앞의 논문, 2000, 84쪽).

17 『新唐書』 권220, 列傳 新羅; 『舊唐書』 권199(上), 列傳 新羅.

종은 그 시에서 신라를 '명분과 의리를 지키고 의관을 갖추어 예절을 받들 줄 알며, 충성과 신의가 있어 유학을 높일 줄 아는 나라'로 평하였다.[18] 이러한 현종의 시구는 『산해경』 등에서 '의관을 갖추고 사양하는 예절을 좋아한다'고 한 군자국을 연상하기에 충분하다.

당 현종 이후에도 중국에서는 여전히 신라를 군자국으로 인식하였다. 768년에 창부랑중 겸 어사중승 귀숭경歸崇敬이 가지고 온 당 대종의 책봉 조서에서, 혜공왕 김건운에 대하여 "군자의 나라를 지켜 유지하고 능히 외신外臣의 예절을 고수하였다〔用藩君子之國 能執外臣之禮〕"라 하였고, 그의 어머니에 대해서는 "동방 군자의 나라에 짝이 될 만하고 대궐 안 귀인의 지위에 거처할 만하다〔儷東方君子之國 處中壼貴人之位〕"라 하였다.[19] 뿐만 아니라 이때 가지고 온 다른 조서에서 신라를 "구주九州 밖에 있으면서 제후에 비할 만하고, 만국 중에서 진실로 군자의 나라이다〔在九州之外 可比諸侯 於萬國之中 乃爲君子〕"라 하였다.[20] 또한 786년에 견당사 김원전金元全이 가지고 온 덕종의 조서에서는 신라를 "유교의 유풍을 받아 예법이 잘 시행되는 나라"라 하였다.[21]

8세기 중엽, 당나라 사람들에 의하여 구체화된 신라 군자국 인식은 그 후에도 변함이 없었다. 865년에 경문왕 책봉사로 신라에 왔던 호귀후胡歸

---

18 『三國史記』 권9, 景德王 15년.
한편 李圭景은 「東方舊號故事辨證說」(『五洲衍文長箋散稿』 권35)에서, 신라 군자국 의식은 당 현종이 西蜀에 몽진하였을 때 신라 사신이 험한 길을 어렵게 걸어서 行在所까지 당도하자 현종이 친히 詩를 지어 하사하면서 신라를 군자국이라 한 데서 유래했다고 한다.

19 宋敏求 編, 『唐大詔令集』 권129, 「冊新羅王金乾運文」 및 「冊新羅王太妃文」.

20 이 말은 최치원이 대작한 「謝賜詔書兩函表」에 인용된 구절로, 大曆(766~779) 연간에 대종이 내린 조서 속의 내용이라 하였다. 그런데 대력 연간에 신라에 온 당 사절로는 혜공왕 4년(768)의 책봉사 귀숭경 일행이 유일하다. 따라서 최치원이 인용한 이른바 '大曆年中天語'는 현재 전하는 혜공왕과 왕모의 책봉조서 이외 귀숭경이 가지고 온 또 다른 조서였음을 유추할 수 있다.

21 『三國史記』 권10, 元聖王 2년.

厚가 당에 돌아가 말하기를 '글을 모르는 무인武人을 신라에 사신으로 보내면 웃음거리가 될 것이다'라 하였는데,[22] 이러한 호귀후의 말은 당시 신라가 문장과 예악이 뛰어난 군자국이었음을 다시 한 번 확인시켜 준다. 그리고 897년에 발해 하정사 대봉예大封裔가 발해의 국세國勢를 들어 신라보다 상위 나라로 인정해줄 것을 당에 요청하였으나, 당 소종昭宗은 나라 간의 선후는 현재의 국력이 성하고 쇠함에 따라 정해지는 것이 아니라 과거의 관례에 따라야 한다고 하며 발해의 요청을 거절하였다.[23] 신라와 발해의 쟁장사건爭長事件에서 소종이 신라의 손을 들어준 것은 이전에 형성된 군자국의 이미지가 9세기 말까지 여전히 유효하였음을 말해준다.[24]

현종 때부터 당이 신라를 군자국으로 인식한 데는 양국 간의 긴밀한 관계를 통한 상호 왕래와 교류가 바탕이 되었다. 신라와 당이 공존했던 약 3세기 동안의 나당관계사를 개관해보면, 30여 년간의 갈등기를 제외하고는 전반적으로 평화적이고 친밀한 관계를 유지하였다. 특히 8세기의 개막과 더불어 즉위한 성덕왕은 재위 기간 동안 46회의 견당사를 파견하였고, 당의 요청으로 군대를 보내 발해를 공격하였으며, 유학생과 구법승을 수시로 보내는 등 적극적인 대당외교를 펼쳤다.

전근대 동아시아 사회에서 사절 왕래의 다과多寡는 왕조 사이의 친소관계를 나타내는 척도라 할 수 있거니와, 빈번한 견당사 파견을 통한 성덕왕의 정력적인 대당외교는 당 왕실에 강한 인상을 심어주었던 듯하다. 그래서 당

22 崔致遠, 「初月山大崇福寺碑銘」, 『譯註 韓國古代金石文』 제3권, 가락국사적개발연구원, 1992, 262쪽.

23 崔致遠, 「謝不許北國居上表」, 『東文選』 권33.

24 사실 당은 현종대를 전후하여 일본에 대해서도 君子國 혹은 禮義之國이라는 칭호를 사용하였다. 예를 들면 『續日本紀』(권3) 慶雲 원년 7월조에 당인의 말을 인용하여 "聞 海東有大倭國謂之君子國"이라 하였고, 『文苑英華』(권471)에 실린 「勅日本國王書」에서 "勅日本國王主明樂美御德 彼禮義之國 神靈所扶"라 하였다. 그러나 당은 일본을 絶域으로 간주하고 있었으므로 일본을 군자국이라 한 당인의 말은 단순한 일회성의 외교적 수사가 아니었을까 한다.

현종은 성덕왕에게 보낸 조서에서 '신라는 오늘날 어질고 의로운 나라로 일컬어지고 문장과 예악은 군자의 기풍을 드러냈으니, 어찌 이역異域의 먼 지방 문화와 한 가지로 말할 수 있겠는가'라 하며 신라를 칭송하였다.[25] 이런 점에서 현종이 성덕왕의 죽음에 대한 조문 겸 책봉사로 보낸 형숙에게 '신라는 군자국이다'라고 말한 것은 성덕왕대의 적극적인 대당교섭 과정에서 형성된 신라에 대한 이미지를 염두에 둔 언사言辭였다고 할 수 있다.

물론 신라에 대한 군자국 이미지는 성덕왕대에 갑자기 만들어진 것이 아니라, 이전부터 꾸준히 이어온 견당사와 유학생, 그리고 구법승의 활발한 정치·문화 교류 활동을 통해 축적된 양국의 친선관계가 기반이 되었을 것이다.[26] 특히 진덕왕 때 체결한 나당 군사동맹과 당의 의관제 및 연호 채용과 같은 친당외교는 신라에 대한 군자국 이미지 형성에 밑거름이 되었다.[27] 이러한 친밀한 나당관계 위에서 이루어진 성덕왕대의 적극적인 대당외교가 결정적인 계기가 되어 마침내 종전에 상상 속의 나라였던 군자국이 신라로 현실화되었다고 하겠다.

2. 신라 군자국의 표상

(1) 당의 군자국 인식

중국은 당 현종 때 이르러 종래 막연하게 인식해오던 동방의 군자국을 신라로 구체화시켰다. 이에 당은 신라를 군자국에 걸맞게 대우했을 터인데, 그러한 사실을 단적으로 보여주는 것이 신라에 보낸 사절단의 인적 구

25 『三國史記』 권8, 聖德王 30년; 『全唐文』 권40, 元宗.

26 8세기 중엽에 당이 신라를 군자국이라 천명한 데는 나당 친선관계 이상의 복잡한 국제관계가 내재되어 있었을 것이다. 신라의 군자국 이미지 형성 과정을 거시적으로 스케치하려는 본서에서는 그러한 문제까지 언급하지 못하였다.

27 최치원이 대작한 「謝嗣位表」에서 '신라는 장복을 바꾸고 정삭을 받들어 황제의 명을 지키고 주변 나라들과 화목하게 지낸다는 점에서 다른 三方과 다르다'라고 하였듯이, 신라는 당의 관제와 연호 수용을 계기로 다른 지방보다 문명화될 수 있었던 것으로 생각하였다.

성이다.

당은 현종 이후 나라가 망한 10세기 초까지 신라에 22회의 사절단을 파견하였다. 여러 가지 목적으로 신라를 내왕한 당 사절단의 면면을 살펴보면 문인, 학자, 관리, 무장, 환관 등 다양한 경력의 소유자들이었음을 알 수 있다.[28] 그런데 흥미로운 사실은 신라를 내왕한 당 사절, 그 중에서도 신라 왕의 교체기에 정례적으로 온 사신은 대부분 학문에 뛰어난 학자적 관료였다는 점이다. 특히 경학經學에 밝고 문학에 재능 있는 사람이 많았다.

효성왕 책봉사로 신라에 온 형숙은 현종이 당나라 유학의 진면목을 신라 사람들에게 보여주도록 특별히 당부할 정도로 학문에 뛰어난 학자적 관료였다. 일찍이 그는 사문관 조교 시절에 왕필王弼이 저술한 『주역약례周易略例』를 보충, 설명한 『주역정의약례소周易正義略例疏』 3권을 찬술하였고,[29] 숙종이 동궁으로 있을 때 하지장賀知章·황보빈皇甫彬과 함께 태자 시독을 역임하였다.[30]

그리고 768년에 혜공왕 책봉사로 신라에 온 귀숭경은 어려서부터 경학에 뛰어나, 명경과에 급제하여 사문 조교로 발탁되었다. 이후 그는 박통분전과博通墳典科에 다시 급제하여 좌습유, 기거랑, 찬선대부 겸 사관수찬, 집현전교리, 국자사업, 한림학사와 같은 문한직을 두루 역임하였고, 『통지』를 편찬할 때 예의지禮儀志를 맡아 찬술하였으며,[31] 문집 20권을 남겼다.

특히 귀숭경은 고전과 예제에 대한 해박한 지식을 바탕으로 백관이 삭망朔望 때 조복으로 입는 고습袴褶의 폐지를 주청하였고, 측천무후가 낙양(지금의 허난성 뤄양시洛陽市)에 세운 태묘太廟의 철폐를 주장하였으며, 매년 봄과 가을에 거행하는 석전의식釋奠儀式을 대대례大戴禮에 준해 실시할

28 권덕영, 「8, 9세기 '君子國'에 온 唐나라 使節」, 『新羅文化』 25, 2005, 99~109쪽.

29 『宋史』 권202, 藝文.

30 『新唐書』 권6, 肅宗 즉위년; 『玉海』 권128, 官制 唐太子侍讀.

31 『玉海』 권57, 藝文.

것을 건의하였다. 그리고 『예기』 왕제편과 『오경통의五經通義』 같은 경서와 여러 역사적 사례를 들어 국자감을 벽옹성辟雍省으로 개칭할 것을 주청하였고, 국자감의 직제와 교과내용, 그리고 교수법의 개혁을 주장하였다. 이외에도 경학과 역사에 근거하여 국가와 왕실 제사에 대한 여러 가지 의견을 제시하였다.

귀숭경이 신라에 올 때 감찰어사 육정陸珽과 고음高愔 두 사람을 부사로 대동하였다. 육정은 성격이 다소 경박했으나 대력 연간의 십재자十才子 가운데 한 사람이었던 전기錢起와 교유하던 문인으로 경사에 박통하였고,[32] 고음은 당으로 돌아간 후 신라에서 견문한 것을 소재로 『신라국기新羅國記』를 저술하였다.

800년에 소성왕과 왕비의 책봉사로 임명된 위단韋丹은 백성들에게 농사를 적극적으로 권장하고 학교를 세워 학문을 크게 진작시키는 등 유교의 위민爲民과 명분을 중시한 강직한 관료였다. 그의 선정은 당시는 물론 죽은 후에도 전해져, 선종은 위단을 원화元和(806~820) 연간 최고의 관리로 칭송하고 그의 기공비를 세우게 하였다.[33] 그리고 원성왕대와 애장왕대에 각각 신라에 왔던 원의방元義方과 원계방元季方 형제는 명경과를 통해 출사하여 여러 관직을 두루 거쳤는데, 송대의 학자 여하경呂夏卿은 『당서직필唐書直筆』(권4)에서 그들을 당대의 대표적 유학자로 평가하였다.

한편 805년에 원계방의 부사로서 신라에 왔던 마우馬宇는 국자사업, 비서소감, 사관수찬 등의 문한직을 역임하고, 『봉지록鳳池錄』, 『단공별전段公別傳』, 『신라기행新羅紀行』을 비롯한 수많은 저술을 남겼다.[34] 특히 이고

---

32 『舊唐書』 권118, 列傳 元載.

33 『資治通鑑』 권248, 大中 3년 정월; 『玉海』 권60, 藝文 銘碑 唐韋丹刻功碑.
『樊川文集』(권4)에 수록된 「唐故江西觀察使武陽公韋公遺愛碑」가 바로 宣宗의 명으로 杜牧이 지은 위단의 기공비문이다. 이때 비문과 함께 「進撰故江西韋大夫遺愛碑文表」와 「謝許受江西送綵絹等狀」을 선종에게 올렸는데, 이 글 역시 『樊川文集』(권12)에 실려있다.

李翺가 지은 마우의 묘지명에서, 마우는 저술하는 일을 스스로의 즐거움으로 삼았으며 팔십 평생 부귀에는 남들보다 뛰어나지 못했으나 유학자로서는 그를 따라올 사람이 드물었다고 평하였다.[35]

이외에도 812년에 헌덕왕 책봉사의 부사로 신라에 온 이예李汭는 면주綿州 위성현魏城縣(지금의 쓰촨성 몐양시綿陽市 웨이청진魏城鎭) 남쪽 장령長嶺에 있는 고량천高凉泉의 풍경을 노래한 「고량천기高凉泉記」를 지은 청렴한 관리였다. 또한 홍덕왕 책봉사로 신라에 온 원적原寂은 만당기 문단을 석권하던 유우석劉禹錫·요합姚合과 교유하던 문인이었다. 이처럼 8, 9세기 신라에 온 당 사절의 관인계층은 대부분 당대의 뛰어난 학자이고 관료였다.

이에 비하여 당이 발해와 일본에 파견한 사절은 신라에 보낸 사절과 성격이 전혀 달랐다. 당은 10여 차례에 걸쳐 각종 사절을 발해에 파견하였다. 그 가운데 이름이 알려진 당나라 사신으로는 시어사 장행급張行岌, 낭장 섭홍려경 최흔崔訢(忻), 좌감문솔 상주국 섭홍려경 오사겸吳思謙, 좌효위낭장 섭낭중 장월張越, 홍려소경 이도수李道邃와 원복源復, 내사內使 최심읍崔尋邑, 내시內侍 단수간段守簡, 내상시內常侍 한조채韓朝彩, 내상시 은지첨殷志贍, 중관中官 원문정元文政, 내시 이중민李重旻, 내양內養 왕종우王宗禹 등이 있다.[36]

장행급을 비롯한 이들 13명은 모두 사절단의 대사 혹은 부사로 보이는

34 『鳳池錄』은 武德 원년(618)부터 貞元 2년(786)까지 재상의 任免과 그들의 간단한 사적을 정리한 것이고, 『段公別傳』은 현종~덕종 때에 활동한 段秀實의 전기이다. 그리고 『新羅紀行』은 805년에 마우가 신라에 사신으로 왔을 때 견문한 것을 정리한 것으로 보인다.

35 『文苑英華』 권946, 職官8 秘書少監史官修撰馬墓誌.

36 권덕영, 앞의 논문, 2005, 116~117쪽; 송기호, 「대외관계에서 본 발해 정권의 속성」, 『한국 고대국가와 중국왕조의 조공·책봉 관계』, 고구려연구재단 연구총서 15, 2006, 180~191쪽. 이들 외에도 『渤海國記』를 지은 張建章을 비롯하여 張元澗, 王進義 등이 사행의 임무를 띠고 발해에 간 적이 있으나, 그들은 모두 당나라 중앙정부에서 파견한 사절이 아니라 지방의 절도사가 보낸 사신이었다. 그러므로 본서에서는 고찰의 대상으로 삼지 않는다.

그림 6-2 최흔 석각 탁본

데, 그 가운데 7명은 내사·내시·내상시·중관·내양으로 표현되는 환관이었다. 특히 대표적 사절단이라 할 수 있는 책봉사의 경우, 전체 8명 가운데 6명이 환관이었다. 물론 신라에 온 당나라 사절 중에도 하행성何行成, 무자화武自和, 토돌사흔吐突士昕, 주조정朱朝政, 서문사공西門思恭과 같은 환관이 있었으나, 수적으로 소수에 불과할 뿐더러 하행성을 제외한 나머지 인물들은 사절단의 품격을 대변하는 대사 혹은 부사가 아니라 그 이하의 직책으로 참여하였다.

환관의 출사 과정과 역할은 일반 관료들과 판이하다. 전근대 중국에서 환관이 되는 부류는 시대에 따라 달랐으나, 일반적으로 이민족 포로와 궁형宮刑을 받은 중죄인, 그리고 자의 혹은 타의에 의하여 거세된 빈한한 백성이 주류를 이루었다. 특히 당대에는 지방관이 조정으로부터 할당받은 수만큼의 환관을 뽑아 궁중에 헌상했는데, 푸젠福建·광둥廣東·광시廣西 지방으로부터 가장 많은 환관이 공급되었다.[37] 그들은 일반 관료와 달리 특별한 학문 수준이라든가 행정 능력을 필요로 하지 않았다. 즉, 환관은 명문 출신의 유학적 소질을 갖춘 학자적 관료와는 거리가 먼 사람들이었다.[38]

게다가 발해에 파견된 당 사신들은 대부분 무명의 인사들이었다. 물론 장행급은 측천무후 때 무고誣告를 당한 최선崔宣을 조사하였고,[39] 한조채는 대종 때 하북 번진에 선위사로 파견된 적이 있었다.[40] 그리고 이도수는 대리경大理卿과 조주曹州(지금의 산둥성 허쩌시菏澤市 차오현曹縣)자사를 역임하였고, 원복은 택주澤州(지금의 산시성 진청시晉城市 쩌저우현澤州縣)자사를 지냈다.[41] 그러나 이들의 활동은 당의 방대한 국가 경영 속에서 미미하다고 할 수 있을 뿐더러, 이들을 제외한 나머지 사람들은 발해 사행 이외의 어떠한 활동도 알려져 있지 않다.

한편 당은 일본에도 몇 차례 사절을 파견하였다. 당의 황제가 일본에 정식으로 보낸 사절로는 632년에 당 태종이 보낸 신주新州(지금의 광둥성 윈푸시雲浮市 신싱현新興縣)자사 고표인高表仁과[42] 778년에 귀국하는 일본 견당사에 딸려 보낸 내사 액정령掖庭令 조보영趙寶英, 판관 손흥진孫興進과 고학림高鶴林, 진부기秦忿期가 있다.[43] 그리고 당의 지방관이 일본에 파견

37 顧蓉·葛金芳 著, 尾鷲卓彦 譯, 『宦官』, 德文書店, 2000, 121~127쪽.

38 唐代를 포함한 중국 환관의 성격과 활동에 관해서는 三田村泰助 지음, 하혜자 옮김, 『환관—측근정치의 구조』, 나루, 1992; 柳浚炯, 「唐代宦官與皇權運作關系研究」, 北京大學 博士學位論文, 2011 참조.

39 『大唐新語』 권4; 『太平廣記』 권494, 崔思兢.

40 『新唐書』 권210, 列傳 田承嗣; 『翰苑集』 권10, 慰問四鎭北庭將吏勅書.

41 『舊唐書』 권199(下), 列傳 渤海靺鞨; 『新唐書』 권134, 列傳 楊愼矜.

42 『舊唐書』 권199(上), 列傳 倭國.

43 조보영 일행의 파견을 전후한 시기 당과 일본의 정세에 관해서는 榮原永遠男, 「寶龜の唐使と遣唐使」, 『東アジア世界史研究センタ年報』 2, 專修大學社會知性開發研究センタ, 2009, 41~55쪽 참조.
한편 조보영은 바다를 건너던 도중에 악풍을 만나 익사하고 나머지는 구사일생으로 일본에 도착하였다. 특히 고학림이 승선했던 제3선은 탐라도에 표착하여 그곳에 억류되었다가 779

한 사신으로는 664년과 671년에 백제 진장 유인원이 보낸 곽무종郭務悰과 유덕고劉德高, 762년에 일본 견당사 고원도 일행을 본국까지 호송한 심유악沈惟岳, 기교용紀喬容, 육장십陸張什 등이 있다.

그런데 이들의 경력을 살펴보면, 고표인은 신주자사를 역임하였고 조보영은 내시성 액정국掖庭局의 책임자인 종7품 액정령의 직책을 가진 환관이었다. 그리고 심유악과 육장십은 월주越州 포양부浦陽府(지금의 저장성 진화시金華市 푸장현浦江縣)의 절충折衝과 별장別將이라는 하급 관인이었다.[44] 그러므로 당은 발해와 일본에 모두 환관 혹은 정치·사회적 활동이 미미한 사람들을 사절로 파견했다고 하겠다.

이는 신라와 극명하게 대비된다. 전술하였듯이, 신라에 온 당 사절의 관인계층은 대부분 유교적 소양을 갖추고 예악과 문장에 뛰어난 학자적 관료들이었다. 9세기의 실상을 몸소 체험한 최치원이 "매번 중국이 (신라에) 사신을 보낼 적마다 뛰어난 유학자를 정밀하게 가려 뽑아 보냈다〔每降漢使精擇魯儒〕"라고[45] 증언한 것에서 그러한 사실을 실감할 수 있다. 뿐만 아니라 행적이 알려진 당 사신들의 면면을 보면, 귀국 후 그들은 당나라 중앙과 지방의 요직과 문한직에 종사하였고 많은 저술을 남겼다.[46] 다시 말하면 신라에 온 당의 사절들은 당대에 널리 알려진 엘리트 학자들이었다. 당이 환관이나 무명의 관리들을 발해와 일본에 보낸 것과 달리, 엘리트 학자들을 선발해 신라에 보낸 것은 당이 신라를 어떻게 인식했는지 여실히 보여준다. 그것은 바로 당에 비친 신라의 군자국 이미지였다.

년에 신라 사절단을 따라 海上眞人三狩 등과 함께 일본으로 갔다. 이 점에 관해서는 『續日本記』(권36) 寶龜 11년 정월조와 濱田耕策, 「對日本外交の終幕-日唐間の情報と人物の中繼をめぐって」, 『朝鮮社會の史的展開と東アジア』, 山川出版社, 1997; 『新羅國史の研究』, 吉川弘文館, 2002, 389쪽 참조.

44 『續日本記』 권23, 天平寶字 5년 8월 甲子.

45 崔致遠, 「遣宿衛學生首領等入朝狀」, 『東文選』 권47.

46 권덕영, 앞의 논문, 2005, 110~115쪽.

(2) 군자국의 자부심

당 현종 이후 중국인의 뇌리에 각인된 신라 군자국 이미지는 이후에도 변하지 않았거니와, 신라 역시 군자국의 면모를 유지하기 위하여 부단히 노력하였다. 8, 9세기 신라에서는 당으로 건너가 유학하는 풍조가 성행하여 수많은 승려와 학생들이 당에 들어가 공부하였다. 신라 구법승들은 당나라 곳곳을 돌아다니며 고승 대덕을 찾아 당의 선진 불교를 배웠고, 유학생들은 국자감의 여러 전공 과정에 들어가 예악禮樂을 중심으로 한 유교와 문장, 그리고 각종 전문기술을 공부하였다. 이들은 견당사와 더불어 당의 학술과 사상을 배워 신라에 이식하고 신라 문화를 당에 전파함으로써 신라의 군자국 이미지 형성과 유지에 기여하였다. 그 과정에서 그들은 스스로를 군자국의 백성으로 자부하였다.[47]

대표적인 사람이 최치원이다. 최치원은 12세의 어린 나이에 당에 들어가 국자감에서 수학한 후 당의 빈공과에 급제하였다. 그 후 율수현위溧水縣尉와 회남절도사 고변高駢 휘하에서 종사관과 도통순관 등을 역임하고 885년에 신라로 돌아왔다. 그는 재당 시절과 귀국 후에 많은 글을 지었는데, 그의 글 여러 곳에서 군자국 신라에 대한 자부심을 드러냈다.

최치원은 당을 떠나기 직전에 항해의 안전을 빌기 위해 산둥반도 대주산大珠山 아래에서 지은 「제참산신문祭巉山神文」에서 '참산 신령의 바람에 의지하여 조속히 군자의 나라〔君子之國〕로 돌아가 황제의 명을 전하고자 한다'라 하였고, 진성왕을 대신해 지은 「양위표」에서 '신라는 하늘을 경외하고 길을 양보하는 군자국의 이름에 부합하는 나라'라 하였다. 그리고 「성주사낭혜화상탑비명」에서, 낭혜화상 무염은 만물을 길러주는 위대한

47 하일식, 앞의 논문, 2000, 80~86쪽. 신라는 주변국에 대해서도 군자국으로서의 자부심을 가졌는데, 특히 일본에 대하여 스스로 '王城國'이라 하여 일본과의 차별화를 시도하였다. 이 점에 관해서는 全德在, 앞의 논문, 2004, 206~225쪽 참조.

봄바람과 온 누리를 환히 비추는 태양의 정기를 받아 동방의 군자국에서 태어났다고 하였다.

또한 최치원은 「봉암사지증대사탑비명」과 「신라왕여당강서고대부상장新羅王與唐江西高大夫湘狀」에서 신라를 군자지향君子之鄕이라 하였고, 「쌍계사진감선사탑비명」에서는 인역仁域이라 하였다. 그리고 「초월산대숭복사비명初月山大崇福寺碑銘」에서는 신라를 인방仁方이라 하였고, 「사불허북국거상표謝不許北國居上表」에서는 군자국을 상징하는 근화향槿花鄕이라 하였다. 또한 「신라가야산해인사선안주원벽기新羅伽倻山海印寺善安住院壁記」에서는 『예기』 왕제편과 『후한서』 및 『이아爾雅』의 글을 인용하여, 동방의 신라는 천성이 유순하고 도로써 다스리기 쉽고 태평화락한 땅이라 하였다. 이는 신라가 동방의 군자국임을 에둘러 표현한 것임은 말할 것도 없다. 이처럼 최치원은 재당 시절은 물론 신라로 돌아온 이후에도 줄곧 신라를 동방의 어진 군자국이라 하였다.

최치원이 가지고 있던 신라 군자국 의식은 자신을 포함한 당시 신라인이 군자국의 신민이라는 자부심에서 나온 생각이었다.[48] 특히 「양위표」에서, 군자의 나라 신라는 길에 떨어진 물건도 줍지 않고 농기구나 먹다 남은 양식을 밭둑에 그냥 두고 집으로 와도 없어지지 않는다는 동호계자東戶季子의 시대에[49] 비견할 수 있을 정도로 도덕이 확립되고 경제가 번성한 나라로 자부하였다. 또한 「봉암사지증대사탑비명」에서, 군자의 고장인 신라는 중국의 여러 주변국 가운데 가장 뛰어났고 살리기를 좋아하는 덕을 근본으로 하여 서로 양보하는 풍속이 있는 태평한 나라라 칭송하였다.

48 趙仁成은 최치원을 '小中華的 自尊意識'을 가진 사람으로 평가하였는데(趙仁成, 「崔致遠 撰述 碑銘의 註釋에 대한 一考」, 『加羅文化』 11, 1994, 96~99쪽), 소중화적 자존의식 역시 신라가 군자국이라는 자부심에 기초한다고 하겠다.

49 "昔東戶季子之世 道路不拾遺 未耕余粮 宿諸晦首 使君子小人各得其宜也"(『淮南子』 권10, 繆稱).

9세기에 신라를 군자국으로 자부한 사람은 최치원뿐만이 아니었다. 일찍이 사은 겸 숙위 판관으로 당나라에 다녀온 한림랑 최하崔賀는 「대안사적인선사탑비명大安寺寂忍禪師塔碑銘」에서 신라를 군자의 고장〔君子之鄕〕이라 하였고, 김영金穎은 「심원사수철화상탑비명深源寺秀澈和尙塔碑銘」에서[50] 신라는 본래 동방의 어진 땅으로 도로써 다스리기 쉬운 나라라 하였다.

신라가 군자국이라는 인식은 고려 초에도 여전하였다. 광종 5년(954)에 건립된 「태자사낭공대사탑비명太子寺朗空大師塔碑銘」의 후기에서 순백純白은, 이 비문을 찬술한 최인연을 "군자국의 군자이고 대인향의 대인이다〔實君子國之君子 大人鄕之大人〕"라 칭송하였다. 그리고 김정언金廷彦은 광종 9년에 세워진 「옥룡사통진대사탑비명玉龍寺洞眞大師塔碑銘」에서 고려 태조가 후삼국을 통일한 사실을 두고 "다시 군자국을 평안히 하였다〔加復輯寧君子國〕"라 서술하였고, 광종 26년(975)에 건립된 「고달사원종대사탑비명高達寺元宗大師塔碑銘」에서 신라를 '군자지방君子之邦'이라 하였으며, 경종 3년(978)에 건립된 「보원사법인국사탑비명普願寺法印國師塔碑銘」에서는 법인국사 탄문이 군자의 나라〔君子之邦〕를 빛내려고 석가삼존상을 만들었다고 하였다. 이처럼 신라와 고려의 지식인들은 자신이 사는 나라를 군자국으로 인식하고, 중국에 버금가는 문화국가라는 자부심을 가지고 있었다.

신라와 고려인들이 가졌던 군자국에 대한 자부심은 중국문화의 수입을 통한 자국 문화의 중국화라는 중화 중심의 문화적 우월감에 기초를 두고 있다. 상고시대에 중국인들이 상정한 동방의 군자국 역시 중화문명의 수용과 활용을 염두에 둔 것이었다. 『산해경』과 『회남자』 등에서 '군자국

50 李基東, 「羅末麗初 近侍機構와 文翰機構의 擴張」, 『歷史學報』 77, 1978; 앞의 책, 1984, 262쪽; 崔英成, 「崔致遠 思想 形成의 歷程에 대한 考察」, 『東洋古典硏究』 10, 1998, 251~264쪽. 한편 秋萬鎬는 이 비문의 찬술자를 최치원으로 추정하였으나(秋萬鎬, 「深源寺 秀澈和尙楞伽寶月塔碑의 金石學的 分析」, 『역사민속학』 1, 1991, 266~307쪽), 선뜻 받아들이기 어렵다.

사람들은 의관을 차려입고 칼을 차며 사양하기를 좋아하고 서로 다투지 않는다'라고 한 것은 다분히 중화적 체제의 수용 여부를 근거로 설정한 군자국의 개념이다. 그리고 『후한서』에서 동이가 유순하고 근실하며 도의가 있는 군자국이 될 수 있었던 것은 기자가 조선으로 가서 그곳 사람들을 교화한 결과라 하였으며, 『구당서』와 『신당서』에서는 신라가 『시경』과 『서경』 등을 알 정도로 학문이 성하여 중화와 유사하기 때문에 그 나라를 군자국이라 하였다. 이처럼 군자국은 중국에서 발상發想되어 신라로 귀착될 때까지 일관되게 중화문명의 세례랄까 수용을 통한 중국화 여부가 전제된 지극히 중화 중심적 사고방식의 결과물이었다.

사실 신라 군자국 의식에는 서로 모순되는 두 가지 의미가 내포되어 있다. 하나는 중화에 대한 사대적이고 모화적 발상이고, 다른 하나는 유교문화를 존숭한다는 점에서 중화와 질적으로 동등하다는 자긍심이다. 중국 중심의 국제질서가 형성, 운영된 고대 동아시아 세계에서 중국화는 곧 문명화를 가늠하는 하나의 척도였다. 따라서 중국화를 통해 문명국이 되었다는 동방 군자국 의식은 동이 혹은 신라의 자존심을 발양할 수 있는 이념적 기반이 될 수 있었다. 신라와 고려의 지식인들 역시 군자국에 대한 자긍심 또는 자존의식을 가졌음은 말할 것도 없다. 이런 점에서 신라 군자국 인식은 고려와 조선시대의 이른바 '소중화小中華' 사상과 다를 바가 없다고 하겠다.

소중화 사상이란 전근대 동아시아에서 중국 주변국들이 중국문화를 받아들여 자신이 다른 주변국들보다 문명 수준이 높을 뿐만 아니라, 중화문명의 맥을 계승한 문화국임을 자부하는 문화중심적 우월의식을 말한다. 이러한 의식은 유교문화권에 속하는 한국·일본·베트남에서 공통적으로 나타나는데, 특히 한국에서는 원·명 혹은 명·청의 교체와 같이 한족漢族과 비한족非漢族 사이에 왕조가 바뀔 때 대외정책의 기본 방향을 설정하는

이념으로 활용되었다.[51]

일찍이 이기동李基東은 9세기 신라 유학생들의 당 문인들과의 교유와 빈공 급제자들의 활동을 통하여 소중화의 연원을 추구하였다. 즉, 고려의 문교文教는 장기간에 걸쳐 당 문화를 수용·축적한 신라 문화의 기반 위에 다시 송 문화를 흡수함으로써 중국 문화의 축소판적 성격을 띠게 되었는데, 거기에 더하여 신라 말부터 빈공 급제자들의 대대적인 참여를 통해 꾸준히 확장되어 간 문한기관은 고려전기 역대 군주의 우문정치右文政治에 의해 한층 더 토대를 굳히게 되어 마침내 11세기 문종대에 '소중화'를 자처하기에 이르렀다고 하였다.[52] 물론 신라 하대에 당으로 건너가 유학한 학생들의 당 문화 수입과 이를 통한 문화우월적 자존의식이 소중화 사상을 형성하는 데 크게 기여한 것은 사실이다. 그러나 그 연원을 좀 더 거슬러 올라가면, 신라 군자국 의식에서 소중화 사상의 뿌리를 찾을 수 있지 않을까 한다. 소중화 사상이 중화문명 우월론을 기반으로 하고 있듯이 군자국 의식 역시 중화문명의 수용과 그것의 재현을 통한 동방 문명개화론에 기초하기 때문이다.

송나라 사람들이 고려 문종 때 중국에 사신으로 간 박인량朴仁亮과 김근金覲의 시문을 격찬하여, 중국에 버금갈 만큼 뛰어난 글을 모은 문집이란 뜻으로 『소화집小華集』을 간행하였다.[53] 그 후 박인량은 「문종애책文宗哀册」에서 군자의 나라를 이어 문물이 융성한 고려를 정식으로 소중화라 천명하였다.[54] 또한 박초朴礎는 고려 공양왕에게 올린 상소문에서 "우리나라

51 도현철, 「원명교체기 고려 사대부의 소중화 의식」, 『역사와 현실』 37, 2000, 99~122쪽; 曺永祿, 「朝鮮의 小中華論-明淸交替期 東亞 三國의 天下觀의 變化를 中心으로」, 『歷史學報』 149, 1996, 105~138쪽.

52 李基東, 앞의 책, 1984, 304쪽.

53 『高麗史』 권94, 列傳 朴仁亮.

54 『東文選』 권28, 文宗哀册.

는 무신난武臣亂 이전에 학문에 조예가 깊고 이름난 선비들이 중국에 많이 알려짐으로써 당에서 군자의 나라라 하였고, 송에서는 문물과 예악이 발달한 나라라 하여 고려 사신들이 유숙하는 곳을 '소중화지관小中華之館'이라 했다"고 한다.[55]

그리고 조선 초의 유학자 김종직金宗直은 기자 이후로 시詩·서書의 풍속이 융성해져 신라 때 우리나라를 군자의 나라라 하였고, 고려 때는 송나라 사람들이 소중화라 불렀다고 하였다.[56] 또한 조선후기의 실학자 이규경李圭景은 우리나라의 문명文名은 은나라 태사太師, 곧 기자가 우리나라에 오면서부터 시작하여 중국에 크게 이름이 나서 군자국이 되고 소중화가 되었다고 하였다.[57]

이들 외에도 수많은 조선의 지식인들이 상고시대부터 중국 문명의 수용을 통해 고려와 조선이 소중화가 되었다는 자부심 내지는 인식을 갖고 있었다. 그런데 앞에서 살펴본 사례들처럼 그들은 모두 신라 군자국 의식의 연장선 위에서 자신의 나라를 소중화로 인식하였다. 더욱이 그들은 군자국을 소중화와 등치等値시킴으로써 소중화가 곧 군자국에서 연원한다는 사실을 분명히 하였다.

오종도吳宗道가 선조에게 아뢰기를 "조선은 군자국으로서 개국 이래로 절의가 무쌍하며 예의에서 더욱 신명神明스러우니 성현이 아니면 예를 논의하지 못한다는 말이 참으로 진실입니다"라 하였고,[58] 실학자 이덕무李德懋는 연경으로 떠나는 박감료朴憨寮와 이장암李莊菴에게 지어준 시에서 "우리는 동방 군자의 나라이다〔吾東君子國〕"라 하였다.[59] 또한 고종은 태

55 『高麗史』 권120, 列傳 李子粹; 『高麗史節要』 권35, 恭讓王 3년 6월.

56 『佔畢齋文集』 권1, 送李國耳赴京師序.

57 『五洲衍文長箋散稿』 권59, 文選辨證說.

58 『宣祖實錄』 권125, 宣祖 33년 5월 丁未.

59 『青莊館全書』 권12, 雅亭遺稿4 奉贈朴憨寮李莊菴建永之燕 十三首.

조 등에게 존호를 올리고 죄인을 사면한 교서에서, 조선은 동방의 군자국으로 단군과 기자의 처음 이름인 조선朝鮮으로 국호를 정했다고 하였다.[60]

오종도와 이덕무가 말한 '군자국'은 신라의 전통을 이은 근세의 조선 왕조를 지칭하는 것으로, 당시 조선의 많은 선비들은 앞에서 살펴보았듯이 스스로를 소중화로 인식하였다. 이런 점에서 고려와 조선시대의 소중화 의식은 바로 신라 군자국 의식이랄까 자부심에서 발원했다고 할 수 있다. 결국 신라 지식인들의 군자국에 대한 자부심은 고려전기에 소중화 의식으로 발전하여 조선후기까지 이어졌다고 하겠다.

제2절 신라의 황해 경영

남북국시대의 신라는 이전에 경험하지 못한 안정과 번영을 구가하였다. 7세기 중엽 동아시아를 휩쓴 변혁의 소용돌이 속에서 신라는 당과 연합하여 백제와 고구려를 차례로 멸망시키고 한반도 남쪽에 통일국가를 수립하였다. 그 결과 삼국 간의 치열했던 전쟁은 종식되었고, 대동강 이남의 백제와 고구려 영토와 인민은 신라에 승계되었다. 신라는 이러한 인적·물적 자원을 토대로 바야흐로 번영의 길로 들어서게 되었다.

8세기 이후 신라가 정치·경제·문화적으로 번영을 이룩할 수 있었던 데에는 여러 가지 요인이 있었다. 그 중에서도 황해를 통한 중국과의 교섭은 신라 발전에 중요한 몫을 담당하였다.[61] 일찍이 그리스의 정치가 테미스토

60 『承政院日記』, 高宗 9년 壬申 1월 5일 庚寅.

61 申瀅植은 "서해는 한국고대사의 발전 과정에 문화공간으로 큰 역할을 다하였다. (중략) 8세기 초엽에서 9세기 초엽에 이르는 1세기 동안 나당 양국은 서해를 통해 정치·문화의 공존을 이룩하였으며, 문물의 교류와 국제적 번영을 구가할 수 있었다"고 하여 신라의 번영과 황해

클레스Themistocles는 "바다를 다스리는 자가 세계를 지배한다"고 하였다. 삼면이 바다로 둘러싸인 한반도의 지정학적 특성을 고려할 때, 이 말은 우리 역사에도 유효한 잠언箴言이라 할 수 있다. 특히 황해는 한·중·일 동아시아 삼국이 공유하는 바다로, 황해를 누가 어떻게 효과적으로 다스리고 활용했는가에 따라 공동체의 성쇠가 좌우되었다.

그런데 고대 동아시아에서 황해를 가장 효과적으로 활용한 나라는 신라였다. 비록 삼국시대에는 고구려와 백제에 눌려 황해를 활용할 기회가 적었으나, 삼국통일 이후 신라는 황해를 적극적으로 개척하고 활용함으로써 명실상부한 황해의 주인으로 행세할 수 있었다. 이런 점에서 남북국시대 신라의 번영은 효과적인 황해 '경영經營'과 직결된다고 해도 과언이 아니다. 다시 말하면 신라는 황해를 유효적절하게 활용함으로써 국가 번영을 누릴 수 있었다.

앞에서 우리는 황해의 자연 및 인문환경, 신라인의 황해 개척과 진출, 황해를 통한 외교와 전쟁, 황해를 무대로 전개된 경제교역과 문화교류, 황해를 건너 중국으로 이주한 신라 디아스포라의 삶, 황해교섭의 산물인 신라 군자국 이미지 등을 자세히 고찰하였다. 본서는 바다와 역사의 상호 관련성 속에서 신라의 황해교섭사를 거시적으로 조망하기 위해 기획되었다. 그러한 작업을 마무리하는 이 절에서는 신라의 황해교섭과 교류를 종합적으로 정리하고, 나아가 신라의 성쇠와 황해교류의 상관성을 찾아봄으로써 본서의 결론을 대신하고자 한다.

1. 황해교섭과 교류

프랑스 아날학파의 제2세대 선두주자였던 페르낭 브로델Fernand

를 유기적으로 파악하였다(申瀅植, 「韓國古代의 西海交涉史」, 『國史館論叢』 2, 1989, 40쪽; 「통일신라의 번영과 서해」, 『統一新羅史研究』, 삼지원, 1990, 307쪽).

Braudel은 『필립 2세 시대의 지중해와 지중해세계The Mediterranean and the Mediterranean World in the Age of Philip II』에서, 16세기 지중해를 매개로 이루어진 정치, 교역, 전쟁, 외교, 종교, 문화교류 등 인간의 제반 활동을 구조적이고 종합적인 관점에서 고찰하였다. 사실 '지중해'는 지중해라는 바다와 그 주변의 유구한 역사를 곁에서 지켜본 유일한 목격자이다. 그래서 브로델은 지중해의 바다에서만 지중해의 역사를 찾을 수 있다고 생각했던 것이다.[62]

지중해가 서양의 역사를 품고 있는 바다라면, 황해는 동아시아 역사의 목격자이고 그 현장이었다. 황해는 동쪽과 서쪽, 그리고 북쪽이 한반도와 중국 대륙으로 둘러싸였고, 그 동남쪽에 일본열도가 자리 잡고 있다. 황해 주변부를 형성하는 이들 동아시아 삼국은 황해를 경계로 삼아 독자적인 문화를 형성·발전시켰고, 각 지역의 상이한 문화는 황해를 통해 소통하고 융합하였다. 황해가 서로 다른 세계의 경계인 동시에 융합의 공간이 될 수 있었던 것은 황해의 지중해적 성격에 기인한다.

물론 황해는 전형적인 지중해 지형과 완전히 일치하지는 않으나, 지중해의 해양학적 특성을 골고루 갖추고 있다. 뿐만 아니라 문화의 다양성과 상관성, 문화적 융합을 통한 문화권 형성이라는 지중해의 인문적 특성도 아울러 구비하였다. 이런 점에서 고대 동아시아의 황해를 준동아지중해(準東亞地中海, semi-East Asian Mediterranean Sea)라 해도 틀린 말이 아닐 듯싶다.[63] 신라는 바로 문명과 문화가 교차하는 지중해성 바다인 황해를 적극적으로 개척하고 활용함으로써 번영을 이룩할 수 있었다.

---

62 페르낭 브로델 지음, 강주헌 옮김, 『지중해의 기억』, 한길사, 2006, 55쪽. 물론 여기서의 지중해는 유럽, 아프리카, 아시아의 세 대륙에 둘러싸인 유럽지중해European Mediterranean를 말한다.

63 권덕영, 「'동아지중해'론과 고대 황해의 지중해적 성격」, 『지중해지역연구』 13-2, 2011, 27~55쪽.

신라가 황해를 개척, 활용하기까지는 수세기가 소요되었다. 신라는 건국 초부터 왜倭로 대표되는 해양세력의 강력한 도전을 받았다. 왕조의 존망을 위협하는 해양세력의 침략에 직면한 신라는 해양 방어를 위한 제도 정비와 해양기술 개발을 서둘러 그들의 도전에 성공적으로 응전하였다. 동·남해의 해양세력 방어에서 시작된 신라의 해양개척과 진출은 6세기 중엽에 이르러 황해 진출로 이어졌다.

한강 하구를 통한 황해 진출은 신라가 동아시아 국제무대에 적극적으로 참여할 수 있는 계기가 되었다. 또한 황해를 통한 활발한 대중교섭 과정에서 신라는 독자적인 조선술과 항해술을 개발하였다. 바람과 파도에 잘 견디는 '신라선'을 개발하였고, 종래의 연안항해에서 벗어나 황해 중부를 가로지르는 횡단항로橫斷航路와 황해 남부를 비스듬히 가로지르는 사단항로斜斷航路를 개척하여 원양항해 시대를 열었다. 이러한 조선술과 항해술을 바탕으로 남북국시대에 신라는 황해를 비롯한 동아시아 전 해역을 장악하게 되었다.

신라는 오랜 기간에 걸쳐 개척한 황해를 징검다리 삼아 중국의 남북조 및 수·당과 활발하게 교류하였다. 그 중에서도 당과의 교섭이 가장 활발하였다. 신라와 당이 공존하던 약 3세기 동안 양국 관계는 크게 모색기, 동맹기, 갈등기, 안정기, 소원기를 거치며 전개되었다. 비록 신라와 당 사이에 일시적인 갈등도 없지 않았으나, 전반적으로 시종 친밀한 관계를 유지하였다. 전근대 한중관계사가 대개 그러했듯이, 신라와 당 역시 조공·책봉의 메커니즘 속에서 교류와 교섭이 이루어졌다.

신라와 당 사이의 조공·책봉 메커니즘을 유지하고 발전시키는 데 중요한 역할을 한 것이 양국의 사절단이었다. 당 주변국에서 당나라에 보내던 사절단을 일반적으로 견당사遣唐使라 칭하는데, 신라는 주변국 가운데 단일 왕조로서는 가장 많은 횟수의 견당사를 파견하였다. 신라의 견당사 파견에 대응하여 당 역시 신라에 각종 사절을 보냈다. 신라를 내왕한 당 사절은 신라 왕위 교체 시 조문과 책봉을 위한 사절, 당나라 임금의 죽음과 즉위를 통보하기 위한 사절, 군사 요청과 같은 긴급한 사안을 협의하기 위한 사절 등 대략 세 가지 유형으로 나누어진다. 그 가운데 신라왕 책봉사가 단연 다수를 차지하였다.[64]

황해는 사절단뿐만 아니라 민간상인과 구법승, 그리고 유학생들이 동아시아 삼국을 왕래하는 통로였다. 고대 동아시아 율령체제 아래에서 국제무역은 국가 간의 공식 경로를 통한 공무역만 허용되었다. 그러나 안사安史의 난 이후 황해 양안 신라와 당의 정치적 혼란과 해상 실크로드를 통한 서방 상인들의 동방 진출로, 종래 엄격히 통제되었던 사무역이 점차 발달하기 시작하였다. 그 결과 공무역 위주의 동아시아 교역체제가 무너지고 민간 사무역이 성행하였다. 그 중심에서 활동하던 사람이 장보고張保皐로 대표되는 신라 상인들이었다.[65]

사무역의 활성화와 때맞추어 황해에는 약탈무역이 성행하였다. 일반적으로 교역에서 재화의 획득과 판매는 매매 당사자 사이의 자유의지에 따른 합법적 계약에 의해 이루어진다. 그러나 무력으로 남의 재화를 빼앗고 그것을 강압적으로 판매하는 약탈무역은 자유의지에 따른 계약이 아니라 강제적이고 불법적인 교역행위라는 점에서 일반적인 교역과 다르다. 약탈무역에 종사하던 집단은 다양하였는데, 해상에서 전형적인 약탈무역을 행하던 집단은 해적이다. 이처럼 8, 9세기의 황해는 성격이 전혀 다른 공무역, 사무역, 약탈무역이 공존하던 교역의 공간이었다.

신라에 불교가 공식적으로 수용된 이후 많은 승려들이 황해를 거쳐 중

64 당은 신라에 총 41회의 사절을 파견하였다. 그 중에서 22회가 신라왕을 책봉하기 위해 파견한 사절단이다. 구체적인 내용에 대해서는 본서 제3장 참조.

65 권덕영, 「在唐 新羅人의 對日本 貿易活動」, 『韓國古代史硏究』 31, 2003; 앞의 책, 2005, 179~212쪽.

국과 인도에 유학하였다. 오늘날 우리는 조선후기에 들어온 서양의 학술과 사상을 서학西學이라 한다. 그러나 신라와 고려시대 사람들은 한반도 서쪽에 있는 중국과 인도에 들어가 그곳의 학문과 사상을 공부하는 행위를 '서학'이라 칭하였다. 신라 승려들의 중국과 인도 유학 역시 서학의 일종이거니와, 신라승의 서학 구법은 진흥왕대에 시작되어 나라가 망할 때까지 지속적으로 이어졌다. 특히 신라 하대에 이르러 서학 구법의 열기가 최고조에 달하였다.

신라 승려들은 중국과 인도 전역을 돌아다니며 스승을 찾아 배우고 성스러운 자취를 순례하였다. 그 과정에서 서학 구법승들은 많은 어려움을 겪었다. 서학 구법 자체가 고난을 전제로 한 구도求道 행위였거니와, 특히 당 무종 회창會昌(841~846) 연간에 단행된 가혹한 불교 탄압으로 당시 당에 머물고 있던 신라 승려들은 환속과 추방의 고통을 경험하였다. 또한 인도로 건너간 신라 승려들은 십중팔구 돌아오지 못하고 그곳에서 생을 마감하였다.[66]

도당 유학생 역시 구법승 못지않게 활발한 서학 활동을 펼쳤다. 신라가 당에 처음으로 공식 유학생을 파견한 것은 선덕왕 9년(640)이었다. 그 후 신라는 꾸준히 당에 학생들을 파견하여 국자감을 비롯한 당의 교육기관에서 공부하게 했다. 그들은 국자감의 여러 전공 과정에 입학하여 예악禮樂을 중심으로 한 유교 이론과 문장, 그리고 각종 전문기술을 공부하였다. 신라 전 시기를 통틀면 수천 명에 이르렀을 것으로 추정되는 도당 유학생 가운데 일부는 당의 빈공과賓貢科에 합격하여 당의 관리로 임명되기도 했는데, 최치원이 대표적인 인물이다.

황해는 사절단과 상인, 구법승과 유학생들이 꿈을 안고 오가던 희망의

66 金相鉉, 「7世紀의 新羅西域求法高僧考」, 『東國史學』 35 · 36 합집, 2001, 17~30쪽; 권덕영, 「신라 '西化' 구법승과 그 사회」, 『정신문화연구』 30-2(통권107), 2007, 321~324쪽.

바다만은 아니었다. 어쩔 수 없이 고국을 떠나야 했던 사람들이 건넜던 절망絶望의 바다였고, 또 고국을 떠난 사람들의 귀국을 가로막던 원망怨望의 바다이기도 하였다. 7세기 중엽 이후 한반도의 수많은 사람들이 자의반 타의반 당으로 이주하였다. 전쟁의 후유증으로 강제로 당에 끌려간 고구려와 백제 유민은 말할 것도 없고, 신라인들 역시 여러 가지 사정으로 고국을 떠나 당에 들어가 생활하였다. 그들은 황해 바닷길을 통해 중국으로 이주하였으므로 일괄 '황해 디아스포라Diaspora'라 할 수 있다. 그 중의 한 사람이 김인문이다.

김인문은 무열왕 김춘추의 둘째 아들로 태어나, 7세기 중엽에 빈발한 전쟁과 반란을 지켜보며 청소년기를 보냈다. 그 후 김인문은 총 7차례에 걸쳐 당에 들어가 7세기 중엽 신라의 대당외교를 주도하였고, 총관 혹은 장군으로서 통일전쟁에 참여하여 삼국통일을 이루는 데 기여하였다. 그의 화려하고 성공적인 활동에도 불구하고, 당의 한반도 분할 정책에 동조함으로써 그는 결국 살아서 고국에 돌아오지 못하고 당에서 객사하였다.

김인문과 또 다른 유형의 디아스포라는 신라 상인 김청金淸이다. 8세기 후반 이후 신라에서는 흉년과 기근이 주기적으로 발생하였고 왕위쟁탈전과 반란이 빈발하여, 신라를 떠나 당에 이주하는 사람들이 속출하였다. 그들은 지리적으로 본국과 가깝고 바다와 운하를 통한 생업 유지가 비교적 용이한 당나라 황해 연안에 주로 정착하였다.[67] 김청 역시 신라의 황량한 분위기 속에서 조국을 떠나 산둥지방에 이주하였다. 그는 후에 저장浙江지방을 돌아다니며 장사로 많은 재산을 모아, 적산 법화원이 훼철된 이후에 정신적 안식처를 잃은 재당 신라인들의 유대를 강화하기 위해 지금의 산둥성 곤유산崑嵛山 기슭에 무염원無染院 건립을 주선하였다.

67 권덕영, 「在唐 新羅人社會의 形成과 그 實態」, 『國史館論叢』 95, 2001; 앞의 책, 2005, 47~68쪽.

대체로 평온하던 황해는 때로 전쟁과 폭력이 난무하는 광폭한 바다로 변하기도 하였다. 역사적으로 황해는 주변의 다른 바다에 비해 전쟁이 자주 일어났던 해역이다. 멀리는 한 무제의 고조선 침략에서부터 가깝게는 최근 남북한 사이에 벌어진 '서해해전'에 이르기까지 황해에서는 전쟁이 끊이지 않았다. 신라 역시 황해에서 수차례 크고 작은 전쟁을 치렀는데, 삼국통일과 나당전쟁 과정에서 일어난 기벌포伎伐浦 해전과 대동강구 및 천성泉城 해전이 대표적이다.

전쟁만이 아니라 해적들도 황해의 평화를 깨뜨렸다. 9세기에 들어와 해양성과 국제성, 이념부재의 폭력성과 집단성, 통치 외적인 존재로서의 불법성을 가진 해적들이 황해를 포함한 동아시아 해역에서 횡행하였다. 그들은 공권력에 대항하며 인민과 재화를 약탈하였고, 심지어 신라와 일본의 대당對唐 교통을 마비시킬 정도로 맹위를 떨쳤다. 비록 짧은 기간 동안에 간헐적으로 벌어진 현상이지만, 황해에서 일어난 전쟁과 폭력 역시 신라 황해교섭사의 한 풍경이라 할 수 있다.

2. 신라의 성쇠와 황해

한 나라의 역사와 문화는 외부세계와의 부단한 접촉과 교류를 통하여 발전한다. 그런데 고대 동아시아에서 국가 간 혹은 민족 간의 접촉과 교류의 주된 공간은 황해였다. 지리적으로 동아시아 중앙에 자리 잡은 한반도의 여러 나라들도 예외가 아니어서, 이들은 황해를 매개로 중국, 일본과 교류하며 성장·발전하였다. 이런 점에서 한국고대사의 전개와 발전은 황해와 상호 불가분의 관계가 있다고 하겠다. 특히 신라는 황해를 무대로 중국과 다양한 형태의 교류와 교섭을 펼치며 발전해갔다.

신라는 황해를 통해 중국의 여러 왕조와 교섭하였는데, 그 중에서 가장 적극적이고 장기적으로 접촉한 나라는 당이었다. 약 3세기에 걸친 나당교섭사를 일별하면, 양국은 조공·책봉의 메커니즘 속에서 시종 친밀한 관계를 유지했음을 알 수 있다. 조공·책봉제도는 전근대 동아시아 국제정치의 례의 하나로, 여기에는 종주국宗主國과 번국蕃國이라는 상하 위계질서가 설정되어 있었다. 그래서 현대인들은 조공·책봉제도를 불평등외교의 전형으로 인식하는 경향도 없지 않다. 그러나 상하 존비尊卑를 전제로 한 유교적 예법 질서를 보편적 생활원리로 삼고 있던 당시 사람들은 조공과 책봉을 당연하게 받아들였다. 따라서 신라와 당 사이의 조공과 책봉은 정치적 지배·종속과는 차원이 다른, 일종의 동아시아 유교적 예법 질서의 구현 방식이었다고 할 수 있다.

이러한 조공·책봉관계 속에서 신라는 국내적으로 삼국통일과 정치적 안정을 이루었고, 대외적으로는 국제적 위상을 제고시켰다. 사실 신라의 삼국통일은 당의 군사적 원조에 힘입은 바가 컸다. 그러한 군사적 원조를 이끌어내는 데 중요한 역할을 했던 사람이 신라 견당사였는데, 그들은 황해를 징검다리 삼아 양국을 왕래하였다. 뿐만 아니라 신라는 당과 몇 차례에 걸친 황해 해전을 통해 삼국통일전쟁의 종지부를 찍었다. 이런 점에서 신라의 삼국통일은 황해 '경영'의 승리였다고 해도 과언이 아니다.

한편 당은 신라와 공식적인 관계를 맺은 이후 시종 신라왕을 책봉하였다. 신라왕이 당으로부터 받은 관작을 살펴보면, 후대로 갈수록 관품이 점차 높아진다는 사실을 알 수 있다. 이는 시간이 흐를수록 당 중심의 동아시아 국제사회에서 신라의 위상이 그만큼 높아졌음을 말해준다. 신라의 국제적 위상이 다른 나라에 비하여 높았다는 사실은 장회태자 이현李賢의 묘에 그려진 벽화에서도 확인된다. 706년에 고종 건릉乾陵에 배장된 이현묘의 널길 중간부 동쪽 벽의 예빈도에 조우관鳥羽冠을 쓴 신라 사절이 서역인과 북방 유목민으로 보이는 사람과 함께 묘사되어 있다.[68] 그런데 벽

68 이 벽화가 처음 소개되었을 때 일부 학자들은 鳥羽冠을 쓴 사절을 일본 견당사라 하였다. 그

화의 인물 배치를 보면, 당나라 관리 세 명이 앞에 서고 그 뒤에 신라 사신과 서역인이 좌우로 나란히 섰으며, 북방 유목민은 신라 사신 뒤에 서 있다. 여기서 신라 사신을 맨 앞줄 왼쪽에 그린 것은 세 나라 가운데 신라의 서열이 가장 높았음을 나타내준다.

당시 동아시아 국제질서 속에서 당이 정한 등차等次는 곧 각국의 국제적 지위를 의미하였다. 등차의 기준은 당과의 친소親疎 정도, 공로의 유무, 해당국의 문화 수준과 군사력의 강약 등이었다. 문화 수준이 높고 군사력이 강하며 당과의 관계가 우호적인 나라를 대번大蕃이라 하고, 그렇지 못한 나라를 소번小蕃이라 하였다. 각국은 당으로부터 대번으로 인정받기 위하여 치열한 경쟁을 벌였다. 그 과정에서 종종 보다 상위를 차지하기 위한 자리다툼이 일어났는데, 그것이 쟁장사건爭長事件이다. 신라도 일본과 발해에 의해 쟁장사건에 휘말린 적이 있었지만, 여전히 대국으로 인정받았다. 이처럼 신라가 국제사회에서 대국으로 대우받을 수 있었던 것 또한 황해를 통한 교섭과 교류의 결과였다.

신라의 황해교섭은 당과의 정치적 결속뿐만 아니라 경제교역과 문화교류를 촉진시켰다. 9세기 이전 동아시아에서는 조공무역 같은 공무역이 국제무역의 주류를 이루었다. 신라는 공무역을 통해 금·은·우황·인삼 같은 토산물을 당에 수출하고, 비단·서적·도자기·의장용품 등을 수입하였다. 그런데 신라 하대에 이르면 공무역이 위축되고 약탈무역을 포함한 민

러나 오늘날 대부분의 학자들은 이 사절을 한반도에서 건너간 사절, 그 중에서도 신라 견당사로 이해하고 있다. 한편 김리나와 노태돈은 그를 고구려 사절이라 하였으나, 장회태자의 집정 시기가 675년 6월부터 680년 8월까지였던 점으로 미루어보아 예빈도의 조우관을 쓴 사람은 신라 사절단이었을 가능성이 높다. 그리고 王仁波는 서역인으로 보이는 매부리코의 검은 옷을 입은 사람을 동로마 사절이라 하였고, 모피바지를 입고 털모자를 쓴 북방 유목민을 室韋 혹은 靺鞨 사절이라 하였다(金理那, 「唐美術에 보이는 鳥羽冠飾의 高句麗人」, 『李基白先生古稀紀念 韓國史學論叢(上)』, 일조각, 1994, 184~197쪽; 노태돈, 『예빈도에 보인 고구려』, 서울대학교출판부, 2003; 王仁波, 「唐代中外友好往來絢麗的歷史畫卷-談章懷太子壁畫禮賓圖」, 『陝西省博物館藏寶錄』, 上海文藝 , 1995).

간 사무역이 크게 발달하였다. 이에 따라 운송비를 절감하여 최대 이윤을 남길 수 있는 고가의 호화 사치품이 널리 유통되었는데, 『삼국사기』(권33) 잡지(2)에 수록된 아라비아와 동남아시아산의 각종 외래품이 그것이다.

공무역과 사무역을 통한 당과의 지속적인 경제교역은 신라의 산업과 생활에 다양한 형태로 영향을 끼쳤다. 당에서 수입한 비단은 신라의 직물산업 고급화에 기반이 되었고, 각종 의장류와 금·은 세공품은 왕실과 귀족들의 권위를 높이는 데 기여하였다. 그리고 당의 예서禮書와 불경 등은 고대 사회의 규범과 법질서를 규정하고 불교신앙을 확대, 보급시키는 데 활용되었다. 뿐만 아니라 신라의 대당 수출 역시 자국의 산업 발달에 촉진제가 되었을 것으로 생각된다.[69]

더불어 신라 하대의 사무역 발달은 신라사회에 몇 가지 변화를 초래하였다. 우선 신라사회의 운영원리였던 골품제를 동요시켰다. 즉, 해외 민간무역은 신흥 부유층을 탄생시켜 골품제에 도전할 수 있는 경제적 기반을 제공하였고, 해외무역 과정에서 수입한 진귀한 물품들을 국내에 대량 유통시킴으로써 골품제적 생활 패턴에 변화를 초래하였다.

또한 황해 민간무역은 지방세력의 발호를 촉진하였다. 신라 하대 한반도 서·남해안 곳곳에 이른바 해상호족들이 웅거하였다. 예성강 하구의 왕건王建 가문과 나주의 오다련吳多憐 등이 대표적인데, 그들은 모두 황해 해상무역을 통해 경제력과 군사력을 증강시키고 독자적인 세력권을 형성하였다. 결국 황해무역은 골품제를 동요시키고 지방세력의 등장과 발전을 촉진시킴으로써 신라 쇠망의 단초를 제공했다고 하겠다.

고대 동아시아의 황해는 외교와 전쟁, 교역과 약탈의 현장이었을 뿐만

69 당은 조공품의 가치에 따라 회사품의 양을 결정하였으므로 각국은 보다 정교하게 만든 고가품을 생산하려고 노력하였다. 신라 역시 그러한 대당 무역의 수요 경향에 부응했을 것이므로 대당 수출은 신라의 산업 발전에 촉진제가 되었다고 하겠다.

아니라 문화교류의 열린 공간이었다. 중고기 이후 많은 신라인들은 황해를 건너 서쪽 당나라에 들어가 불교와 유교를 공부하였다. 승려들은 당나라 곳곳을 돌아다니며 선진 불교를 배웠고, 유학생들은 국자감에서 유학과 각종 전문기술을 공부하였으며, 견당사들은 당에 체류하는 동안 중국의 학술과 기예를 익혔다. 그리고 이들은 대부분 신라로 돌아와 자신들이 당에서 배우고 익힌 학술과 사상을 본국에 전파하였다.

신라시대 '서학西學'을 통한 중국 문화의 수입과 전파는 한국사의 전개에 지대한 영향을 끼쳤다. 서학은 교종불교의 발전은 물론 오늘날 한국 불교계를 주도하는 선종불교의 기반을 마련하였고, 초보적 수준에 머물던 신라의 유학을 한 단계 끌어올려 고려에 물려주었으며, 당의 각종 서적과 현지학습을 통해 습득한 선진 기술을 신라에 이식시켰다. 그럼에도 서학 활동을 통한 중국문화의 무비판적인 수용은 신라의 자존의식을 약화시키는 부작용을 낳기도 하였다.

사절단, 구법승, 유학생을 통한 활발한 대중교섭 결과 신라는 당으로부터 군자君子의 나라로 인식되었다. 선진시대부터 중국인들은 동방에 천성이 유순하고 인자한 사람이 사는 군자국이 있다고 생각하였다. 그런데 당대 이전 중국에서는 다소 막연하게 중원의 동쪽에 군자국이 있다고 하였으나, 당 현종 때 이르러 신라를 군자국으로 지목하고 이후 거기에 걸맞게 대우하였다. 이는 신라가 황해교섭을 통해 정치안정과 경제발전, 그리고 문화번영을 이룬 결과이다.

이처럼 신라는 황해 경영을 통하여 중국 중심의 동아시아 국제질서에 적극적으로 참여함으로써 국제적 지위를 제고시켰고, 그러한 국제정치의 감각을 이용하여 삼국통일이라는 일대 사건을 이루어냈다. 그리고 경제적으로는 국제무역을 통하여 신라인의 물질적 삶을 풍요롭게 하였고, 문화적으로는 당의 선진 문물을 수입해 신라에 적용함으로써 정신문화의 질을 높였다. 이러한 노력을 통해 신라는 명실상부한 군자의 나라가 되었거니와, 자타가 인정하는 군자국 신라는 지리적으로 뿐만 아니라 정치·경제·문화적으로 편협한 '소신라小新羅'를 탈피하고 국제감각을 갖춘 '대신라大新羅'의 완성을 의미한다. 그러한 대신라를 이룩하는 데 매개체 역할을 한 것이 황해였다. 이런 점에서 황해는 바로 '신라의 바다'였던 셈이다.

참고문헌

1. 기본 자료

(1) 한국 사료

『三國史記』, 『三國遺事』, 『三國史節要』, 『高麗史』, 『高麗史節要』, 『東史綱目』, 『世祖實錄』, 『宣祖實錄』, 『承政院日記』, 『桂苑筆耕』, 『拙藁千百』, 『海東高僧傳』, 『東文選』, 『新增東國輿地勝覽』, 『擇里志』, 『通文館志』, 『五洲衍文長箋散稿』, 『青莊舘全書』, 『佔畢齋文集』, 『勉菴集』, 『增補文獻備考』, 『北學議』, 『朝鮮佛敎通史』, 『朝鮮金石總覽』, 『崔文昌侯全集』

(2) 중국 사료

『論語』, 『禮記』, 『春秋公羊傳』, 『史記』, 『後漢書』, 『三國志』, 『晉書』, 『魏書』, 『梁書』, 『北史』, 『隋書』, 『舊唐書』, 『新唐書』, 『唐國史補』, 『宋史』, 『册府元龜』, 『唐會要』, 『玉海』, 『通典』, 『大唐六典』, 『唐律疏議』, 『資治通鑑』, 『全唐文』, 『全唐詩』, 『太平御覽』, 『翰苑』, 『說文解字』, 『文館詞林』, 『山海經』, 『水經注』, 『博物志』, 『淮南子』, 『宣和奉使高麗圖經』, 『文苑英華』, 『唐大詔令集』,『別本韓文考異』, 『白氏長慶集』, 『樊川文集』, 『曲江集』, 『劉賓客文集』, 『昆陵集』, 『陳拾遺集』, 『太平廣記』, 『說郛』, 『大唐新語』, 『太平廣記』, 『翰苑集』, 『東坡全集』, 『潏水集』, 『祖堂集』, 『續高僧傳』, 『宋高僧傳』, 『大唐西域求法高僧傳』, 『佛祖歷代通載』, 『歷代法寶記』, 『景德傳燈錄』, 『開元釋敎錄』, 『貞元新定釋敎目錄』, 『大唐大慈恩寺三藏法師傳』, 『代宗朝贈司空大辨正廣智三藏和上表制集』, 『寶刻叢編』, 『赤城志』, 『浙江通志』, 『四川通志』, 『明一統志』, 『大淸一統志』, 『牟平縣志』, 『登州府志』, 『重修寧海州志』, 『金石萃編』, 『渤海國志長編』,『唐代墓誌彙編』, 『隋唐五代墓誌彙編』, 『全唐文補遺』

(3) 일본 사료
『日本書紀』, 『續日本紀』, 『日本後紀』, 『續日本後紀』, 『日本三代實錄』, 『日本文德天皇實錄』, 『日本紀略』, 『扶桑略記』, 『令集解』, 『入唐求法巡禮行記』, 『行歷抄』, 『大正新修大藏經』, 『平安遺文』

2. 단행본

(1) 국내편
강봉룡, 『한국 해상세력 형성과 변천』, 해상왕장보고기념사업회, 2004.
______, 『바다에 새겨진 한국사』, 한얼미디어, 2005.
姜仁求, 『韓半島의 古墳』, 아르케, 2000.
국립문화재연구소, 『將島淸海鎭 遺蹟發掘調査報告書(Ⅰ)』, 2001.
______________, 『將島淸海鎭 遺蹟發掘調査報告書(Ⅱ)』, 2002.
國史編纂委員會, 『中國正史朝鮮傳 譯註』 2, 1987.
權悳永, 『古代韓中外交史-遣唐使硏究』, 일조각, 1997.
______, 『재당 신라인사회 연구』, 일조각, 2005.
권선홍, 『전통시대 동아시아 국제관계』, 부산외국어대학교출판부, 2004.
金文經, 『唐代의 社會와 宗教』, 숭실대학교출판부, 1984.
______, 『入唐求法巡禮行記를 통해 본 新羅人들의 활동』, 해양수산부, 2000.
金在瑾, 『우리 배의 歷史』, 서울대학교출판부, 1989.
김한규, 『한중관계사 Ⅰ』, 아르케, 1999.
남무희, 『신라 원측의 유식사상 연구』, 민족사, 2009.
노태돈, 『예빈도에 보인 고구려』, 서울대학교출판부, 2003.
______, 『삼국통일전쟁사』, 서울대학교출판부, 2009.
대구대학교박물관, 『慶山龍山城地表調査報告書』, 1993.
박남수, 『한국 고대의 동아시아 교역사』, 주류성, 2011.
서영교, 『羅唐戰爭史 硏究』, 아세아문화사, 2006.
徐仁漢, 『羅唐戰爭史』, 국방군사연구소, 1999.
宣石悅, 『新羅國家成立過程硏究』, 혜안, 2001.
孫兌鉉, 『韓國海運史』, 아성출판사, 1982.
申瑩植, 『統一新羅史硏究』, 삼지원, 1990.
오재호, 『기후학 1-기후와 대기순환』, 아르케, 1999.
윤명철, 『바닷길은 문화의 고속도로였다』, 사계절, 2000.
______, 『장보고 시대의 해양활동과 동아지중해』, 학연문화사, 2002.
______, 『한민족의 해양활동과 동아지중해』, 학연문화사, 2002.
______, 『한국해양사』, 학연문화사, 2003.
______, 『고구려 해양사 연구』, 사계절, 2003.

_____, 『해양사연구방법론』, 학연문화사, 2012.
윤재운, 『한국 고대무역사 연구』, 경인문화사, 2006.
李基東, 『新羅 骨品制社會와 花郎徒』, 일조각, 1984.
_____, 『百濟史硏究』, 일조각, 1996.
李基白, 『新羅政治社會史硏究』, 일조각, 1974.
李基白·李基東, 『韓國史講座-古代篇』, 일조각, 1982.
李文基, 『新羅兵制史硏究』, 일조각, 1997.
李丙燾, 『國譯 三國史記』, 을유문화사, 1977.
_____, 『韓國古代史硏究』, 박영사, 1976.
이상훈, 『나당전쟁 연구』, 주류성, 2012.
李錫祐, 『韓國近海海象誌』, 집문당, 1992.
李元淳, 『朝鮮西學史硏究』, 일지사, 1986.
李仁淑, 『한국의 古代 유리』, 創文, 1993.
李春寧, 『李朝農業技術史』, 한국연구원, 1964.
李賢惠, 『韓國 古代의 생산과 교역』, 일조각, 1998.
李喜寬, 『統一新羅 土地制度硏究』, 일조각, 1999.
張學根, 『韓國 海洋活動史』, 해군사관학교 박물관, 1994.
전덕재, 『한국고대사회경제사』, 태학사, 2006.
全海宗, 『韓中關係史硏究』, 일조각, 1970.
鄭求福 外, 『譯註 三國史記 1-勘校 原文篇』, 한국정신문화연구원, 1996.
________, 『譯註 三國史記 3-주석편(상)』, 한국정신문화연구원, 1997.
________, 『譯註 三國史記 4-주석편(하)』, 한국정신문화연구원, 1997.
정수일 역주, 『혜초의 왕오천축국전』, 학고재, 2004.
정진술, 『한국의 고대 해상교통로』, 한국해양전략연구소, 2009.
鄭淸柱, 『新羅末高麗初豪族硏究』, 일조각, 1996.
조범환, 『羅末麗初 禪宗山門 開創 硏究』, 경인문화사, 2008.
曺永祿, 『동아시아 불교교류사연구』, 동국대학교출판부, 2011.
주경철, 『대항해시대』, 서울대학교출판문화원, 2008.
_____, 『문명과 바다』, 산처럼, 2009.
주보돈, 『금석문과 신라사』, 지식산업사, 2002.
千寬宇, 『古朝鮮史·三韓史硏究』, 일조각, 1989.
최근식, 『신라해양사 연구』, 고려대학교출판부, 2005.
崔協·李光奎, 『多民族國家의 民族問題와 韓人社會』, 집문당, 1998.
한국고대사회연구소 편, 『譯註 韓國古代金石文』(제1권~제3권), 가락국사적개발연구원, 1992.

(2) 국외편

鎌田武雄, 『中國佛教史』, 岩波書店, 1979.
國分直一, 『環ジナ海民族文化考』, 慶友社, 1976.
________, 『東アジア地中海の道』, 慶友社, 1995.
內藤雋輔, 『朝鮮史硏究』, 東洋史硏究會, 1961.
唐代史硏究會 編,『隋唐帝國と東アジア世界』, 汲古書院, 1979.
道端良秀, 『唐代佛教史の硏究』, 法藏館, 1957.
木宮泰彦, 『日支交通史』 上卷, 金刺芳流堂, 1926.
濱田耕策, 『新羅國史の硏究』, 吉川弘文館, 2002.
山崎宏, 『支那中世佛教の展開』, 淸水書店, 1942.
______, 『隋唐佛教史の硏究』, 法藏館, 1967.
森克己 『遣唐使』, 至文堂, 1966.
三品彰英, 『日本書紀朝鮮關係記事考證(上)』, 吉川弘文館, 1962.
________, 『三國遺事考證(上)』, 塙書房, 1975.
上田雄, 『渤海使の硏究(上)』, 明石書店, 2002.
______, 『遣唐使全航海』, 草思社, 2006.
上田雄・孫榮健, 『日本渤海交涉史』, 大興出版, 1990.
小松茂美 編, 『吉備大臣入唐繪卷』, 中央公論社, 1987.
小野勝年, 『入唐求法巡禮行記の硏究』 2, 鈴木學術財團, 1966.
________, 『入唐求法巡禮行記の硏究』 3, 鈴木學術財團, 1969.
________, 『入唐求法巡禮行記の硏究』 4, 鈴木學術財團, 1969.
________, 『中國隋唐 長安寺院史料集成』, 法藏館, 1989.
小川雄平, 『東アジア地中海經濟圈』, 九州大學出版會, 2006.
松浦章, 『中國の海賊』, 東方書店, 1995.
______, 『中國の海商と海賊』, 山川出版社, 2003.
水野祐, 『評釋 魏志倭人傳』, 雄山閣, 1987.
鈴木靖民, 『古代對外關係史の硏究』, 吉川弘文館, 1985.
井上秀雄, 『新羅史基礎硏究』, 東出版, 1974.
朝鮮總督府 水産試驗場, 『朝鮮海洋便覽』, 朝鮮總督府, 1936.
池內宏, 『滿鮮史硏究』 上世2, 吉川弘文館, 1960.
千田稔 編著, 『東アジア地中海考-海の古代史』, 角川書店, 2002.
和達淸夫 監修, 『海洋の事典Encyclopedia of Ocean』, 東京堂, 1960.
顧蓉・葛金芳 著, 尾鷲卓彦 譯, 『宦官』, 德文書店, 2000.
文登市 編, 『崑嵛山文集』, 1992.
山東省文物考古硏究所・烟台市博物館・蓬萊市文物局 編, 『蓬萊古船』, 文物出版社, 2006.
王邦維 校注,『大唐西域求法高僧傳』, 中華書局, 1988.
劉矩・姜維東, 『唐征高句麗史』, 吉林人民出版社, 2006.
鄭廣南, 『中國海盜史』, 華東理工大學出版社, 1998.

中國航海學會,『中國航海史 : 古代航海史』, 人民交通出版社, 1988.
黃約瑟,『薛仁貴』, 西北大學出版部, 1995.
黃有福·陳景富,『中朝佛教文化交流史』, 中國社會科學出版社, 1993.
Edwin O. Reischauer, *Ennin's Travels in T'ang China*, New York, The Ronald Press Co., 1955.
三田村泰助 지음, 하혜자 옮김,『환관－측근정치의 구조』, 나루, 1992.
井上秀雄 외 지음, 김기섭 편역,『고대 한일관계사의 이해-倭』, 이론과 실천, 1994.
앵거스 컨스텀 지음, 이종인 옮김,『해적의 역사』, 가람기획, 2002.
장 카르팡티에·프랑수아 르브룅 엮음, 강민정·나선희 옮김,『지중해의 역사』, 한길사, 2006.
조셉 니덤 著, 李錫浩·李鐵柱·林禎岱·崔林淳 譯,『中國의 科學과 文明 Ⅰ』, 을유문화사, 1985.
페르낭 브로델 지음, 강주헌 옮김,『지중해의 기억』, 한길사, 2006.

3. 연구논문

(1) 국내편

강봉룡,「신라의 삼국통일과 그 해양사적 의의」,『島嶼文化』 25, 2006.
______,「海戰을 통해서 본 신라의 삼국통일과 그 해양사적 의의」,『대외문물교류연구』 4, 해상왕장보고연구회, 2006.
______,「이사부 생애와 활동의 역사적 의의」,『고대 해양활동과 異斯夫 그리고 사자 이야기』, 강원도민일보·강원도·삼척시, 2009.
姜仁求,「中國地域 火葬墓 硏究」,『震檀學報』 46·47 합집, 1979.
______,「新羅王陵의 再檢討(2)-脫解王陵」,『尹武炳博士回甲紀念論叢』, 통천문화사, 1984.
강종훈,「三國史記에 보이는 倭의 성격」,『광개토대왕비와 한일 관계』, 경인문화사, 2005.
강창근,「지중해의 해양생태학적 고찰」,『지중해지역연구』 5-1, 2003.
姜鎬姸,「金仁問에 대하여」,『韓國史論叢』 3, 1978.
姜喜雄,「高麗 惠宗朝 王位繼承亂의 新解釋」,『韓國學報』 7, 1977.
고경석,「신라 수군의 변화 과정 연구」,『대외문물교류연구』 8, 해상왕장보고연구회, 2009.
______,「신라의 對中 해상교통로 연구」,『新羅史學報』 21, 2011.
高柄翊,「慧超의 印度巡禮」,『東아시아文化史論考』, 서울대학교출판부, 1997.
權悳永,「悲運의 新羅 遣唐使들-金仁問을 중심으로」,『新羅의 對外關係史 硏究』, 신라문화제학술발표회논문집 15, 1994.
______,「南北國時代 신라 황해경영의 기반」,『史學硏究』 58·59 합집, 1999.
______,「三國時代 新羅의 海洋進出과 國家發展」,『STRATEGY 21』vol.2-2(통권 4호), 한국해양전략연구소, 1999.
______,「在唐 新羅人社會와 赤山 法花院」,『史學硏究』 62, 2001.

______,「在唐 新羅人社會의 形成과 그 實態」,『國史館論叢』 95, 2001.
______,「張保皐의 商業帝國과 國際貿易」,『STRATEGY 21』 vol.4-2(통권 8호), 한국해양전략연구소, 2002.
______,「新羅 下代 서·남해 海賊과 張保皐의 해상활동」,『대외문물교류연구』창간호, 해상왕장보고연구회, 2002.
______,「羅唐交涉史의 明暗」,『淸溪史學』 16·17합집, 2002.
______,「圓珍의 入唐 求法活動과 在唐 新羅人」,『梨花史學硏究』 30, 2003.
______,「在唐 新羅人의 對日本 貿易活動」,『韓國古代史硏究』 31, 2003.
______,「在唐 新羅人의 綜合的 考察-9세기를 중심으로」,『역사와 경계』 48, 2003.
______,「조우관을 쓴 사절 그림 이야기」,『고대로부터의 통신』, 푸른 역사, 2004.
______,「金仁問小傳」,『文化史學』 21, 2004.
______,「강소성·절강성 지방의 신라유적과 그 사회」,『중국 동남연해지역의 신라유적 조사』, 해상왕장보고기념사업회, 2004.
______,「8, 9세기 '君子國'에 온 唐나라 使節」,『新羅文化』 25, 2005.
______,「中國 山東省 無染院(址)에 관한 몇가지 問題」,『新羅文化』 28, 2006.
______,「羅唐交涉史에서의 朝貢과 冊封」,『한국 고대국가와 중국왕조의 조공·책봉관계』, 고구려연구재단 연구총서 15, 2006.
______,「신라 '西化' 구법승과 그 사회」,『정신문화연구』 30-2(통권 107), 2007.
______,「新羅 관련 唐 金石文의 기초적 검토」,『韓國史硏究』 142, 2008.
______,「신라의 황해개척과 바다 경영」,『대외문물교류연구』 9, 해상왕장보고연구회, 2010.
______,「'동아지중해'론과 고대 황해의 지중해적 성격」,『지중해지역연구』 13-2, 2011.
______,「백제 유민 禰氏 一族 묘지명에 대한 斷想」,『史學硏究』 105, 2012.
김갑동,「羅末麗初의 沔川과 卜智謙」,『韓國中世史의 諸問題』, 한국중세사학회, 2001.
金京七,「南韓地域 출토 漢代 金屬貨幣와 그 性格」,『湖南考古學報』 27, 2007.
金杜珍,「朗慧와 그의 禪思想」,『歷史學報』 57, 1973.
______,「新羅 下代 崛山門의 形成과 그 思想」,『省谷論叢』 17, 1986.
金理那,「唐美術에 보이는 鳥羽冠飾의 高句麗人」,『李基白先生古稀紀念 韓國史學論叢(上)』, 일조각, 1994.
金文經,「在唐 新羅人의 集落과 그 構造-入唐求法巡禮行記를 중심으로」,『李弘稙博士回甲紀念 韓國史學論叢』, 신구문화사, 1969.
______,「張保皐, 해상왕국 사람들」,『張保皐 해양경영사연구』, 이진, 1993.
______,「해상활동」,『한국사』 9, 국사편찬위원회, 1998.
김병곤,「新羅 下代 求法僧들의 行蹟과 實狀」,『佛敎硏究』 24, 한국불교연구원, 2006.
金庠基,「東夷와 淮夷·徐戎에 對하여」,『東方學誌』 1·2, 1954·1955.
______,「羅末 地方群雄의 對中通交-특히 王逢規를 主로」,『黃義敦先生古稀記念 史學論叢』, 동국대학교출판부, 1960.
______,「金庾信墓의 異說에 對하여」,『考古美術』 101, 1969.
金相潡,「新羅末 舊加耶圈의 金海 豪族勢力」,『震檀學報』 82, 1996.

金相鉉, 「7世紀의 新羅西域求法高僧考」, 『東國史學』 35·36 합집, 2001.
______, 「신라 法相宗의 성립과 順璟」, 『新羅의 思想과 文化』, 일지사, 1999.
______, 「7·8세기 海東求法僧들의 중국에서의 活動과 意義」, 『佛教研究』 23, 한국불교연구원, 2005.
김성준, 「펑라이(蓬萊) 고려고선(高麗古船)의 한국 선박사상의 의의」 『STRATEGY 21』 vol.10-1(통권 19호), 한국해양전략연구소, 2007.
金世潤, 「新羅下代 渡唐留學生에 대하여」, 『韓國史研究』 37, 1982.
金壽泰, 「百濟의 滅亡과 唐」, 『百濟研究』 22, 1991.
______, 「羅唐關係의 變化와 金仁問」, 『白山學報』 52, 1999.
金若洙, 「慶山地域의 山城址와 장산성의 위치에 대하여」, 『鄕土史研究』 9, 1997.
金榮官, 「中國 發見 百濟 遺民 禰氏 家族 墓誌銘 檢討」, 『新羅史學報』 24, 2012.
金煐泰, 「新羅僧 慧超에 대하여」, 『伽山學報』 3, 1994.
______, 「唐 九華山 新羅 地藏禪師 고찰」, 『韓國佛教學』 23, 1997.
김영하, 「儒學의 수용과 지배윤리」, 『新羅中代社會研究』, 일지사, 2007.
김용한, 「태안 대섬 발굴 고선박의 고찰」, 『고려청자 보물선-태안 대섬 수중발굴 조사보고서(본문편)』, 문화재청·국립해양문화재연구소, 2009.
金恩淑, 「6世紀 後半 신라와 倭國의 國交 成立過程」, 『新羅의 對外關係史 研究』, 신라문화제 학술발표회논문집 15, 1994.
金在瑾, 「莞島海底發掘船의 船體構造에 대하여」, 『學術院論文集(人文社會科學篇)』 25, 1986.
______, 「韓國·中國·日本 古代의 船舶과 造船術」, 『震檀學報』 68, 1989.
金貞淑, 「金周元世系의 成立과 그 變遷」, 『白山學報』 28, 1984.
金鍾完, 「南北朝의 交聘關係」, 『東亞史의 比較研究』, 일조각, 1987.
金昌謙, 「新羅 元聖王의 即位와 金周元系의 動向」, 『阜村申延澈教授停年退任紀念 史學論叢』, 일월서각, 1995.
金昌錫, 「新羅의 于山國 복속과 異斯夫」, 『역사교육』 111, 2009.
金哲埈, 「百濟社會와 그 文化」, 『韓國古代社會研究』, 지식산업사, 1975.
金賢淑, 「中國所在 高句麗 遺民의 동향」, 『韓國古代史研究』 23, 2001.
______, 「고구려 붕괴 후 그 유민의 거취문제」, 『韓國古代史研究』 33, 2004.
남무희, 「원측의 저술활동과 역경참여」, 『역사와 현실』 54, 2004.
______, 「圓測의 生涯와 唯識思想 研究」, 국민대학교대학원 박사학위논문, 2005.
盧重國, 「高句麗·百濟·新羅 사이의 力關係變化에 대한 일고찰」, 『東方學志』 28, 1981.
______, 「三國文化가 日本에 끼친 影響」, 『한국사』 2, 국사편찬위원회, 1984.
______, 「新羅時代 姓氏의 分枝化와 食邑制의 實施-薛瑤墓誌銘을 중심으로」, 『韓國古代史研究』 15, 1999.
盧泰敦, 「高句麗 遺民史 研究-遼東·唐內地 및 突厥方面의 集團을 중심으로」, 『韓沽劤博士停年紀念 史學論叢』, 지식산업사, 1981.
______, 「古·中世 分期 設定을 둘러싼 諸論議」, 『講座 韓國古代史』 1, 가락국사적개발연구

원, 2003.
도현철, 「원명교체기 고려 사대부의 소중화 의식」, 『역사와 현실』 37, 2000.
樓正豪, 「새로 發見된 新羅 入唐求法僧 惠覺禪師의 碑銘」, 『史叢』 73, 2011.
文暻鉉, 「金庾信墓考」, 『新羅史學報』 17, 2009.
閔泳珪, 「圓仁入唐求法巡禮行記二則」, 『四川講壇』, 又半, 1994.
朴南守, 「9세기 신라의 대외 교역물품과 그 성격」, 『史學硏究』 94, 2009.
朴龍雲, 「高麗前期 文官과 武班의 身分問題-高麗 貴族家門 硏究(3)」, 『韓國史硏究』 21·22 합집, 1978.
박윤선, 「위덕왕대 백제와 남북조와의 관계」, 『역사와 현실』 61, 2006.
______, 「무왕대 전반기 삼국의 각축과 백제의 외교」, 『韓國古代史硏究』 53, 2009.
朴日勳, 「金庾信墓와 金仁問墓」, 『考古美術』 100, 1968.
朴現圭, 「山東 無染院과 신라 자료 검토」, 『新羅史學報』 11, 2007.
______, 「원탁본 唐无染禪院碑 고찰」, 『新羅史學報』 12, 2008.
徐盛, 「당대 문인의 신라 인식-당시 속에 나타난 신라 관련 시를 중심으로」, 『中國學論叢』 36, 2012.
徐榮敎, 「羅唐戰爭의 開始와 그 背景-國際情勢 변화와 관련하여」, 『歷史學報』 173, 2002.
徐榮洙, 「三國時代 韓中外交의 전개와 성격」, 『古代韓中關係史의 硏究』, 삼지원, 1987.
설동일, 「우리나라 근해구역에 있어서의 월별 바람분포의 기후학적 특성」, 『해양환경안전학회지』 12-3, 2006.
孫敏佐, 「則天武后의 勸力集中策」, 『慶北史學』 6, 1983.
孫兌鉉·李永澤, 「遣使航運時代에 관한 硏究」, 『韓國海洋大學校論文集』 16, 1981.
송기호, 「대외관계에서 본 발해 정권의 속성」, 『한국 고대국가와 중국왕조의 조공·책봉관계』, 고구려연구재단 연구총서 15, 2006.
申瀅植, 「三國의 對中外交」, 『韓國古代史의 新硏究』, 일조각, 1984.
______, 「羅末麗初 渡唐留學生硏究」, 『古代韓中關係史의 硏究』, 삼지원, 1987.
______, 「韓國古代의 西海交涉史」, 『國史館論叢』 2, 1989.
______, 「통일신라의 번영과 서해」, 『統一新羅史硏究』, 삼지원, 1990.
______, 「新羅 中代 專制王權의 展開過程」, 『統一新羅史硏究』, 삼지원, 1990.
______, 「新羅의 發展과 漢江」, 『韓國史硏究』 77, 1992.
______, 「수·당과의 관계」, 『백제의 대외관계』, 백제문화사대계 연구총서 9, 2007.
梁起錫, 「百濟 威德王代 王權의 存在形態와 性格」, 『百濟硏究』 21, 1990.
______, 「5~6世紀 前半 新羅와 百濟의 관계」, 『新羅의 對外關係史 硏究』, 신라문화제학술발표회논문집 15, 1994.
양회석, 「군자국: 고대 한반도의 형상과 그 원형적 의미-중국 문헌을 중심으로」, 『中國人文科學』 43, 2009.
呂聖九, 「新羅 中代의 入唐求法僧」, 국민대학교대학원 박사학위논문, 1997.
______, 「入唐求法僧 無漏의 生涯와 思想」, 『先史와 古代』 10, 1998.
______, 「入唐求法僧 地藏의 行迹과 思想」, 『白山學報』 52, 1999.

여호규, 「6세기 말~7세기 초 동아시아 국제질서와 고구려 대외정책의 변화-대수관계(對隋關係)를 중심으로」, 『역사와 현실』 46, 2002.
윤명철, 「高句麗 海洋交涉史 硏究」, 성균관대학교대학원 박사학위논문, 1993.
______, 「高句麗 末期의 海洋活動과 동아지중해의 질서재편-高隋戰爭을 중심으로」, 『國史館論叢』 52, 1994.
______, 「海洋條件을 통해 본 古代 韓日關係史의 理解」, 『日本學』 15, 1995.
李基東, 「新羅 奈勿王系의 血緣意識」, 『歷史學報』 53·54 합집, 1972.
______, 「羅末麗初 近侍機構와 文翰機構의 擴張」, 『歷史學報』 77, 1978.
______, 「新羅金入宅考」, 『震檀學報』 45, 1978.
______, 「新羅 下代 賓貢及第者의 出現과 羅唐 文人의 交驩-高麗 中期 小中華 成立의 前史로서」, 『全海宗博士華甲紀念 史學論叢』, 일조각, 1979.
______, 「馬韓領域에서의 百濟의 成長」, 『馬韓 · 百濟文化』 10, 1987.
______, 「馬韓史 序章」, 『馬韓 · 百濟文化』 12, 1990.
______, 「9~12世紀 韓國과 東아시아세계」, 『史學硏究』 88, 2007.
李基白, 「新羅 執事部의 成立」, 『震檀學報』 25·26·27 합집, 1964.
______, 「新羅 下代의 執事省」, 『新羅政治社會史硏究』, 일조각, 1974.
______, 「新羅 骨品體制下의 儒敎的 政治理念」, 『新羅時代의 國家佛敎와 儒敎』, 韓國硏究院, 1978.
______, 「金大問과 金長淸」, 『韓國史 市民講座』 1, 일조각, 1987.
李萬, 「法相關係 論疏와 新羅人의 撰述書: 散逸本을 中心으로」, 『佛敎學報』 27, 1990.
____, 「新羅 神昉의 唯識思想」, 『韓國佛敎學』 35, 2003.
李丙燾, 「金庾信墓考」, 『金載元博士回甲紀念論叢』, 을유문화사, 1969.
李炳魯, 「寬平期(890년대) 日本의 對外關係에 관한 一考察」, 『日本學誌』 16, 1996.
李相勳, 「羅唐戰爭期 伎伐浦 戰鬪와 薛仁貴」, 『大丘史學』 90, 2008.
李成珪, 「先秦 文獻에 보이는 '東夷'의 성격」, 『韓國古代史論叢』 1, 1991.
李永植, 「新羅와 加耶諸國의 戰爭과 外交」, 『新羅의 對外關係史 硏究』, 신라문화제학술발표회논문집 15, 1994.
李泳鎬, 「재당 신라인 金氏墓誌銘 검토」, 『新羅史學報』 17, 2009.
李宇泰, 「영토의 확장과 왕권강화」, 『한국사』 7, 국사편찬위원회, 1997.
李元植 · 許逸, 「4世紀~7世紀 百濟 使臣船의 船型 硏究」, 『대한조선학회지』 41-2, 2004.
이윤선 · 한은선, 「한국 徐福傳說의 현황과 관광자원화 방향」, 『島嶼文化』 30, 2007.
李昌億 · 姜祥澤, 「韓國 古代의 造船史 考察」, 『張保皐硏究』 4, 한국해양대학교부설 장보고연구실, 2002.
이현모, 「羅末麗初 晉州地域의 豪族과 그 動向」, 『歷史敎育論集』 30, 2003.
李賢惠, 「三韓의 對外交易體系」, 『李基白先生古稀紀念 韓國史學論叢(上)』, 일조각, 1994.
李昊榮, 「麗濟 連和說의 檢討」, 『慶熙史學』 9·10 합집, 1982.
任大熙, 「則天皇太后 執政期의 政治와 人物」, 『魏晉隋唐史硏究』 2, 1996.
______, 「唐高宗 統治後期의 政治와 人物」, 『中國學報』 47, 2003.

임동민, 「신라 上代 국가발전과정의 해양사적 고찰-해양력과 국력의 유기적 관계를 중심으로」, 『STRATEGY 21』 vol.12-2(통권 24호), 한국해양전략연구소, 2009.
張昊龍, 「삼국통일의 초석을 다진 김인문」, 『軍史』 12, 1986.
장이현 · 김상우 · 고우진 · 야마다게이꼬 · 서영상, 「동중국해 북부해역 수온, 염분의 분포 변동 특성」, 『한국환경과학회 정기학술발표회 발표논문집』 16-1, 2007.
전덕재, 「4~6세기 농업생산력의 발달과 사회변동」, 『역사와 현실』 4, 1990.
______, 「新羅의 對外認識과 天下觀」, 『역사문화연구』 20, 2004.
全海宗, 「韓中朝貢關係考-韓中關係史의 鳥瞰을 위한 導論」, 『東洋史學研究』 1, 1966.
______, 「韓中 朝貢關係 概觀」, 『韓中關係史研究』, 일조각, 1970.
정병삼, 「혜초가 본 인도와 중앙아시아」, 『동국사학』 49, 2010.
정병준, 「고구려 유민 연구」, 『중국 학계의 북방민족 · 국가 연구』, 동북아역사재단, 2008.
______, 「唐朝의 高句麗人 軍事集團」, 『동북아역사논총』 24, 2009.
______, 「唐代의 互市와 張保皐의 對唐貿易」, 『中國史研究』 69, 2010.
鄭性本, 「淨衆無相禪師研究」, 『新羅禪宗의 研究』, 민족사, 1995.
정수일, 「지중해 문명과 지중해학」, 『지중해지역연구』 5-1, 2003.
정인철, 「지중해 지역의 지리적 특성」, 『지중해지역연구』 5-1, 2003.
鄭載潤, 「5~6세기 백제의 南朝 중심 외교정책과 그 의미」, 『百濟文化』 41, 2009.
鄭淸柱, 「王建의 成長과 勢力 形成」, 『全南史學』 7, 1993.
曺永祿, 「朝鮮의 小中華論-明淸交替期 東亞 三國의 天下觀의 變化를 中心으로」, 『歷史學報』 149, 1996.
______, 「唐末五代 閩越 雪峯門徒의 吳越 進出과 '東國僧' 靈照」, 『歷史學報』 162, 1999.
趙二玉, 「新羅 聖德王代 對唐外交政策研究」, 『梨花史學研究』 19, 1990.
趙仁成, 「崔致遠 撰述 碑銘의 註釋에 대한 一考」, 『加羅文化』 11, 1994.
朱甫敦, 「『文館詞林』에 보이는 韓國古代史 관련 外交文書」, 『慶北史學』 15, 1992.
千寬宇, 「三韓의 國家形成(下)」, 『韓國學報』 3, 1976.
최근식, 「백제의 조선 · 항해 기술」, 『百濟論叢』 9, 2010.
崔夢龍, 「考古學資料를 통해 본 黃海交涉史研究 序說」, 『震檀學報』 66, 1988.
______, 「上古史의 西海交涉史 研究」, 『國史館論叢』 3, 1989.
崔柄憲, 「羅末麗初 禪宗의 社會的 性格」, 『史學研究』 25, 1975.
______, 「新羅末 金海地方의 豪族勢力과 禪宗」, 『韓國史論』 4, 1978.
崔韶子, 「中國에서 본 西洋－傳統時代를 중심으로」, 『東洋史學研究』 80, 2002.
崔英成, 「崔致遠 思想 形成의 歷程에 대한 考察」, 『東洋古典研究』 10, 1998.
최항순, 「圓仁의 일기에 기술된 遣唐使船에 대한 考察」, 『대한조선학회지』 40-3, 2003.
최현화, 「7세기 중엽 羅唐關係에 대한 考察」, 『史學研究』 73, 2004.
秋萬鎬, 「深源寺 秀澈和尙楞伽寶月塔碑의 金石學的 分析」, 『역사민속학』 1, 1991.
하일식, 「당 중심의 세계질서와 신라인의 자기인식」, 『역사와 현실』 37, 2000.
韓相復, 「黃海의 크기와 그 변천과정」, 『黃海研究』 5, 1993.
許重權, 「新羅 統一戰爭史의 軍事史的研究」, 한국교원대학교대학원 박사학위논문, 1995.

黃雲龍,「新羅太宗廟號의 紛糾始末」,『東國史學』 17, 1982.

(2) 국외편

岡田英弘,「新羅國記と大中遺事について」,『朝鮮學報』 2, 1951.
岡田正之,「慈覺大師の入唐行記に就いて(2)」,『東洋學報』 12-2, 1922.
高寛敏,「三國史記の一原典としての金庾信行錄」,『三國史記原典的研究』, 雄山閣, 1996.
古畑徹,「七世紀末から八世紀初にかけるの新羅唐關係」,『朝鮮學報』 107, 1983.
龜川正信,「會昌の廢佛に就いて-特に原因の考察」,『支那佛教史學』 6-1, 1942.
旗田巍,「三國史記新羅本紀にあらわれた'倭'」,『日本文化と朝鮮』 2, 1975.
金子修一,「高句麗와 隋의 關係」,『高句麗研究』 14, 2002.
內藤雋輔,「朝鮮支那間の航路及び其推移に就いて」,『內藤博士頌壽紀念 史學論叢』, 1927.
渡辺孝,「唐・五代の藩鎭における押衙について(上)」,『社會文化史學』 28, 1991.
東野治之,「奈良時代遣唐使の文化的役割」,『佛教美術』 122, 1979.
藤田亮策,「新羅金仁問墓碑の發見」,『青丘學叢』 7, 1932.
末松保和,「近時發見の新羅金石文」,『新羅史の諸問題』, 東洋文庫, 1954.
濱田耕策,「留唐學僧戒融の日本歸國をめぐる渤海と新羅」,『日本古代の傳承と東アジア』, 吉川弘文館, 1995.
_______,「對日本外交の終幕-日唐間の情報と人物の中繼をめぐって」,『朝鮮社會の史的展開と東アジア』, 山川出版社, 1997.
_______,「新羅海賊の出沒と"侵攻"幻想」,『日本古代史'爭亂'の最前線』, 1998.
_______,「新羅王權と海上勢力-特に張保皐の清海鎭と海賊に關連して」,『東アジア史における國家と地域』, 刀水書房, 1999.
寺田四郎,「中國海賊史考(2)」,『上智經濟論集』 Vol.4-1, 1957.
斯波義信,「港市論-寧波港と日中海事史」,『アジアのなかの日本史(III)-海上の道』, 東京大學出版會, 1992.
山崎覺士,「未完の海上國家-吳越國の試み」,『古代文化』 54, 2002.
_______,「唐末五代における杭州と兩浙地方」,『中國史研究』 40, 2006.
山內晋次,「九世紀東アジアにおける民衆の移動と交流-寇賊・反亂のおもな素材として」,『歷史評論』 555, 1996.
三上次男,「朝鮮半島出土の唐代陶磁とその史的意義」,『朝鮮學報』 87, 1978.
西尾賢隆,「圓仁の見聞した會昌廢佛」,『鷹陵史學』 5, 1979.
_______,「圓仁の見聞した會昌廢佛(下)」,『花園大學研究紀要』 11, 1980.
_______,「會昌廢佛と金粟如來」,『森三樹三郎博士頌壽記念 東洋學論集』, 朋友書店, 1979.
石見清裕,「唐の鴻臚寺と鴻臚客館」,『古代文化』 42, 1990.
石井正敏,「寬平六年の遣唐使計劃と新羅の海賊」,『アジア遊學』 26, 2001.
小嶋芳孝,「中國東北地方の渤海土器について-大川遺跡出土の黑色壺を考える」,『1993年度大川遺跡發掘調査報告 V』, 北海島余市町教育委員會, 1994.
小野勝年,「日本の求法僧たち見た中國の佛寺」,『龍谷史壇』 79, 1981.

小川雄平,「東亞地中海經濟圈과 日韓海峽自由貿易圈構想」,『季刊 地域社會』33, 1999.
________,「環黃海經濟圈から擴大環黃海經濟圈ヘ–東アジア地中海經濟圈の提唱」,『商經研究』19–1, 2003.
________,「東北アジア海洋文化交流と東アジア地中海交流圈」,『동북아시아문화학회 국제학술발표회 발표자료집』, 2007.
鈴木哲雄,「會昌の廢佛と禪宗」,『印度學佛教學研究』30–2, 1982.
榮原永遠男,「寶龜の唐使と遣唐使」,『東アジア世界史研究センタ年報』2, 專修大學社會知性開發研究センタ, 2009.
奧村佳紀,「新羅人の來航について」,『駒澤史學』18, 1971.
玉井是博,「唐時代の外國奴–特に新羅奴に就いて」,『小田先生頌壽記念 朝鮮論集』, 大阪屋號書店, 1934.
窪德忠,「慈覺大師のみた會昌の廢佛–地方への徹底について」,『慈覺大師研究』, 早稻田大學出版部, 1964.
伊藤淸司,「蓬萊島と東海の君子國」,『東アジアの古代文化』1, 1974.
日野開三郎,「羅末三國の鼎立と對大陸海上交通貿易(1)」,『朝鮮學報』16, 1961.
__________,「羅末三國の鼎立と對大陸海上交通貿易(4)」,『朝鮮學報』20, 1962.
田中俊明,「三國史記にみえる‘倭’關係記事について」,『歷史公論』8–4, 1982.
井上尙文,「西日本海海域の海洋學的特性」,『對馬暖流』, 日本水產學會, 1974.
佐伯有淸,「9世紀の日本と朝鮮–來日新羅人の動向をめぐって」,『歷史學研究』287, 1965.
________,「朝鮮系氏族とその後裔たち」,『古代史の謎を探る』, 讀書新聞社, 1973.
佐伯弘次,「海賊論」,『アジアなかの日本史(Ⅲ)–海上の道』, 東京大學出版會, 1992.
中田薰,「唐代法に於ける外國人の地位」,『法制史論集』3–下, 岩波書店, 1953.
池內宏,「高句麗滅亡後の遺民の叛亂及び唐と新羅との關係」,『滿鮮地理歷史研究報告』12, 1930.
眞榮平房昭,「17世紀東アジア史における海賊活動」,『前近代東アジア史における交易システムの總合的研究』, 2000.
橫田滋,「武周政權成立の前提」,『東洋史研究』14–4, 1956.
党銀平,「唐代 신라의 ‘西學’ 풍조가 성행했던 원인과 문화적인 역할」,『국어국문학』136, 2004.
董延壽·趙振華,「洛陽, 魯山, 西安出土的唐代百濟人墓志探索」,『東北史地』, 2007–2.
羅家湘,「東北亞的君子國」,『古代文學與文化研究』, 2008–3.
柳浚炯,「唐代宦官與皇權運作關系研究」, 北京大學 博士學位論文, 2011.
拜根興,「中國 소재 韓國古代史 관련 金石文資料의 現況과 展望」,『新羅 金石文의 現況과 課題』, 신라문화제학술발표회논문집 23, 2002.
______,「唐中後期赴新羅使節關聯問題考辨」,『陝西師範大學學報』33–6, 2004.
______,「唐朝與新羅往來研究二題–以西安周邊所在的石刻碑志爲中心」,『當代韓國』, 2011–3.
嚴耕望,「新羅留唐學生與僧徒」,『中韓文化論集』1, 1955.
冉雲華,「東海大師無相傳研究」,『敦煌學』4, 1979.

王瑞霞, 「龍興寺佛教造像」, 『青州博物館』, 2003.
王媛, 「博物志的成書体例與流傳」,『中國典籍與文化』, 2006-4.
王仁波, 「唐代中外友好往來絢麗的歷史畵卷-談章懷太子壁畵禮賓圖」, 『陝西省博物館藏寶錄』, 上海文藝 , 1995.
于輔仁, 「唐武宗廢佛原因新探」, 『魏晉南北朝隋唐史』, 1992-1.
劉永智, 「山東省文登市崑嵛山无染寺(院)系新羅人金淸資助所建造」, 『中朝關系史研究』, 中州古籍出版社, 1994.
李啓良, 「唐代金州新羅寺」, 『新羅史學報』 3, 2005.
李宗勳, 「中國 山東半島에서의 張保皐와 新羅人들」, 『張保皐 해양경영사연구』, 이진, 1993.
岑仲勉, 「證史補遺」, 『金石論叢』, 中華書局, 2004.
張福有 · 趙振華, 「洛陽, 西安出土北魏與唐高句麗墓志及泉氏墓地」, 『東北史地』, 2005-4.
張全民, 「新出唐百濟移民禰氏家族墓志考略」, 『唐史論叢』 14, 2012.
張澤咸, 「唐朝與邊境諸族的互市貿易」, 『魏晉南北朝隋唐史』, 1993-1.
陳連山, 「論山海經學術史研究的意義」, 『中國語文學誌』 18, 2005.
陳尙勝, 「唐代的新羅僑民社區」, 『歷史研究』, 1996-1.
천징푸, 「한국 승려의 長安에서의 활동」, 『佛敎研究』 23, 한국불교연구원, 2005.

찾아보기

ㄴ

ㄷ

ㅇ

권덕영權悳永
경상북도 고령 출생
경북대학교 인문대학 사학과
한국학중앙연구원 대학원 역사학과(문학박사)
국사편찬위원회 편사연구사, 경기대학교 · 고려대학교 강사
현재 부산외국어대학교 교수

주요 논저
『古代韓中外交史-遣唐使研究』(일조각, 1997), 『韓國古代 金石文綜合索引』(학연문화사, 2002), 『재당 신라인사회 연구』(일조각, 2005), 「後百濟의 海外交涉 활동」, 「9세기 日本을 왕래한 二重國籍 신라인」, 「圓珍의 入唐 求法活動과 재당 신라인」, 「고대 동아시아인들의 國外旅行記 찬술」 외 다수

신라의 바다
황해

1판 1쇄 펴낸날 2012년 12월 1일

지은이 권덕영
펴낸이 김시연

펴낸곳 (주)일조각
등록 1953년 9월 3일 제300-1953-1호(구 : 제1-298호)
주소 110-062 서울시 종로구 신문로 2가 1-335
전화 734-3545 / 733-8811(편집부)
733-5430 / 733-5431(영업부)
팩스 735-9994(편집부) / 738-5857(영업부)
이메일 ilchokak@hanmail.net
홈페이지 www.ilchokak.co.kr
ISBN 978-89-337-0637-4 93910
값 33,000원

* 이 도서의 국립중앙도서관 출판시도서목록(CIP)은
e-CIP홈페이지(http://www.nl.go.kr/ecip)와
국가자료공동목록시스템(http://www.nl.go.kr/kolisnet)에서
이용하실 수 있습니다.
(CIP제어번호 : CIP2012005415)